在五七学校里劳动、学习、阅读社会

我们是小五七战士

本书编写组◎编著

中央党校出版集团　大有书局

图书在版编目（CIP）数据

我们是小五七战士 / 本书编写组编著.—北京：大有书局，2022.9

ISBN 978-7-80772-088-1

Ⅰ.①我⋯ Ⅱ.①我⋯ Ⅲ.①回忆录—作品集—中国—当代 Ⅳ.①I251

中国版本图书馆CIP数据核字（2022）第112795号

书　　名	我们是小五七战士
作　　者	本书编写组　编著
责任编辑	叶敏娟
责任校对	李盛博
责任印制	袁浩宇
出版发行	大有书局
	（北京市海淀区长春桥路6号　100089）
综 合 办	（010）68929273
发 行 部	（010）68922366
经　　销	新华书店
印　　刷	中煤（北京）印务有限公司
版　　次	2022年9月北京第1版
印　　次	2022年9月北京第1次印刷
开　　本	170毫米 × 240毫米　1/16
印　　张	31
字　　数	400千字
定　　价	78.00元

本书如有印装问题，可联系调换，联系电话：（010）68928947

本书编写组

（按姓氏笔画为序）

于速荣　马振东　王　凡　王　峰　王　越
王　瑗　王长庚　王爱萍　牛淑英　白一清
成　宇　吕丹平　朱　镇　朱秀玲　刘　源
刘　慧　刘东平　刘列平　齐建国　关九兰
孙幼勤　孙亦勤　孙晓勤　孙淑萍　孙燕伟
李　伟　李小南　李艳萍　李晓玉　李晓光
李惠玲　吴京京　邱小青　邱玉静　邹　健
沈　鸿　张小莲　张纪东　张京来　陈思玉
季国庆　周华光　屈彩霞　孟繁荣　钮　键
徐　晏　黄　雁　黄志平　黄志钢　曹小宁
崔志平　崔志江　程　弢　楠天健　德　英
薛梅梅

写在前面的话

这是一本由当年随父母去中央办公厅五七学校的部分子女撰写的回忆文集。收编的文稿所反映的是我们当年在中央办公厅五七学校那个特殊历史时期的经历，作为小五七战士这个群体在那个特殊环境中劳动生活所得到的种种磨洗锤炼，以及由此而建立起来相互间的特殊友情。

我们置身中办五七学校的那段岁月，恰值国家正经历着动荡和艰难，我们中的许多人也曾困惑迷茫，有的还遭遇了不公和困厄。但在那样的大环境下，饱经风雨的砺洗，我们没有萎靡消沉，而是蹭蹬前行。我们中绝大多数人都认为，自己后来的成长成熟与曾经有过的那个特殊的境遇、有过的那样非常的淬炼确实有着很大的关联。

在中办五七学校中，我们和自己的父辈在一起劳动、生活、阅读社会，从敬重的前辈们身上看到了在逆境中坚守内心的信念，顽强生存的智慧与达观，自己也在艰难的生态中培植起于纷繁世事中走自己的路的坚毅，最终都迎来云开日出的一天。

历史无法假设，任何人的命运也不可能超然于时代与环境。但不论岁月如何蹉跎、生态如何艰难，作为小五七战士这个群体，我们却也留下了自己认为值得珍视的东西，例如：像本文集中有些文稿所强调的共同精神财富；有些文稿里说的“细思皆幸矣”，一生有此经历，真好；有些作者期冀的建立在不寻常经历之上的爱能传播给自己的下一代……《我们是小五七战士》所体现的就是这样一种积极内质。

文集所汇集内容包含我们在中办五七学校的五七中学期间读书和劳动

情景的回忆；在中办五七学校各个连队期间亲眼所见、亲耳所闻及亲身经历的往事；当年拍摄的一些老照片背后的故事；父母等长辈在五七干校的经历及家庭故事；在中办五七学校期间及后来所写的感言和诗词等。

早在2009年，我们曾编辑了一本回忆文集。其中前言《一起走过的十年》，对那本回忆文集的整体内容和蕴含其中的感念做了较为准确的概括，并表述了由之引发的思绪和感慨，得到了大家的认同。这本回忆文集，实际是上一本文集的扩展版，结集成书的主旨也延续着上一本文集编辑的初衷，因此，我们觉得可以援引《一起走过的十年》的主要内容，作为本书“写在前面的话”：

> 时隔40年，我们以这种方式，即文字和图像汇集的印刷物的方式，对我们人生的一个年代（我们常用××世纪××年代来表示某个10年），做一个回溯和感念。
>
> ……
>
> 在这里，我们暂时还不想对五七干校这个特定时代历史产物做过多的评论和判断，因为实物的呈现，与设计者的初衷往往存在着巨大的差异；我们眼睛看到的现实，往往是由我们看不到的太多复杂因素纠葛聚合的结果。且不说我们今天是否已经具备对之进行评论判断的理论积淀，达到了相应的思想认识高度；也不说在评论和判断之前我们能否已把现实背后的构成因素都尽收眼底；单就评论判断所必须持有的平心静气而言，我们似乎也还需要继续修炼。
>
> 的确，我们中的许多人在中办五七学校的很长时间里，深感浓厚政治空气下的精神压抑甚至恐惧，更实实在在体验到了环境和人为制造叠加的艰苦，以及超强超长劳动的熬磨……有些人说起那段历史，往往只强调其灾厄梦魇的一面，但40年后我们实事求是地沉思，觉得

那并不是全部。

在那个特定的时期，整个国家都处在曲折困厄的阶段，中办五七学校也不是世外桃源。平心而论，我们中办五七学校也许是国内干校中要求最严苛的，但置诸当时更大的国内范围之下，这里的总体氛围还不是最恶劣的。想到我们中的许多人曾经享受到绝大多数国人难以企望的福分，这大概是老天爷在为众生找平衡吧。更何况，生活本身怎么可能总是满眼灿烂千阳，人的成长确实也需要学会如何面对灾厄梦魇。如果启动逆向思维，艰难险阻重重磨难，更是一个人成长难得的赏赐和际遇。

也许，有人会用假设计算说因为在这儿所以失去了什么，有人会说如果在别处也许收获更多，比如说舒适、比如说享受、比如说见闻、比如说机遇、比如说爱情……而长时间沉湎于历史研习的我知道，历史不能假设，也没有比如。命运的无形之手把我们推到这儿了，就认命站在这个基点上说事儿吧。

我们正是在这儿经历了自然和社会的风雨洗礼，遭遇了许多我们原本不曾预设在内的意外，迈过了在通常情况下不会横陈于我们脚下的沟沟坎坎，但我们终究跌跌撞撞地走过来了……

从那以后，我们学会了做工务农打理自己生活的基本技能，不再藐视普通的体力劳动，更多地了解了社会，更加贴近了人民，我们懂得了浪费的可耻，树立了“坚定正确的政治方向”，我们对很多存在由不屑一顾到尊重起来，对很多原来不太在意的事物倍觉珍惜，我们甚至觉得再没有什么艰难困苦能迫使我们望而生畏裹足不前……

对于五七干校这个特定时期的历史产物需要的是认真的审视，多少年来我内心也没有生出过对之赞美的意念，但我们在那个时期作为一个群体而没有迷失，是不是与我们处在那个特殊的历史产物之中有些许关系呢?

对大多数“小五七”来说，干校的七八九年时光，我们付出的是我们人生最美好的青春时段，却没干成我们最向往的事，实现我们生涩的所谓自我设计。“青春一去不复还”，有人为之惋惜，有人不免悲悯，有人揣了半肚子的抱怨。但不管怎么样，我们能有还算不太坏的今天，与那一段磨砺磕碰有着很大的关系。长了见识，学了本领，读了经典，洗刷了一些不健康的东西，抛却了一些小我，意识到自我之外还有一些更值得关注和为之奋斗的崇高勋业……从那以后，不论从体肤还是从精神而言，我们都硬朗许多，成熟了很多。这，应该说是确有收获吧。

正像回忆集中收录的一篇回忆文章所说:“十年的干校生活是我们共同的经历，我们可能会有许多共同感受，但因个体的差异也会感受不同。然而，甜也好苦也好，褒也好贬也罢，这毕竟是我们共同的经历。这段刻骨铭心的经历，是我们‘小五七战友’们的共同财富。”(引自《共同的回忆》)这就是为什么一说要做这么一本回忆文集，我们随后便收集到这么多的图片，会促使这么多并不是以码字为日常营生的人，拿起了笔，写下如此生动而勾起大家内心共鸣的文章。

回溯在中办五七学校那几近十年的历程，每个人都有着自己的际遇、自己的故事、自己的观察、自己的思考、自己的感慨，把这些都记录下来，集合起来，我们才能渐渐看清那一段历史的全貌，展现一个可资借鉴的真实历史时态，形成一个给未来提供反思研究评判的可靠文本。

当年的“小五七”，如今大多是“奔七”的人了，有的甚至天不假年，已经离开了我们。出这样一本纪念文集，也表达了我们对逝去的小五七战友的深深怀念。同时，留下这样一个文本，也有着对我们后人的寄望，他们不会再经历我们的过去，但可以通过阅读了解他们父辈的成长经历，以及在特定历史环境积淀结晶的一些有价值的精神财富，加深对自己的父辈的理解。

本书编写组

2021年国庆节前夕

目　录

五七少年

青葱岁月

我与父辈

回望感叹

五七少年

一张封面照片背后的故事

德　英　于速荣　吴京京

一

《我们是小五七战士》初版书的封面，是一张五七中学一排的同学们与老师坐在山坡上的老照片，老师笑容可掬，同学青春洋溢，每个人的脸上都写着“愉快”二字。

关于这张照片的拍摄时间和拍摄地点，同学们进行了认真的回忆和推敲。

有的人说是去向塘长途拉练的路上组织的一次爬山比赛，有的人说是中学时另外组织的一次近距离拉练并爬山比赛的活动，众说不一。

◎ 1972年，一排同学爬山比赛后的合影

如是去向塘拉练，长途跋涉赶时间，似不可能中途停下组织一次爬山比赛，再者照片上有几个同学还拿着铁锹，去向塘拉练还带铁锹，也不大可能。

彭晓梅同学回忆说，她在中学就一年时间，大的活动就参加了一次爬山，她记得爬完山拍照，然后就返回中学了。这说明不会是长途跋涉又在外宿营的向塘拉练，而是离中学不远处的一次专项爬山比赛活动。

照片的提供者郭玲玲同学也回忆说，向塘拉练她没去，这张照片是中学另外组织的一次小型拉练活动，但什么时间什么地点记不清了。

荷铭同学提议说，排上有的同学有写日记的习惯，没准记录了这件事。她马上问了孙晓勤同学，没想到孙晓勤也保存着同样的照片，珍贵之处在于她当时在照片上写下了一行字："1972年摄于江西温镇（圳）附近小山上，这是爬山比赛刚结束。"

呵呵，原来是这样！

这张爬山合影的照片，有着极其独特的历史背景。

1971年九一三事件发生后，局势稍稳，毛主席就批评军队不搞军事训练，军队成了老爷兵、文化兵了。全军部队立即从当年冬季开始，按照中央军委命令，大规模展开军事训练，展开野外长途拉练。五七中学也不例外地组织了包括向塘长途拉练和温家圳短程拉练暨爬山比赛等多项军事训练活动。

从这张照片的着装看，爬山拉练应发生在1972年的初春。

爬山还比赛？这是怎么回事？

郭玲玲同学回忆说，当时排里对爬山比赛的具体要求是："一帮一""一对红"的男生帮女生，以小班为单位，按班集体全体人员登顶的时间决定名次。郭玲玲说她记不得是哪个男生还拉了她一把才完成爬山的。最后各排都组织了集体拍照，我们一排因此留下了这张珍贵的照片。

吴京京同学回忆说，当时各排比赛登山，哨声一响，大家一块往上爬，先登顶者为胜。记得她和牛淑英是一个班，牛淑英为了让大家轻装上阵、爬得快点，说：“我爬得慢，你们先上，把包都给我吧。”然后她把十八个人的挎包，左一个右一个全挂在自己的脖子上了。

老师一见立刻发火了，指着牛淑英说：“你这还怎么爬？爬得动吗？胡闹！”大家见状又纷纷“牛头摘包”，把包拿回来自己背着。

彭晓梅同学的回忆很有意思，她说在中办五七学校仅有的一张照片，就是这次爬山，很怀念“一帮一”“一对红”，那是在五七学校最高兴最快乐的时候。那时她和于速荣是“一对红”，爬山时被于速荣像抓小鸡子一样，薅着脖领子，脚下悬空一路冲上山顶，这也是第一次被动与男生接触，感觉自己很渺小、很没用。所以，潜意识里老想改名叫小小。

精彩的回忆要属德英同学，他回忆那次爬山，要求按排、按班往上爬，班上以最后一个人到达的时间算胜负。班上要求“一帮一”“一对红”，记得速荣和彭晓梅是“一对红”，他和副班长曹艳茹是“一对红”。因为要求副班长殿后，结果让他拉着身体瘦弱的张民同学一块爬山。虽然很累，但最后他和张民还是顺利地到达山顶，成绩是第一（也有人说是倒数的）。张民累得一屁股坐在山上的一块大石头上。

最后一个节目，要求找密电码。申增新老师把一个用手绢包裹的东西提前埋在山上的一块大石头缝里，刚好张民同学就坐在这石头旁边。德英悻悻地说：“张民这姐们儿累了，也不愿意动窝了，就扒她旁边的石头缝看看，嘿！最后还真让她找到了。”

德英同学动情又煽情地继续回忆说：“于同学身躯高大，拉着美女，冲在最前方，形成一道亮丽的风景线。我在最后，只有和瘦弱的张同学一道了，唉！”

德英还说，他见吴京京拉着女排长王新民，就走在他和张民的前面，他看到吴同学非常会表现，不仅拉着王同学的手，还时常推着王同学向上爬，而他拉着张同学不敢超过吴同学他俩，因为有女排长在前面啊！

爬山比赛的总结会上，老师首先表扬了于速荣同学冲锋在前，又表扬张民同学找到了密电码，但把全班倒数第一的责任全部怪在了德英头上。

虽然是挨了批评，但德英马上又高兴起来了。要照相了，不知是周老师还是王老师说了句：德英你来举中学红旗！

德英当时乐坏了，激动得够呛，笔直站着，举着红旗，心里美极了，就是想笑又不敢笑。

有人问，李伯浪，你前边好像有个人，像是个小孩，像是坐在你腿上了，那是谁呀？你笑得那么灿烂，是在笑德英吗？

有人问，李淑香同学拿个棍子干什么？李同学答道，那不是棍子，是铁锹，你看李明同学斜举着一把，季志刚同学怀抱着一把，应该有四把，还少一把。

为啥拿铁锹上山？估计是怕万一山坡陡，站不住，挖个小坑站人或临时开个路吧。这颇有大军出动逢山开路、遇水搭桥的意思。

久久注视着这张封面照片，仿佛山风依然在吹拂，仿佛同学们依然在欢笑，仿佛五七中学的校旗依然在迎风飘动！照片中的情景已经远去，但这难以忘怀的一幕始终镌刻在我们心中！

二

40多年后，又是这张照片引来了一排老同学的一连串议论和调侃，那叫一个热闹！

德英说："记得当年爬山时我拉张民，又瘦又弱不起眼，没想到几十年后，张民这身段这腿型这着装俨然当代名模呀！小五七赴江西五十周年聚会时差点没认出来！当年爬山时若想到后来这变化，把咱姐们背也背上山，也不至于落在最后呀！现在我就可以自豪地说，俺当年背出了个后世名模！后悔，后悔呀！"

于速荣说："我当年可没那么大力气，晓梅夸张了，我是拖着把她拉上去的！随后反身下去又拉上来两三个女同学。”

李伯滨说：“我正笑德英打旗的那个得意劲儿，还没收住笑脸，咋就照了呢？”

孙晓勤说：“其实我的脸挺白的，是在江西给晒黑了。”

吴京京说：“得！别说了，看我老吴照得多潇洒，似笑非哭，对着镜头。”

成爱兵说：“你们别自夸了，整张照片我的笑容最灿烂，而且在大家的簇拥之中，美美美！”

李淑香插话：“你们都什么眼神，非说我抱着一根棍子！”

王洋说：“别了别了，还是想下那时我是怎么挨批的吧！”

罗铭说：“那次爬山可把我累坏了，饿坏了！回来我吃了七个小馒头，把自己都吓了一大跳，我怎么这么大的饭量呀！”

张民接茬说：“哦，我说我怎么没吃上馒头，原来都让你吃了呀！”

王莉说：“我怎么记得爬上山还采野花摘野果了呢，老师说，那野果是一种中药，止咳平喘的。爬山爬得呼哧呼哧地喘，吃一颗就不怎么喘了。后来知道这野果叫金樱子。”

徐小群接话说：“摘花的姐们，你记得不对吧？那时天气还凉，不会有野花吧？或者不是这回吧？不过那野果可是仙果，啥时候我陪姐们去摘点备着，一喘就嚼一颗。”

郭玲玲说话了：“你们看我是照片上胖还是现在胖，是那时好看还是现在好看？”

屈彩霞说：“还比美呀？爬山时我不舒服，我才是最后一个慢慢走上山的，我得给德英‘平反’，不然德英窝在心里几十年，那多难受呀！”

荷铭接着说：“一登上山顶，怎么看着像我老家呀！”

袁保桐问：“是姥姥家还是爷爷家？”

德英说：“俺举旗的都听到了，说的是上山有人夸。”

季志刚说：“那小山现在估计还能找得到。”

德英马上接茬说：“真的？那我马上去找！找到了咱排再组织去爬一次山，顺便当旅游嘛！”

于速荣举手说：“我赞成！但我现在爬山困难了，有滑竿吗？要不你们抬我上去？我当年拉着彭晓梅上山，这回彭晓梅抬我得了。”

彭晓梅说：“你想得好美！我上山都难，还抬你？我老胳膊老腿的，能抬得动您老人家呀！求求饶了小女子吧！你当年拉我上山，现在来找后账，不带这么玩的呀！”

吴京京接茬说：“上山嘛，还要靠速荣自己，下山我可以帮忙，找个麻袋把你装好，顺坡一推就行啦！”

李伯浪跟着说：“我也来帮着往山下推，再带床棉被把速荣裹严实点！”

于速荣笑叹道：“唉！都是些什么人呀！”

最后还是王新民、黄志平说得好：“醒醒！醒醒！老头老太发什么癔症？”

◎ 2014年，一排部分同学留念

回忆是不是很让人快活呀！

2014年深秋，我们一排部分同学去北京昌平小聚。薛典同学一手张罗了这次活动。

在德英同学的策划下，按照当年爬山照相的形式，选了一个下坡，大致按当年的座次又照了一张照片。

德英依旧举旗，站姿

依旧笔直挺立，老排长左小伟拽着红旗的一角，红旗是吴京京用他们店的红桌布改做的。

我排摄影师康复生负责拍照，并配了一副幽默对联：

上联　三载同窗一面旗五七中学

下联　两坡茄子半世梦花甲少年

横批　有缘来年再聚

心系红壤山　梦回少年时

——五七中学轶事

刘　源

光阴忽焉而过，离别干校数十年。闲适下来，那时的斑斑点点常常浮现在眼前。老友相聚，谈昔说往，从未忘却的干校群体性遭际和政治运动留痕，令人唏嘘感慨，我们这些小五七战士的生活苦辣酸甜俱全。忆流年，拈取片段，连缀成篇。

稻草褥子

1972年2月，我进入五七中学上初一，时称“新四排”。

南方冬季难熬，屋里屋外一样冷，还总是没完没了地淅淅沥沥下雨，宿舍内阴暗潮湿，寒气逼人。中学领导为了迎接我们这批新生，给每位同学准备了一个礼物，就是一床稻草编成的褥子。现在说起来稻草褥子是那么寒酸，可在那个时候稻草褥子铺在下面，上面再放自己的棉褥子，防冷隔潮，确是好物。

在分发稻草褥子的时候，大家依次到操场去领，可发到最后，硬是少了一床。刚上任的生活委员王锐忙着清点，左清右查，还是不够数。只得从别处找了一床，发给那位没有领到稻草褥子的同学，此事虽然有些蹊跷，但是谁也没有在意。

我们排每星期由王锐带领干部们查宿舍卫生，一般是临时突击性检查，事后评比出优劣进行表扬或批评。因此平时要求宿舍干净，被褥叠放整齐，生活用品摆放一致。一次在卫生检查时，细心的王锐发现了稻草褥子的行踪。当检查到男生宿舍时，她看到一名同学的床铺不平整，就伸手过去展平它，这一下不要紧，她发现这个床铺上面只铺着薄薄的床单，而下面则是垫得很厚的稻草褥子，在场的人都愕然了。经过调查，原来这位同学家里兄弟姐妹多生活困难，上中学时已无力再给他单独添置褥子，所以在领稻草褥子时，他就悄悄多领了一床，将其双层垫在床上。事后老师和检查卫生的干部都有些心酸，不禁动了恻隐之心，面对这样的同学，又能说什么呢？

吃饭前的“多思”

那个年代在任何时候都要突出无产阶级政治。上课、吃饭、劳动或搞活动集合，都要事先背诵一段毛主席语录，我们每个人都会背诵很多语录。

我们入校后不久，就由排改为班了，学校里共四个班集体，初三有两个班，初二一个班，初一就是我们班了。每天上午下课后老师一吹集合哨，各班同学就在操场上集中，按班级站好队准备吃午饭。食堂的张师傅、孟师傅和赵师傅早已准备好了饭菜。此时必有的环节就是每班由班干部带领轮流背诵毛主席语录，先领背语录的头一句，大家便知道要背诵哪段。然后班干部再“毛主席教导我们说……”随即全班同学一起背，哪个班先背完，哪个班就先取饭、分饭、吃饭，这已成为一种固定模式。

要说上课和活动前背语录，背长背短都还无所谓，可是在饥肠辘辘时，班干部如果选择一段较长的语录，难免就有些同学着急，就会越背越快，到最后越背越不齐，要是被学校领导看见了，挨批评不说，还要重新背，什么时候背齐什么时候才能吃饭。

一天中午，食堂做的是肉包子，这对我们来说，算是“饕餮大餐”了。五七中学一个月才杀一头猪，也就是一个月才能吃上一顿包子或饺子，全校师生共二百多人，平时的饭菜很少能见到肉星。我们还未下课，肉包子的香味扑鼻而来，班里同学之间小声传着“今天吃包子”，不用说都馋得垂涎欲滴。好不容易盼到了下课，我们神速地一路小跑来到操场集合好，带领背语录的班干部怕是在心中早就酝酿了一句最短的语录。只听他说了句“毛主席教导我们说‘多思’”，我们也跟着说了句“多思”。这么着，讲录就算背完了，吃肉包子心切，我们班第一个解散领包子吃去了，看着其他班的同学还在背诵着，班里的同学不免心中窃喜。

一位校领导站在一旁，脸上的表情极为严肃，看样子他很想批评我们班领背语录的那位班干部，可是又无从批评。不管怎样，我们班仍然背的是毛主席语录呀，尽管仅两个字。

那顿饭，狼吞虎咽风卷残云，同学们争抢着像是比赛吃包子，就连女生吃七八个的比比皆是，我居然吃了八个，自感瞠目。刘长军长得高大壮实，一连吃了十三个包子，班主任宋老师直担心他撑坏了肚子。

抗洪抢险

这一年夏天，接连下了几天大雨，山下的五七大堤告急，水位已超过警戒线，五七田里的水即将淹没已成熟的大片水稻，山下水稻连队的五七战士几乎都投入了抗洪抢险。

五七中学做了紧急动员，师生们跃跃欲试，争相报名参加抢险战斗，最后校领导决定抽出三十名身强力壮水性好的男生去参加抗洪，我们班的孙燕伟和刘长军积极报名并被选中了。当他们和其他高年级的同学乘上大卡车远去时，我们不免为他们担忧。

学校老师不时地传达山下抢险的信息，大家都十分关切大堤的情况。谁都明白大堤决口的严重性，它不仅能使全部五七田的水稻毁于一旦，而且还直接威胁着山下连队五七战士和附近村庄贫下中农的生命安全。五七战士们日夜奋战，守护着大堤，扛着装满沙石泥土的草袋加固大堤，一次次险情被排除，我们的五七大堤巍然屹立。

直到五七中学三十名同学风尘仆仆安然无恙回来，我们悬着的心才终于放了下来。为了让他们好好休息，学校特意放了他们两天假。全校师生开了大会，对他们在此次抗洪抢险中的优异表现进行表扬。我们班全体开会，请孙燕伟和刘长军讲述他们的所见所闻和感受。他们神态自若地讲了起来，这也是二人在全班首次讲他们自己的故事。他们在抗洪抢险中每天与五七战士同吃同住，起早贪黑顶风冒雨一起护卫着大堤。特别是刘长军讲到险情发生时，他们跳入水中组成人墙，以便五七战士实施打桩填充沙石草袋，站在齐肩的水中，两条腿就像煮软了的面条一样不听使唤，只能一个拉着一个相互支撑，靠着“一不怕苦、二不怕死”，要保住大堤这一信念他们坚持到最后。我们这些同学听着听着不由得心生敬佩，俨然把他们两人当成了心目中的英雄。

然而，殊不知他们俩还是班里的闹将。刘长军曾抄起板凳与女生马书敏打架；有一回骑着三轮车玩，撞坏了中学食堂盛水的大缸。孙燕伟常在课堂上说俏皮话、随意嬉戏，扰乱课堂纪律，搅和左邻右舍的同学不得安宁，他们二人常常受到的是批评而鲜有表扬。但是经过这次锻炼他们有了长足的进步，人气大增，后来被同学们一致推选为班干部——刘长军当上了劳动委员，孙燕伟当上了军体委员。

紫药水

直到今天我只要一看见紫药水，就会忍俊不禁，难忘的一幕又会重现眼前。

夏天来了，五七中学医务室的文玉梅大夫为了给同学们消夏解暑，给每人发了“十滴水”，既可以口服防中暑，也可以涂抹外用。它清凉舒爽，对治疗痱子和蚊虫叮咬有奇效，因而很珍贵，一人只发了一小瓶。我们宿舍住着八位同学四个上下铺，只剩下过人的小通道。五七中学的纪律很严，熄灯后是不能讲话的，同学们钻进蚊帐里，忍耐着极度的闷热。

我的上铺是王波，她平时爱出汗，头上、脖子上长满了与众不同的痱子。每到晚上，大概是奇痒无比，她就会在床铺上面鼓捣，时常发出窸窸窸窣的声响，不知在干些什么。因为太热，宿舍夹杂着扇扇子声、拍打蚊子声和同学不时地起来喝水的声音，谁也不计较谁。后来才了解到，王波因痱子痛痒很厉害，皮肤有些已被抓挠破了，所以她还另外备有紫药水、碘酒等，自我拯救。

这天晚上，我大汗淋漓地躺在床上，过一会儿就起来擦一次汗。夜深了，我迷迷糊糊地睡去，突然，听见上铺的王波“哎哟”一声尖叫，把我吵醒了，不知出了什么事？只见她快速地翻身下床，抄起脸盆毛巾就往外跑。过了好一会儿还不见她回来，我好生奇怪担心她出事，立即起床出去看个究竟。

我循着水响动的声音来到井台边。只见她拿着毛巾蹲在地上不住地擦着脖子和脸，看见我来了说“不好了”，我借着月光一看，只见王波满脖子甚至脑门子上、脸上都是黑的，我问这是怎么了。她说，由于看不清楚，错把紫药水当成“十滴水”往长痱子的地方抹，抹着抹着没有一丝清凉的感觉，仔细一看才反应过来，抹错了。

听后真让我哭笑不得睡意全无，我立即动手帮她洗起来。紫药水弄在皮肤上是很难洗掉的，况且她又弄在脖子、头和脸上，这可是一个人的“门面”啊。我一遍一遍地帮她擦洗，洗了好半天，不知打了多少桶水，月光下看不大清楚了，我俩才回到屋里继续睡觉。

第二天早上起床，我第一件事就是看王波，只见她的“门面”依然留有清晰的紫药水印迹，像花猫似的，王波也自感犯了不该犯的“错误”，耷拉着脑袋不好意思见人。其他同学得知此事后相视而笑，嘱咐她以后再也不要把紫药水和别的药水放在一起了。

一堂英语课

初一的第二学期，开了英语课。那时的我们并不懂得学英语的用途，只觉得新鲜，早盼着能说上几句外国话有多神气！教我们英语课的，是从九连抽调来的伍金成老师，他大学学的是英语专业。开始没有课本，伍老师就自己编教材教我们。

伍老师是南方人，大概30岁左右，有些与众不同的是，五七战士们由于长时间田间劳作，皮肤都被强烈的紫外线晒得黝黑，可他却很白净，瘦削的脸上尽显一双大大的眼睛。他给我们上课时总是穿一件短袖白衬衫，身材单薄孱弱，大概是小时候发育不良，有些残疾，走起路来一个肩膀高一个肩膀低。平时为人和善，说话轻声细语，我们从未见他发脾气，也没见他与人红过脸。二十六个字母学起来枯燥乏味，伍老师“A—B—C—D”，一遍一遍让我们念，不时纠正着发音。有些调皮的同学故意在伍老师面前放肆，嘻嘻哈哈、交头接耳，不遵守纪律。伍老师只管上他的课，很少理会这些调皮的学生。实在上不下去课了，他批评起人来也是温文尔雅、不疼不痒，课堂上总是窃窃私语安静不下来。

二十六个英文字母总算学完了，这天正式学课文，同学们热情高涨。先是伍老师在黑板上用力写下：Long Live Chairman Mao！Long Long Life Chairman Mao！我们一个单词、一个单词地学，伍老师讲解着其中的含义，当弄懂这就是“毛主席万岁！毛主席万万岁！”时，同学们心神专注、洗耳恭听，课堂上从未有过的肃静。但是，随着伍老师的朗读声，情况就大不一样了。那些平时不大守纪律的男生就像事先约好了似的，齐声扯起嗓门突然发力，跟着伍老师大声喊着：“Long Live Chairman Mao！Long Long Life Chairman Mao！”这喊声掌控了所有人的情绪，全班同学亦高声附和，大有掀开屋顶之势。这哪里是学习？这简直就是起哄。更有意思的是伍老师对此置若罔闻，非但丝毫没有感觉出这些学生在起哄，还不知哪里来的一股力量，底气十足一声更比一声高地带领朗读，当然同学们也就更加肆无忌惮。就连正在隔壁房间备课的宋老师不知出了什么事，也连忙跑过来扒着窗户往教室里看，当弄明白原来是我们在用英文说着一句发自全国人民肺腑的话语时，他无可奈何默默地走开了。

这堂课上得既兴奋又开心，下课后我们还都沉浸在欢喜之中意犹未尽。我们的英语就是从“毛主席万岁”和“毛主席万万岁”开始学起的，而后又学了“毛主席是我们心中的红太阳”等简短的课文。

一句留言

中办五七干校是全国五七干校的典范，时常有各地的五七干校代表前来参观学习，也不乏有人来五七中学探寻办学经验，我们身为小五七战士为此感到自豪。

其实那时的干校里已有一些五七战士由于工作的需要而离开。早些时候就有一批干部去了湖北十堰市的二汽，有的年轻五七战士应征入伍，还有陆陆续续回北京工作的。第一批乘火车来到干校的邹小燕一家，刚到干校几个月就回了北京，我们并未感到羡慕和向往。

一天，我们班的杨军要随父母亲回北京的消息在同学之间传开，他的哥哥在五七中学上初三。据说他哥哥坚决要求留在五七干校上五七中学，毕业后当五七战士。可是杨军毕竟年龄还小，不得不随父母回京，离开朝夕相处的同学们。

杨军在班里算是矮小的，总是坐在教室的第一排，说话奶声奶气，可学习和平时表现不赖，经常能看到他向“不良现象”作斗争。

当确信他即将和同学分别时，大家难舍的心情是一样的，杨军的眼睛已哭得红肿，几乎不敢在同学中露面。

那天，我们班上体育课，在操场上有的打篮球，有的打乒乓球，还有的跳绳。我们上完体育课回到教室时，只见黑板上用粉笔写着“记住吧，一块战斗过的朋友”！一眼便认出这是杨军的字迹，这稚嫩的笔迹搅动着全班同学的心。

显而易见，杨军就这么悄无声息地离开了五七中学，同学们的心是酸楚的，都静静地坐在座位上，谁也不愿意擦去这一行字，这是充溢着真挚情愫写出来的字。

上述几则记录了我在五七中学初一时的经历。该升初二了，五七中学撤销，我便回到父母的连队，在距连队不远的五里中学继续学习，不再赘述。

当年龄和阅历让曾经历过的“大事”渐渐淡忘时，我却始终未能忘记在五七中学的生活，也正是这些小事如在昨日，成为我生活中的调味剂。

抹不去的思绪

张纪东

告别

1969年冬，多雪而寒冷。刚刚过的那个十二岁生日，已经冻结在北京。母亲卖掉了父亲前半生的所有财产——他蹲书店、钻胡同、省吃俭用买来的精装、简装、线装的那几箱书，送掉被称为“四旧”的古董瓷器，祖孙三代踏上了南下的列车。

这是两节挂在军列后面的“专列”，行李和人塞得满满的，大人和孩子四五个挤在一个三人座上，睡觉时就钻到座位下面。车厢里静静的，只有几个没见过火车的孩子发出兴奋的叫声；站台上静静的，没有人给我们几十家人送行，只有康家有人送行。我不懂他们为何低声耳语，又为何悄然成泣，更不懂大人们为何一脸呆滞与漠然。

“北京，这个生我养我的地方，我为什么要离你而去？”飞雪掩映了红砖碧瓦，老城古柏远去了，我一生最无忧无虑的时光永远定格在了这里。别了，北京！没有挥动的手，握着一个永痛心底的结。别了，北京！这条路将通向何方……

重逢

载着北京的风雪，穿过江南的淫雨，两天两夜的乏味旅程终于止在了江西进贤的小站上。站台上聚集了二十多位先我们一年来到五七干校的父辈们，他们是来接家属的。我们在这一行人中寻找着父亲，我的脑海中不时闪现幼儿园小床对着父亲办公室彻夜不灭的灯光；父亲在篮球场上三步跨篮的矫健身姿；父亲在乒乓球台前推挡、扣杀的速度与力量；父亲静静读书时的专注安详…… 蓦然间一个熟悉又陌生的身影抓住了我的心，那分明是父亲。眼前的父亲已是满头白发、满脸胡碴儿、腰身不挺，泪水瞬间蓄满了我的眼眶，是父亲的那一声热烈的呼唤才使它没有落下来。就这样，命运给予父母的人生坐标，也确定了我的人生轨迹。

练胆儿

我们五七中学实行军事化管理，出操、开会、上课、劳动、整理内务、紧急集合、打背包拉练，一样都不少，只是把练兵改成了劳动。最有意思的是半夜紧急集合，那份紧张、那份神秘，对十二岁到十六岁的一群少年来说，自然是一种刺激。然而解散后的“一事一议”（总结会）更让人忍俊不禁：这个穿反了衣服（白口袋挂在了外面），那个穿反了鞋（就把双脚交叉着放），还有的裤脚下耷拉着半截秋裤，活像条尾巴。一个个蓬头垢面、睡眼惺忪、嘴角挂着哈喇子印儿……还有一次半夜拉练，却让我们谁都笑不出来。

记得刚组建的五七中学还在县中，那是一个皓月当空的凉夜，我们刚进入梦乡，就被一阵急促的哨声惊醒，军代表“曹不了”在队前说了些什么后，就带我们出了校门上山。翻了两个小山包，突然双队变单队，看看地形，我的心一下子提了起来，再往前行二三百米，就到山顶的刑场了。白天公审大会后在这里枪毙了两个人，曹代表当先走了过去，紧跟在他后面的夏红、屈彩霞和我没敢有一点迟疑，一闭眼也跨了过去。后边的路是怎么走过来的竟一无所知。

回到宿舍后大多数人不敢睡觉，毕竟只是十二三岁的孩子啊！如此练胆，令人终生难忘！

真情

“打摆子”是有周期的，间隔几天复发一次，它得在我身就变得很特别，每年三八妇女节（以下称“三八节”）复发一次。第一次“打摆子”是三八节那一天，学生连的女医生和女老师都去山下参加庆祝会了。小五七战士们像往常一样，上课的上课，劳动的劳动。我突然发高烧，昏昏沉沉地躺在宿舍，记不清是谁来告诉我：“咱们排的同学都出去给你找大夫了。”一会儿，这个声音又告诉我：“你先喝点水，别着急。十一连、十二连、工厂连的女医生也都去开会了，只有找到十二连的马大夫才行，可是不知道马大夫去哪儿干活了。”我知道马大夫，我在幼儿园时就是他给我们看病。

中午，马大夫终于来了。他一来就说：“纪东，你真幸运！有这么多好同学，他们跑遍了三个连的田间地头，真不简单呀！”后来，我才听说连二排的同学也被发动起来了。在那样一个没有任何交通工具的地方，两个排的同学全靠两条腿，跑遍了整个“红壤山”，只为我这个烧得昏迷的姐妹，那是什么情景？那是让一个五十多岁的人每每想起就热泪盈眶的感动场景，那时没有机会，也不容我说出内心的感激。在此，我向全体小五七战士敬礼！感谢你们，我的兄弟姐妹！

第二年的三八节，我们宣传队为庆祝大会演出，被允许回父母的连队。我父母分别在四连、二连，到达驻地时已是傍晚，白天我就开始“打摆

◎ 五七中学一排小五七在韶山参观合影

子”，忽冷忽热。此时，发烧得更厉害了，那时我家还住在农村，离连队很远。不巧我母亲去了“大寨”，父亲去了鹰潭铁路厂，同学们带我去四连找由十二连调过去的马大夫，我吃了药，她和马大夫还在四连的阅览室里为我用长条椅拼了一张“床”，我迷迷糊糊地倒头就睡了。

半夜，有人捧起我的头，喂我喝水，当我睁开眼时，与我对视的是一双善良老人的眼睛。我几次强挑起眼皮，辨认这位老者，他是四连的一个精神失常、瘦弱驼背的孤独老人。他幽灵般飘然而至，默默地守护着我，直到太阳升起，同学给我送来鸡汤，他才悄然离去。再见时，我几次想向他道谢，可他似乎并不认识我，冷漠且拒人于千里之外。但那双善良的眼睛却深深刻在了我的心里，我感激他的滴水之恩，愧未涌泉相报。

预言

我在宣传队里虽不是最出名的，却是最忙碌的。去南昌学芭蕾舞有我，因为我学得快；编节目有我，因为我点子多；在后台给大家化妆有我，因为我会画画……

一次大型演出之前，负责我们宣传队的王建军老师因父亲病重，必须赶回老家去，于是那次演出舞台监督的任务就交给了我——一个十四五岁的孩子。我既是演员，又要指挥包括乐队在内的大人和同学，当然肯定有其他老师指导，但我还是感到肩上担子的分量很重。

演出当然十分顺利，我受到指导员和老师们的表扬。王建军老师尤其器重我，可她的一个预言一直让我耿耿于怀：“纪东是个当教师的材料。”结果被她言中，我步入社会没几个月就做了教师。其实我最讨厌这个职业，但命运不容我选择。我把所有热情与精力都投入到这个行业当中，一做就是34年。我的一生都为这个预言奋斗。

同学、老师、伙伴

孙晓勤

1969年12月至1975年7月，我在江西进贤中办五七学校生活了6年。40年过去了，干校生活的点点滴滴依然清晰……

赴赣前的喜悦

1969年，机要局许多孩子的父母已经下放到江西进贤中办五七干校，局里派出了赵淀叔叔、翟云芳阿姨管理留在京城的孩子们。我们组成了学习班，住集体宿舍，吃食堂，脱离了父母的管教还真是优哉游哉的。12月我们也要去江西了，那时我们对江西的概念就是在梅梅家看到的《中国地图册》，上面记载着江西产蜜橘，大家一看顿时都兴奋起来。哈！到江西吃橘子啦!

一排的两位大帅哥

到江西后，1970年初成立了五七中学，一排由五、六年级和初一的学生组成。当时我上小学五年级，刚过12岁，王一红还不到12岁，我俩在排里年龄最小，个子最矮。那时中学实行军事化管理，经常搞紧急集合、拉练。夜里跳水坝、爬坟头、攻山头，又从山上往下冲，时常背着背包徒步行走一二十里地。那时我妈怕我冻着，做了一床很厚的棉被，这下可苦了我，又瘦又小的我背着个大背包走不远就累得够呛，嘴里还要高喊“下定决心，不怕牺牲”“一不怕苦，二不怕死”等革命口号。经常是在快走不动的时候，排里个子最高的两位男生李伟、于速荣出现在眼前，迅速抢走我和王一红的背包，让我们感激不尽。此事我俩记了几十年，聚在一起时还经常提起!

宋老师

宋继军老师个子不高，字写得非常漂亮，五七学校宣传队里演节目经常能见到他的影子，说快板、唱歌、演小话剧，他也经常向同学们解释其名字的含义：“继承解放军的光荣传统。”

这里讲一个宋老师帮我“破案”的小故事。1969年临去江西前，父亲给我买了两双尼龙袜子，一双是蓝白道的，一双是红白道的。那个年代许多人穿的还都是棉袜子，尼龙袜子是稀罕物，我也将其视为宝物，穿得很在意。可是有一天，蓝白道袜子洗后晾在院子里突然不见了，这可把我急得够呛，前前后后找遍了，就是不见踪迹。过了没多久，我发现四排的一个女孩穿着和我那双颜色一样的袜子，我心里起疑，可是胆子小，不敢过问。过了很长时间，中学毕业前夕，我实在忍不住了，将此事告诉了四排的班主任宋老师。结果没过两天，宋老师告诉我，已经问了，就是那女孩偷了我的袜子，她当场承认。之后四排排长带着女孩找到我，向我承认错误，赔礼道歉，退还了袜子。此事我至今记忆犹新，特别佩服宋老师，真“神”啦，在我看来很难的一件事，他竟然这么快就“破案”了。

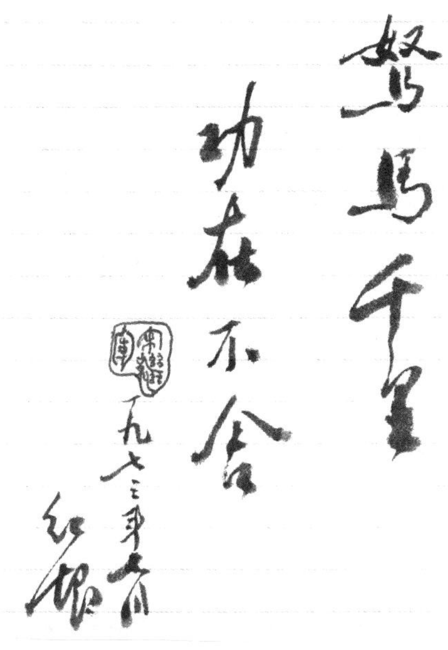

◎ 笔者初中毕业时，宋老师赠送的题词

曹老师

下面漂亮的小楷题词是1973年初中毕业时曹老师写给我的，我一直珍

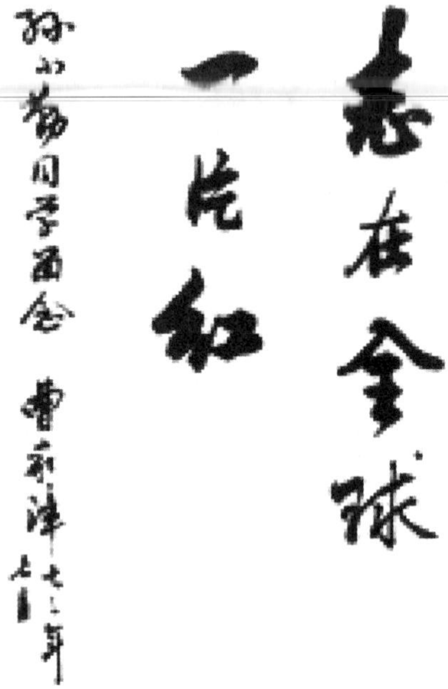

◎ 笔者初中毕业时，曹老师赠送的题词

藏至今。

1972年，五七中学增加了历史课，主讲教师是曹家璋老师。曹老师知识渊博，历史典故了如指掌，他用讲故事的方式讲述历史事件，“千金一笑”“焚书坑儒”“赤壁之战”“文景之治”……大家听得非常入迷，觉得非常有意思，还没过瘾呢，一堂课就过去了。那时候，我特别喜欢上历史课，至今我还能清晰地背出曹老师教的朝代表：“夏商周秦西东汉，三国两晋南北朝，隋唐五代北南宋，辽西夏金明清中。”

曹老师不但课讲得好，人也很随和，说话很亲切。他时常以长辈的身份关心帮助同学们，从没见过他为某件事指责学生，这在那个抓阶级斗争的年代是很少见的。记得第一次政治课考试，班长考了66分，我比她多3分。哎呀！这可不得了，班长觉得太丢脸了，政治考试怎能比普通同学考得还低呀，“呜呜呜”哭得可伤心了。曹老师知道后，给她做思想工作，安慰了好长时间。我作为旁观者，曹老师讲的一句话至今印象深刻：“你再哭，66分也不能变成99分呀，下次好好考不就行啦！”

回京后见过一次曹老师，他还是那样和蔼可亲！

王老师

王建军老师是五七学校宣传队的成员，唱歌、跳舞、小话剧、打快板样样精通。一排、二排开联欢会，我和夏红说对口快板，王老师一会儿就编出词来了。1970年，一排上山后，赶上五七学校搞文艺会演，王老师发动大家提供歌曲（那个年代流行原曲编新词），自编一个大歌舞。各班都积极行动起来了，同宿舍的几个女生——我、夏红、张纪东、王新民、李淑香找了许多歌，其实大部分是儿歌，结果还真有选上的。印象最深的是动画片《草原英雄小姐妹》中的插曲。王老师把我们看书学习、撒化肥、种花生、插秧等都编了进去。全排都上台表演，冯凌燕报幕，记得我的角色是拿个小脸盆表演撒化肥，王一红和夏红用卡通动作表演读书学习，几位长得靓丽又有舞蹈天赋的同学郭玲玲、邱玉静、张纪东、梁燕，表演了一段高难度的舞蹈：挥舞步枪学军。由于节目内容多，每人身兼多个角色，换场时在背景幕布后频繁穿梭，险些踢翻了县文工团宿舍门口炖着鸡汤的炉子。那次演出受到了好评，全排同学兴奋异常，“舞蹈精英”们日后成为五七中学宣传队的成员。

◎ 宣传队成员40年后再聚首

咖啡逸事

学校十三连是由中央编译局下放干部组成的连队，那些外语精英们的生活方式想必非常西化。薛典同学家就在十三连。中学成立后的一天，排里批判薛典喝咖啡。那时咱也是孤陋寡闻，觉得新鲜，在宿舍里问薛典："咖啡是什么样的？"当时宿舍里只有我们两人，她非常紧张，看着我不敢说话。没过几分钟，某排长带着四五个人到宿舍来，"孙晓勤，你刚才说什么啦？"我顿时傻了眼，开玩笑地说："我问咖啡是什么样的。""不许说，那是资产阶级思想在作怪，你是走五七道路来的，再提就要批判你了。"某排长回答我。

包饺子

五七中学的学生们过着半工半读的生活，除了上课，就是菜地种菜、食堂帮厨、猪圈喂猪；农业连的"春插""双抢""秋收"都离不开我们小五七战士。

中学有时还包顿饺子，会包的去，不会包的下菜地劳动。我从小吃食堂长大，父母又是南方人，家里从没包过饺子。第一次包饺子我可高兴了，看着别的同学包出的饺子，照猫画虎地学开了。过了一会儿，二排的李老师开始巡视，她走到我身边，拿起我包的饺子大声叫道："这就是你包的饺子呀！不行，你还是去菜地干活吧。"话毕，我和其他几个"妄想"逃避菜地劳动的同学"灰溜溜"地离开教室。此事我一直"耿耿于怀"，参加工作后，我经常到食堂帮厨，学会的第一个厨艺就是包饺子。

离别江西

在江西的那几年，我经常羡慕地看着同学们随父母离开五七学校。当年的日记也记录了一些：1971年8月17日，王一红家走了，回北京；1975年1月24日，建毅、曹彦茹家走了，到石家庄；2月14日罗鸣走了，到山西忻县；4月21日，艳平走了，到天津……嗨，五七学校里"改造好"的人都陆续走了，什么时候才能轮到我家呀！

1975年夏，李文萱小朋友将随父母回京，这是临上火车前与红壤山上小伙伴们的合影，远处背景是五七工厂的车间。

摄影的人是我的父亲孙柏超，那时他也接到了回京的信息，只是由于工作忙，推迟了返京的时间，由此引来的后果令我们全家后悔莫及。

这年7月，我们全家高高兴兴离开生活了六年的江西，踏上返京的路程。在上海转车期间，父亲查出胃癌，医生说早一个月发现都有治愈的希望，术后一年零三个月父亲便离开了我们。

啊，江西，红土地，在那里我度过了青少年时期，在那里有我的欢乐，在那里也有我痛苦的回忆……

◎ 临行前的小伙伴合影

终生难忘的苦与乐

朱秀玲

1969年，那时我还是个孩子，听说要随父母去干校，心里高兴极了。出于好奇心，想着南方是鱼米之乡，一定很好玩儿，我已经迫不及待了。于是带着幼稚天真的想法，便和妈妈、哥哥、弟弟坐上了由北京开往江西的列车，在轰隆隆的汽笛声中，不知不觉就到了终点站。我怀着激动的心情，把车上的劳累全抛到了脑后，赶紧往车下跑。随后看到爸爸正在那边迎接我们呢，安排好住处，就等着去看看这里美丽的风景——椰子树是否一排排？香蕉是否在树上挂着一串串？各种鱼儿是否在水里嬉戏游玩儿？……事隔一段时间后才感到，这个地方并不是我想象的那样。

首先是气候和北方大不相同，北方天气干燥，冬季冷了屋里有暖气，而南方天气很潮湿，连续几个月都是阴雨连绵，湿冷湿冷的；到了夏季，天气又非常炎热，浑身就像水涝的似的。其次是也没有看见树上一串串的香蕉和一排排的椰子树，心里凉了半截。

当时，人人都要改造世界观，天天要“斗私批修”，在五七干校这个大熔炉里每个人都要锻炼和改进自己。就这样，我也融入了这个大集体中，进入了五七干校办的五七中学，我们的父母大多是来自中共中央办公厅各个局的国家干部，其中有信访局、秘书局、交通局、机要局、档案局、编译局等，我们从小生长在北京这个大城市，很多人都在毛主席身边、中南海里长大，过着很优越的生活。来到五七中学，对我们每个人来说都是重新开始。

记得刚走进五七中学时，连床都没有，我们睡的都是稻草铺在地上的大通铺。当时，干校还在发展建设中，各方面条件都很差。我们睡过没有玻璃窗、没有门的屋子，用稻草编的窗帘来遮挡窗户，也当作门帘。晚上睡到半夜，有时猫狗跑进屋里来，江西的蛇也很多，有时会顺着窗户往屋里爬，我们是提心吊胆地度过每一天。

◎ 作者（前排左二）与三车间同志在红壤山

在“自己动手、丰衣足食、艰苦奋斗、白手起家”的号召下，我们也和老五七战士一起修大堤、盖房子、拉沙子、搬砖瓦、担河泥等，我们娇嫩的臂膀被这些河泥、沙土磨得又红又肿，有时水泡磨破了直流血。到了冬季，几乎天天下毛毛雨，因路面都是水和泥，棉鞋穿不了，只能穿各种防水鞋，手、脚、耳朵全是冻疮，又痒又疼，难受无比。晚上该睡觉了，被窝里湿凉湿凉的，到早晨醒来，手脚还没暖和过来。褥子每天都跟尿了似的，很多东西都发霉长毛，箱子、抽屉等凡是有铁的东西都生锈。到了夏季，人又热得受不了，恨不得扒一层皮，蚊子天天都把我们包围起来，不知什么时候头上、身上的大包就会肿起来，手中扇子不停地摇也抵挡不住蚊子的袭击。每次上厕所，回来都有收获，不管怎么千注意万小心，还是让蚊子钻了空子，身上的包连成串，痒得让人受不了，经常抓破化脓感染，伤疤一个接一个。在这炎炎烈日的火炉里，热得我们吃不下饭、睡不着觉，日子真难熬啊！

那时，我们过的是集体生活，不让我们每天回到父母身边。有一天，我和几个同学还偷偷地跑回了家，还没来得及高兴，又被叫了回去，狠狠地挨了一顿说，还要写检查，这就是无组织无纪律的表现。在五七中学的日子里，还有军代表来管理我们，军事化训练很严格。一会儿齐步走，一会儿正步走，手臂不是甩高了，就是甩低了。一天下来，腰酸腿疼，有时夜里紧急集合，要求被子叠成豆腐块儿。这些，对于刚从城市来的我们来说真是太苦了，但谁也不能说一个“苦”字。每晚红哨兵总结还要狠斗“私”字一闪念，克服资产阶级臭思想，自觉地改造世界观。在干校的父母被称为老五七战士，而我们则被称为小五七战士。学校为了更好地锻炼我们，便将中学一个排的学生分成几个组，安排到各个连队，向老五七战士学习，边学习边劳动。那时，我们在一个稻草棚里学习文化课，经常是上着半截课，就听见外边喊，“拖拉机陷下去了”，我们便暂时停课，和老五七战士一起将陷在稻田里的拖拉机拉上来，带着满身的泥土回到草棚继续学习。这样的情景有时一天不知反复多少次。我们有时肩上扛着铁锹走在泥泞的田埂上，不知要摔多少次跤，爬起来还要继续前进。到了夏季，又是收早稻、种晚稻的时节，我们称作“双抢”。天气非常热，地面和田里的水直烫脚，我们都是咬着牙才走到田里，气温比人的体温高出许多，隔着衣服，身上都能晒出水泡，晒得身上直脱皮，晚上头顶着星星月亮才收工。在劳动中，又是让我们用手抓牛粪往田里撒，锻炼我们不怕脏和累；又是让我们用手去抓虫子，从小在父母身边生活的我们，对非常小的虫子都恐惧，何况是稻田里的大肉虫和蚂蟥。但经过一段时间的锻炼，我们也敢用手去抓了……以上这些艰苦的生活，也只是说了一部分，十年的五七路，要说的太多太多了，回想起我们亲身经历的这些苦与乐，真是终生难忘啊！

在干校的日子里，每年的五一劳动节都是春耕农忙的时候，要抢时间把水稻种下，我们也和老五七战士一起战斗在农田里。这时候的天气经常是大雨滂沱，我们身穿雨衣，头戴斗笠，满脸的汗水和雨水交织在一起。

“五十米不抬头，一百米不直腰”的口号鞭策着每一个人，你追我赶，谁都不甘心落后。干着干着忽然传来了歌声“站在青岚湖望北京，心中一轮红日生，青岚湖离北京万里远，我们和毛主席心连心”，这边的歌声刚落，就听见那边也拉歌，“××来一个”，“大雨落幽燕，白浪滔天，秦皇岛外打鱼船。一片汪洋都不见，知向谁边……”拉歌的气氛越来越浓，大家的干劲也越来越足，突然目标又转向了我们，只听有人喊：“小五七战士来一个。”我们也不在话下：“下定决心，不怕牺牲，排除万难，去争取胜利……”嘹亮的歌声回响在青岚湖畔的田野上，时间过得真快呀！到了田边回头一看，一排排、一行行绿油油的稻苗像绿色的地毯一样铺在了我们的田野里，好美呀！这就是我们和老五七战士一起在干校时度过的五一劳动节。

与天奋斗、与地奋斗，我们苦中有乐。这个大熔炉锻炼了我们的意志，使我们在大风大浪中成长；让我们增长了知识，学到了很多在城市学不到的东西；克服了我们身上的娇骄二气，把我们从不懂事的孩子锻炼成了政

◎ 笔者（后排左二）与小五七战士们在井冈山

治上、思想上、生活上各方面逐渐成熟起来的接班人。在干校中，我们最爱唱的一首歌叫《我们是小五七战士》。我们走到哪里，唱到哪里。在我们的校园里，在五七干校的大堤上，在进贤县城的大街上，在去往韶山的火车上，在长沙、株洲的城市中，我们都在放声高唱，不时引来很多本地的老表，像夹道欢迎我们似的。我们小五七战士更神气了，挺胸抬头，迈着整齐的步伐，精神抖擞地用嘹亮的歌喉高唱："我们是小五七战士，生长在毛主席的身边，五七指示照耀着我们，五七道路广又宽，毛主席开辟了革命的路，接班任务我们担。不忘阶级苦，不忘创业难，继承革命的传家宝，艰苦奋斗代代传，永远跟着毛主席，五七路上永向前。我们是小五七战士，战斗在青岚湖畔，五七指示照耀着我们，五七道路广又宽，毛主席开辟了革命的路，继续革命永向前。我们骨头硬，我们意志坚，坚决办好五七中学，五七路上永向前……"这首歌伴随着我们小五七战士走过了四十年，每次聚会，我们这些当年的小五七战士都会放声高唱这首歌，随着动听的歌声，我们仿佛又回到了当年的五七路上。

运动会上竞风流

李　伟　黄志平

五七中学的运动会开过两次，一次小型的，以集体项目为主；一次大规模又非常隆重的，举办于1972年。

当时在校的是一排、二排和小三排。刚开始是大家自愿报名，可临近运动会时才发现，有的体育项目竟然没有人报名。李伟是我们排的体育委员，就分别找没有报名的同学了解体育特长，耐心地做思想工作，动员并鼓励他们参加。在李伟同学的努力和老师的帮助下，我们排的全体同学（身体欠佳的除外）基本都报了名。

但是临比赛前夕，同学们产生了焦虑情绪，许多人要求推迟一下再比赛。老师们做工作，说运动员在临赛前也会有很大的心理波动，患得患失，这是一种很正常的心理反应。只要放松心情，认真准备，并注意临场发挥就好。果然，比赛开始后，什么怕不怕就全抛在了脑后，一股劲儿地往前冲往前争。

当时的运动场地空间很有限，设置的项目有跳高、跳远、铅球、铁饼、手榴弹、短跑、中长跑、长跑、接力赛，还有以排为单位的拔河比赛。

在田径赛项目中，我们排男子跳高第一名是王洋同学，剪式跳一跃而过，第二名是李明同学。男子跳远的第一名是李伟同学，于速荣同学取得第二名的好成绩。女子跳远的张纪东同学也是第二名。男子铁饼第一名是李明同学，女子铁饼第一名是王莉同学。女子铅球成爱兵同学获得第一名，王莉同学获得第二名。男子手榴弹的第一名是李明同学，投出了85米的好成绩，女子手榴弹的第一名是吴绍菊同学，投出了40米。

在竞赛项目中，我们排的男子100米短跑第一名是李伟同学，200米短跑的第一名也是李伟同学；女子100米短跑的第一名是郭玲玲同学，200米短跑并列第一名的还有荷铭同学。男子400米跑的第一名是于速荣同学，女子400米跑邱玉静同学获得第二名。女子800米中长跑梁建毅同学夺得第二名。在男子3000米的长跑中，我排也有几位同学取得了不错的成绩。

在200米短跑比赛中，荷铭同学并没有报名，也不知是谁给她报上的，她就这样上了跑道并全力向前冲，取得了并列第一的好成绩。当时，王建军老师站在终点，说道："别看荷铭平时蔫不拉唧的，关键时刻还跑得挺快！"在女子800米的比赛中，我排的梁建毅同学一直领先，但在冲刺的瞬间因不会挺胸，就变成了第二名，就差零点零几秒啊！男子铁饼和手榴弹项目第一名是李明同学，在取得好成绩后他谦虚地说："是贾老师教得好，再加上为方便同学们洗碗，天天吃完饭在井边摇辘轳打水，胳膊还是有点力量的！"

在集体项目中，一个是接力赛，一个是拔河比赛。在女子4×100米接力赛中，我排梁燕、张纪东、邱玉静和郭玲玲四位同学配合默契，接棒完美，全力冲击，获得了第一名。当时跑最后一棒的郭玲玲奋力冲向终点后，其他三位同学不约而同地奔了过去，拉着手笑着跳着，我排的同学也激动地欢呼着。

拔河比赛是男生和女生分开举行的，规则为三局两胜。男生拔河我们排以2：1战胜了二排。第一局我排胜，第二局二排胜。在第二局中，两排相互较着劲僵持着，在坚持了几下后还是被二排拉了过去。短暂的休息时布置战术，第三局一开始就没有给二排任何喘息的机会，在啦啦队的呐喊声中，个个涨红了脸、铆足了劲，一鼓作气，同时使劲儿往后拉，直到胜出。

我们的战术是，前面一两位同学要有脚跟抓地的牢固劲，要使脚踩在地上如同粘住了一样，陈春慧同学有这样的能力，所以站在最前面。拔河最怕绳子一摆人跟着晃动，失去往后的拉力，所以在最后面要摆个大体重的同学，这又非李伟同学莫属，其他同学则穿插排在中间。

我排女生拔河也采用了这个战术，而且听从指挥口令，让稳住就身体往下坐，让蹲下就几乎斜躺下蹲，以消耗对方体力。大家心往一处想，劲往一处使，手上使劲拽，脚下用力蹬，为了集体的荣誉而战，趁双方还处于胶着状态，共同发力，勇夺第一。赛后郭玲玲等人在喊累，但开心的情绪很快就把累抛掉了。

这次拔河比赛的教练和啦啦队队长是周老师，啦啦队的成员是我们排没上场的同学，所以说，拔河比赛取得好成绩也有啦啦队的功劳！

在这次运动会上，我们一排的总成绩是131分，超越了二排和小三排两个排相加的总成绩。这说明我们排重视这次运动会，也反映出我排同学们参与的热情和团结的力量。

五七中学片段拾撷

王　瑗

回忆的思绪被小五七战士的聚会打开了，但是思绪是跳跃的，是一个个的片段。努力使回忆完整些、系统些，但似乎很难做到，只能把一些片段先拾撷起来。

六连小高地

1970年3月初，我们十几个同学被安排到六连准备参加“春插”，驻在离六连连部不远处的一个小高地上，有两间草房分别作为男女生宿舍，一眼没有辘轳的水井，井里的水呈土黄色，但比稻田里的还清澈一些。

田埂好似鲤鱼背

江西的早春几乎看不到太阳，总是淅淅沥沥地下着小雨，偶尔雨停了也是阴着天。

我们十几个同学驻在小高地上，通往连部没有道路，每天出工劳动、政治学习、三顿饭往返都要走很长的一段田埂，大约二百米。这是我们到进贤后的第一个春天，第一次下水稻连，第一次在雨中走田埂。田埂约三十厘米宽，浸润在雨水之中，像抹了油似的又窄又滑。刚开始我们都穿着鞋，不习惯赤脚，摔跤是家常便饭。越是小心翼翼，一步一步慢行，越要摔跤，一摔就从田埂跌到水稻田里。摔了一个跟头，爬起来还没有站稳，又摔第二个，有时接连摔几个跟头。何立秋的脚大而宽，身体灵活，动作灵敏，他率先赤脚走田埂，落点轻巧，始终保持不摔跤的记录；曹小宁个子高、腰杆直，步履大而重，还总穿着齐膝的高筒雨靴（在当时这可是奢侈品），不摔他摔谁？大家公认的“摔跤冠军”当属曹小宁。一次，我和张小莲从食堂返回小高地，为避免摔跤，我俩一手牵着一手拿着饭盒艰难前行，不知是谁先滑倒，把另外一个也拽倒了，只记得我俩的饭盒都扔到了田里，勺子也找不到了。此后，我们干脆把饭盒放在食堂的架子上，不再带回宿舍。每天收工的时候，大家一个接一个在田埂上行走，如果有一个人摔倒，后边的人一分神，还来不及笑话前面的人，自己也就摔到田里去了。有时一摔就是一串，个个浑身是泥水，狼狈之相可想而知。

等到“春插”结束时，大家习惯了赤脚，走田埂的能力也提高了许多，连曹小宁也基本上不摔跤了。

漏雨的草屋和炭火炉

小高地的宿舍是泥坯墙壁、稻草屋顶，女生宿舍放了四张上下床，我的上床是杨宝玲，同宿舍的还有王宪民、杨博光、朱秀玲、张小莲、孟繁荣。“春插”期间天天下雨，我们住进宿舍没两天屋顶就开始漏雨，只好放几个脸盆接着。杨宝玲床头的位置漏得厉害，只好在上床铺一块塑料布，宝玲还用几根小竹条在上床沿边支出一截，以便塑料布铺得比下床宽一些，雨水不至于流到下床。我和宝玲同睡在下床，整个“春插”期间几乎都是这样进入梦乡的。每天清晨，上床的塑料布积了一些漏进来的雨水，我们俩抻着塑料布把这些雨水倒在盆里，“哗啦”一下子，有时会有少半盆。当时是这么形容的：“外边大下，屋里小下；外边不下，屋里还下”。

小顾老师与我们几个女生同住在草屋宿舍里，由于总是下雨，衣服、鞋经常是湿的。不知道小顾老师从哪里找来一个小泥炉子，点燃一些木炭，放在草屋中间，让我们烤被雨水打湿的衣服。记不清是孟繁荣还是谁，烤着棉衣睡着了，把棉衣袖子烤煳了，我们闻到煳味才发现。当时，小顾老师带着我们围坐在炭炉边烤衣服，在那个阴冷的春天的夜晚，给我们这些刚刚离开家参加劳动的十四五岁的学生带来了几丝温暖和关爱，至今不能忘怀。

整秧田

我一直清晰地记着这个日子：3月6日。上午一出工，小顾老师就宣布，今天要派人和老五七战士一起去整秧田，这是我们第一次下水田，大家都跃跃欲试，她很快就指派了三个人：齐建国、孙燕龙、王瑗，就我一个女生，我觉得很高兴。3月6日正值早春，料峭寒意笼罩在秧田上，我穿着棉袄，把绒裤尽量往上卷。到了待整的秧田边，老五七战士给了我们一些凡士林油，嘱咐我们抹在腿上。这时我才注意到，秧田里边挨着田埂处还结着薄薄的一层冰。我们的任务是把泥从秧田的高处往低处堆，使秧田泥土水平，然后再用铁锹挑出一条一条沟，把一大块秧田分整为一畦一畦的长方形小区域，以便撒种。那天干了多少活说不上，只记得刚下到水田里时，泥水冰冷刺骨，不一会儿双脚便失去知觉不听使唤了，每移动一步腿脚就感到撕扯般的剧烈疼痛，凡士林根本不管用。待休息时一看，浸在泥水中的双脚被冻得通红，小腿的上半部分还保持着原色，上下有一道明显的分界线，可谓红白分明。

整秧田的经历仅此一次，冻脚的感觉刻骨铭心，至今不能忘却。此后多年，每逢3月6日我常常会想到1970年3月6日的感觉。这真是一次实实在在的历练。

盛夏到韶山

向塘的蚊子

1970年“双抢”结束后，五七中学组织我们这些小五七战士到毛主席的家乡——韶山，用意应该是通过参观学习对我们进行革命传统教育。这是我们到江西后第一次离开进贤出“远门”，现在看来是一次旅游啊！心中自然是充满着期待与兴奋。

记得从进贤出发后到向塘转车。由于这是到江西后的第一个夏季，很多同学的腿和脚被蚊子咬后红肿、发炎，我的双腿已经开始流水、溃烂。到达向塘已接近傍晚，坐在车站候车室的座椅上，成群的蚊子不断袭来，挥之不去，拍之不及，好像是在薛小粤的建议下，几个同学穿上了雨衣，我带的是军用胶雨衣，虽然厚重，为了抵御蚊子的“进攻”也只好穿在身上，双腿还要不停地抖动，防止蚊子降落。杨宝玲带了一小盒清凉油，拿出来让我们抹，似乎也只能管用几分钟。向塘的蚊子实在太厉害了！“进攻”能力极强，即便是在雨衣和清凉油的“武装保护”之下，我们依然是防不胜防，屡屡挨咬，腿上的红肿迅速发展。上车后，我终于发起烧来，金大夫诊断是由双腿炎症恶化引起的，随即安排用药。到达韶山后，我依然高烧不退，两条小腿都是烫的。金大夫的治疗手段升级了，给我打了两针，这在当时是不低的“待遇”，效果自然明显。

◎ 笔者与五七中学同学韶山合影

毛主席的亲人

去韶山之前，我是知道杨开慧的，但对毛主席家庭的其他成员则知之甚少。在这次的学习参观中，我第一次得知，毛主席有六位亲人为中国革命献出了宝贵的生命。这在当时对我内心是很大的震动，因而印象也十分深刻，至今都不曾忘记他们的姓名：杨开慧、毛泽民、毛泽覃、毛泽建、毛岸英、毛楚雄，真是满门忠烈啊！也是在那个时刻，第一次对“为有牺牲多壮志”有了些许朦胧的感悟。现在回头来看，那时的革命传统教育还是很有作用的。

冰棍事件

从韶山返回的路上，在株洲转车，由于候车室狭窄，就到车站广场上候车。这可是离开北京城到江西农村后第一次来到城市，看到广场上有卖冰棍的推车，虽然小贩叫卖的声音与北京不同，但还是感到那么亲切、悦耳，毕竟很久不曾听到了，很是兴奋。不少同学纷纷解囊，翻出钱来想要大快朵颐，我没有犹豫就冲上前去，嘿，不但有冰棍，还有奶油雪糕，真高级！当然要享受一下。正在同学们陆续品尝冰凉甜美之际，我们的集合哨子吹响了，指导员挥着手，示意大家立即集合，按排、班站队。有的同学急忙扔下啃了几口的雪糕，有的还叼在嘴里舍不得丢弃，我的雪糕刚刚进口三分之一，只好忍痛丢掉。

品尝冷饮的愉悦还未来得及充分享受，马上又陷入疾风暴雨般的批评之中。先是指导员要求，凡是买了冷饮的同学都要站出来（当众出丑），紧接着就是一场严肃的训话："资产阶级思想""留恋城市生活""追求享受""经不住考验"……要求我们这些犯了错误的同学在班级做最深刻、触及灵魂的检查。当时的我，内心充满了慌乱、自责和负罪感。对这次冰棍事件的深刻感受，至今回忆如初。现在想起，可以视作对自己的一次磨砺吧。

寻觅江西记忆

孙晓勤

离开江西进贤已经44年了，随着时间的流逝、年龄的增长，许多事情渐渐模糊起来。2019年是赴赣50周年，大家聚会重温那段青葱岁月，点点滴滴的记忆慢慢浮现于脑海中。

中学报到第一天

1970年1月，五七中学成立了，记得报到的那天，在回家的路上经过一个村子，遇见几只大狗，见到我们“汪汪”乱叫。我们第一次见到狗，被吓得魂飞魄散，撒腿就跑。这几只大狗见我们跑，叫得更欢了，咆哮着追了过来。我猛然间想到，听说弯腰捡石头狗就害怕，我马上弯腰假装捡石头，果然，刚才还在狂奔的狗一下子停住了，站在原地继续狂吠。我们几个见状，赶紧往财干校的家里跑，狗见我们跑进了五七学校的地盘，也就不追了。第一次体会到，这招还真灵，弯腰吓唬狗的这段经历至今印象深刻。

睡地铺

五七中学设在进贤中学里，刚开始只有两个排，后来人多了，很快就变成了三个排。我们主要集中在一栋二层小楼里，一楼是教室，二楼是宿舍。

记得一排女生住在一间大教室里，没有床，就在屋里的地面上铺满稻草，墙上贴着每个人的名字，我们将褥子铺在稻草上面。我的左边是梁燕，看着眼熟，原来她家是二连的，也住在财干校。前几天还见她在财干校里跳《草原上的红卫兵见到毛主席》，舞姿优美，体态轻盈，人如其名。右边是张民，皮肤白皙，不爱讲话，床铺收拾好，她爸要走了，张民抹眼泪哭了起来。她是第一次离开家在外面住，她爸又哄了半天才止住哭声。同机关的郭玲玲睡在我对面。记得一位同学的妈妈送她来，看见大家睡稻草，说天太冷，铺得太少了，便跑到楼下抱了一捆稻草，铺在她孩子的铺下面，发现门后放着尿桶，又找了一个东西挡住。见到此景，我心里特别羡慕，这位妈妈心真细，对孩子可真好。

那时我还不到12岁，住校太好玩了，感觉特别有意思，没事就拿着一个玩具小口琴吹，先练简单的《东方红》。没过几天，隔了几个铺的一个同学说我吵到她了，为这鸡毛蒜皮的小事骂我，我也反击对骂了起来。吵了几次架后，才知道这个白白胖胖的女生叫屈彩霞，我俩还在一个班。俗话说不打不成交，打那以后，我俩竟成了无话不说的好朋友。

建校初期的几位老师

中学建校后，那时半天学习，半天劳动。一排同学的年龄相差1岁到3岁，五、六年级和初一的混合在一起，学校请了许多有经验的老师讲课。

记得孙老师教语文，他曾经在中南海教书，带着浓浓的口音给我们讲古诗文，“平平仄仄仄平平”。为了活跃气氛，还连唱带跳地给我们表演延安大生产时的歌曲。有一天，几个淘气的男生用瓶子装上石灰灌上水玩，结果爆炸了。这一事件轰动了五七中学，大会小会都要批判那几位同学。我们当时不清楚具体原因，孙老师便绘声绘色地描述了整个事件的细节。现在想想，这几个男生可真聪明，那么小就知道化学反应了。

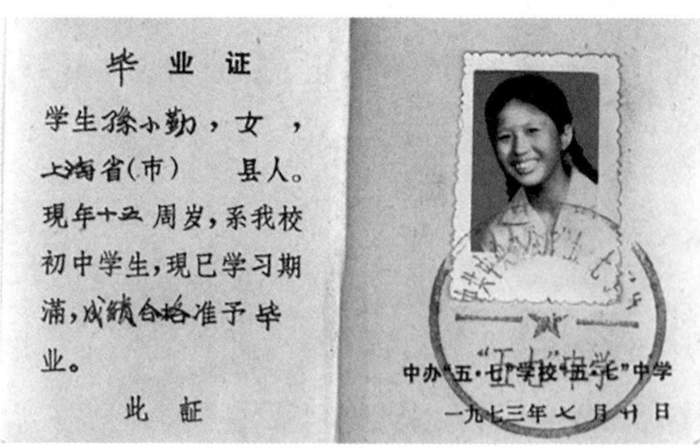
毕业证

学生孙小勤，女，上海省(市) 县人。现年十五周岁，系我校初中学生，现已学习期满，成绩合格准予毕业。

此证

中办“五·七”学校“五·七”中学

一九七三年七月廿日

◎ 笔者的五七中学毕业证

何兰英老师具体教什么我记不清了，但记得在五七中学劳动时，需要在学校墙外的砖厂挑河泥做砖坯，我们只能挑半簸箕，何老师能挑满满的两簸箕，只见那竹扁担压在肩上一颤一颤的，她竟能唱着歌走得飞快，我们都用羡慕的眼光看着，心想："何老师真棒！"干了一阵子就听见"咔嚓"一声响，何老师的扁担断成了两截，那一幕我记得特别清楚。后来何老师调走了，五七中学上山后才又见到何老师，原来她和教物理的申老师结婚了，成了一家子。

陈凤霞老师教数学，分子、分母、小数，刚好在北京的小学里没有听过，让我学到了新知识。陈老师的字很漂亮，特别是写10个阿拉伯数字，后来才知道那是机要特色。忽然有一天陈老师成了"五一六分子"，不给我们讲课了。"双抢"时在"五七·六"高地看见了陈老师，我还叫了她，她也不敢答应，躲在一边。在那个运动频繁的年代，每个人的命运都变幻莫测。

脸盆洗被子

过上集体生活后，衣服、鞋子自然都要自己洗，我也学会了洗衣服、洗鞋子。有段时间，排里的女同学兴起了洗被子，有的女生还会缝被子。看见大家忙乎，我也学着洗被子。夏红和我是一个班的，只比我大半岁，不但学习好，生活常识也比我懂得多。她教我用搓衣板，还给我做示范，她的两条小辫随着脑袋来回摇晃摆动，唰唰唰，双手有节奏地上下搓着被子。用脸盆搓完后，告诉我到水塘里去投。那时井水很宝贵，轻易不让用。记得那次指导员王力军看见了，说我怎么用脸盆洗被子啊，投不干净的，又见我笨手笨脚不会投的架势，主动接过被子，在水塘里投了起来，边投边说，洗被子一定要用大盆，不能用脸盆。后来我妈知道了这件事，直笑话我，说我怎么那么傻，用脸盆洗被子，但是也高兴我懂事了。她应该明白，我到哪里去找大盆呀？以后我再也没有用过脸盆洗被子，被子脏了就背回家用大盆洗。

考高中

1973年7月，经过三年的学习劳动，我们从五七中学毕业了。对于我们这些孩子的去向，大人们很是操心，太小了，怎么下连队啊！我是特别愿意下连队劳动的，但是家长不愿意。那时候还有一条出路，就是在当地上高中。估计五七学校与进贤县教育局联系了，让我们这批毕业生参加高中入学考试，记得考了数学、语文、政治三门，据说是50%的录取率。很荣幸，我考上了，可是我并不高兴，特别想下连队锻炼。但是，我爸特别高兴，终于松了一口气。那时候真不理解大人的心理，那个年月谁还愿意学习呀！后来明白了，人在学知识的时候就该去学习，这段经历是不可或缺的。

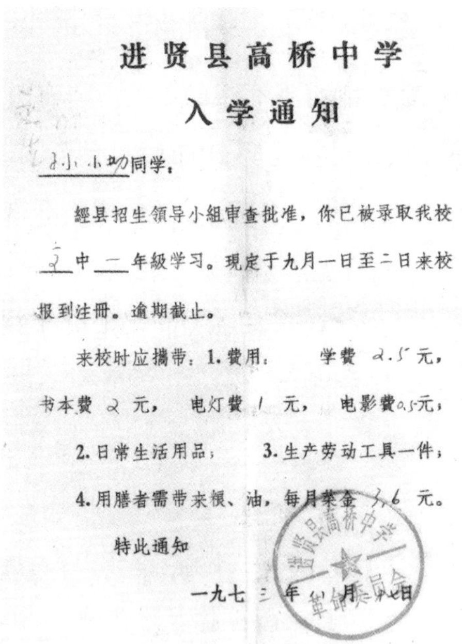

进贤县高桥中学

入学通知

孙小[illegible]同学：

經县招生領导小組审查批准，你已被录取我校[illegible]中 一 年級学习。现定于九月一日至二日来校报到注册。逾期截止。

来校时应攜带：1. 费用： 学费 2.5 元，书本费 2 元， 电灯费 1 元， 电影费 0.5 元；2. 日常生活用品； 3. 生产劳动工具一件；4. 用膳者需带来粮、油，每月菜金 3.6 元。

特此通知

一九七三年[illegible]月[illegible]日

◎ 笔者的高桥中学入学通知书

“鸡嗉霍乱”

1970年初，五七中学分家了，一排驻扎在红壤山九连所在地。每逢周六，我们唱着歌，沿着公路徒步20里回到山下的家。后来九连搬走了，十连上山了，我家住在了红壤山。

大概从1973年或1974年开始，山上各家开始养鸡。我爸带着我妹妹坐火车到进贤县城赶集，从集市上买了几只刚出壳的小鸡。我们给它们分别起了名字：胆小鸡、小乌鸡、圆眼鸡、小脑袋鸡、小白鸡。我经常去张王庙火车站那里的粮库买稻谷喂它们，为了让小鸡长得壮实，我妹妹一有空就到草地里抓蚂蚱。几只小鸡噌噌地长个儿，很快就下蛋了。那时候，家里有煤油炉子，我们经常改善伙食。

忽然有一天，周围几家的鸡都病恹恹的，吃进去的食物堵在嗉子里，鼓鼓的，硬硬的，下不去，最后就死掉了，原来是得了一种叫“鸡嗉霍乱”的病。各家趁着鸡还没死，又忙着杀鸡。我家有一只鸡也病了，眼看着从小养大的鸡被杀，真心疼啊，小妹妹哭了，鸡肉一口都没吃。

在弥漫着“鸡嗉霍乱”阴影的家属区，只有志平家的鸡没事，当时我们很奇怪，经打听才知道，原来是他爸爸黄老师给病鸡做了手术。我曾亲眼见过黄老师做手术，先拔掉鸡脖子上的毛，再用碘酒消一下毒，拿小刀在鸡脖子上划上一刀，找到鸡嗉子后再划一刀，开口后把堵在里面的东西都掏出来，撒点药再缝上，经过手术的病鸡很快就恢复健康了。那时真佩服黄老师，既能当老师教数、理、化，又能当兽医给病鸡做手术。如果早些知道做手术这件事，我家的鸡也不会被杀掉了。

择韭菜的故事

1973年秋，考上高桥中学后，我就住在家里了，每天早晚在食堂吃饭。那时十连食堂经常吃韭菜馅包子，由于人手不够，韭菜择不过来，就在食堂门口的空地放上一堆堆的韭菜，让大家饭后择。我们那时候最烦择韭菜了，有一次我们姐仨逃避劳动，没有择韭菜，结果中午开饭，食堂韩大厨居然不让我们吃包子，也不许大人给我们包子吃。记得还有一次，沈眺叔叔的小女儿沈鸿劳动了，大女儿沈雁没劳动，沈鸿给了姐姐一个包子说：“你可以享受我的。”其他人看着眼馋，也发议论：“沈雁没劳动，不能吃包子。”说得沈雁不好意思了，把包子扔回妹妹碗里，大声说道：“我不吃你的糖衣炮弹。”沈鸿当时就气哭了。那天中午没择韭菜的小孩只能吃米饭。为此事，我爸还去食堂理论了一番，晚饭我们才吃到剩包子。

十连的业余生活

五七学校的生活虽然单调，但是在年轻人居多的十连，业余生活还是搞得很热闹。记得连里利用晚上时间请黄老师教数学，还有小青年找我爸学习修理半导体收音机。

那时广播里经常播放新歌，电视电影里那些好听的歌，很快就有人学会唱了。十连经常组织文艺演出，食堂里面有一个舞台，梅梅、刘东平等这些曾在五七中学宣传队的积极分子，经常活跃在十连的舞台上，表演唱歌、跳舞、快板、小话剧等。

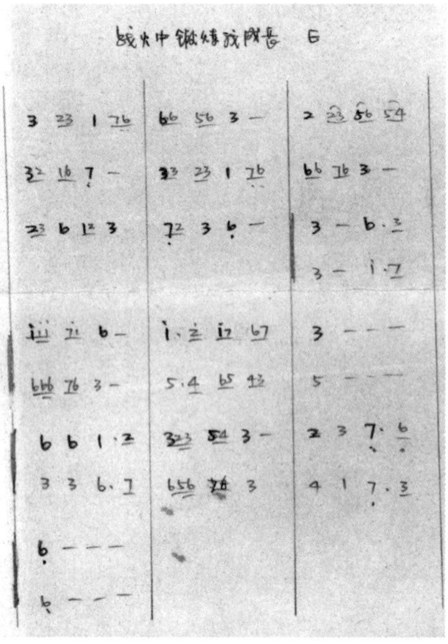

◎ 当年的歌片乐谱

我父母所在的一车间也是人才济济，每次演出都非常精彩。车间里有“五朵金花”——郑和平、李晓玉、牛淑玲、杨汉平、张虹，再加上夏群阿姨和我妈，唱歌、跳舞很是热闹。一车间还有个小乐队，张红敲扬琴，林文山叔叔拉手风琴，我爸拉大提琴，每次演出我都特别羡慕地看着，还特别喜欢听那大提琴的伴奏声“嘣咚……嘣咚……嘣咚……”至今我依然保存着我爸当年演奏时的乐谱手稿，斯人已去，只留下深深的怀念。

红壤青岚撷英

吴京京

距离进入五七学校一晃50年了，有些记忆模糊了，有些却仍清晰，现在摘几片红壤的绿叶，捧几朵青岚的浪花，是为纪念。

参加创建红壤山五七小学

1969年11月29日，我们到了进贤县张王庙，自由玩耍没几天就要办红壤山五七小学了。

小学校舍是红壤试验站的一个“凹”字形平房建筑。从公路边上的住处走很远，穿过铁路，路过十二连，到九连食堂再左转，走一段路就到了。没想到的是，小学校里只有房子没有桌椅，还要自己带上小板凳，用膝盖当作桌子上课。

上学没几天，赵朴老师就带着我们几个个子高的孩子开始建校劳动了。我记得有冯京安、黄明路等人。记不清是从哪儿弄来的麦秸稻草，在小学

◎ 一排同学们的毕业合影

旁边挖土，掺上切碎的麦秸稻草，倒水和泥打土坯。一个四方形的模具里放上搅拌好的泥巴，而用石头墩子一下一下地砸结实。赵朴老师示范，用脚后跟将那四方模具的后板往后一磕，后板就开了，另外三块模具板也开了，一块土坯就做好了。等我照着赵老师的示范，也用脚后跟往后磕那后板时，哎哟！脚后跟生疼生疼的，原来赵老师穿的鞋鞋底很厚，他是用鞋底往后磕，而我穿的是薄布鞋，那是用后脚骨往后磕呀！

将土坯制好晾晒好，赵老师又带我们去县中边上的五七学校木材场拉回木板木条和钉子，在老师的指导下，量好尺寸，锯好木板，钉好木条，再往一垛一垛的土坯上一放，课桌就有了！

只可惜课桌我一次也没用上，因为五七中学创立了，又让我去那里上学。1970年1月1日，我们一群学生在一个连领导的带队下，从红壤山步行了20多里去进贤县中学。这时，离我13周岁生日还差两个多月。

在县中的日子

五七中学在进贤中学旧址一共存在了近4个月，后又分散办学了。

这几个月的县中生活，可谓有滋有味，是在五七学校8年多的时间里最为美好浪漫的！

可能是刚建的缘故，一切都还没来得及规范，也可能是“左”风还没顾上刮到这里，感觉不到政治上的压力，无人过问谁家问题，一切都处于无拘无束的放松状态。学习上没什么要求，也没上过多少课，劳动却是孩子们的最爱，如同笼中鸟急着放飞一般冲向大田。阿尔巴尼亚电影《宁死不屈》的插曲，回荡在中学的每一个空间，至今还能吟唱：

快上山吧勇士们！我们在春天加入了游击队，敌人的末日已经来临，我们祖国即将获得自由解放！

这一阵真是获得了“自由解放”啊！宛若童话世界，充满浪漫诗意，歌声、口琴声不绝于耳，在楼上楼下院落里缭绕，对于从未经历过集体住宿生活的我，一切都显得那么新奇。

须知，那时大人们都在受苦受累地劳作，这里却是另一番景象，刚好印证了那句老话：“少年不知愁滋味。”

当时在县中吃过的几种食物，我还记得很清楚：

一个是鱼头炖鱼子。不记得吃过整条鱼，估计买这些鱼头鱼子便宜，所以常能吃到。鱼头切碎，再与鱼子乱炖一锅，现在想起还能感觉到那个香！还有就是炒胡萝卜，北京去的孩子大都不愿意吃，说有股子味道。记得老师上课时还讲过吃胡萝卜有营养，要忆苦思甜，不要挑食，但一碰上吃这个菜还是剩下不少。剩下了的就随便吃，我倒觉得挺好吃，每每这时就会盛上一大碗。再就是常吃一种“盖菜”，长得粗枝大叶，很是繁茂，如同烟叶一般，但吃起来有股苦味，大家都不爱吃。后来才知道这是芥菜，本地人把“芥”字念成“盖”，如同把“解放军”叫成“改放军”。

在县中时还有一件事我印象颇深。当时班上有几个男生，我记得有白建国（老玩意儿）、刘谦等人，把生石灰装进瓶子里，再灌上水堵住瓶口，扔到教学楼旁边的池塘中炸鱼，老师知道后把这几个调皮的男生好一顿批评，还开全班大会要他们作检讨。可我心里却对这几个男生佩服极了：他们怎么知道这个化学反应呢？这件事可以说是对我的化学启蒙。

啊！红壤山

记得是在1970年秋天，分散在各连办学的学生集中到了红壤山，要在这里集中办学，那是五七中学的全盛时期。

我记得在红壤山上，五七中学有130亩花生地、10亩菜地，还有一片果园。除了上课和去农业连参加“双抢”，学生们还经常在学校的地里劳动。

◎ 红壤山上挖树坑

不知什么原因，排里选我负责菜地育苗，由中学食堂管理员郝师傅带领。

苗圃有两处，一处在新教室前面，一处在学校厕所边上，菜地里偶尔也弄几畦苗圃。

菜籽种子颗粒很小，要想用手播撒均匀真不容易，我有时就把菜籽放进嘴里，含上一口水后再使劲喷到土壤上。我育过茄子、油菜、西红柿、辣椒苗等，油菜苗尤其育得最好，可能这种苗好育吧。

记得有一次，郝师傅让我准备好，十二连第二天要来中学取油菜苗，因为他们的油菜苗没育好，让中学支援一下。当时我心里可美了，也很自豪！就像那个年代的中国，即使自己的日子很紧，也仍要勒紧裤腰带支援亚非拉革命！

第二天十二连来了七八个人，一人挑走了一担。

排里当时安排李伯浪、李小南来帮我。我们从坡下水塘挑水上来浇菜苗，他俩个头小，每人挑一副小桶；我个子高，挑两个大木桶。一有劳动安排，别的同学去别处干活了，他们俩就来苗圃帮我育苗。当时给小菜苗施肥，底肥用的是中学猪圈里的积肥，还有就是人粪尿。小菜苗幼嫩，不能直接用粪勺浇水，要用喷水壶，但掺上人粪尿的水容易堵住喷头，我们就把那莲蓬状的喷头拔下来，用一只手斜搭在喷壶口上，减缓水流量，让水流形成扇面，缓缓地往菜苗上浇灌，这样就弄得满手是粪便了。按现在说，这极不讲卫生，而那时叫不怕脏不怕累，叫“庄稼一枝花，全靠肥当家”。

还记得当时红壤山上老停电，一停电晚自习就得点煤油灯，第二天起床一洗脸，鼻孔全是黑的。

老师老是讲，哪里正在修水电站，不出几个月电就充足了，不会再停了，我真信了。可是几个月过去了，半年过去了，还是老停电。后来五七学校领导出于对下一代的关怀，从县城至中学拉了条专线，直接由县城向中学供电，自此才基本没再停过电。当年电线杆大多是木头杆，可为五七中学架设电线用的是水泥杆，这在当时江西全省也不多见，可见五七中学的实力，可见五七中学的地位！

在五七中学的三年，上课的时间不多，劳动的时间不少。但这三年所受到的教育却让我受益终身，真要感谢中学的许多好老师！

印象最深的是王建军老师，她多才多艺、心地善良，不仅学生们对她印象特别好，很多家长也对她印象特别好，说她像大姐、像阿姨、像亲人。

我记得志平的爸爸——黄老师教数学，上课带点口音，开始就是：$A^2+B^2+C^2$，$\angle A$、$\angle B$、$\angle C$。还经常让我们拿出一张纸来考试测验，常引来一片惊恐的叹息声。

我记得陈家启老师写得一手好字，语文课讲得生动诱人。陈老师亲自组织我们排搞花生试验田，还亲点了德英、王少军、李淑香、荷铭、程弢和我参加试验小组。

陈老师拿一叠白纸订了本子，让我做试验记录。他用正楷字题写了封面——“试验田记录本”，意犹未尽，又在扉页用行草写下一段毛主席语录：

“读书是学习，使用也是学习，而且是更重要的学习。”然后郑重地交给我。他还经常查看试验记录写得怎么样，弄得我诚惶诚恐。

我记得宋继军老师教化学，同学们本来就不太明白，又记不住讲过的要领，遇题不知如何下手，气得宋老师大声喊：“千变万变不离其宗！千变万变不离其宗！”

我记得申增新老师开始教物理时，讲到杠杆原理，全排很多同学听得如在云里雾里，后来老师一研究才明白——孩子们都太小，没有基础知识，还理解不了物理概念。于是就根据实际情况先停物理课，推迟了一个学期才由申老师接着讲。

我记得周延凯老师后来教我们语文并伴随我们直到毕业。周老师学问好，脾气更好，与同学相处得特别愉悦。记得毕业后刚参加工作时，我还写过一篇作文送给周老师审批，周老师为我写了一大段鼓励的话语，让我在工作实践中加强学习，不断练笔，令我非常感动。

从五七小学到五七中学

刘 源

很多事情，人们不会因为时间的推移而忘却。

那算不上是久远的年代，狂热、迷乱、纷争的十年“文化大革命”，至今还在许多人心中留下了梦魇般痛苦的印迹。而我们这些曾经被称为小五七战士的特殊群体，对那段生活的实际感受却与之不同。

在我们的青少年成长时期，我们未能正常完成学业，损失了一去不复返的大好光阴，这对现代人而言，或许是莫大的悲哀。尽管大人们被压抑的不安情感，曾给我们稚嫩的心灵留下了灰暗的阴影，但是宁静的田园和纯朴的生活却给我们增添了不少的情趣，同时净化了我们纯真的心灵。交织着冷暖苦乐的干校生活，使我们这些花季少年提前感悟到了生命的真谛，获取了人世间珍贵的友谊和精神财富。

岁月流去，少年时代一段割舍不掉的情怀，将成为我挥之不去的永久记忆。

南下

“全国都应该成为革命化的大学校”，这是1966年5月7日毛主席在给林彪的一封信中，向全国人民发出的号召。事隔两年后的1968年10月5日，《人民日报》又发表了毛主席的最新指示：“广大干部下放劳动，这对干部是一种重新学习的极好机会，除老弱病残者外都应这样做。在职干部也应分批下放劳动。”毛主席一声令下，全国上下齐响应。很快，中共中央办公厅在江西省进贤县属鄱阳湖分支的青岚湖畔成立了中共中央办公厅五七干校。中办的各个局，除了少数老、弱、病、残实在去不了的人员，其他干部人员一律背负行装，奔赴这个锻炼人、改造人的“大熔炉”“大课堂”。

1969年1月，中办大批干部和工作人员离开北京，走上了毛主席指引的五七路。

父亲、母亲随着机关的叔叔、阿姨都走了。剩下不满10岁的我和3岁多的弟弟。我们所住的机关大院好像一下子空了似的，几乎全剩下老人和孩子，要不就是没有工作的家庭妇女。也就是从这时起，这些人都没了主心骨。年龄稍长的人，脸上都挂上了难以言状的表情。我被寄养在一位好心的老太太家，我叫她唐奶奶，叫她的老伴魏爷爷。

大半年过去了。1969年10月的一天晚上，已经很晚了，差不多10点的时候，突然大院响起了敲门声。魏爷爷家在最靠近大门的北房里，他闻声开门，只听见门外响起惊喜的声音。我连忙跑出门外，啊！原来是妈妈回来了。

妈妈这次回北京，是接受了干校领导交派的任务，接第一批家属去五七干校。干校连队的领导是在调查了父母所在机关的家属情况并核实后，确定第一批被接家属有二十余户。我家因为在北京没有任何亲戚，我和弟弟年龄还小，尚无自理能力，所以得到干校领导的照顾，批准妈妈此次来完成接家属的任务。将这些家属接到干校落户，也是出于使五七战士们能更安心地进行锻炼改造，扎根五七干校一辈子，解除后顾之忧的考虑吧。

这天晚上我兴奋至极。第二天，我就陪妈妈挨家挨户探访名单中的每位家属，询问他们去干校有什么困难，家属们看上去个个兴奋异常，笑逐颜开，急切的心情不言而喻。毕竟都离开丈夫有近一年的时间了，心中怎能不挂念呢？这些家属们麻利地到派出所、街道办好转户口、转关系以及小孩转学等一系列手续。

1969年11月27日晨，一列满载中央办公厅家属的专线列车，就要启动了。我长到10岁，从未离开过北京，一路上想象着江西进贤，想象着五七干校，想象着那里我全然不知的生活。

南下的列车行驶着，车上几乎全是妇女、孩子，这是第一批奔赴毛主席指引的五七大道的光荣使者。车上你挨着我，我挨着你，没有卧铺车厢。妈妈除了照顾我和弟弟外，还要照顾一个不满三岁的小姑娘，她母亲此次未能亲自来接，所以要妈妈带。可能是认生，一路上她总是哭哭闹闹，一会儿要吃，一会儿要喝，唉！妈妈要照顾整个车厢里的家属，所以有时也顾不上她。还是我给她讲讲故事、说说歌谣什么的，哄着她玩，她才能安静一会儿。

列车走走停停，可能因为是临时加车，在行车路程中，都要让其他过路车先行，路程显得格外漫长。我却不知疲倦，一路上兴致勃勃，看着窗外的山川河流，田野风光。经过三天两夜，直到29日下午4时左右，列车才在江西省进贤县火车站停稳。我们下车后，感觉好像还在火车上，摇摇晃晃的。而后我们这一部分人又转乘汽车，在土路上开了有一两个小时。傍晚，才到达我们的目的地——一个叫红壤山的地方。我这才知道，这就是我们要真正生活的地方了。放眼望去，车下挤着一堆人，我高兴地跳下车。南方的冬天与北京的冬天比起来，差不了太多。我仔细打量，几乎不敢相信，眼前的他们就是我曾经熟知的叔叔阿姨。只见他们每个人都非常一致地穿着洗晒得发白、缝着补丁的军棉袄或蓝灰色棉袄，他们的皮肤是经阳光暴晒后的深古铜色。我在人群中找到了爸爸，他平时话就不多，只是高兴地对我说了声“长高了”。经过一番亲人久别重逢后的寒暄，便各自散去。我和弟弟随同父母来到了自己的家。此时天已经大黑了，伸手不见五指。

家很简单，位居专为家属准备的两排房子北面的一排，这两排房子孤零零地矗立在一个小山包上。家里没有电灯，只能点小煤油灯，一闪一闪的，和北京的家一点都不一样，和我想象的家相距甚远。唉，不管怎样，终于和父母亲生活在一起了，由于一路上兴奋和劳累，很快我就迷迷糊糊地睡着了。

五七小学

一到江西干校，就老听大人们说“山上山下”，这是什么意思？后来才闹明白。原来“山上”指的是红壤山；而“山下”指的是种水稻的地方。红壤山的连队最早有九连、十连、十一连、十二连，后来因九连与十连合并，十一连与十二连合并，所以只有九连和十二连了。

我们来到父母所在的连队九连。

“红壤山”顾名思义，山上的土都是红的。这种红土是酸性的，很难生长农作物。即使是种下的农作物，产量也是很低的。在北京长到10岁的我，哪里见过这般光景，看到什么都新鲜。因暂时没有学可上，就与几个新结识的小伙伴到处玩，到处逛。我们沿着田埂土路跑啊跳啊，看着田里黄黄的不知是什么东西，揪一把下来看看究竟，又感到不太对头。不知道是连队的，还是当地老乡的。我们邻居家一个叫小娥子的小女孩说，我知道这是什么东西，这叫“麦子”，在要成熟时，可以在火上烧着吃，香极了，好吃得很。说干就干，我们几个看看四处没有人，揪几把麦穗飞快地跑到小娥子家，点上拾来的柴火烧。嘿，烧着烧着，香味出来了，等麦穗烧焦发黑的时候，也就熟了。将上面的麦壳吹去，剩下里面的麦芯就可以吃了，还真挺香。从此我们几个小孩烧了好几回麦子吃。

初来红壤山，到处都是新鲜事。离我们驻地不远，有一个小村庄，大概有十几户人家。因为家家养着狗，我们从不敢靠近，只在远处观望村里的动静。一天，几个小老表看到了我们，向我们走来，嘴里“五七哥劳”（五七干校）喊个不停。只见那几个当地小姑娘穿着已磨旧得不成样子的衣服，穿着自家做的鞋，没穿袜子。她们对我们比比画画，指指点点，彼此语言不通，不知在说什么，反正我们是一句也听不懂。我们问她们叫什么名字，叽里咕噜半天，好像才听清楚其中一个叫什么“兰花”。

我们来到江西一两个月了，第二批家属也从北京来了。小孩越来越多，一天到晚没事干。可能是因为我们所住的地方附近没什么学校，也许有也距离很远，无法接收我们干校这么多小孩。干校领导决定在红壤山上成立五七小学和五七中学，这样一来，我们就有学上了。

从北京来到五七干校，我们的嘴里说的最多的词要数“五七”二字了。所有人的身份也都发生了变化，包括我们小孩，在这里我们的头顶上都冠以“五七”二字。五七战士走的是五七路，种的是五七田。我们这些小孩自然也就成了小五七战士，所以上的学校自然也是五七小学或五七中学了。

五七小学，这个在当时看来是一个多么荣耀的名称，她是在特定环境中诞生的，充溢着与一般小学不同的含义。

1970年2月的一天，设立在九连连队家属区内几间小平房里的五七小学，就这么成立了。学校共有四位老师，全部是从连队里的五七战士中抽调来的。开学典礼那天，学校负责人张维连老师首先发言，隆重宣布五七小学从此成立了，并号召全校师生认真学习毛主席的指示，坚定地走好五七道路，把我们的五七小学办好，办成毛泽东思想的课堂。学生们每人都各拿着自家的小板凳挤坐在教室前的一小块空地上，认真听着张老师的讲话。在座的同学少说也有五六十人，张老师讲完话，宣布全校共分为四个班。以年级分班后，便进入早已准备好的年级教室。因只有四间教室，按学生数量，一年级为一班，二、三年级合为一班，四年级一班，五年级一班，一共四个班。这时我已经上四年级了，被安排在四年级的教室里。

班里的同学家长是中办各机关来的，大都不认识。班里有十几名学生，正好张维连老师是我们的班主任兼语文教师。他中等身材，不胖不瘦、和蔼可亲、为人谦和，说话慢条斯理。他刚刚给我们讲完话，给我们留下的印象非常好。他原来是机关里的文化教员，在教学上有一套办法，也很有经验。在空荡荡的教室里，我们坐在自带的凳子上，拿腿当课桌，记录着老师讲课的内容。因为冬天还没过去，加上南方天气潮湿，屋里阴冷，我们是第一次在这样简陋的条件下上课，真还有些不大习惯。不少同学的手脚都生了冻疮，又红又肿。

刚开始上课的时候，我们没有课本，老师们就找来同学带来的北京小学相应年级的教科书给我们授课。后来，经过联系，我们才有了江西省小学的正式课本。

我们置身五七干校，除接受劳动改造的“黑帮”外，个个都是五七战士或小五七战士。当时流行一首歌，我们几乎天天都在唱。每当唱起它时，我们就热血沸腾，心潮澎湃。

歌词大意是：

我们是小五七战士，生长在毛主席身边。
五七指示照耀着我们，五七道路广又宽。
毛主席开辟了革命的路，接班任务我们担。
忠于毛主席，心红似火焰，捍卫毛主席革命意志坚。
坚决办好五七中学，五七路上永向前。

为贫下中农演出

为给当地贫下中农做宣传，九连组成了文艺宣传队，到附近的村庄义务巡回演出。

在准备的节目当中，除唱歌、跳舞、“三句半”、快板书外，还有一个节目是表演唱。表演唱的内容说的是：在解放前夕，一个四口之家，父亲、母亲、老奶奶和一个小孙女，因地主逼债，地主又与当地官府勾结，抓壮丁抓走了父亲，母亲一气之下，暴病而死。只剩下老奶奶和小孙女，生活穷困潦倒，只得背井离乡，沿街四处讨饭，历尽艰辛。后来，解放军来了，家乡人民翻身得解放，父亲也参加了解放军。排练这个节目时，需要一个小女孩演小孙女，宣传队的五七战士们在我们五七小学挑选演员时，选中了我。老师们认为我的功课一直不错，即使排练节目耽误点时间也无妨，况且那时我长得还算瘦小，正符合他们的要求。

排练节目的时间到了，宣传队的负责人简单地给我讲了这个节目的大致内容。当抓壮丁的地主和狗腿子上来捆绑父亲时，需要我大声哭喊“爸爸！爸爸！”，而奶奶和妈妈同时要喊“不能抓人”等台词。要求的效果是人抓人，人拽人，哭声喊声乱作一团，奶奶倒在地上，我又要朝奶奶的身上扑过去，放声大哭。

这个节目，主要是我和奶奶合作的戏，演奶奶的五七战士是连队里能歌善舞的陈锵仪阿姨，她曾是海政文工团的舞蹈演员。她因经常参加演出，情感真挚丰富，很快就进入角色。而我，无论怎么排练也哭不出来，该哭的时候干巴巴地号。好在我不是主要角色，大声呼喊“爸爸”“奶奶”也就过去了，谁也不会追究。

到贫下中农村子巡回演出的日子到了。吃罢晚饭，我就随宣传队的叔叔阿姨上路了。大约步行了一个小时，天已经黑了，才抵达一个村庄。在平时老表们晾晒稻谷的晒场上，简单布置了一下，就开始演了。

当轮到我们的节目上场时，场下观看节目的老表们鸦雀无声。看来他们特别痛恨地主老财，当演到父亲被抢、奶奶摔倒在地时，观看的老表们已有了哭泣声。也许是受气氛感染，我置身其中，仿佛真的进入了角色，我的眼泪禁不住流下来，带着哭声大喊“爸爸”“奶奶”。而后妈妈暴病死去，奶奶拿着个打狗棍，带着我沿街乞讨，直到毛主席领导的革命队伍解放了这里，穷苦人民翻身了。这场戏的效果还真好，整场演出很成功，场下的老表们拼命鼓掌，整场演出受到了贫下中农的好评。

演完节目回家的路上，我非常困乏，走着走着仿佛进入了睡眠状态，是陈锵仪阿姨紧紧拉着我，深一脚浅一脚地把我送回了家。

这次演出之后，我似乎找到了感觉，以后每次再演到这里，我都会情不自禁地流下眼泪。

在我们这台节目演出后不多久，宣传队又增加了一个新节目——一个由五七战士自编自演的表演唱节目，说的是一个知识分子从城市到农村参加劳动锻炼的事，至今我还记得其中的唱词：

我住在大城市，从来没有种过田。

修正主义毒害了我，四肢不勤五谷不分。

今天我走上五七路，思想精神大转变。

要不是毛主席挽救了我，我必定陷进修正主义深渊。

再后来，山上九连、十二连的宣传队合并成一个宣传队。这样一来，宣传队的人就多了起来，文艺节目也丰富多了。十二连宣传队的五七战士们年纪都很小，组织的节目也很精彩。

慢慢地，我发现不管是在排练过程中，还是在给贫下中农巡回演出时，总有一位二三十岁、长得高高大大的年轻姑娘跟着。她既不唱歌，也不跳舞，默默地跟着宣传队。宣传队去哪儿，她就跟到哪儿。当时我年纪小，不知道她是谁，也不知道她为什么总是跟着宣传队。

后来，我才从大人们嘴里得知，原来她就是毛主席最小的女儿李讷。她已经和十二连宣传队里那个能弹会拉的年轻五七战士结婚了，而那个年轻的五七战士原先是中直招待所的一名服务员。后来还听说，这门亲事是毛主席的主张，要求李讷找一位普通的工农干部，与工农群众相结合。江青对此是极力反对，但也没有办法阻挠。

五七中学

时间飘忽，我来五七干校已经整整两年了，我的五七小学生涯结束了，就要升入五七中学。我们五七小学也和当地的小学一样，是五年制，冬季毕业。我刚来五七小学时是四年级，所以自五年级的学生升入五七中学以来，我们便是第二批升入五七中学的学生。

那是1972年2月。

五七中学，这个当时我们认为名字极为响亮甚至带有几分神圣的学校，此时已搬到红壤山的那两排红石房里去了，我们的家属也搬到了九连连部旁边的平房里。五七中学距离九连连队部并不远，走路几分钟即可到达。

五七中学与五七小学可大不一样，那里的管理更加严格，纪律更加严明，几乎与五七战士的连队一样，实行半军事化管理。每天必须住校不说，至少每两个星期才能回家一次，这是我们早有所闻的。

去五七中学的那天，我们每个人都带着被褥衣物等行李，在五七小学的教室前集合，然后在张维连老师的带领下，朝着五七中学的方向出发。家属区的一些学生家长也过来送行。邻居小娥子和我一个班，这时也和我一起升入中学。大概因为从未离开过家，在临出发的时候，她还哭了一鼻子。她的妈妈马阿姨在一旁劝了好一阵子，小娥子还是泪流不止，引得我也鼻子酸酸的。

在五七小学的两年里，张维连老师一直带我们班，并且是班主任。张老师亲自将我们送到了五七中学，并与五七中学的贾连长和王指导员碰了头，算是完成了交接任务。从此我们算是正式的初中生了。

五七中学的老师是从干校的各个连队抽调来的，他们当中的大部分人原先是中办机要干校的学生。中办机要干校是专门为中央机要部门培养机要人员的学校，这里的学生都是从全国各地选调来的高中毕业生，他们都是学习好、出身好、品德好的优秀人才，许多人是当年被保送到清华或北大的尖子生。他们都知道在中办机要干校学习，毕业后可直接分配到中央办公厅、毛主席身边工作。在那个年月，这是多么诱人啊！所以，他们就放弃了上大学的机会，到中办机要干校来了。这些人本来基础就很好，高中毕业后又在中办机要干校专业学习了几年，所以教我们是毫无问题的。

五七中学算是一个连队，被称为“中学连”。

进入五七中学时，共有四个排：一排、二排都是初三的学生，三排是初二的学生，而我们初一是四排。因为我们升入五七中学时，正好有一个排毕业，被分配到五七中学的工厂连或到各个连队参加劳动。毕业的这个排是四排，所以我们这个排被称为“新四排”。整个五七中学，加上我们这批新生，总共有二百多人。

当女班主任樊皎绵老师把我们带到教室里坐下时，我抬眼一瞧，呵，人真不少。点名时，老师点到了第61名，这么多人挤在一个教室里，没有一点空地。说来挺有意思，我们的这个教室，就是刚来江西时五七战士的女集体宿舍。后来经过改造，把那个木板隔断墙打通了，成了我们现在的教室。

班里的同学除了山上五七小学的二十几名学生外，还有山下各连队来的同学。因为都是小五七战士，大家并不觉得陌生。班主任樊老师按照人数又分小组，又分宿舍，忙了一整天。到了吃晚饭时，总算忙得差不多了。

大家都是第一次住校，很多同学又都是新认识的，所以感觉新鲜得不得了。学校号召发扬互助友爱的精神，大家你帮我，我帮你，一切很快就安排妥当。

说来也真巧，分配我住的宿舍，恰好就是两年前刚来江西红壤山时我们家住的那间房子，我是多么熟悉。当置身于我过去曾经无数次迈进迈出的房门时，我的心情特别好。尽管是冬季，我的心里却暖洋洋的，很有一种亲切感。

我们一个宿舍放了四个上下铺的床，共住进八位同学。到了晚上熄灯哨吹响时，大家的话还叽叽喳喳没说完，相互询问谁是几连的，没多一会儿，大家就都熟悉了。

因为是冬天，夜晚显得特别长。那时的学生也没有表，作息时间全靠老师的哨声。

半夜时分，不知是什么动静，惊动了我们宿舍睡得迷迷糊糊的同学，也不知是哪一位，她还以为起床哨响了，叫大家赶紧起床。这下可好，你叫我，我叫你，弄得宿舍儿乎乱成一团。有的同学还以为睡在家里，叫起来又睡下；有的同学则穿上衣服，去外面看动静。寂静的深夜，经这么一闹，把五七中学的王指导员和班主任樊老师都惊醒了，她们听这么吵吵闹闹的，急忙穿好衣服跑过来看个究竟。弄清事情的缘由后，她们又劝大家赶紧回去睡觉，不要惊动高年级其他排的同学。

我们女生好不容易各就各位重新躺下，不一会儿，男生宿舍那边又闹了起来。事情的经过大致与我们女生这边相同，老师们又跑到男生宿舍，连哄带劝地维持秩序，让大家再睡一会儿。

第二天早上，我们排的同学像没事人儿似的，可其他排的同学直拿眼睛瞪我们，责怪我们吵了他们的觉。

上课的时候，我们全排同学都挨了批评。刚升入中学，就给高年级的同学留了这么个印象。

在五七中学，我们一切都还不太适应：过的是集体生活，需要严格遵守作息时间，两个星期才休息一天，才能回家一次，衣服也要自己洗，在这里全靠自己管理自己。

我们的课程安排，是上午学习半天文化课，下午劳动。劳动强度也比在小学时强得多，中学的伙食全靠同学们的辛勤劳动得来，特别是菜，五七中学有一片自己的菜地，同学们自己种，种什么平时就吃什么。

我们上了中学，突然觉得自己长大了许多，不再像从前那样什么都要依靠家长。好在大家伙儿的情况基本都差不多，在艰苦的条件下，也能够相互帮助，相互理解。

班主任宋老师

樊老师是个女老师，带我们班没多长时间，就告假回北京了。接替她的是宋老师，他一直当我们班的班主任，直到五七中学解散。樊老师和宋老师是中办机要干校的同学。

宋老师名叫宋继军，河北人，个头不高，人很精明、干练，无论什么时候都显现出气宇轩昂的气质。他性格活跃，多才多艺，能歌善舞，一双算不上大的眼睛却总是炯炯有神。尽管他是我们的班主任，可当时的实际年龄也不过二十五六岁。他是烈士的后代，故得名“继军”。他的父亲在战争年代为革命壮烈牺牲，因此他的家人在当地受到政府的关照。高中毕业时，他以优异的成绩被保送到清华大学，那是多少优秀学子向往的地方啊！后来中办机要干校到他的家乡招生，他又被选中，经过慎重考虑，他毅然决定去中办机要干校学习。因为功课好，在干校办五七中学时，他又被抽调到中学当了老师。

宋老师头脑灵活，又极善言辞，无论多调皮的学生他也有办法。他很会调动各类学生的积极性，非常注意他们的行为细节，善于发现每位学生的优点和长处。

我们上体育课时，军体委员带领大家喊口令，宋老师扯起洪亮的嗓门给军体委员作示范：“稍——息！”“立——正！”他带着浓重的河北口音，不免引起很多同学发笑。他为人师表，注重言行，平时穿的衣服，总是打理得干干净净、整整齐齐。

宋老师教我们语文，他有非凡的记忆力。有些课文，像鲁迅的文章，他能整段整段地背诵。尽管带有很重的河北口音，但他朗诵得绘声绘色，仍具有极大的吸引力。除了学习课本外，他还给我们传授了不少课外知识。那时的我们由衷地钦佩他，特别喜欢上他的课。

“文化大革命”期间，许多书被当成思想领域不健康的“禁书”，因此除了课本外，学生几乎看不到课堂以外的书。渴求知识的我们，是多么想看到或听到更多的知识呀！

记得一次晚自习，宋老师一脸严肃地走进教室，给同学们讲了讲要注意纪律等一些问题，然后就讲起了他的家史。

宋老师的童年很苦，父亲牺牲时他还年幼，母亲独自一人拉扯他们弟兄三人，日子很难，吃了上顿没下顿，母亲还经常带着他沿街乞讨，难免会遭遇有钱人的白眼。讲到动情处，特别是讲到他的母亲时，他虽然极力掩饰自己的情绪，但眼泪还是止不住地往下流。他哽咽着，但他克制住了自己。大家都随他沉浸在哀痛之中，我的视线也渐渐模糊，教室里鸦雀无声。他接着讲，毛主席带领人民解放军来到他的家乡，人民翻身得解放，地方政府免费送他去学校念书。他以自己的聪明才智、顽强的毅力刻苦学习文化知识，还注意培养自己各方面的兴趣和爱好。他喜欢书法、诗词、唱歌、跳舞，尤其热爱体育，各种体育项目都难不倒他。我们无不为之感动。他对共产党、对毛主席怀有这么深厚的无产阶级感情，我们班的同学们更加尊敬崇拜他了。

有一回他上完语文课，忽然问同学们知不知道中国的古典名著《水浒传》，大家都异口同声地说："不知道。"他又问同学们喜不喜欢听《水浒传》，大家高声喊道："喜欢。"这把宋老师逗乐了。大概是看到同学们有这么强的求知欲，停顿片刻，他就给大家讲起了"林教头风雪山神庙"的故事。

我们是从他那里得知中国古典小说《水浒传》的，他超凡的记忆力使我们佩服得五体投地，我们特别喜欢听他讲《水浒传》。一到晚自习，大家就赶紧把一天的作业做完，等着他的身影出现。如果他有事不能来，大家就像缺了什么似的。

那天晚自习，他走进了教室，问大家完成了作业没有，我们完成的、没有完成的都异口同声地回答"完成了"。不用说，大家都心领神会这其中的含义，我们和宋老师都笑了。有时他也会故弄玄虚，看着大家迫不及待的样子，他会说再给大家半个小时做作业，然后讲《水浒传》。但是，不管怎样，他只要一出现，故事总是会讲的。后来，这几乎成了一种习惯，只要他晚上一来，同学们就都精神振奋，没见到他就心存遗憾。宋老师一讲起《水浒传》就口若悬河，什么李逵、林冲、宋江……我们都是从宋老师嘴里得知这些向封建势力挑战、劫富济贫的英雄好汉们的。当然，那时宋老师给我们讲《水浒传》是要冒风险的，若是被学校知道了，不仅我们再也听不到故事了，宋老师也要遭批评，我们都明白这个问题的严重性。所以，我们班的同学们始终保守着一个信念，就是决不把宋老师给我们讲《水浒传》的事说出去。

除了讲《水浒传》，宋老师有时还会背起双手，满怀激情地背上一段毛主席诗词："北国风光，千里冰封，万里雪飘。望长城内外……"我们的感情也随之波动。在五七小学时与我同桌的那位同学还是那么调皮，有时趁宋老师不在，他会认真地模仿宋老师的动作和口音，也背起双手大声朗诵，逗得我们哈哈大笑。一次，那位同学正在模仿宋老师，宋老师悄悄地进了教室，看见他模仿得惟妙惟肖，宋老师也忍俊不禁，羞得那个同学直吐舌头。

宋老师多才多艺，还写得一手漂亮字，毛笔字、钢笔字他都拿手，同学们争相模仿。总之，我们从宋老师身上，得到了许多真经传授，足以受益终身。

五七中学解散了

光阴似箭，岁月如梭，转眼我在五七中学学习生活了三个学期——整整一年半的时间。

因为要和地方上的中学统一，五七中学学制由春季改到了秋季，所以我们又多上了一个学期初一。

1973年，五七干校成立四年了，情况也在发生着变化。林彪反革命集团被彻底粉碎，党中央召开了十大。随着干部政策的逐步落实，干校里不少五七战士被调回北京重新分配了工作。

五七中学的不少学生随父母回了北京，这样一来，学生就越来越少。五七干校校领导决定，解散五七中学，将学生划到当地地方学校学习。决定来得很快，暑假过后，我们就将进入地方学校学习了。

消息传来后，同学们的心情很复杂。即将毕业的初三同学，部分成绩好的可以升入地方学校的高中，另一部分将下到连队当小五七战士，而我们初一和初二的学生即将进入当地学校继续学习。

这一年多来我们五七中学的同学们在一起学习、一起生活、一起劳动，建立了深厚的情谊，这次大家就要分开了，各自回到自己父母所在的连队，就近上学，同学们真是依依不舍。

分别的日子就要到了，大家相互赠送纪念品。那时的纪念品很简单，大都是纪念本或者钢笔、圆珠笔。有的也只是在纪念本子上写几句离别赠言，写一些相互怀念和相互鼓励的话，至今我还保留着一个小笔记本，上面记录着同学们的亲笔留言。我常常在闲暇时将它取出，看着稚嫩的笔迹，我的思绪会立即飞回到从前，飞回到那令人难忘的五七中学，眼前立即浮现他们当年的音容笑貌。

老师们也在忙，他们也将回到来五七中学前各自的连队当五七战士。宋老师因为字写得好，同学们都争着让他写留言，他在五七中学除教我们班外，还当过即将毕业的初三班班主任，还带其他班的体育课。所以，请他写留言的同学实在太多了，一天到晚都有许多同学围着他，他都快忙不过来了。

五七中学解散的前一天，宋老师召集我们全班同学到教室，他站在讲台上深情地看着大家，平时话语颇多的他，此时一句也说不出来。最后他哽咽地说："大家就要离开五七中学了，希望大家分别后，能经常见面，加强交流，共同进步。"宋老师是性情中人，比较外向，当然感情也外露。说到这里，他的眼泪几乎要掉下来了。我们也都极力地克制自己，掩饰着的泪水还是不住地往下流。大家都清楚，这是我们班的同学最后一次坐在这间教室里，也是最后一次聆听宋老师在讲台上讲话，大家都默默不语，直到宋老师宣布下课，同学们还久久不肯散去。

来接我们回连队的大卡车停在学校的简易篮球操场上，按照同学们所住的连队，一个连队一个连队地接。同学们相互帮着忙，往车上搬行李，分别的话总也说不完。看得出，大家的心情都是一样的沉重。

同学和老师往大卡车上放行李，当我跳上大卡车时，卡车已经开始发动了，我的眼睛停在五七中学的两排红石房屋上。看着这里所熟悉的一切，我在心里默默说："再见吧，我的五七中学！再见吧！我将会永远记住你的一切。"我站在大卡车上，随着大卡车的远去，五七中学的两排房屋也在我的视线中慢慢消失了，我热泪盈眶。

五七中学，你随着时代而产生，又随着时代而消失。

你曾经是那么的辉煌，我们以你为傲，以你自豪。

我们在五七中学这个"红色"的大集体里，同吃、同住、同劳动，相互间结下了深厚的友谊，体会到了更多的友情和友爱，这种无法用言语形容的友情是牢不可破的。直到现在，无论在哪里，只要提起"五七中学"这个名字，我们曾经在五七中学生活过的人便会油然生出一种深深的情感，它魂牵梦萦，像是一条强大的情结，拴系着我们每一个在那里学习过、生活过的小五七战士的心。

学说老表话

我转入山下的五里中学读书是在1973年9月，距离我来五七干校已有将近四年的时间了。我所上的五七小学和五七中学全是五七干校的子弟，和当地的同学没有任何接触，所以江西老表话几乎一句也听不懂，当然也就更不会说了。好在与当地人没什么来往，听不懂也无妨。可是，转入五里中学上学，我在学习上遇到了前所未有的困难，迫在眉睫的关键问题便是要过"语言关"。

上语文课和政治课还好一点，照着课本，对着老师的口型听课，差不多还能听懂一些，其他课程就不一样了。

记得上第一节化学课时，我可真是惨透了。化学老师姓黄，平时说话节奏就快，再加上化学课讲的全是新内容、新名词，一节课下来，我几乎一句也没听懂，这下我真的着急了，怎么办呢？只能硬着头皮学了。

我下定决心，一定要用最短的时间学说老表话。我极力接近老表同学，因旁边坐着一位姓傅名金香的同学，我就用刚学的几句可怜的老表话，南腔北调地和她搭讪起来，管他说得对不对。还好，因为有语言环境，耳濡目染，不出两星期，基本上就能听懂老表话了，上课时老师讲的内容也大致能听懂了。如果课堂上有个别内容实在听不懂，就举手示意，让老师重复一遍。学校的老师很好，对我们这些干校来的同学也格外关照。他们知道这些情况后，有意在上课时将语速放慢，要不干脆就把要讲的内容难点写在黑板上，好让我们更明白些。

我非常羡慕那些原先就在山下上过学、会说老表话的同学，他们说起老表话来，也和老表们一样“伊里哇啦”挺有意思。

两个多月过去了，我已经完全能听懂老表话了，可说起来有时还不免跑调。但朴实的老表同学，无论你说得如何，说得怎么不像，他们也不会讥笑你，倒是我们几个干校的同学总是相互打趣。老表同学平日也不时地跟我们学说普通话，老表同学说得不好，他们之间也相互讥讽，他们把说普通话但又说得不好的人说成是“打官腔的”。

我们二连连队里有几个上小学的小女孩，在我看来，简直是说老表话的“托福”水平。不知是哪位五七战士给编了个“三句半”节目，在春节联欢会上表演。这几个小姑娘用老表话表演得特别好，老表话说得惟妙惟肖。每一次演出都受到热烈欢迎，还要再表演第二遍，这个节目几乎成了连队每年过节联欢会的保留节目。

南下的列车上

德　英

1969年11月27日

我跟随家长登上了南下前往江西农村下放劳动的列车。从此，踏上了一条一往无前的五七道路。

登上南下列车的前几个月，我的母亲刚得了急性肝炎，询问机关有关人员："能不能晚些时候去？"回答干脆、不容置疑："必须走！"原因自明，母亲是"黑帮"的家属。

我的三个哥哥、两个姐姐全部来到车站送行，他们是不放心母亲啊！登上列车后，全车厢没人敢接近我们母子俩。我的母亲是个典型的锡伯族人，几乎不会说一句汉语。列车启动后，12岁的我突然觉得长大了……

1969年11月28日

这趟专列上乘载的全部是中央办公厅直属机关的家属。前往的目的地是江西进贤县中办五七学校，户口也全部迁往，准备在那里扎根一辈子。

列车哐啷哐啷地走走停停，傍晚要通过刚建成不久的南京长江大桥，车上人们开始激动，都想一睹大桥的"天堑飞虹"。这时突然响起了列车员的广播声："请拉上窗帘儿。"我想，这应该是为了安全吧？因为两年前还出现了保卫钱塘江大桥的蔡永祥烈士。

列车通过时，我尽量保持镇静，不往车窗方向看，尽量不给家里惹事。可是，车厢里的革命群众早就热闹起来，按捺不住地向外看了。母亲看着我的眼睛，用锡伯语对我说："孩子，你也看看吧！"并大胆地把窗帘拉开了一道缝。我在座位上没有动，只是向窗外斜视：一道道钢结构的X形三角支撑……

12年后的1981年夏天，我上大学三年级时，前往杭州钢厂实习。我们几个同学准备先到南京玩一玩，商量第一天去哪里。“南京长江大桥！”我毫不犹豫地说。我心想，一定要看个够。早上出发，边走边看边拍照，从大桥的塔楼到下面的大桥公园。吃完自带的午餐后，再爬回大桥。“德英，我们这一天就看这个大桥了吗？”同学的问话我也没有理会，反而又问同学，我们如何能钻到火车道上去？“谁能钻到中间的火车道上呀？”同学嘀咕着。回到旅馆，天已经黑了。

多年后，我在我的工程设计中，经常采用这种三角形支撑，它不仅使结构稳定，也寄托了我对母亲的一份思念。

后来到了杭州，我来到六和塔下钱塘江大桥旁的蔡永祥烈士纪念馆。我一直想问，是哪位把那根大木头扛上钱塘江大桥的，而且还扔到了桥面铁轨上的呢？

1969年11月29日

列车走了两天两夜，傍晚来到了终点站——江西省进贤县一个叫张王庙的火车站，这是一个公社所在地。在两三公里外，是原江西省红壤研究所的所在地。“文化大革命”开始后，中央办公厅五七学校的九连、十连、十二连（干校按连队编制，其实就是中央档案馆、国家档案局和中直管理局三个单位）被安排在这里劳动。家长们已经来江西一年了。

开始下车了，下面有不少前来迎接的革命群众。当革命家属走下列车时，下面都呼喊着名字并握手，表示共同走向革命的五七道路。有时会出现无声的情况，这时候下去的是“黑帮”的家属。车厢里的人都快下完了，我一直不敢往下走。母亲看出了我的心思，走在前头，我低着头跟在后面。无声，母亲又处在肝炎的患病期，没有人愿意接近我们。

我和母亲被安置在一个单独的小房子里，位于原研究所办公房的旁边。

也不知道原来是做什么用的房子。

第二天白天，我单独出门，遇到了原机关里的邻居——徐晓群同学的妈妈。阿姨跟我打了声招呼，简述了一下周边的环境。“文化大革命”中，阿姨和父亲是一派的，后来这一派失势，据说这一派还被扣上了“炮打无产阶级司令部、攻击汪东兴同志”的帽子。徐同学的父亲是长征过来的老红军，后来阿姨在政治上也没有什么事了。但是我父亲就不同了，被人揭发出我爷爷在20世纪初是有钱的地主。虽然土改前家道中落，爷爷也去世了，但是当地政府仍然给父亲定的成分是上中农。但另一派认为，父亲的成分应该更改，应定为漏划地主。就这样，一年多前，毫无政治经验，不是当权者仅是一个满文工作者的父亲，被打成了“黑帮”。可悲的是，父亲坚决不认，越批判越不服，如此恶性循环，被认定是“顽固不化的黑帮、地主分子”。

阿姨在机关做出纳工作。记得当时阿姨把我叫到了她的办公室，让我领回我父亲的工资。阿姨把钱卷好后放到我手上，又用另一只手把我的手按成拳状，对我说：“回到家交给妈妈前，五个手指头不要松开。”

现在情况全都变了。父亲被打成“黑帮”后，工资停发。后来给我和妈妈发少量的生活费。代扣代缴后，每个月到手的钱还不一样，其中来江西后的第三个月发给妈妈0.63元。妈妈也不敢问每个月给发多少。而且，妈妈也不会说汉语呀！

父亲在哪儿呢？现在也还不知道。一年半前被打成“黑帮”，成为无产阶级专政的对象以来，完全失去了人身自由。何时来的江西，家里人也不知道。这期间我们只收到过两封信，父亲也只是要些东西而已，他的信寄出前都要通过专案组的审查。

五七中学二三事

关九兰

“红壤山啊红壤山，各个山包连青天。山上风光无限好，五七中学阳光灿烂……”

入团仪式

那是1970年5月20日，五七中学已搬到红壤山办学，只有我们二排还没上山。就在这天，五七中学召开了发展团员大会和入团仪式。二排发展的第一批团员有：关九兰、崔志江、李京亮。记得发展团员大会开得很隆重，又是宣誓，又是读个人简历，带着老师的信任和同学们的羡慕，大家心情激动、热血沸腾，好像春风吹进了每个同学的心坎里，暖融融的。

因为不方便当天回县城，所以临时安排我住在三排女生宿舍。夜晚，

◎ 二排同学们在韶山的合影

天上的月亮格外明亮，皎洁的月光把宿舍照得如同白天。也许是换了地方，我翻来覆去地睡不着，老三排学姐王瑗关心地问：“九兰，怎么睡不着了？是不是还在激动呢？”“是啊！太激动了！”毕竟是人生迈出了新的一步，光荣加入了中国共产主义青年团，成了党的助手！所以一定要铭记这个光荣入团的日子。

由此还想到了许多，江西的红土壤是一片充满红色记忆的土地，当年红军长征在这里集结出发，多少烈士的鲜血染红了它。我决心要在红色土地上，做红色的种子，接红色江山的班，争取早日加入中国共产党。那一夜，我真的失眠了……

病号趣事

在红壤山办五七中学时，劳动课是重要的一门课。红壤山上的桃园、橘园和花生地里，都留下了同学们辛勤的汗水。记得在一次劳动中，正赶上下雨，不少同学淋雨后感冒发烧，我也生病了。为了减少疾病传染，老师把病号们集中起来住。有一天，病号宿舍里不知道谁带头唱起了当时很流行的《卖花姑娘》插曲，在那悲凉忧伤的歌曲渲染下，有的同学失声痛哭，不思饮食。想想当时这么小的年纪，生了病没有父母家人照顾，也挺可怜的。但我想摆脱这悲伤的氛围，就去果园树下的草丛捡野生草莓，一会儿就捡了一脸盆，甜甜酸酸的，很爽口，带回宿舍后大家一看顿时高兴了，一抢而光，吃得好开心！也许是野草莓补充了维生素C，也许是同学们的好情绪增加了抵抗力，病号们很快恢复了健康。每当想起这件小事，我都觉得挺有意思，也是苦中求乐，其乐无穷啊！在红壤山上五七中学的三年多，真是多少青葱少年之事，笑也春秋，哭也冬夏，唱也带泪，哭也芳华啊！那份纯真的少年之心永远也忘不了！那找不回来的豆蔻年华，我们永远铭记心中！

"共大"之花

中央办公厅主任汪东兴在江西办了两所学校，一所是共产主义劳动大学，另一所就是中央办公厅五七学校。根据汪东兴同志指示的精神，五七中学于1970年2月派宋继军、孙宝华、王建军、陈家启等教师去江西共产主义劳动大学学习、参观和考察，探究如何办学，以及办成什么样的学校，等等。是年12月，全国召开五七干校经验交流大会，作为会议的18个文件资料之一的《五七中学的办学经验和做法》在会议上印发，影响面很大，引起江西"共大"及河南等全国各地五七干校人员来到五七中学参观交流。从那时开始，许多五七干校和"共大"的人陆续来到五七中学参观和学习。

1971年2月，五七中学老师通知说："过几天'共大'的人员就要来咱们红壤山上的五七中学参观了。他们传经送宝、交流经验，我们可要虚心地向他们好好学习啊！"我们盼望着他们早日来到，这一天果真来了。

我们和分到二排的几名"共大"的学生一起开座谈会，开始同学们有点拘谨，不敢说话，不一会儿有一个个头不高、大眼睛的女同学，操着浓重的带有江西方言的普通话，她说："为了打破僵局，我教大家唱个我们'共大'最好听的歌吧，歌名就是《共大之花》。"

我记得歌词大致是："红土壤上开朵红花，她的名字叫共大，叫呀叫共大。花开高山顶，心向工农家。党把花儿亲手栽，红山红水育红花。"多少年过去了，那些"共大"师生的音容笑貌早已模糊不清了，但是这首歌我至今还能唱上一两段。自始至终也没有明白为什么要向共产主义劳动大学学习？学什么？我们在红壤山五七中学又学什么呢？是劳动课么？记得当时有个表演剧，是由何立秋同学表演的，其中的歌词是："农村天地多广阔，生产劳动多快活。别的课程没兴趣，我最喜欢是劳动课！"的确是这样，当时"读书无用论"对我们影响不小。同学们都深受其害，课堂纪律乱得几乎不能安安静静听好一节课，每节课上到最后都会变成批判课或整顿纪

◎ 笔者弟弟在五七中学新三排课堂上课的情景

律课。课堂上所能学到的知识寥寥无几。以致许多同学工作后或回京后要花费很大精力去重新学习！但是从另一个角度来说，劳动课也磨炼了我们克服困难的坚强意志和勇于担当使命的责任感，使许多同学在未来事业上承担重任，有了美好的发展。

荀子曰，积土成山，积水成渊。不论是伟人还是凡人，都要靠坚持不懈的努力才能达成远大的目标。幸福和美好未来不会自己出现，成功属于勇毅而笃行的人。只有通过点点滴滴的艰苦努力，坚持不懈、永不放弃，克服一切艰难险阻，才能成就其伟大的事业，达到光辉的顶点！

我初中时的两个片段

黄志平

1970年秋季的一天，我们正在红壤山上的五七中学教室上课，突然教室的门被推开了，只见指导员手拿一张白纸，念着上面的名字，被念到的同学去东边操场上集合，其中就有我。走出教室后，我左顾右盼，发现我们排出来的都是男生，只有我一个女生。感觉很莫名其妙，我摇了摇头，跟着他们去了操场。

我成了“差”生

到了操场，被叫出来的同学分排各站一行，然后连长喊了声“立正”，紧接着指导员指手画脚地开始训斥，连长在一旁帮腔，我们一个个像木头人似的听着。

原来，前几天去进贤县礼堂看演出，是五七学校有主题的庆祝活动，还邀请了县里有关领导，可是，我不知怎么鬼使神差地跟着几个男生在节目未演完时溜出了礼堂，在小广场上疯玩儿。然后，就被校部给“通报”了，后果很严重。捅了这么大的娄子，难怪领导大发雷霆。

写检查，做检查，沦为“差”生。当时每个学期都给在校学生写评语，好像每个班里都要评出一个“差”生，那年我就是班里的“差”生。

也是在这年年底，王建军老师策划、导演、组织各排的同学们排练交响音乐《沙家浜》和京剧《智取威虎山》选段，除选出主角外，各排均首先抽选政治思想表现好的同学参加。显然我“不及格”，根本没资格参加。

排练是每天晚饭后在挨近食堂的西南角的大教室里，大多数同学进行排练，少数同学其中当然包括我，在教室的西墙根下蹲着，不让说话，就这么听着他们一遍遍地唱。不知过了多久，有老师叫我们出去，我们就溜边儿蹭出教室，到食堂为他们准备烧好的金银花茶水，两人抬一桶，放置在院里。中场休息时，我们用竹筒做成的舀子给他们舀水，休息后他们又去排练，我们则收拾洗涮用具，然后再悄无声息地溜进教室，继续蹲着。

到了1971年初，五七中学的交响音乐《沙家浜》排练完成，同学们风风光光地去县礼堂演出了，一年演了好几场。我们没有资格参加的同学就留在学校，有的扫猪圈喂猪，有的浇试验田，有的打扫教室，有的去帮厨，老师分配你干什么你就去干什么。到了下半年，也不知领导哪根筋搭“错”了，竟然让我们这帮人也享受了观摩演出的待遇。

到了灯火辉煌的县礼堂，望着台上的“郭建光”“阿庆嫂”“沙奶奶”，望着“杨子荣”“小常宝”；看着戚鸣同学飒爽英姿地指挥，看着同学们情绪饱满地合唱，那叫一个羡慕！后来，每当听到交响音乐《沙家浜》的曲目，就会不由自主地想起当年的情景，真是印象深刻。

冻雨·抗灾

到了江西，才感受到冬末春初的寒冷；到了江西，才知道冬末春初会降冻雨。

冻雨是一种灾害性的天气，它是由冰水混合物组成，从天空落下时低于零摄氏度的一种过冷水滴。冻雨落在任何物体表面，都会在这些物体上冻结一层冰壳。

1971年的冬末春初，江西在较强冷空气遇到暖湿气流的条件下，下了大范围的冻雨，红壤山上大片橘子树受灾。当时，山上的老五七战士们全体出动，并号召中学的小五七战士一起救灾。

我们来到橘树林，被眼前的景象惊呆了：一棵棵橘树被冻雨笼罩着，树枝和树叶都被包在透明冰壳里，冰壳外表光滑，晶莹剔透的，还挺好看；但这好看的后果却是灾难，它会冻死幼树，冻伤成年树，会压断树枝，影响果树的产量，甚至使果树不产果。为了减轻冻雨对果树的伤害，就必须第一时间为果树解冻，如何解冻？用竹竿。

◎ 笔者奶奶和父母

我们每人领到一截竹竿，手持竹竿分班分行地在橘树林中穿行，乒乒乓乓地敲打树体，冰凌哗哗啦啦碎落一地。雨虽然停了，但天仍灰沉沉的，空气是湿漉漉的，那叫一个冷。我们的小手冻得通红，我都冻得流了鼻涕，还好人在不停地走动，脚还感觉不到冷。也不知干了多久，在果林中转悠了一遭又一遭，肚子早就咕咕叫了，天也渐渐暗了下来，终于，老师叫“收工”。

收工后，“大戏”上演。食堂为犒劳同学们做了包子，是久违的肉包子，是牛肉馅的肉包子！真香，感觉幸福满满，像过年一样！我一口气吃了6个包子，瘦小的我被撑得肚歪，至今记忆犹新。

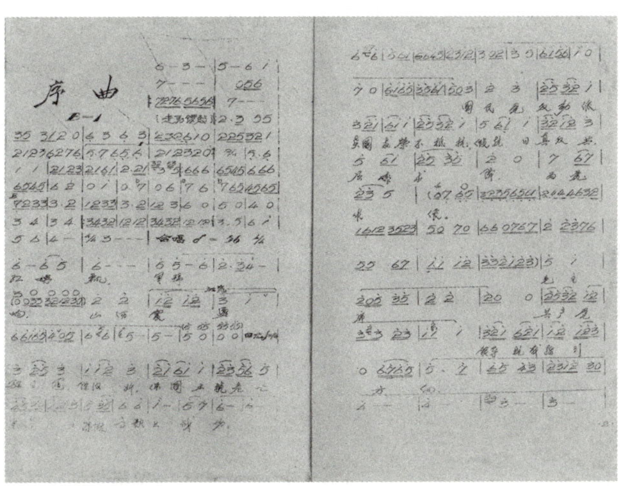

◎ 当年油印歌片

小品五七中学

张纪东

当年我们是一群十二三岁的孩子，在红壤山上的五七中学里，除了拉歌大唱革命歌曲外，就没什么文娱活动了。好在自力更生开辟出一个篮球场，让我们在这里的生活变得丰富了些。

球星 · 球迷

在这个场地上，还诞生了我们自己的篮球明星。各排爱打篮球的男生都不少，能够打进校队的自然就是球星。我们一排的篮球“三剑客”非李伟、于速荣、李明莫属。我们亲眼见证了他们从球场上横冲直撞的小屁孩成长为身手敏捷、百发百中的青年球星。如今几十年过去了，但是他们每个传球，每个截球，每个三步上篮……那鲜活帅气的身影常常浮现在眼前。

说他们是明星，还因为他们不止是球星。

◎ 笔者（前排左五）与五七中学老师和同学的合影

◎ 笔者（左二）与同学合影

李伟的一根扁担可以做证，他挑过无数的重担，有自己的那一份，还有别人的那一份，但从没有人听到他有一句怨言。那根扁担还可以做证，那扁担上一字排开的馒头也不是李伟只为自己吃的（李伟曾一顿饭吃掉排满一扁担的馒头）。

身体弱干活慢的同学应该记得，哪次插秧割稻你们落在后头，于速荣都去接你们，帮着你们干。哪儿有脏活累活，哪儿就有于速荣削瘦高挑的身影。

我们怎么会忘记，所有在红壤山待过的人都不会忘记厨房旁边的那口井，以及单手摇着辘轳为同学们打水的李明。他乐呵呵地从早忙到晚，练就了过人的臂力，因此成为五七中学的投掷冠军。

时过境迁，而几十年我们都不曾忘怀，他们不仅是球星，还是当之无愧的劳动之星、助人之星。

有球星，就有球迷，而且是超级球迷。瞧，他来了。手提一个小铁桶，里面装着半桶水，腋下夹着一件脏衣服，在篮球场边十步开外停下来。场上已经开球了，他一边大声做着场外指导，一边把脏衣服扔进水桶，直到场上我排队员进球了，才抽空弯下腰来在水桶里按两下。场上打得激烈，眼看兵临城下，他干脆冲到场边指手画脚，但也没摆脱丢球的命运，只好骂骂咧咧回到小桶边，朝那件脏衣服抡起拳头。直到一场球赛结束，他的衣服也算洗到头了。我排赢了，他两眼笑成了弯月；我排若输了，他大嘴噘上了天。每每一把拎起桶里的衣服，另一只手大把一捋，就算拧过水了，一脚踢翻水桶，就算倒了脏水。把衣服晾在绳子上，干不干，任风吹日晒，净不净，反正心净了。洗衣者谁？徐晓群是也！

救灾·救命

大家都看过电影《加勒比海盗》，那里边的一个桥段似乎是从我们五七中学“偷去”的。这个桥段的出现比电影早了30年，那就是英雄们摽着膀子成排地从茫茫大海中升起来，人物由小到大，盖过海天。

水火无情，我们在江西可真体验过几次大水灾。当年的大雨一连下了几天几夜，天像漏了一样一刻不停地倾水，让人胆战心惊。终于有一天，老天喘了口气，雨停了。没有了雨帘，才发现我们的驻地如一叶孤舟，四周全是水，心中是未卜的明天。担心山下的亲人，但谁也不敢说出心事，恐怕挨批。不用怕，有人惦记着山下。五七中学组织了水性好、体力强的师生下山支援抢险救灾。二排三排有谁，不记得了，只记得一排有于速荣、李伟、李明等人，宋老师带队。一队人马雄赳赳气昂昂地出发了。

他们走后没多长时间，山上的我们就盼望着他们早日平安归来。所以，总有人在东房山坡处眺望那条通往山下的路，尽管那里只剩两排树尖做标志。终于有一天，我和几个同学在宿舍东房山坡呆呆地望着水路，突然，茫茫水路中升起一排人头，一排摽着膀子的人越升越高，越升越大，高过了苍茫的水天。他们拖着疲惫的身躯，一张张没有血色的脸上充满了坚毅神情，他们相互扶持着，一步步地向红壤山顶走来，这是一群十四五岁的孩子和二十出头的老师。他们是怎样游过我们步行需要大半天的路程？在五七大堤上经历了怎样艰难的抢险战斗？他们又是怎样相互支撑着游回来的？

感动！这些少年英雄！这些英雄教师！

失落

在五七中学上到初二的时候，我就由中等个变成矮个子了。每晚自习排队高个在前，我总在最后。这有什么？害怕呗！身后是野草野树和漆黑的天，谁知什么时候会蹿出什么，哪怕是一个人也吓一跳呀！还好，我排来了个比我还矮的新生，还是个男生。老师安排他跟我同桌，他就是袁兴林。这下可有垫背的了，有他站在我后边，就不用再害怕了。

袁兴林从苏北老家来，说一口江苏话。好在我母亲是南京人，我多少还能听懂他的话。他刚到的那天午饭时，我就发现他特有趣。我打完饭回教室，发现插在饭上的筷子，一转眼就跑到桌子上去了。我拿起筷子又插回去，一转身的工夫，筷子又到桌上了。这次我看见是袁兴林拔下来的。刚想跟他理论，他示意我坐下，小声说："在我们老家，死了人才把筷子插上去。"我从来没见过，头一次听说。看他那一脸的诚惶诚恐，感觉十分好笑，所以常常故意把筷子插在饭碗上，看他拔下来的表情。袁兴林还是个十分节俭的孩子，每天晚自习刚一结束，他就把油灯吹灭。这挺好玩，我指指我的油灯，他也给吹灭了。从此吹灯的活有人干了。

"欺负人"的日子优哉游哉，但好景不长，袁兴林就蹿个子了。一天，袁兴林对我说："让我排你前边去吧，你看我都比你高这么些了。"我抬头看看，可不，都得扬着脸瞧人家了，可还嘴硬："就不！"但没坚持两天就不得不让步。袁兴林不但排在我前边，还排在前边第四个同学的前边。哎，我当时的感觉，那叫一个"失落"！

最困的日子

黑白颠倒？

都说"双抢"是最累的日子，我看"双抢"是最困的日子，能见识意想不到的睡姿。见过走着睡觉的吗？见过！对！记得那年"双抢"的一天，天蒙蒙亮就下起了毛毛雨。这点小雨可挡不住干活。我们有的穿着雨衣，有的披着塑料布，排队下田拔秧。走在泥泞的田埂上，脚下一滑一滑的，走着走着队伍突然就停了下来，来不及刹车撞到了前边那位的后背上。

探身一看，原来排头兵夏红该拐弯时没拐弯，直接带队走进田埂尽头的水塘里了。夏红睡着了，她后边那两三位没睡着也打盹了，要不怎么也跟着下了水塘呢？没人哄笑，都困着呢，打盹睡觉的多着呢！谁笑话谁呀！

见过撅着屁股睡觉的吗？见过！对！这不，拔着拔着秧，有人就不动了。教历史的曹老师有办法，开始历史故事联播。这下大家都兴奋了，边听故事边拔秧，不一会儿，一畦秧苗就拔完了。就在我们转移阵地的时候，发现了一位同学双肘拄着膝盖、撅着屁股睡着了。真绝，凭着三角形的稳定性，稳睡不倒！

“双抢”的一天能当两天用，天不擦黑不收工。吃完晚饭天就全黑了，还得开会总结汇报。我们以班为单位席地而坐，挖空心思地找自己一天中的不足之处，全然不顾那靛蓝色的夜空有多么深远，闪亮的星星跟我们有多么亲近，更没注意到一轮超级红月亮正悄悄地爬上苍穹……突然一个男生高喊：“太阳都出来了，怎么还开会呢？”原来他刚才睡着了，一睁眼就看见了红月亮，还以为睡了一整夜睁眼见太阳了呢。这一嗓子，偷睡的、刚想偷着睡的，都清醒了。

各领风骚

五七中学刚成立时，地址在进贤中学，那里有教室。教室里有现成的桌子和长板凳、现成的黑板。老师也都是现成的，中直机关各业余学校的老师和机要干校的优秀学生，谱不小呢，而我们都是些毛孩子。

教数学的黄老师，浓眉大眼，干练洒脱，教学严谨，环环相扣，推理脉络清晰，不怒自威。我等只有敬佩！

教语文的孙老师，原在中南海业余大学教语文。山东籍，憨厚、和蔼，胖胖的脸上总是挂着微笑。腼腆，讲课时总望着天花板。他爱讲毛主席诗词，山东快书版的：“冒诸希，大必一悔（毛主席，大笔一挥）——背锅封广，钱力饼峰，万力学瓢（北国风光，千里冰封，万里雪飘）。”一次，他正摆头晃脑津津乐道时，第一排的学生季志刚站起来了。那时候我排同学多是从五年级蹦进初一的，男生还没进青春期，季志刚坐着和站着高矮没差多少。只见季志刚先是蟹行蹭出座位，孙老师愣是没看见，他正讲到兴头上："望昌撑馁外，微迂牤牤，大喝伤下，顿十逃逃（望长城内外，惟余莽莽，大河上下，顿失滔滔）。"季志刚猫步蹿出了教室前门，"闪无音奢，渊施喇象（山舞银蛇，原驰蜡象）"，季志刚踩着"急急风"刺溜一下从后门进了教室，坐在最后一排的空座上，躲在康复生的背后，又闪出半个身子冲前排的男生挤眼睛。"欲育田拱（欲与天公）——"孙老师拖长了声音，拐了两个弯的时间，前排的几个男生也都学着走蟹步蹭出座位，猫步蹿出前门，踩着孙老师"试笔稿（试比高）"三个字溜进了后门。

多少年了我都在想，这样的课堂他也能讲得下去。直到我自己做了教师才知道，其实站在讲台上，不管学生在教室的哪个角落搞小动作，老师都能看到，尽管是望着天花板，哪怕是背对学生写板书，也能听出来。当年孙老师为什么不停下来讲纪律？那是他的教学艺术。在那样的年代，面对那个学龄的学生，要想道出自己的满腹经纶，讲出对毛主席诗词的精辟理解，就得这么无视干扰、全身心地投入。自有吴京京之辈成了孙老师的忘年交，自有吾等记住了孙老师的"平平仄仄仄平平"。

王建军老师教过我们数学，主抓宣传队工作。她的教学艺术是知人善用、人尽其才、潜移默化。当年，王老师把季志刚培养成了舞台上的"郭建光"，也把"英雄"二字植入了季志刚的内心。自从演了郭建光，季志刚也变成了严于律己、品学兼优、危险困难冲在前、稳健帅气的棒小伙。还记得大刚的舞台形象——眉清目秀、腰身挺拔、动作利落、精干，那一亮相，震撼了全场！

历史课曹老师讲课从不照本宣科，但讲的都是课本中的东西，课上从没有学生捣乱，都支着耳朵认真听。物理课申老师讲课就像摆弄他的各种乐器，极富韵律和节奏，当你注意力开始涣散的时候，他正好讲完了，开始做练习。

体育课宋老师平易近人，激励教学法用得最好。一次海政歌舞团在县礼堂慰问演出，我们几个宣传队的同学有幸前往观摩。回来时挤在一辆吉普车里，我实在挤不进去了，只好坐在前排宋老师的腿上，大家一路上讨论人家各个节目的优点。宋老师说：“他们那个老太太的表演可比咱们纪东差远了。”我听后心里美滋滋的，平日里没事就到处揣摩老太太。

坟头·狗

刚到五七学校时，我们秘书局的几户人家住在进贤县财干校。出门不远，路边有片坟地，我们这些孩子都害怕，不敢走近。我爸就直接跑到其中一座坟头上说：“唯物主义者，还怕个坟头吗？”从那以后，我们就不再怕穿过坟地了。但我们还是怕狗，进贤的狗，见到我们就狂吠，你越跑它越追，你站着不动它就围着你转着圈地狂吠。我爸就教我们弯腰捡石头，狗以为你要用石头砸它，它准跑。嘿，这招真灵，我们不再怕狗了。不过有一次偶遇，还是让我狠狠地怕了一回。

那还是五七中学在进贤中学院里的时候，有一次，劳动任务是捡粪。这活不错，既可以闲逛，又可以闲聊。两人一组，仨人一伙，大家分散活动。在没有化肥的年代粪可是宝贝呀，上哪儿去找呢？我和屈彩霞两个人，三逛两逛逛到山坡的一片坟地里。这儿哪来的粪呀，牛又不到这儿来吃草，还真指望着有条狗来拉泡屎。哟呵，还真从坟头后边转出来一条狗，一身土黄的戗毛，摇着尾巴溜着坟边向我们走来。关键是它那双眼睛，血红血红的，低低地看着地面，都不带打转儿的，让人联想到幽灵。空气凝固了，我跟彩霞靠在一起，不敢跑也不敢动。空中传来“嗡儿嗡儿”的声响（没包外皮的单根电线被风一吹发出的声音），让人联想到鬼哭。幸亏那条狗没搭理我俩。

我在五七学校的记忆片段

邹　健

我们连里的大干部

1970年5月，我随父母来到江西进贤中办五七学校，那年我12岁。下放的干部职工们统称五七战士，我们这些家属不论年纪大小，统称小五七战士。我们家在二连，二连的大部分五七战士来自秘书局，许多人都曾在中央领导身边工作多年，其中有秘书、警卫、勤务、打字员、厨师等。大家在这个特殊的学校里一起劳动、生活，在这里接受锻炼，也经受磨难。

二连老五七战士中有一位叫童小鹏，他年近六旬，个子不高，身体偏瘦，腰板挺直，步履快捷，说话略带福建口音。一次我们到发工资的叔叔那里翻工资表，童小鹏的工资着实让我们大吃一惊：七级干部，每月工资290元！这在当时简直是“大款”。原来他曾是周总理的办公室主任、中办副主任兼秘书局局长。童小鹏为人谦和，擅长摄影，经常在休息时间用自己的照相机给五七战士照相。童小鹏平时负责喂猪，每天和大家一样，穿一身褪色的蓝布衣服到养猪班喂猪。我母亲常和他一起喂猪。童小鹏平易近人，养猪班的五七战士都很尊敬他。养猪班学“毛选”，童小鹏常拿拾元人民币大票当书签，这在当时也是美谈。

有一次，童小鹏拉着空板车去五七稻田，我母亲让我陪童伯伯一起去。当时我心里有点美滋滋的，路上可以请童伯伯讲故事了。果然，童伯伯一路上打开了话匣子，他说：“当年我刚参加革命时，比你现在没高多少。那时在江西苏区给罗荣桓同志当通信员。有一天部队驻扎在一个村庄里，我和罗荣桓就住在村里的老乡家。第二天一早，还没起床就遭到了敌人的袭击。一发炮弹正好落在我和罗荣桓中间，万幸的是炮弹没响，我们俩都捡了条命。”童伯伯一边拉车一边讲着他九死一生的革命故事，表情自然而祥和。就这样边讲边走，我们很快就到了五七稻田，办完事又顺利返回了二连驻地。此后的几天，我内心一直回荡着童伯伯讲的故事，也对这位九死一生的老革命更增添了敬意。

若干年后，童伯伯回到北京统战部工作，我也常在报纸、电视上看到有关他的消息，更不时回想起他曾给我讲的九死一生的革命故事。

中学“过三关”

1971年初，我和田跃进、孙淑萍来到红壤山上的五七中学上学，这里离二连约20里路，二连还专门派了一位年轻的五七战士送我们上山。

五七中学实行半军事化管理，我们班叫新三排。排里同学都来自五七学校的各个连，当时我感觉班上的同学都身强体壮，男同学能打球会游泳，女同学能歌善舞。这让我们三个刚从山下来的孩子挺没自信。

老师跟我们说，在五七中学生活，需要“过三关”。

一是吃饭关。因为每天都吃米饭，熬南瓜或空心菜。我们这些在北方吃面食长大的孩子天天吃米很难适应，更何况米是没油性的矶米，不好吃。南瓜和空心菜几乎是白煮，油很少，老了的空心菜常常咬不断，大家戏称这菜“钢管菜”。熬南瓜吃多了犯胃酸。一周偶尔吃上一顿猪肉，就像过节。

二是气候关。这里的天气，夏天热得没地方躲，冬天冷得没地方钻，春天潮得衣服晾不干，秋天好日子没几天。尤其是春天，阴雨连绵，连续三四个月难见一缕阳光，床板下返潮结出一层水珠，衣服潮乎乎的也得往身上穿。

三是劳动关。春天剥花生、种花生，夏天“双抢”，秋天收花生，平时种菜还要自给自足。特别是“双抢”，割稻子要50米不抬头，100米不直腰。男生只穿一条短裤，身披白尿素布（用日本进口尿素的包装袋剪的布）。后背不知要晒脱几层皮，靠喝盐水防虚脱和中暑。身上的汗水会迅速被似火的骄阳蒸干，留下一层细细的盐末。

劳动也是一课

记得1971年初，刚上五七中学的时候，在学校举行的各种活动前大家都要先背诵毛主席语录。别的语录在语录本里都可以找到，有一条是语录本里没有的，这就是“劳动也是一课”。据说毛泽东有一次坐火车经过江西进贤，汪东兴对他讲，窗外不远处就是中办五七学校，毛泽东说：“告诉他们，劳动也是一课。”于是这句“语录”就成了专门对五七学校成员，也包括小五七们的教导。

五七中学着实把劳动当成教育学生的一课。五七中学的编制为中学连，开始下设三个排，后来增加了一个四排，我在三排。中学的老师主要为原机要干校的学生。学校基本实行半天上课半天劳动的学制。五七学校有个大目标，实现粮油肉菜“四自给”；中学连则有个小目标，以种花生为主，保证全五七学校用油，兼种蔬菜，自给自足。

1971年时，中学的课没有物理、化学，只有“工业基础知识”和“农业基础知识”两门课。有一天，课上讲到农作物开花后有雄蕊和雌蕊，通过风或蜜蜂等授粉，有个好动脑筋的同学问：“老师，人能不能授粉？”当时弄得年轻男老师一下红了脸。

最令人难忘的劳动课当属1973年初夏的抗洪抢险。记得那两天大雨倾盆，据气象台测算，一天最大降雨量达260毫米，为江西几十年罕见的大暴雨。当时中学指导员王力军和刘芳莲老师来到我们教室，王指导员动情地说，大暴雨给山下的五七大堤带来了严重破坏，事关五七学校三千亩稻田的安全，山下各连的五七战士正在全力抢修大堤，同学们，我们怎么办？

同学们群情激昂，纷纷要求参加保卫五七大堤的战斗。王指导员当即表示，要向校领导请示参加保卫大堤的战斗。过了一会儿，她打完电话回到教室向我们宣布：“校领导同意我们参加抗洪抢险了！”她要求一排、二排、三排身体好的男同学马上集合，准备出发。我和几十位男同学一起，在王力军和另两位老师的带领下沿公路迅速向山下的五七大堤方向行进。

由于公路在丘陵间上下起伏，低洼的路面得涉水而过，有的路段还要横穿流速每秒4～5米、水深及腰部的洪流，在这样险的线路上，我们大家相互挽着胳膊，高喊“下定决心，不怕牺牲，排除万难，去争取胜利”的口号，因为脚下被洪水冲得根本站不稳，不挽紧胳膊随时可能被洪水冲走，大家在艰难跋涉中前行，总算安全到达五七大堤，投入到抢险的队伍中。

天还在不停地下雨，我刚刚站在大堤上，就远远听见对面当地公社的大堤上有人边跑边喊：“垮坝了！垮坝了！快跑！”眼见对面的大堤决口，洪水瞬间倾泻而下，那情景真是惊险恐怖！但我们此时无暇顾及险情，而是和老五七战士们并肩奋战，一刻不停地往大堤上挑土和沙石，加固大堤。一口气干了两个多小时，我们接到了校部的指令，让中学小五七战士先撤出大堤抢险，随后大家跟随老师们返回了学校。

后来我们听说五七大堤保住了，没有决口！五七大田也保住了，并按时插上了秧苗，五七学校的抗洪抢险取得了胜利！听到这些，我们每一位参加下山抗洪的同学都感到格外喜悦，抗洪抢险中也有我们付出的一份努力，这是我们最好的劳动课。

参加“双抢”

“双抢”即抢收和抢种。在7月底8月初的短短20多天，数百名五七战士要把三千亩成熟的稻谷收割入库，再把三千亩稻田插上稻秧。

江西进贤七八月骄阳似火。十三四岁的小五七战士们每年这时加入“双抢”队伍。孩子们的装束和大人一样，男生头戴草帽，上半身裸着，披一块用日本进口尿素的包装袋做的布片，简称尿布，下半身只穿尽可能短的一条短裤。女生也尽可能少穿，想穿裙子是资产阶级思想，绝对不行。“双抢”的天热得让人透不过气，坐在树荫下都汗流浃背，更别说顶着太阳割稻子了。下稻田之前，先高声背诵最高指示“下定决心……”当时“双抢”割稻子的口号是“50米不抬头，100米不直腰”。割半天稻子下来，胳膊被稻茬扎得通红，后背晒得脱了皮，为防中暑，要大量喝盐水，中午收工时一摸后背，不是汗水而是一把盐末。

当时我们班的男生很羡慕的是王方，他有文艺细胞，会说快板书，经常到田头给大家说快板鼓劲，那真能多割不少稻子，少挨不少累。

劳动让小五七战士懂得爱惜粮食。当时最典型的例子是，我们班的赵京生，一天割完稻子去吃午饭，大家都把鞋子脱了图凉快，赵京生不小心掉了一个饭粒到鞋里面，马上捡起来放到嘴里吃了。这件事让王方知道了，马上编成快板书，不批评此事不卫生，而是当好事来宣传。快板写道：“一粒米，你别小看，它是贫下中农五七战士的血和汗；赵京生，他一粒米掉到鞋里面，马上捡起放到嘴里面……”

割完稻子还要插秧。割稻子累了可以稍微蹲下歇会儿，也不一定有人发觉。插秧可不能蹲了，一蹲屁股上就画出一片地图，那就是偷懒的证据，晚上一事一议会上就得挨批评。最可怕的是水中的蚂蟞，专门钻进皮肤下喝血，谁被咬一口，都会引起周围一阵骚动。

一次“双抢”下来，小五七战士多数都留下了受伤的痕迹，有的手被镰刀割破，有的脚被扎伤，有的伤疤过了40年仍然依稀可见。

在进贤中学读高中

1973年，办了三年的五七中学要停办了，当时中学四个班的学生将转入当地中学上学。我那时在新三排，之所以叫新三排是因为原来还有个老三排，1971年初毕业离校，分到了五七学校的各连队包括工厂连。

我们转入地方上学，正赶上两年后被定性为当时的所谓“资产阶级教育路线回潮”，即部分省市恢复中考，一排、二排及新三排挑选了10人参加进贤县的中考，达到录取分数线就去进贤中学或高桥中学上高中，未达到分数线的和新三排的另一部分同学就在当地继续上一年初二（江西当时初中两年），四排的同学根据老师的安排部分上初二，其他同学继续上初一。我和新三排的另外9名同学（其中有程弢、陈小平等）与一排、二排一起参加了当地的中考，上了高中。1973年9月，我和被当地高中录取的山下的同学开始在进贤中学上学。记得入学时分在高一（2）班，同班的有夏虹、邱晓青的姐姐邱玉静和同在二连住的康复生。我和康复生同桌，在教室靠窗的最后一排，邱玉静和夏虹在中间靠左第二排。

我和康复生都在二连，每天骑自行车上学，骑过校部门口时有一个大上坡，比较吃力，赶上有拖拉机从身边过，我们就试着用左手抓住拖拉机后挂斗上的销栓，一旦抓住就能借力把我们拉上大坡，现在回想起来还感到后怕。

我们刚到进贤中学上学，感觉学校的师资力量很强，很多老师都是大学学历，教化学的老师听说还是北京大学毕业的，多数老师都是师范院校出来的。也赶上所谓“回潮”，第一年教学抓得挺紧，几乎每个月都有考试，每次考试我们从五七中学来的四个人都是班上分数最高的，但各科第一名都是夏虹，我感觉自上学以来终于碰上了在学习成绩上让我佩服的人。我们班的班长叫郁卫国，团支书叫梅世进，团小组长叫李小明，他们对我们这些北京来的孩子都很友好，还积极发展我加入团组织，我在五七中学努力两年没入团，在进贤中学一年多就入团了，当时也算了了桩心愿。1974年寒假受《湖南农民运动考察报告》的启发，我专门到李小明家去体验，吃了一天老表过年的饭，住了两晚老表家的茅草屋，他们天天是辣椒拌饭，茅草屋四面透风，回来的路上心里说不出是什么滋味，再也没和别人提起这事。

1973年底到1974年上半年，文化界出现了新气象，人民文学出版社陆续出版了一些新书，我们如同沙漠中逢甘泉，经常去县新华书店买新书，回来如饥似渴地阅读，精神上有种心旷神怡的感觉。记得当时买过一本贺敬之的《放歌集》，不知反复阅读了多少遍，成为激励自己成长奋进的精神力量，这本书如今已伴随我46年。

转眼到了1975年春，一部分小五七战士跟随父母离开五七学校，也告别了进贤中学，包括我和邱玉静同学。我们两家是1975年4月5日乘坐同一趟列车离开进贤县的。那天早上下着小雨，我一步一停地回望我们曾经住过的红石房、生活的连队、上学的学校，与前来送别的同学和叔叔阿姨们挥手道别，再见了，五七学校！再见了，江西进贤县！我在这里度过了难忘的青少年时光。

干校的点滴回忆

薛梅梅

我在中办五七学校长达10年，从一个懵懂少年长成一个青年，有许多往事深深刻印在脑海之中，这里仅回忆点点滴滴。

蚊子咬

1970年“春插”后，中学三排从五连、六连、七连集中到七连学习，不久又参加了紧张的“双抢”。记得有一天晚上政治学习前，我逮了两只蜻蜓放到宿舍的蚊帐里，心想这下可以把没轰赶出来的蚊子消灭了，有些小得意。

◎ 笔者（后排左二）与小五七战友在红壤山的合影

学习结束后我赶紧往宿舍跑，钻进蚊帐打开手电筒一看：蜻蜓哪儿去了！啊！蚊帐上有个拳头大的窟窿，上面还留着蜻蜓的残肢，原来是讨厌的老鼠把蜻蜓吃掉了。最可恶的是老鼠还把我的蚊帐咬了个大窟窿。我赶紧找来夹子夹住窟窿，这也不管用，这一晚可真把我咬坏了，弄得哭笑不得。

和北京相比，江西的蚊子实在厉害，时时处处都要提防，尤其上厕所和晚上开会学习，一定不能离开扇子，否则够你受的。那时没有什么防蚊水、风油精之类的东西，蚊香和清凉油是生活必需品。可我在十二连时，发现我们排长就不用扇子赶蚊子，根本不把蚊子当回事，原来他身上的汗毛很长很浓，蚊子趴在皮肤上，嘴上的毒针根本够不到皮肉，排长真厉害！

我们到五七学校第一年没有对付蚊子的经验，很多同学都被咬出浑身的大包，甚至感染化脓。七连医务室的窗台上摆着各种药瓶：红药水、紫药水、双氧水……还有棉棒纱布，可以自己去消毒、上药。记得那年陆军同学的“伤情”最严重，满腿的紫药水和纱布，好不热闹。看着他那“伤兵”模样，我不禁想起五七中学开学第一天，全排集合，老师向大家介绍我们的两个排长：一个是杨宝玲，一个就是嘴角涂着紫药水的陆军。从那以后，陆军——紫药水，给我留下很深的印象。

我自己的小腿上也有两处被蚊子咬后的溃疡，反反复复八个月才彻底好了，落下两个坑疤。那是在第二年被分配到十二连劳动，因为发烧没出工，在宿舍休息，连里的“专政对象”（十一级老干部）郁彬大夫背着药箱来看我，检查后确诊是腿上的溃疡感染引起了发烧。治疗过程中，郁大夫看周围没人，悄悄对我说，我认识你姑姥姥，嘱咐我不要声张。在那个时期那个环境还真不能乱说乱问，回家问母亲才得知：在延安时期，郁彬奶奶和我的姑姥姥曾在中央办公厅驻地杨家岭共同从事医护工作，当时在杨家岭她们两个是仅有的专科毕业的医护人员。经郁彬奶奶精心治疗后没几天，我的腿伤就彻底好了，到底是真大夫啊，功夫就是不一样。

看电影

在干校喜欢的娱乐活动之一就是看电影。头几年是看露天电影。在山上时，是在红壤实验站墙外的空场上放电影，大家各自搬个椅子，拿把蒲扇，这是标配，赶上雨天还要武装上雨衣、雨鞋和雨裤。附近的老表也都赶来看电影。张毅、张顺的父亲是放映员，大家都爱和他打招呼。记得后来崔志江和季志刚也放电影。那时国家电网不能保证正常供电，每次放电影还要配备发电机，我们设备组有一台小型发电机，几个人轮流值班跟着放电影。当时能放的电影很少，就那么几部片子来回放，但就是百看不厌，不管啥天气，只要放电影就场场不落。那时年纪小，除了故事片中的电影插曲，几个样板戏的场景、音乐、唱段几乎都能背下来，还托人买来曲集学着唱，每到大田劳动，田间大喇叭里播放样板戏也跟着唱，平时在宿舍不管不顾地瞎哼哼。

工厂搬下山后条件好些，可以在校部食堂里放电影。再到后来，又可以发票去县电影院看电影了。除了看电影，还爱听电影。从北京探亲回来的人都要讲讲在北京的见闻，在北京看过的电影，大家在院子里围坐一圈听电影。我们车间讲得最好的要数李黎，连比画带表演，台词一句不丢，还有场景描绘，讲得有声有色，生动有趣，我听了多遍都不烦。印象最深的是南斯拉夫影片《瓦尔特保卫萨拉热窝》，那讲得真是精彩！给我印象极深。直到现在，只要电视台播放这部片子，我还是必看。

"六十一个阶级兄弟"

我在收拾物品中翻到了当年的一个笔记本，本子中有两个名单，一个是五七中学老三排同学名单，一个是五七中学老三排分配名单。

中学老三排名单：（毕业前）

排长：杨宝玲、陆　军

一班长：未　非　副班长：朱秀玲；楠天健、王玉梅、杨春荣、张小莲、李京武、陈小京、李小吟、孙桂清、李春奇、李国伟、白一清、周华光、齐建国

二班长：成　宇　副班长：王海燕；张　顺、薛晓越、孟繁荣、王雪丽、黄　清、孟祥丽、陈曙华、许建华、赵　清、李晓光、田献民

三班长：王　瑗　副班长：李建国；郭志刚、孙淑娟、薛梅梅、陈思玉、丁山城、徐　晏、王　凡、牛宝芳、孟建红、季国庆、李小平、李小雪、何立秋、杨博光

四班长：王爱萍　副班长：苏海燕；王宪民、朱燕华、沙会荣、周玉梅、陈栋阁、刘东平、李　林、孙燕龙、李伯芳、曹小宁、范　越、裴淑英

中学老三排毕业分配名单（1971年2月19日）

二连：楠天健、李国伟

四连：陆　军、孟建红、许建华、田献民、沙会荣

五连：王　凡、孟祥丽

八连：牛宝芳、何立秋、赵　清、李　林

十连（工厂连）：丁山城、李春奇、白一清、范　越、孙燕龙、朱燕华、陈曙华、郭志刚、徐　晏、李晓光、孟繁荣、王海燕、苏海燕、陈栋阁、朱秀玲、杨春荣、李京武、张小莲、王玉梅、孙桂清、李伯芳、王宪民、季国庆、成　宇、张　顺、王　瑗、孙淑娟、王雪丽、杨博光、齐建国

十一连：李小平、薛晓越、陈小京、陈思玉、裴淑英、李小雪

十二连：薛梅梅、周玉梅、刘东平、黄　清、李小吟、曹小宁

留五七中学：未　非、周华光、杨宝玲、王爱萍、李建国

我随手一数，老三排同学名单正好是61人，不细算晚来和后来早离开的，我们这“六十一个阶级兄弟”在一起整整10个年头。

珍藏的记忆

屈彩霞

特别的五一国际劳动节

我从江西进贤中办五七干校回京已经三十年了，但感觉在干校时的事就像昨天刚刚发生的一样，尤其对1970年到干校后的第一个五一国际劳动节印象尤其深刻。

那时我们五七中学一排的同学们在五连参加“春插”劳动。“春插”季节是每年的四月中旬至立夏前，那时有个口号是“不插立夏秧”，这是保证水稻有足够的生长时间，以获得好收成。为抢季节我们这些十一二岁的孩子与成年人一样下水田。水田的劳作是很辛苦的，水稻生产从耕地、育秧、拔秧、插秧、耘田、开沟、打药到收割大都是靠人力完成，只有耕地用牛和机械，插秧和收割部分使用机械。

◎ 笔者（前排左四）与五七中学同学的合影

20世纪70年代气候没有现在这么炎热，“春插”季节天还是很冷的，要穿御寒的毛衣或绒衣，却要每天卷起裤腿光着脚下到水田里。当时干校的劳动条件和生活条件都很艰苦，也没有防护用的水田鞋，同学们的手和脚经常被泥水中的蛤喇皮划破，弯腰干活个个喊腰痛。大人们总是打趣说，小孩子腰还没长出来，怎么会腰痛？我们也只好自嘲地说，我中间儿痛。

五一那天，我们的任务是拔秧。拔秧是将育好的水稻秧苗连根带泥从育秧田里拔出，在水里洗掉泥，同时将秧苗的根部戳齐，然后用一两根稻草绑成一把。秧苗把不能太大也不能太小，绑秧苗还必须用活扣，以便在往大田里插秧时一抻就开，看似简单的活，可是要干得又快又好是不容易的。

早晨出工时，天阴着，可没下雨。在秧田里大家有的弯着腰拔秧，有的将一把把秧苗装筐往外运。大约九点多钟开始下雨，有两个男同学（好像是季志刚和孟庆海）没带雨衣，在雨中淋着，老师让他俩回去穿雨衣，他们不愿意，各自找了块塑料布把头包了起来，然后就在雨中跑来跑去，逗得大家哈哈大笑。雨越下越大，就像有人从天上一缸一缸地往下倾倒，雨水密密的，在人眼前形成一层水帘。雨点隔着雨衣打在人身上，感觉很疼。耳边是哗哗的落雨声，说话要大声嚷，否则对方听不清楚。同学们在雨中大声说笑着，不停地干着，各小组还互相拉歌，唱起了当时的流行歌曲——毛主席语录歌、毛主席诗词歌和革命歌曲。雨一直这样下着，快到中午时才渐渐变小了，后半天的劳动也是在雨中进行。我们就这样在“倾缸大雨”中劳动着度过了到干校后的第一个五一国际劳动节。

微型龙卷风

我曾于20世纪70年代在江西进贤红壤山上看到过一次奇特的微型龙卷风。辞海对“龙卷风”一词的注释为：范围小而时间短的猛烈旋风，风速每秒10米至100米以上，常出现在发展强烈的积雨云下，云形呈漏斗状下垂。在地面上，直径约从数米到数百米；在空中，直径可有数千米。中心气压很低。如达地面，破坏力极大，人、畜、器物常被卷至空中带往他处；经过水面时，常吸水上升如柱。移动时速可超过一百千米，持续时间可从数分钟到数小时。出现在陆地上的称“陆龙卷”，出现在水面上的称“水龙卷”。

我记得那个奇特、微型的龙卷风出现在田里刚栽上秧苗不久（好像是“双抢”之后），五七中学正在上课，老师讲完新课后让同学们自己看书。忽然同学们开始骚动起来，大家扭头向教室外张望，原来乌云迅速布满天空，白天渐渐变黑，教室里不开灯看不清课本，同学们不约而同地想起了60年代中期北京黄沙蔽日白昼变黑夜的经历。老师提前下了课，大家急忙跑出教室，在院子里互相交谈着、猜想着将会发生什么事情。

我向远处望去，看到从教室东南方天空的黑云里，伸出一条浓黑带状的从没见过的东西。它上宽下窄，逐渐长及地面；它旋转着，自东向西运动者，好像传说中的黑龙。我立刻想起，这可能就是广播中提到过的有巨大破坏力的龙卷风。

眼前的这个龙卷风规模很小，约有电线杆那么粗，在经过校园南面的水塘时将水吸了起来，形成一个旋转着的水柱直上高空，与黑云结为一体。在经过学校西南方李房楼村庄的北侧时，将村边道路上的树叶、稻草、尘土等旋转着带到高空，所经之处牛叫、狗吠、鸡惊飞，一片嘈杂。只有短短的几分钟，不知为什么，黑云就将它的长龙收起，这股旋风便消失得无影无踪，天也渐渐恢复了光亮。

这个微型的龙卷风没有表现出破坏力，但让我见识了一个奇特的气象现象，感受到了大自然的神奇。从此以后，我和部分同学对当地的一些气象谚语产生了兴趣，如“春天东风雨绵绵，夏天东风井断泉，秋天东风禾生芽，冬天东风雪漫天”。在每天收听广播天气预报的同时，坚持早晚观看云彩的颜色与形状，注意观察当地天气变化时的奇特现象。日积月累，到上高中时，每天早晨上学出发前，小伙伴们聚在一起，讨论预测天气，决定是否携带雨具，竟然准确率极高，特殊的环境锻炼了我们特殊的本领。

热心帮助同学的夏红

夏红同学是我们排学习最好的女生，她各门功课都数一数二，许多学习好的男生都赶不上她。她不光自己学习好，还热心帮助和辅导其他同学，凡是向她求助的，她都有求必应。我与夏红在一个小班，她的座位在我前头，当我学习遇到困难时她总会热心帮助我，同学三年多从不嫌麻烦。

我小学六年级没上几天就随家长来到干校，五七中学一开办就报名上了初中一年级。“文化大革命”复课后，小学语文课多是抄写报上的社论，算术中的比例、分数、百分数等许多知识都没学过。到了中学，文科还好办，数理化就难了，老师讲课根本就听不懂，更别提做作业了。由于基础差，学习很吃力，因此自卑心理很重。

那时我遇到不会做的习题就呆坐着，心里虽着急，可就是没办法。夏红同学看到了就帮助我补习功课，缺什么补什么。她不单单给我讲必须掌握的知识要点，还将她的思路清晰地告诉我，教我怎样用已有条件推导出未知条件，引导我举一反三。从她那里我学到了对待难题的态度，一是不慌乱，二是认真分析已有条件，三是确定解题方法并仔细求证。记得一次化学课的课堂小测验，全班成绩及格以上的不过十几人，她的分数最高，90多分，我在她的辅导下竟然得了70多分，心里别提多高兴了。她让我看到了自己的潜力，从此我信心倍增，不断努力，跟上了教学进度，成绩由差等逐渐达到中上等水平。

她不但功课好，而且动手能力很强，字写得也好。当时物资匮乏，作业本不易买到，她买来白纸学着自制作业本、笔记本，有的本子还装上漂亮的硬皮，手工缝制的本子从外观上看与买的不相上下。受她的影响，我也订本子练写字，字写得不是很好看，但与之前比进步不少。

后来我们分别上了高中，不久她回了北京。我回京后，一次在警卫局礼堂看电影时遇到了她，她说她在北京大学上学。之后听说她出国留学了，此后再未见到。

30多年了，我仍然难忘这同学间的真挚友谊。年少时不懂得如何感谢热心帮助过自己的人，现在我借助此文，表达我对夏红的真诚谢意。

广阔天地练嗓子

我们排的成爱兵同学有两条又长又粗的辫子，凡见过她的人一定对她印象深刻。听说江西省某剧团曾想谋取她的秀发，用于革命样板戏人物化妆，未果。与她的辫子相比，其实她的歌声更令我难忘。

成爱兵同学天生一副好嗓子，唱起歌来很是好听，并经常参加干校的大型演出活动，独唱毛泽东诗词之类的歌曲。我们在劳动时也常常可以听到她的歌声。记得在1970年或1971年秋季的某一天，我们班的劳动任务是积肥，那天天气很好，不冷不热的，同学们有的在铲草皮，有的将远处的草皮往地头的积肥坑里运。大家有说有笑的，这时成爱兵同学唱起歌来，声音十分响亮动听。不知是哪位男同学说，不好好在广阔天地劳动锻炼，就知道唱歌。而她笑着回答道，我在广阔天地练嗓子。从此后，只要有人劳动时在地里放开喉咙唱歌，就会有人说，广阔天地练嗓子。

成爱兵同学不但歌唱得好听，而且运用气息的技巧了得。那几年的春天，下雨时我们不用下地劳动，而是在室内准备花生种子——剥花生。同学们经常边剥花生边唱歌，一次有人提议用一口气唱“啊”，比赛看谁的气息长。在场的同学表示同意。只听一声“预备开始”，几位参赛者一起“啊”出声来，刚开始是大合唱，“啊”声响亮而有力，慢慢变成小合唱了，再后来声音逐渐变得稀少无力，其他同学的气息已经用完，发不出声了，此刻只有成爱兵同学还在“啊”。那时我们没有钟表，不知道她到底“啊”了几分几秒，反正给人的印象是时间很长很长。

后来，她在山上我家所在的连队插队，我在山下水稻连插队。一次我回山上连队的家，与爱兵一起到邻居女指导员家看望她出生四个月左右的女儿，那小姑娘一见爱兵就两眼放光，高兴得小胳膊小腿不停地动。这时爱兵唱起歌来，声音很大，我真担心这么大声小姑娘会害怕，可是小姑娘不但不怕，反而是更加兴奋。奇怪，怎么会如此？原来她喜欢听爱兵阿姨唱歌，几乎天天听，胆子已经练出来了。

回京后虽然听不到她的歌声了，但时常回忆起那段时光。

青春岁月

牛淑英

岁月飞逝，光阴荏苒，38年弹指一挥间。

悠悠往事，漫漫人生，青春一去不复返。

一场史无前例的“无产阶级文化大革命”，在中国的大地上风起云涌，波澜壮阔、浩浩荡荡的各路人马从城市奔向农村，从内地奔向边疆，奔赴祖国最需要的地方。

在老革命根据地——江西这片红色的土地上，在五七干校这座革命的大熔炉里，我和我的同学们在这里度过了难忘的初中生活。我们是光荣自豪的小五七战士，我们响应党中央毛主席的号召，昂首阔步走在宽阔的五七大道上。

青岚湖畔，映照我们年少的身影；红壤山上，留下我们青春的足迹；

◎ 笔者（前排右三）和五七中学同学的合影

星月天河，见证我们插秧割稻秋收“双抢”的辛勤劳动。田间菜园丰硕的果实，溢满了我们的汗水，散发着诱人的芳香。

红色的岁月里，在五七中学我们同窗读书、并肩劳动。艰苦的生活磨炼了我们的意志、理想与信念，铸就了我们崇高的信仰。当我与同学王新民、李淑香第一批加入共青团，高举手臂宣读誓言的那一刻，我们的心灵经受了如此强烈的震撼，我们从无知走向成熟，成长为光荣的共产主义青年团员。多少个不眠之夜我们仰望天空畅想未来追求理想，多少个日夜我们披星戴月挥镰收割，多少个劳动现场我们矮小的身体挑起沉重的河泥……我们担负起时代赋予我们的光荣而伟大的使命，我们经历了火红岁月的洗礼，我们感受到了肩上沉重的责任。

曾经的一切模糊了我们的记忆，曾经天真稚嫩的小五七战士已经长大变老，然而记忆犹新的是青春逝去的岁月、并肩战斗的同学，不曾改变依然如故碧波荡漾的青岚湖，绿荫草地果树橘香的红壤山，还有那段我们无法忘却的岁月！

有惊无险

孟繁荣

离开江西40余年了，在江西五七中学时的一件事至今记忆深刻。

1970年的春天，五七中学的老师指定我和杨宝玲、王雪丽、杨春荣、成爱兵等同学到红壤山砍树。

我们从进贤中学出发，带着砍刀，有说有笑地搭车去20里以外的红壤山。我们要搭乘的是带拖斗的东方红牌拖拉机，看着一袋袋作为肥料用的麻饼装上车，我们再上车各自找空隙坐好，雪丽用砍刀把装麻饼的麻袋扒拉出两个平面，让我们坐得更舒服。拖拉机在女司机师傅的操作下启动了，宝玲和雪丽坐在驾驶车棚里，其他人都坐在拖拉机车斗的麻袋上，想着就要坐拖拉机开始旅行了，心情很高兴。

◎ 1971年，笔者（前排左二）与晶体管车间五七战士合影

拖拉机刚开出大门就遇到了复杂地形，先右转下坡，没想到左侧也是斜坡，坡上还有几个树坑。女司机驾驶拖拉机几次想转弯都没转过来，我坐在车斗里直为司机着急，心想真不容易啊！

她又一次尝试转弯，终于把车头调转过来了，可因转弯过大，车斗外侧的车轮子转下了左侧的斜坡，车斗一下子失去了平衡，严重倾斜，我惊恐地感觉到要翻车了！

还没等多想，人瞬间就从车上摔了下来，一摞麻袋压在了身上，车斗也四轮朝天，重重地压在了麻袋上，美好的旅行顿时变成了车祸！我当时感到周围一片漆黑，麻袋重重地压在我身上喘不过气来，大脑一片空白。

这时宝玲和雪丽急呼："翻车了！快救人！"听到同学的呼救声，我意识到自己没有死，只是被麻袋和车斗压在了车下。还好，车翻在了县城里，过往的人多，老乡们快速围拢过来，抬起车斗，拽开麻袋。我被两个麻袋

◎ 笔者与好友杨宝玲在五七田

压着，靠近车边，很快被救了出来。有的同学坐在车斗中间，又被摔在斜坡的树坑里，不容易被找到。她们只好拼命呼喊：“救命啊！救命啊！”赶来救援的老乡们这才找到她们的位置，把同学们一个个救了上来。

幸亏救援及时，同学们陆续被救了出来。相互看看，活动一下，都平安无事。庆幸，我们这些十三四岁的孩子软功好，被压在车下各种姿势居然毫发无损。事发后骆老师及时赶到现场，安慰我们，又带着我们走动走动，活动四肢，看大家都没事，这才带队返回了学校。

第二天，我们又步行前往红壤山。

有惊无险的过程，是自己人生路上的一次经历。小五七战士的生活，不光是清苦劳累，同时也充满惊险、新奇，并伴有生死的考验。这次经历，我终生难忘。

五七中学的劳动课

齐建国

建校初期，汪东兴传达毛主席的指示：“告诉他们，劳动也是一课。”

五七学校坚决贯彻这一最高指示，始终把劳动作为一门主课，五七中学当然也不例外。1970年3月初，刚成立不久的五七中学，决定抽出三排下连队办学，我们10多个同学先是被分配到六连，由陈家启和顾淑珍两位老师带队，主要是参加劳动。

六连是水稻连之一，负责耕种几百亩稻田，以机要干校的学员为主，再加上国家机关党委的干部，总共100多人，连长薛应钊是机要干校的学员。六连的驻地在五七田中央的一块小高地上，大家称其“五七·六”高

◎ 笔者全家在红壤山

地。五七战士住的是自己盖的几排土坯房，中间有个晒场，旁边还有一个四面透风的大草棚子，是吃饭休息和存放工具的地方。

我们一群十四五岁的孩子，刚从北京来到进贤，大部分人是第一次过集体生活。我们住的几间土坯房离“五七·六”高地100多米远，四周都是稻田，长满了绿油油的红花草，每天穿行在田间的小路上，闻着泥土和青草的味道，感觉一切都特别新奇。

很快，梅雨季节来了，阴雨绵绵，经常十几二十天不见太阳，屋里比外边还冷。衣服洗了几天都干不了，沤出一股霉味。被褥总是潮乎乎的，睡觉很不舒服。稻草房顶经不住长时间浸泡，开始漏雨。有一天雨下了一夜，屋里地上放了好几个水桶、脸盆接水，滴滴答答地响个不停。我睡在上铺，屋顶漏水，就用竹竿吊了一块塑料布接住，早晨醒来，塑料布里兜了好多水，就悬在头上一尺多高的地方，不敢动，赶快叫同学帮忙，倒出来半脸盆。吃早饭的时候，听说昨夜五七战士的一间房子塌了，跑过去一看，好危险！一面土坯墙垮了，屋顶塌了一角，房梁压在一个双层的木床上，幸好没有伤着人。

刚从北京来的孩子，别说干农活了，就连走路都得重新学。雨后的田间小路特别滑，从“五七·六”高地到宿舍这条小路成了我们的摔跤场，没有一个不挨摔的。女生胆小的互相拉着拽着，这下一摔一串，王瑗摔得饭勺都飞到稻田里找不着了。男生数曹小宁摔得最好笑。何立秋腿长脚大，步子灵活，一溜小跑，很少摔跤。我发现越滑越要小步快走，重心移动越快越不容易摔。有一次，我一路平安回到宿舍门口，正得意时，一脚踩在门槛鼓起的土包上，脚下呲溜一滑，“哎哟”摔了个屁股蹲，真是一不小心就挨摔。

记忆深刻的是第一次下水田，我们刚到六连没几天就赶上育秧，秧田就在“五七·六”高地旁边，挨着一条板车路，便于运输和管理。那是一个晴天，但天气很冷，医务室给大家准备了凡士林，下水前抹在腿上防冻。精耕细耙的秧田，放了浅浅的水，老五七战士上穿棉衣下穿单裤，裤腿高高卷着，腰里系一根草绳，率先下田示范，泥水到小腿肚深，我们也跟着下了田。脚刚一沾水立刻感觉跟针扎似的，再看老五七战士都已经干起活儿来了，咬咬牙心想我也能行。我们先用铁锹把秧田分成一米五左右宽的、一畦一畦的，再用一根长把的木杆将秧田表面仔细抹平，如果凹凸不平就会积水，容易烂秧。这时均匀撒上一层发芽的稻种，再覆盖一层塑料薄膜，播种就完成了。干活时也许是冻麻木了，没感觉，当要拔腿上岸时才觉得脚后跟被泥嘬得生疼，洗去泥水才发现，两条腿下半截红上半截白，就像刚从地里拔出来的水萝卜。这才初步感受到了下水田的滋味。

还有一次，我们和老五七战士一起去铲草皮，运到大堤处，贴在斜坡上。用平板方锹均匀地铲起两三厘米厚的草皮，这是个力气活，但也有技巧，不然深一铲浅一铲，铲不成块。有的人铲草皮、装车，有的人推车运送。不一会儿一辆板车就装满了湿漉漉的草皮，一推一拉板车不动，原来是轱辘陷在坑里了。这时围过来几个人，喊着号子"一、二、三"，猛力一推，板车颠簸着往前冲了出去。我见一位推车的老头踉跄了两步，没站稳摔倒了。只见他顺势一滚，马上站了起来，拍打一下身上的泥土，没说话，接着去干活。他穿一件洗得发白的中山装，瘦高个，50多岁的样子，长方脸，宽前额，目光坚定、沉着。郭志刚在旁边小声告诉我说："这是郑思远。"我当时只知道他是劳动改造的"走资派"，后来才知道他是1937年参加革命的老干部，"文化大革命"前任国务院副秘书长、中央国家机关党委副书记。六连竟然是个"藏龙卧虎"之地，在此接受过劳动改造的还有："文化大革命"前国务院副秘书长、中央办公厅副主任、中央国家机关党委书记龚子荣；"文化大革命"前中央办公厅副主任、中央档案局局长曾三。龚子荣于1936年在国民党的监狱中加入共产党，经历过生死考验。曾三更是位有25年党龄的老党员，对中央机要通信工作和中央档案工作作出了开创性的贡献。很可惜"文化大革命"时开始遭受政治迫害，被下放到了五七学校，直到党的十一届三中全会以后才得到彻底平反，重新回到工作岗位，为党的事业作出新的重要贡献。他们在逆境中坚守信念、对党忠诚、坚韧不屈、不卑不亢的精神令我肃然起敬。

“春插”之前，我们三排50多位同学集中到了七连，张贵印和刘芳莲两位老师带着我们，参加了“春插”和“双抢”的全过程。大田里的农活除了耕田、耙地以外，拔秧、插秧、收割、脱粒我们都干过。按照当地传统，早稻不插立夏秧，晚稻不插立秋秧，五七学校则要求提早六七天，早稻不插“五一”秧，晚稻不插“八一”秧。“双抢”的20多天特别要劲儿，时间紧，任务重，加班加点是必须的，有时晚上只能睡五六个小时，连里照顾我们是孩子，派给我们早晚加班拔秧这最轻的活。7月气温最高达40摄氏度，要说体感温度，那就是“烫”，摸哪儿哪儿都是烫的，稻田里的水都烫脚，头一次参加“双抢”，不知厉害，少不了晒起水泡，脱上几层皮。在大田里干活是大兵团作战，年轻人在一起争先恐后、你追我赶，特别带劲。插秧是技术活，光图快不行，又快又直才是水平。割稻子是最累的活，手上得有劲，动作要干净利落，不然镰刀一打滑，稻子没割下来，很容易割破手指头。大家较起劲来，一个冲刺，50米不抬头，100米不直腰，浑身大汗淋漓，腰带都湿透了，脸上的汗腌得眼睛睁不开，也顾不上抹一把，就恨不能来一场大雨浇个痛快。老天爷总是故意和人过不去，刚才还是烈日当头，忽然就乌云蔽日、电闪雷鸣，紧接着狂风大作、暴雨如注，看不见对面的人。那年还有不少人水土不服，烂腿烂脚，一个夏天都不能愈合。经过高强度劳动和恶劣天气的磨炼，我们个个都变成了“黑金刚”，那真是“过了黄洋界，险处不须看”了。

劳动之余也不忘备战。有一次，夜间紧急集合，让我记忆犹新。那天夜里睡得正香，忽然听见外边乱哄哄的似乎有集合的哨响，朦胧中睁眼一看还是半夜光景，心想还不该起床呢，而且宿舍里其他人都没动静，我又闭上眼睛睡了。不知又过了多长时间，只听见张贵印老师的声音“集合，集合啦……”有人催促着“赶快起床，赶快……”我们宿舍的几个男生穿上衣服冲出来，全排同学早已列队整齐，我们尴尬地站着，还没弄明白怎么回事。曹小宁最后一个出来，月光下他的屁股后面拖着一条白尾巴，被眼尖的同学一把扯下来，竟是条枕巾，惹得大家一阵哄笑。张老师点了名，正色说道："刚才紧急集合，有几个同学掉队了，今后必须提高革命警惕，加强战备意识。"原来刚才是集合去五连搬砖，干完了活才回头来收拾我们。同宿舍的何立秋事先探听到了老师当晚的计划，便和衣而睡，当集合哨响时他喊了一声，不等我们醒来自己先跑了，害得我们当众出了洋相。

在劳动空隙刘芳莲老师给我们上过几次数学课，讲方程式的解法。那时候政治学习不少，实在不记得上过什么语文课。

下连办学的半年时间结束了，五七中学给我的成绩单是：政治一般，语文良，数学良，农基良，劳动优，文艺一般，军体良。"双抢"之后，五七中学搬上红壤山，三个排又集中起来投入建校劳动，新校址是江西省原红壤试验站的老房子，我们自己动手加盖了厨房，打井、种菜，五七中学逐渐走上了正轨，加强了文化课教学，文体活动也开展得有声有色。

1971年1月，我们三排即将毕业，五七中学又迎来了一批新生，弟弟妹妹们有了一个比较安定的学习环境，我们的辛苦也是值得的。毕业前夕，我收到了五七中学给我的第二份成绩单：政治良，语文良，数学良，史地良，劳动优，文艺一般，军体优。近50年过去了，永远难忘五七中学的那段时光，我们在劳动中学习，在劳动中锻炼，在劳动中成长。我很欣慰当年的劳动课我稳得"优"评，感谢老师们给了我中肯的评语，感谢五七学校让我受益终身的劳动课。

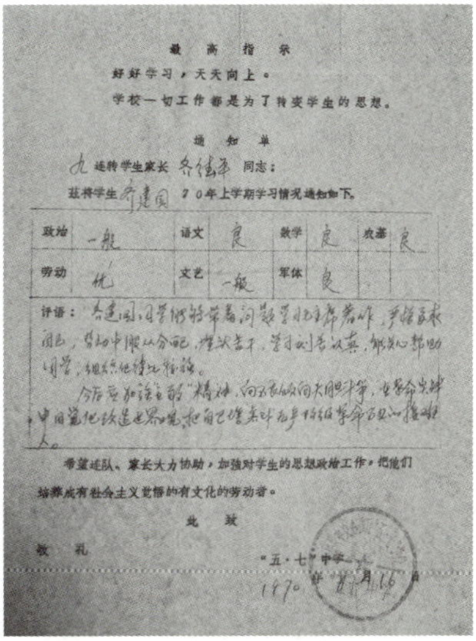

最高指示

好好学习，天天向上。

学校一切工作都是为了转变学生的思想。

通知单

九连转学生家长 齐德章 同志：

兹将学生 齐建国 70年上学期学习情况通知如下。

政治	一般	语文	良	数学	良	农基	良
劳动	优	文艺	一般	军体	良		

评语：[illegible]

希望连队、家长大力协助，加强对学生的思想政治工作，把他们培养成有社会主义觉悟的有文化的劳动者。

此致

敬礼

"五·七"中学

1970年 月16日

◎ 笔者在五七中学时的成绩报告单

大合唱

屈彩霞

说起大合唱，我参加的次数并不多，但在五七学校有四次合唱经历，其中两次参加了演出，另外两次参加了排练。

第一次是在1970年刚上中学的时候，五七中学排练节目，在五七学校大会上演出，其中一个节目是大合唱。当时广播里播放了许多抗日战争时期的抗战歌曲，大合唱曲目就从这些抗战歌曲中选的，记得有《大刀进行曲》《太行山上》《保卫黄河》等。那时能够传唱的都是当代革命歌曲，老歌很少，抗战歌曲着实新鲜，觉得《太行山上》特别好听。

学生们课后抽时间排练，分好几个声部。排练节目时大家都很认真，唱歌卖力，根据歌曲的情绪表达要求变换着声音，时而轻柔，时而有力。演出着装，男生的不记得了，女生穿的是红色条绒上衣，当时是在县礼堂演出。演出的那天，大家早早做好准备。该上台了，大家站好队形，大幕拉开了。台上被聚光灯照得通亮，台下黑黑的，什么也看不见。我们的目光紧盯着指挥，随着指挥的手势听着伴奏开口歌唱，认真对待每一乐句，直至完成最后一个音符。台下响起一片热烈的掌声。啊，成功了！

第二次是唱交响乐《沙家浜》。交响乐是阳春白雪，但与当时人人会唱的革命样板戏《沙家浜》结合在一起，普及效果显著。我们学生承担合唱部分，老师给每一个参加排练的同学发了张粉色的装订成册的油印歌片，大家看着简谱，跟着老师学唱。在初步能将合唱章节全部顺下来之后，开始与乐队合练。指挥是一位个子不高、很瘦、戴着眼镜的男同志。孙晓勤同学很兴奋地跟我说，指挥是我们机要局的叶俊臣叔叔，他指挥得特棒。合唱开始了，我也认同晓勤对指挥的评价。真的很棒！指挥的面部表情丰富，手势清楚，有很强的感染力，你自然而然地按照指挥的要求去努力表现。

前两场演出独唱由五七中学宣传队的人员担任，之后的演出则由五七中学的同学担任。记得王焕荣饰演沙奶奶，王京平饰演阿庆嫂，乔志刚和杨阳饰演郭建光。

演出化妆是用油彩。因为参演的人多，卸妆油少，老师先让大家往脸上涂一层凡士林，为的是卸妆容易些。大多数人是第一次上油彩妆，不会化妆，涂过凡士林后就等老师给打红油彩及画眉毛眼睛。有那胆儿大的，自己动手上红油彩，结果用色太重，成了大红脸，还得让老师修改。脸上了妆的先去吃晚饭，饭后涂口红。涂了口红，我噘着嘴唇不敢动，喝水都小心翼翼的，生怕口红沾得哪儿都是。小孩子都爱美，互相看看，评头论足，看谁更好看。演出结束后，我急着用纸擦去脸上的油彩，并到水房用肥皂把脸洗干净，生怕别人看见我化妆了。有的同学则不急于卸妆，很自然地带着妆到处走走，我当时真佩服其胆量。

演出服是当年五七中学给学生量体裁衣做的校服，样式与解放军军装相同，颜色是绿中有黄，色彩亮且有点闪闪发光，好像是用荧光颜料染制的，有些怪怪的，不是当时流行的军绿色。这套服装我穿到初中毕业。

唱一场交响乐《沙家浜》大约用时45分钟，是一节课的时长。全程站立，第一排要求笔管条直，不许有小动作，眼睛也不能东张西望，后面的站姿可以稍微松一点。演唱中后排竟然有人晕倒了。我在第一排，我前面是打大鼓的李伟，他站着打鼓时，我被遮挡得都看不见指挥了。我清楚地记得最后两句词："胜利属于革命人民，光荣归于英明的领袖毛主席、伟大的中国共产党。"

第三次合唱也是在五七中学唱《沙家浜》，独唱演员仍然是那四位同学。在即将演出前的彩排中，由于台子小和交通用车问题，必须减人，我被减下来了，在台下当观众。

第四次合唱是1976年，那年年初《诗刊》发表毛泽东的诗词《念奴娇·鸟儿问答》和《沁园春·重上井冈山》。广播电台时常播放这两首诗词的合唱歌曲。那时我在水稻连插队，与到五七学校轮训的北京的机关干部一起劳动。8月各连队为国庆准备节目，我们连排练了毛泽东诗词的合唱。没想到，9月9日毛主席逝世了，举国哀悼，停止一切文娱活动，自然这合唱活动也终止了。

在五七学校时，歌声经常伴随我们的劳动，调剂我们的心情。歌曲是寄托情感的载体，高兴时唱，不高兴时也唱。虽然那时年龄小，对生活的理解肤浅，但也时常会被歌声感动。现在我的五七中学的同学们还是热爱唱歌，有的人参加了合唱团，排练具有专业水准的四声部合唱歌曲，陶冶情操；有的人成了KTV高手，挥洒自如，唱起来还真有些明星范儿。

优美动听的歌声伴随我们从年少到年老，祝愿我的那些爱唱歌的同学们在歌唱中青春永驻！

我们曾经的教室

李小南

2019年初夏，我再次来到了江西进贤的红壤山上。

我寻找我们曾经的教室，终于发现了土路旁的那口尘封了很久很久的水井，它仿佛正期盼着我们归来，想要诉说煎熬了半个世纪的等待。

我沿着杂草丛生的泥泞小路，左顾右盼地寻觅，终于发现了唯一一间还存留着黑板的教室。望着斑驳的黑板，脑海里不禁浮现出当年赵炳章老师在黑板上奋笔疾书、吟诵宋代爱国诗人陆游诗句的情形："死去元知万事空，但悲不见九州同。王师北定中原日，家祭无忘告乃翁。"

我情不自禁地仰望屋顶，然而屋顶的景象却把我惊呆了。它就像僧人的百衲衣，这难道就是曾经为我们遮风挡雨、陪伴我们走过春夏秋冬的教室？我不禁潸然泪下，快步夺门而出，脚下的碎瓦片一路发出令人揪心的呻吟，这间残破的教室好像也在倾诉：终于盼来了当年曾点着煤油灯夜读的翩翩少年，你们虽然已是鬓角斑白，但我依然能辨别出你们当年的模样！我虽已风烛残年，百病缠身，但我仍怀一丝奢望，请你们为我更换新装，还我青春容貌。

红壤山上的中小学时光

孙燕伟　黄志钢

我们是小五七战士，父母来自中共中央办公厅各机关单位，有的是红军时期参加革命的，有的是抗战时期在延安工作的，还有的是新中国成立前后调到北京在中直机关工作的，他们来自五湖四海，是党的忠诚战士，为了一个共同的目标为党中央服务。我们作为他们的子女感到非常自豪。

1969年初，中共中央办公厅各机关单位的干部和工作人员下放到了江西进贤的五七学校，该年年底，作为他们的子女，我们也陆续来到江西。我们从生长了十来年的北京城，突然到了江西的乡下，一开始还觉得新奇，后来就觉得无趣了，慢慢地，还体会到了艰苦。

我们刚到五七学校不久，就上了五七小学。说实话，在五七小学学习

◎ 笔者黄志钢的妹妹与五七小学同学的合影

的日子还是比较愉快的。大家一起上课、一起拾稻穗、一起捡牛粪，放学后一起玩闹，一起结伴回家。虽然也有些不愉快的事情发生，但经过相互了解，就逐渐熟悉起来，也建立起了友情。小学上了一年多我们就毕业了，中学要去一个全新的环境学习生活，心里还有点小兴奋。

初到五七中学时，看到了许多新面孔，一些同学是从山下来的，因为住校，大家很快就都互相认识了。五七中学实行半军事化管理，几点起床、几点睡觉、几点上课、几点劳动，都有严格的规定。我们住的是一个大仓库，睡上下铺，觉得新鲜，又有点不习惯，后来慢慢适应了。宿舍每天有一个人担任卫生员值班，负责监督宿舍卫生。

我们上午上课，有语文、数学、历史、地理和英语，最让我们感兴趣的非语文莫属了，因为语文老师讲课生动活泼，朗读毛主席诗词声情并茂，用的是河南话，非常有韵味，至今我们还能念上几段。而且老师每次讲完主课后，都会另加上一段“水浒传”小故事，大家听得聚精会神，下课铃响了都还端坐在位子上，意犹未尽。

我们下午基本都是劳动，劳动时有分工，有些同学去平整土地，有些同学去种菜或浇水。我们还参加了花生的播种，种花生需要施肥，必须要掌握氮、磷、钾等的使用方法，化肥施多了土壤会板结，施少了又影响收成。我们还记得锄花生的顺口溜：“一遍浅二遍深，三遍四遍要认真。”我们在劳动中学会了使用农具，也学会了使用农药，比如乐果、1059这些剧毒农药，用完收工时要放到指定的仓库里，而且一定要洗干净手。

每年都有“双抢”，五七中学全体师生分批下连队支援。最累的活儿要数插秧了，小小的年纪，弯腰屈膝站在泥水中，在气温高达40摄氏度的烈日下，不停地手插脚退，时不时还有蚂蟥叮咬，被暴晒得后背脱皮，但大家没有喊苦叫累的。当时有个口号：“50米不抬头，100米不直腰。”我们在田间休息时，最大的享受就是喝上一杯从校部运来的冰水，感觉从头到脚的凉快，真是爽歪歪。

劳动很累，也很锻炼人，我们从劳动中认识到了农业生产的重要性，学到了一些农业基本知识，体会到了一粒米的来之不易，也体会到了劳动的艰苦、劳动人民的伟大。

我们在五七中学学习生活了一年半的时光，虽然时间不长，但我们在集体生活中学会了独立，学会了团结协作，学会了遇事多思考和顾全大局。如今，我们这些小五七战士均已陆续退休，或发挥余热，或颐养天年。我们少年时在五七学校的经历也是人生的一段磨砺，我们不会忘记，但我们更珍惜当下。

音乐的种子

王　峰

2019年1月18日，我在北京施坦威音乐厅举办了“岁月如歌——王峰钢琴独奏音乐会”。

亲朋好友们都很好奇，是什么力量让我在45岁从零开始，坚持业余学琴15年，60岁时举办个人钢琴独奏音乐会。

答案很简单，早在50年前的江西进贤，我的心中就种下了音乐的种子。

交响音乐《沙家浜》

1969年11月27日，我和姐姐、弟弟登上了开往江西的列车。初到干校，印象最深的是无处不在的歌声——叔叔阿姨们出工时，队列整齐，歌声嘹亮；大喇叭里不停地播放着我在北京时没有听过的歌曲；看电影前，互相拉歌，此起彼伏；连起床的闹钟都变成了军号声！

我家住在进贤中学，图书馆门前的空场就是交响音乐《沙家浜》乐队排练的地方，那雄壮的前奏令我至今难忘。

尤其是吴兴宏叔叔的长号和李铭叔叔的小号，铿锵有力，相得益彰。每当他俩在图书馆旁的桃树林练习时，我就好奇地坐在旁边。过了几天，我壮着胆子问吴叔叔：“这个号我能吹响吗？”他笑着摸了摸我的头：“你还太小，先买个笛子试试吧！”

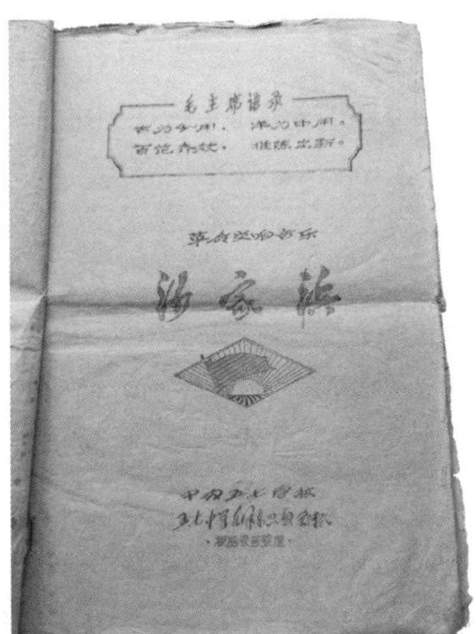

◎ 笔者收藏的《沙家浜》乐谱封面

爸爸会吹竹箫，他从县城给我买了

一支红色的小笛子，告诉了我基本的指法，我便从《东方红》开始练起，很快就能结结巴巴地吹出一两句了。

终于等到了交响音乐《沙家浜》的演出。县礼堂内座无虚席，我们一群小朋友被安排在比较靠前的座位，只见乐队叔叔阿姨们手中的乐器在灯光的映照下熠熠生辉，哥哥姐姐们组成的合唱队整齐划一。伴着雄壮的前奏，只见叶叔叔手中的指挥棒一挥：

> 红旗飘，军号响，山河振荡。
> 驱日寇，除汉奸，保国土，挽危亡，
> 中华儿女慷慨高歌上战场！

那一刻，我感到了前所未有的震撼！仿佛有千军万马奔腾而过！

第二年，我升入了五七中学。宋继军老师教我们唱《序曲》《胜利》等合唱曲目，给我们每人发了一本油印的革命交响音乐《沙家浜》乐谱。这本36页的手工刻板乐谱我一直珍藏着，至今完好如初。其中的每一个音符都记录着我们的青春岁月！

《战地新歌》《长征组歌》

1972年，为纪念毛主席《在延安文艺座谈会上的讲话》发表30周年，国务院文化组革命歌曲征集小组选编了《战地新歌——无产阶级文化大革命以来创作歌曲选集》。此后每年出版一集，一直出到第五集。

在那个文化活动极为单一的年代，这五本歌曲集给我们带来了很多快乐。除了那些空洞僵硬的口号式作品，这五本歌曲集中的很多歌曲是我们这一代人难忘的记忆：

《我爱北京天安门》和《火车向着韶山跑》记录了我们的童年时光；《红星照我去战斗》和《红星歌》让我们传唱至今；《挑担茶叶上北京》和《洞

◎ 笔者收藏的《战地新歌》歌本

庭鱼米乡》唱出了纯正的民歌；《定叫山河换新装》告诉了我们“红旗渠”的奇迹；《老房东“查铺”》写出了真实的军民鱼水情；《真像一对亲兄弟》和《我爱这蓝色的海洋》使我对部队生活充满了无限向往；《千年的铁树开了花》和《我爱五指山，我爱万泉河》让我知道了什么是花腔女高音和美声唱法。

如今的歌曲创作者常常为拥有几十万、几百万的粉丝而兴奋不已，可这与我们当年的情形相比就是小巫见大巫了。那时候，一年才出这么一本歌曲集，每一本里面好听的歌曲就那么几首，于是全国的音乐爱好者们反复收听和演唱这几首歌，那可是几亿人的歌迷群体！

这五本歌曲集一直珍藏在我的书柜里，有时拿出来翻看，40多年前的歌声又清晰地回荡在耳边。

随着影片《长征组歌》的上映，工厂连也排演了组歌的选曲，我有幸作为笛子演奏员参加了乐队。

记得那年下连队参加“双抢”，我们临时组织了慰问演出，未虹和刘东平在打谷场上表演了二重唱《遵义会议放光芒》。平时对于乐队伴奏，没有什么特别的感觉。那天她俩是清唱，两人的高低声部配合得天衣无缝，让我第一次感受到了和声的魅力！

接着是刘东平演唱京剧《红灯记》选段《我家的表叔数不清》，随着一声“奶奶，您听我说”，车间主任李人同的京胡立刻抓住了全场人的目光，只见琴弓飞扬之间，悦耳的京剧曲牌韵味十足，那晃动的身姿，那投入的神态，更增加了乐曲的感染力，与东平的演唱相得益彰，令人难忘！

《梁祝》《黄河》

在进贤中学上高中时，我加入了文艺宣传队。开门办学，我被分在了文体班，有幸遇到了音乐老师刘自友先生。

刘老师系统地教授我们基本的乐理知识和识谱、记谱的方法。他吹笙，我吹笛子，我们的小乐队为进贤中学宣传队的舞蹈伴奏，在县里组织的各类文艺汇演中屡次获奖。

我是校广播站的播音员，除了播报稿件，还播放唱片。有一天，刘老师给了我一把钥匙：“广播室后面有一个小杂物间，里面有些旧唱片，你可能会喜欢。小心不要让别人知道！”

第二天，我播完稿件，拉好窗帘，迫不及待地打开那扇小门。只见小小的杂物间里，放满了一箱一箱的黑胶木唱片。我拿出了一张《歌剧选曲》，轻轻地放在电唱机上：“洪湖水，浪打浪，洪湖岸边是家乡……”我像是被电流击中了一般，真不知道天下竟还有如此美妙的曲调！

接下来，便是每天的迟迟不归。妈妈问起，只说是学校宣传队排练节目。我尽情地倾听优美的《珊瑚颂》和《红梅赞》、悲情的《梁祝》和《二泉映月》。每当我静静地坐在小小的广播室里，随着电唱机的转动，贝多芬的《命运》、柴可夫斯基的《悲怆》、德沃夏克的《自新大陆》，把我带到了一个又一个闻所未闻的新天地。

还没来得及品味青春岁月的快乐，命运就把我抛向了五七干校的田野！无论插秧割稻，还是养猪种菜，音乐是我在那段艰苦岁月里最好的伴侣。从广播喇叭里听到钢琴协奏曲《黄河》的时候，我就在想，总有一天，我要用自己这双插秧的手，把这美好的乐曲弹奏出来。

时光匆匆，转眼间10多年的岁月倏忽而逝。当兵复员，娶妻生子，职场奋斗，有苦有乐。一路走来，音乐一直是我最热衷的业余爱好——无论温婉的邓丽君，还是严肃的交响乐；无论崔健的摇滚，还是欧美的流行曲。我既喜爱江南丝竹的优美、塞外秦腔的奔放，也陶醉于拉美探戈的热情、加勒比爵士的细腻。

2002年，我结束了在沈阳的工作，回到北京，儿子也已经5岁。我们父子俩开始在施特劳斯音乐学校（盛世雅歌音乐培训中心）学习钢琴。先后师从谭宵燕、杨宁两位老师。得益于谭老师的循循善诱，我们父子俩很快就掌握了基本的识谱方法和弹奏技巧，能够在校内的汇报音乐会上演奏简单的练习曲。谭老师出国后，在杨老师的辅导下，我们父子俩都有了长足的进步。儿子取得了钢琴八级证书，我也能够弹奏《梁祝》《黄河》了。

2013年，我赴湖北任职，有了充裕的闲暇时间。夫人深知我心，在网上订购了一台电子钢琴作为生日礼物送到宜昌。我坚持利用回京的机会找杨老师上课，课后刻苦练琴。功夫不负有心人，我的琴技日益长进，欢乐自在其中。

2017年春节，为了纪念我们中学毕业40周年，我和全班同学在江西进贤举办了“岁月如歌”联欢晚会。同学们欢聚一堂，在我的钢琴伴奏下唱起熟悉的歌曲，跳起欢快的舞蹈。我们还联系到了40年未见的刘老师，为他献上鲜花，感谢他老人家当年在我们心中播下音乐的种子。同学情、师生情在琴声中洋溢、升华……

10多年来，我从来不打麻将，也很少看电视剧。我的业余时间，除了阅读书籍和锻炼身体，就是坚持练琴。

我从来没有觉得练琴有多么苦，我感到学琴的过程是一种享受！每当我学会一首乐曲时，那种成就感和快乐是其他任何东西都无法替代的！

功夫不负有心人，我终于可以办一台独奏音乐会了。2019年1月18日，我在北京施坦威音乐厅举办了“岁月如歌——王峰钢琴独奏音乐会”。亲朋好友欢聚一堂，我弹奏了《梁山伯与祝英台》《黄河》《白毛女》《红色娘子军》等18首曲目。

◎ 笔者钢琴独奏音乐会曲目单

下面是我在音乐会上的致辞：

今天音乐会的主题是：追忆青春岁月，品味红色经典。所选曲目都是大家耳熟能详的旋律，我们的青春曾经与之为伴。岁月如歌，终生难忘！

今天，亲朋好友欢聚一堂，我为能与你们共同分享音乐之美而倍感荣幸！

这将是一场有温度的音乐会，虽然我的琴技还有待提高，我的演奏也一定会有瑕疵，但我献给大家的是我对音乐的挚爱和对经典的敬仰！今天演奏的乐曲中，每一组音符都镌刻着我们滚烫的记忆，每一段旋律都记录着我们火热的青春。

愿这些美好的乐曲永远与你我相伴！

临近音乐会尾声，大家在我的钢琴伴奏下，齐声高唱《同一首歌》《难忘今宵》。

啊，当年在五七田里的梦想终于成真了！

童年的回忆

沈　鸿

有过多少往事，仿佛就在昨天；有过多少朋友，仿佛还在身边。往事如烟，1969年与父母一起下放到江西进贤五七干校劳动，这一段悠悠岁月在我的生命长河中留下了挥之不去的印记。打开记忆的空间，开启思绪的闸门，“江西、进贤、干校”，这几个关键词，始终隐藏在我的心底。记得2008年在我回江西的火车上，一位“80后”年轻人和我交流时说，只知道五七干校，但不知道什么是“小五七战士”。炎炎夏日，正巧接到北京准备出版《我们是小五七战士》的约稿，2019年正好是我们去五七干校50周年纪念，望着身边已熟睡的机灵活泼的6岁小外孙女，我不禁回忆起往事。对于下一代，我感到有必要告诉她们：五七道路是一条艰难的路，是一条吃苦的路，然而它却是一条难忘的路，是一条磨炼人格的路。相信未来，走过去，前面是新时代的艳阳天！

红土地感怀

“我们是小五七战士，生长在毛主席的身边。”当年我们这些生在府右街、长在皇城根下，父母在中共中央办公厅工作、为新中国第一代党和国家领导人服务的一代骄子，因为“文化大革命”一夜间命运发生了翻天覆地的变化。1969年，我才7岁，我和姐姐与父母从北京来到江西进贤，陌生的环境、难懂的口音、潮湿的宿舍，让我们这些从首都来的娇娃们感到水土不服。初到进贤的那一顿晚餐，我们是和很多五七战士站在一个空旷的场地上吃的，没有桌椅，拿不住碗就放在窗台上。初在桐林咀的那一晚，我们一家人被安排借住在老乡的茅草房里，房间里只有一张大床，和着狗叫声我们度过了一个难忘的不眠之夜。初见五里的农民教五七战士种地的那一刻，感到这位农民伯伯与我们心目中的老师形象相去甚远。

在五连的生活是当年最艰苦的一段时光。我和姐姐与母亲住在板桥大队燕窝农民家又黑又潮湿的房子里，母亲常常手举着煤油灯查看箱子上是否招来了白蚂蚁。遇到下雨天屋里到处漏雨，被子上只能盖一层塑料布，次日醒来，被子因为不透气，全湿了。早晨我们姐妹俩没有大人的带领，在泥泞的羊肠小路上深一脚浅一脚地到五连的食堂吃饭，有时路上还会冷不丁地碰到三角蛇，非常可怕。夜晚大人们开会，早请示、晚汇报，我和姐姐先回驻地，每次都要经过一片飞着萤火虫的乱坟堆，有时手上还捧着一盆面条。五连到县里的路是最远的（走一趟要一个多小时），有一次下大雨，母亲带着我到县礼堂集体看电影，我光着脚，一路走到县城。母亲在商店里给我买了一双凉鞋，到了电影院，我又冷又累坐在椅子上睡了一觉，什么内容也没看，电影结束后才醒来，又要跟着母亲往连队里赶。

尽管当时我才不到10岁，不是“上山下乡”的知识青年，不用去挣工分养活自己，但“不劳动者不得食”的观念已经深深印在我们幼小的心田。每当暑假来临，年少幼稚的我们这些小五七战士就和大人们一样穿着补丁衣服、打赤脚，在近40摄氏度的高温中站在水田里，耘秧、插秧、“双抢”（抢收抢种），还曾经和杨巍等小伙伴在劳动中互相“五十步笑百步”。秋天来临，我们又在酷热的稻田里收割稻子，站在高高的收割机上双手拿着一把成熟的稻子左右翻转进行脱粒。凡是农家孩子干的农活，我们这些从北京来的娇娃娃都得学着做。曾经有一次，我在五里的板桥大队学着别人的样子，右手举起柴刀砍竹块，因为年幼，当时没有大人看护，不知道左手要避让，结果砍在了自己的左手指上，鲜血直流，自己扒开都能看到骨头。现在这条伤痕依然清晰。

这些日子里，外孙女看我天天写回忆江西的文章，懂得了“幸福是奋斗出来的”道理，唠叨着说也要“吃苦”，要“不忘初心、牢记使命”！

红歌唱不停

初到江西，第一次表演节目，是我们几个小朋友自编的一个舞蹈，结尾高潮处，由年纪最小、个子最矮的我捧着毛主席的画像站在两个同伴的腿上。那时我们是第一批来江西五七干校的小孩，大人们感到很新奇。之后的夜晚，我们常和大人们一起到各乡巡回表演，宣传毛泽东思想。记忆中大人拉着我的小手，我边走边睡，迷迷糊糊的，一到了地方，就又活蹦乱跳地表演起来。

到了红壤山上的五七小学，我参加了学校的宣传队，在中办机要局的孩子中，我与张宁、郭薇亚等小伙伴跳过《小小球儿闪银光》《我爱北京天安门》《火车向着韶山跑》等集体舞，张宁、郭薇亚两人还表演过一个木偶舞蹈，张宁活泼，扮演姐姐龙梅；郭薇亚比她小一点，演妹妹玉荣，她皮肤白，大大的眼睛一眨一眨的，我们坐在台下都看呆了："天上飘浮着云彩白啊！云彩白啊！不如我们公社的羊儿白！"那个动作至今我还会模仿。每次演出前大人们给我们化妆，脸被画成一个大红脸蛋，画上眼皮时，就告诉我们眼睛朝下；画下眼皮时，就说眼睛朝上。等到所有小朋友都化好妆、穿戴整齐后，由驾驶员叔叔开着当时最时尚的北京130汽车，带着我们撒着欢似的开往山下的县礼堂，我们坐在敞篷汽车里一路欢歌。

我没有赶上五七中学，初中我是在当地的高桥中学上的。经常要参加劳动，我们这些城里的孩子和农村的孩子相比，总是表现得不好。学校各班级为了能在文艺表演中拿到名次，劳动时间就通知会表演的同学排练，这样我才算轻松了。朗诵、唱歌、跳舞，样样都学，红色革命歌曲天天不离口。那时经常晚上参加演出，农村的夜晚一片漆黑，回家的路特别长，而且要经过一段火车道，张宁经常会有一些男"粉丝"送她回家，我们借她的光，一群人一起走也就不怕了。在山上，我家和郭薇亚、张宁、马军、崔伟、李亦唐、李文萱等几家依次住在并排的平房里，都是邻居。张宁的妈妈刘俊清阿姨爱唱歌，经常在家里教她们姐妹俩，我们也跟着学唱，印象最深的是用朝鲜语演唱《金日成将军之歌》开头几句，现在还记得。

2007年，我参加了苏州市时尚新女性大赛，并先后几次获得了“最佳口才奖”“最佳台风奖”等，这也得益于童年时这些舞台表演经历。

红壤山趣事

炎炎夏日，坐在空调房间里，和小外孙女一边吹着凉风，一边吃着西瓜，想起夏天我们在五七干校吃西瓜的情景：记得在红壤山上第一次和妈妈及其他几位五七战士去当地农民的田里买西瓜，到了地里一看，满眼绿油油的西瓜东一个西一个，看得我们应接不暇，摘下一个，也没有刀（就像我们现在摘草莓一样随便吃），大人们就用拳头对着瓜一挥，西瓜立即四分五裂。我们吃得很痛快，吃饱了再挑几个好的付钱抬回家。当时西瓜很便宜，也就几分钱一斤！有一次工厂连接到一个政治任务：吃西瓜！但有一个要求，要把西瓜籽保留下来，统一上交。我们打开西瓜发现，这批西瓜和我们平时吃的不一样，一个黑籽也没有，全是不大的小白籽，好生奇怪，原来是红壤山上的农科所在研究无籽西瓜的培育。

夏日的夜晚，我在工厂连部的传达室陪妈妈值班，一边坐在露天的躺椅上，一边摇着芭蕉扇，有时旁边会有乘凉的五七战士叔叔，他们会逗我玩，给我讲故事，还给我猜谜语，就是在那时，我发现自己爱上了猜谜语。我记得有一年，连队里要开春节联欢会，小五七战士李小雪就发动我们几个会刻剪纸的小姑娘帮忙。过了几天，她来收活，看见我和几个小朋友在跳牛皮筋，以为我贪玩没有做好，就厉声地问：“剪纸刻好了没有？”当我拿出早已做好的“打乒乓球”等剪纸交差时，她才满意地点头直夸“好”。

我们的胆子也是在生活中慢慢磨炼出来的。我们在红壤山当地的高桥中学时，去学校的路上不但要经过一些村庄，还要经过农田和土路，真是晴天一身汗，雨天一身泥。特别是要经过一段火车道，一开始看到路边的火车铁轨感觉很好玩，站在上面走不稳，后来熟练后就能够伸开双手掌握平衡了，一边走一边得意地唱歌。可是一听到火车来了，就慌了神，特别是当火车经过我们身边时，那巨大的气流声很是可怕。孙晓勤姐姐比我们大，且已经上过一年了，经常鼓励我们几个小朋友，火车来了还教我们快点躲到路边的电气箱后面。在进贤中学上学时，条件相对好多了，去县城的路都是水泥路了，我的书包里总是会放着小说，那时县城的马路上没有什么人和车辆，我常常和同伴边走边看书。在江西转了七八个学校，没有好好读多少书，就是爱看小说，为我日后喜欢写作打下了基础。

初到江西，第一次观看游泳比赛，听说有一位叫赖小荣的小姑娘榜上有名，特别佩服！每个暑假，都有大人做辅导员带我们到青岚湖及周边的自然水域学游泳，但我总是学不会，又因为脚特别爱抽筋，只能抱着一个游泳圈在浅水里泡，看着一些大孩子像鸭子一样成群地游向深处，并听她们回来述说有趣的事情。

“小锄头啊手中拿，井冈山下种南瓜。做餐革命传统饭，红米野菜煮南瓜。继承红军好传统，红色后代人人夸。”这首儿时的歌曲我现在也忘不了，但在江西有一个最大的遗憾，是没有去过井冈山。“红色摇篮”井冈山，耸立在葱葱的群山环抱中，是人人向往的地方。暑假学校组织去井冈山，正好赶上我的眼睛“偷针眼”，只能与之擦肩而过，到现在都是心中的遗憾。

◎ 笔者和姐姐在红壤山的合影

在20世纪70年代，物质生活十分匮乏，好在我们的精神生活相对丰富一些。在红壤山，晚饭后电影队常在空旷的舞台上放露天电影，观看电影的除了我们五七干校的自己人外，当地的老表一听说有电影，也都会自带小板凳从十里八乡成群结队地赶来，人山人海，场面十分拥挤。有时我们就坐在电影荧幕的反面，看反电影。后来我们工厂连搬到了山下，县里也盖了新的电影院，当时刚粉碎“四人帮”,《洪湖赤卫队》《铁道游击队》等一些老电影又能放映了，电影队的叔叔常打电话到南昌调影片，对方一听说是中办的，二话不说就把片子送过来。因为是过路电影，常常到很晚甚至后半夜我们都挤在电影院门口等片子到才能放映，如果我们当地的同学能拿到一张电影票和我们挤在一起分享，那真是一件很得意的事呢!

难忘江西、难忘进贤、难忘五七干校。1988年和2005年，我先后两次回北京探亲访友，和儿时的小伙伴相聚，几次都没有看到张宁。她很会讲故事，眼睛一笑，弯成月牙状的样子记忆犹新。后来在朋友的微信中看到，50年后的她依然活泼如初。怎能忘记旧日时光，友谊地久天长！待到重逢时，把酒话桑麻。难忘在红壤山上，孙幼勤常常和我相约到很远的连部，就为了打一瓶开水。难忘在凤岭农场，赵荣和我每周结伴回家，要在公路上步行一个多小时才能回到温暖的家中与父母团聚。

记得京剧《红灯记》里李玉和有一句台词：“喝下这碗酒，什么样的酒你都能够对付！”尽管1969年到1978年在江西的十年间（我7—16岁）经历是苦涩的，但对我的人生而言却是受益终身。从五七干校的道路上走过的我们那一代人，在走向新时代的征途中，无论工作还是生活，尽管遇到各种各样的困难，但都能够迎难而上、勇往直前。

青岚湖畔

——从幼童到少年

刘列平

2019年是江西进贤中央办公厅五七学校建立50周年纪念。作为时代产物的五七干校，虽然早已消失在历史长河中，如今的年轻人也只能从传说或资料中了解它。但对于我们这些亲历者而言，当年那悠悠岁月中的点滴，早已镌刻在难以磨灭的记忆里。接到准备出版《我们是小五七战士》一书的约稿，如烟往事又一幕幕地浮现在脑海中。

1970年前后，对于国家来说是个动荡的年代，对于我的家庭来说更是如此。从1969年上半年开始，我的父母先后下放到江西进贤中央办公厅五七学校和河南潢川团中央五七干校，我大姐随后也远赴云南西双版纳生产建设兵团。

那年我还在幼儿园上中班，已经能依稀记忆一些事情了。记得是在国庆节后不久的初冬季节，我们幼儿园集体乘坐火车搬迁到了河南信阳。我离开北京后二姐仍留在北京上中学。我们一家人就这样分散在了全国五个地方！

我上小学后，一年级、二年级分别在河南、上海、江西三个地方的学校就读。1972年春节后，我从上海的亲戚家来到江西进贤五七学校的父亲身边。在此之前我二姐已从北京来到进贤，就读于五七中学。

到1973年秋天，我母亲历尽曲折，从河南调到父亲身边。这样，在江西进贤中办五七学校，我们全家除了大姐，得以相对稳定地团聚在一起。

从1972年2月到1978年7月6年多的时间里，我从9岁长到了15岁，在江西进贤的青岚湖畔度过了童年和青少年时光。今天回顾往昔生活，虽有一些灰暗与苦涩，但更多想到的还是那时候的趣事逸闻、那些灰色当中的暖心时刻。

五里小学

1972年2月，我从上海来到江西进贤县青岚湖畔的五七学校，来到父亲的身边。父亲那时在老三连，驻地在五七大田中段的老堤边上。整个五七学校当时按军事化组织设置，分连、排、班。住的是一排排整齐的红色房子（集体宿舍），是用从鹰潭红石山开采来的石头盖成的。记得我和父亲住的是一间有很多人的大宿舍，睡的是那种分上下铺的床，父亲睡下铺，我睡上铺。

在五七学校，大人们都叫五七战士，我们小孩子就叫小五七战士。集体生活对我来说就这样开始了。白天大人们去农田里干活，我去上学。

当年我上的小学名叫五里小学，它是距离老三连驻地最近的一所当地小学。学校设施非常简陋，是由过去地主家的房子改造而成的。房间都改造成了教室和办公室，房前的小院子做活动的操场。课桌是一块长的宽木板，两头固定在地上，五六个人合用。板凳不够用，有的要合坐。

最闹心的是当地方言，刚来的我曾因为听不懂、不会说而遭到鄙视。但是孩子的语言能力很强，没多久我就能讲很溜的进贤当地方言了。连队里的一位叔叔看到我们上学的板凳不够用，就动手给我做了一个小木凳。从此我可以天天带着它上学，再不用和其他同学挤一条板凳啦!

三连驻地到五里小学之间距离并不远，但全是水稻田，没有路。每天上学、回家就奔走在稻田间的田埂上。它窄窄的、高低不平，下雨天还很泥泞。田埂两边是水田，在上边走常常担心掉到水田里。但是小孩子的适应能力很强，很快我就熟悉了田埂路，甚至还能在上面来回奔跑，这可是需要胆量、勇气和良好的身体平衡能力的。

经过这样的长期锻炼，我的奔跑能力得到很大提高，身体素质也大为增强。以至于后来历年的运动会上跑步经常拿冠军，我自认为与在这段“田埂路”上来回奔波大有关系。

学游泳

江西的夏天非常炎热，那个年代没有冰箱和空调，炎炎夏日最好的祛暑方式就是去河里游泳。距离三连驻地不远有几个养鱼池塘。每到下午四五点钟或傍晚时分，太阳不再直射，连队里大人们收了工，孩子们放了学，便纷纷来到池塘里游泳、洗澡，那是一天里最轻松舒服的时候。

我一开始是跟着父亲还有其他大人及孩子们一起去，当时一点儿也不会游泳，只好待在浅水区，戴着游泳圈与其他小孩们一起戏水、打水仗，或者狗刨式扑腾几下。

时间久了，看见会游泳的大人在池塘两边游来游去，一会儿潜到水面下不见踪影，一会儿又仰躺在水面上轻松漂浮着，那样子让我十分羡慕，也充满好奇心，就琢磨着如何才能学会这本事呢？

那时不像现在，孩子们有条件正规地学习游泳，有陆上徒手练习、有水中器材保护的动作体验。那时没人正规教过我，所以对水中的基本动作，如“水中呼吸换气”“手和脚的划水蹬水”“动作的协调配合在水中游动”等要领，搞不懂，也不明白。就是听会游的人大概一说，比画一下，剩下就是自己领悟和模仿了。我学游泳的经历可以说完全是“野路子”，就是那个时代常说的，在游泳中学会游泳吧。

池塘中心区水还挺深，有没过头顶的危险。我在浅水区待久了，不时会冒出壮着胆子往深水区闯一闯的念头。但是若没有游泳圈保护，时常会呛水，没有安全感。特别是当感觉到脚不着地、水将没顶，又没有任何抓手的时候，那种对于死亡的恐惧感在心里留下阴影，长时间无法抹去。

然而，对游泳的浓厚兴趣和对成功的向往，让我始终没放弃到深水区一试的念头。那时我最大的愿望，就是能不戴游泳圈游到池塘对岸。做到了就意味着成功，意味着学会了游泳。但我也明白在实现愿望之前，只能默默练习和等待时机。

时机终于出现了。记得一天下午放学后，天空乌云滚滚，要下雷阵雨。我放下书包就往池塘边跑去，想赶在雷雨前下水洗个澡舒服一下。也许是要下雨了，池塘里只有寥寥几个人影，平时热闹的池塘显得很安静，没有人头攒动的喧闹。

此时，突然有一种想要挑战目标的冲动。因为人少，不成功的话也不至于场面难堪。其实这念头是有危险的，后来还真有些后怕。也许就是“无知者无畏”吧，我下了水，壮着胆子，小心翼翼地游向对岸。

当我战战兢兢抵达对岸、双脚能够着地的一瞬间，突然感到一种前所未有的释然，就好像做了一个不可思议的梦，醒后回过神来这才意识到：我会游泳啦！多年后回想起来，那是一种奇妙无比的感觉！是一段铭刻于心、难以忘怀的记忆！

有了成功的开始，从此便一发不可收，逐渐地不满足于在小池塘中扑腾，后又随大人们去到大堤外的青岚湖边下水，在天广水阔的大湖里感受畅游的快乐。当然也模仿着学会了蛙泳、仰泳、自由泳（动作都不正规），还有扎猛子、踩水、潜游；参加过游北门桥的比赛；在北门桥上跳冰棍（跳水）；夜间游青岚湖；等等。

从此，“野路子”出身、自学成才的我进入游泳的“自由王国”。以后从五七学校回到北京，在游泳池里游泳自然不在话下，甚至已不满足，还在玉渊潭八一湖里畅游，在十三陵水库横渡，在北戴河、大连老虎滩、山东青岛、海南三亚大东海亚龙湾游。近些年也在泰国沙梅岛、印尼巴厘岛的海滨游泳，尽情享受那份水中的快乐。

所有这些，想来无不源于当年在干校连队养鱼池塘的那次小小的冒险。当年在干校学游泳的这段经历，养成了我喜欢挑战自我的性格。当年的小屁孩如今也快到退休年龄了，但我依旧不时感怀我的童年，它穿越岁月带给我一种精神上的延续。

劳动课

1972年11月，父亲从老三连调到校部工作，我们搬到了校部驻地，我也从乡下的五里小学转到了县城民和二小读书。与我同一个班的校部同学还有许洪波、关卫群、张燕庆、白国强等人。

我们上小学四、五年级时，国家正处在十年动乱中，各行业都受到严重影响，教育界受到的冲击尤其严重。当时的舆论强调，学校教育要与工农实践相结合。于是我们二小除了平时开的课程外，高年级每周又增加了两个下午的劳动课。

在校部后面，杨家大队位于青岚湖边大堤内的稻田里，分出约一亩见方的一小块地，给二小作试验田。我们的劳动课，就是在这块田里栽种水稻，体验耕地、插秧、施肥、收割等水稻成长的全过程。

每年4月初，清明节前后，稻田里长满红花草，紫色花朵点缀着绿色大地，煞是好看。这时也是该种早稻的时候了，很快试验田被翻耕、灌水、平整后我们就开始插秧。

初春的南方阴雨连绵，气温还比较低。那个年代几乎没有人穿橡胶雨鞋，我们都是挽起裤腿，赤脚在水田里学习插秧。我们年纪小，待不多久就得从水田里出来暖和一下，印象非常深刻。

插秧后的水稻成长期还需要施肥，那时很少有施用化肥的，几乎都是使用有机肥料。劳动课的另一项艰巨任务，就是从学校的茅房淘粪，装在粪桶里，全班同学轮换抬着，走约三四里路，到试验田，再将粪泼洒到水稻田里。现在的孩子，无论如何也不会有这样的经历了。

到7月下旬，早稻成熟该收割了，劳动课就变成了拿镰刀收割稻子。如果割稻动作不熟，就很容易被割到手。至今我左手小指上还有镰刀割后的伤疤。稻子收割完，还要用那种古老的脚踏式打谷机进行手工脱粒。

正像那首古诗“锄禾日当午，汗滴禾下土。谁知盘中餐，粒粒皆辛苦”

◎ 笔者（左）与同学许洪波在进贤二中上学时的留影

所反映的，一粒稻米的生产过程，我全程体验到了，真是很不容易！

1976年7月，我从民和二小毕业，该上中学了。县城原先只有唯一一所中学——进贤一中。然而等到我们小学毕业时，县里又新建了进贤二中，我们二小的两个毕业班，全被指定去了新建的二中，成为进贤二中的首届初中班学生。

当年的二中用“一穷二白”来形容并不为过：首届学生只有两个初一班和两个高一班，以及两栋尚未完工的教学办公楼。学校周围一片乱土岗，最让人头疼的是学校没有进行室外活动的操场。

怎么办？在那个“自力更生、艰苦奋斗、丰衣足食”，“没有条件，创造条件也要上”的年代里，解决之法就是一边上课，一边劳动，自己动手。学校里安排了许多劳动课，我们就成了小劳动力，师生们一起劳动，共同建设二中。

一锹一锹地挖，一担一担地挑，数月后，终于在教学楼前面的山坡上挖出一块平地。从此，我们有了活动的操场。然后又有了篮球场、排球场、沙坑等，可以开展各项体育运动了。

这段“边上课、边建校”的历史，既让我作为二中的首届学生而自豪，又让我常对那段艰辛的往事很感慨。这是一段非常独特、难以忘怀的经历。

40多年后，我再次来到进贤二中，看到它已有了新的校址，学生超过了万名，规模远超旧校，成为进贤县最大的中学，回想起当年的劳动课，就更加感慨万分。

校部大食堂

校部大食堂不仅是集体吃饭的地方，也是五七学校举行各种重大活动的礼堂，还是校部孩子们平日里玩耍的地方。食堂内部一头是伙房，另一头是个小舞台。这里有时会举行典礼大会，有时也是剧院、电影放映厅。这比原先在连队时看露天电影条件好多啦。

记得在这里看过电影《地道战》《地雷战》《闪闪的红星》《决裂》《达吉和她的父亲》等。还有一年，著名相声演员马季、唐杰忠来五七学校慰问演出，食堂内外呈现“爆棚”的场面。

有时候水稻收割后，稻草会堆积在小舞台上，那就成了孩子玩“地道战”的好地方了；有时候台上摆张乒乓球桌，就又成了我们打乒乓球的场地。

当时父母每天要忙工作，我们家全吃集体食堂。食堂饭菜很单调，每餐基本就一个菜。但是米饭管够，随便盛，只要吃得下，这叫“管饱不管好”。因为当年五七学校是自给自足、自成体系，能够生产大米、蔬菜、肉蛋类（养猪、鸡鸭）等几乎所有的主副食品。

在当时，民众吃肉都是凭票定量供应，各种物资也非常匮乏。五七学校食堂饭菜虽简单，但不时能吃到猪肉、吃饭管饱的情况，是五七学校与当地相比的最大区别。伙食上没什么可选择，也锻炼了我从小吃饭不挑食的习惯。直到现在都是有啥吃啥，没有特别讲究。

我们五七学校以吃大米为主，有时也会蒸馒头、花卷等面食。每年春节，食堂会组织全体人员齐上阵，人人动手一起包饺子。因为一年只有这么一次，那热气腾腾的饺子出锅，鲜香的味道，记忆太深刻了。如今饺子仍然是我的最爱。

当然有时在这顿饺子盛宴之前，还会安排一顿“不忘阶级苦，牢记血泪仇”的米糠麦麸做的窝头“忆苦饭”。那难以下咽的滋味，让二者的对比非常强烈。校部大食堂，在那时不仅给大家提供饱肚子的物质食粮，也提供了许多精神上的营养。对此，我的记忆深刻。

夏天的冷饮

江西进贤的夏天酷热难耐，去湖里游泳当然是最好的祛暑降温方式，但是一般中午都不敢去。直射的太阳会把湖面上层的水晒热，只有潜到下面去才比较凉快。上岸更是被晒得皮肤疼。所以一般都是早晚凉快的时候下水。

解暑的方式除了游泳，就是吃香瓜和西瓜了。当地产的香瓜很好吃，香甜脆口。但是西瓜就比较一般。也许是南方气候潮湿、温差小，西瓜都不太甜，个头小，吃着没什么味道。

我们自己动手冰镇西瓜，从水井里打上冰凉的井水，把西瓜放在井水中。过几个小时后切开，吃起来非常冰爽。不记得什么时候，开始出现一种外形像冬瓜的大个西瓜，跟以前的西瓜口感完全不同，非常甜，也好吃。后来才得知，是农业技术站实验开发的新品种，还有无籽西瓜、新品香瓜等。个大味甜的新型西瓜经过井水冰镇后，吃起来那叫一个痛快。

在校部食堂对面，有一排平房，那是校部的澡堂。澡堂边有一间房子，里面安装了制冷机，可以生产冰块，夏季还制作冰水、冰棍等，因此我们管那间房子叫冰棍房。

夏天，这间房子里是生产最繁忙的地方。每天生产出的冰水、冰棍，会被装在棉被裹着的大罐子里，用手扶拖拉机送到连队的水稻田，为赶着“双抢”的人们送去一份降温的清凉。

冰棍房的产品如若有剩余，就会对外出售。校部的人可以来打冰水、买冰棍，一暖水壶的冰水只要两分钱。其实所谓冰水，就是自来水（井水）里加入适当糖精、香精，经冷冻机冷冻一下而已。

这些品种简单、物美价廉的干校自产冷饮，在进贤那酷暑炎炎的夏日里，吃起来是那么透心凉，令人印象深刻。虽然无法与现在市场上琳琅满目的冷饮相比，但在那个年代五七干校就能提供降温祛暑的冷饮，还是觉得是件挺牛的事。

乘凉

进贤夏天的夜晚经常快到半夜了，气温仍在30摄氏度左右，暑热让人夜不能眠。那时候在干校，当夕阳西下，人们吃过晚饭，便纷纷从家里搬出纳凉装备：竹躺椅、竹床、竹凳、竹凉席、芭蕉扇，还有冰镇西瓜、冰水，一天的纳凉时刻就开始了。

邻居们摇着扇子，串门、聊天，或者听收音机广播、吃块西瓜。等气温降到凉快些，才回屋里睡个好觉。有时晚上酷热久久不散，大人孩子们实在无奈，就结伙去青岚湖里泡澡。泡到深夜气温降下来才出水，然后回去睡觉。

那个年代的环境几乎没什么污染，青岚湖水清澈透明，在晴朗的夜晚可以看到闪烁的星星和浩瀚银河挂在天空。除了上面这些活动，夜晚乘凉给我留下印象最深的是：我躺在竹床上摇着芭蕉扇，仰望着璀璨星空“数星星”“发呆”。

那个年代没有电视、手机，也没有什么娱乐活动。晚上待在室外时间又长，躺在竹床上看到最多的就是星空和银河啦。作为孩子，很好奇夜空中有如此繁多的亮点，还有像长河一样发亮的是什么？

这时，最有兴致的事，就是听旁边的大人讲解天文知识：那几个特别亮的点是太阳系八大行星之一的金星、木星和土星；月亮其实是地球的卫星；这些亮点叫恒星；那个发亮像河流的叫银河。这边七颗星叫北斗星，可以用来指示方向。那边横跨银河的两颗明亮的星星，叫牛郎星、织女星。

牛郎会织女的故事是那么吸引人，加上平时自己也看过一些科普书籍，了解一些简单的天文知识，这时就特别喜欢对着夜空发呆。所谓“心静自然凉”，仰望着星空冥想，也是让自己精神放松、体感清凉的时候。

后来从干校回到北京，能见到那浩瀚星空的时候也越来越少，而对当年仰望星空的岁月就愈发怀念了。

消防队的故事

进贤县消防中队坐落在校部大门口对面。那时我们每天上学、放学几乎都经过这里，时常去队里玩耍。消防中队条件不错，有篮球场、乒乓球室和单双杠、跳马、哑铃等。我们去了就玩这些，有时还要跟人家打个比赛。

队里不少年轻战士，那时比我们也大不了几岁，年轻人在一起不仅玩得来，有时也很聊得来。路过营区正好遇上他们搞消防业务训练，比如甩水龙带、原地着战斗服等，就站在旁边点评上一番，或者起个哄，说得有些新兵小战士低头奋脑的。这样时间长了，跟中队上下混得挺熟，后来感觉都快成编外小战士了。

那时跟中队里关系最铁的，应该是张寿祥班长了。他是司务长，也是炊事班长。其实他手下并没有一个兵，全中队食物的采买、做饭做菜等事情，都由他一个人包办。

我跟洪波、卫群一开始去中队玩耍时，总是喜欢玩篮球、乒乓球、单双杠等。后来我玩着玩着发现洪波不见了，一番搜寻后，常能在伙房旁边寿祥班长那小独间里找到他。

开始我很不解，这伙房里烟熏火燎的，有啥好玩？可后来我才慢慢发现其中的奥妙。寿祥班长一人身兼数岗，做饭采买，有时候实在忙不过来，就会让我们给他打个下手、帮个忙什么的。当然，劳动之后会有优厚的回报，那就是有机会吃到他馈赠的馒头、花卷，甚至还有肉包子！寿祥的工作特殊，住在伙房边的独立房间。我们的“小交易”可以不事张扬，有一定的隐蔽性。

正是这个缘故，我们往寿祥班长那里走动得既多又勤。有时我和洪波会跟着寿祥蹬上三轮车，去民和镇的集贸市场采购。那个年代，部队有特权拿到肉票，购买定量供应的猪肉等。有时我俩拿着寿祥头一天给的肉票，一大早赶到集市站队帮忙代购。在挂着“肉票专供”的小窗口前排队买肉，油然而生的是一种自豪感。

还记得有一天中午放学后，我、洪波、卫群三人往家走，哥仨一路嬉笑打闹路过营区，像往常一样晃悠悠地进了院子，正赶上寿祥班长忙午饭，就径直地往厨房走去。

厨房里云蒸雾罩，正是馒头出锅的时候。于是每人嘴上叼着一个，手里还掂着一个吃着。厨房门口突然出现一位瘦高个、手拿水壶的战士。我们都不认识他，似乎有点慌神，也有些羞愧，急忙把手里的馒头塞进书包，气氛挺尴尬的。

此时寿祥发了话：“吃，没啥！这是我最喜欢的兵，叫易殿群。”于是，我们若无其事地朝他点头致意。他也笑盈盈地说：“吃吧，没事！”简单的几句对话，化解了难堪，增加了信任。

后来我们才了解，这位长着一张文艺青年脸的战士，是刚入伍不久的新兵。寿祥班长看上了他，要他来当助手，从此手下终于有了一个兵。

打那以后，我们再来中队，除了有时进寿祥独居的炊事员宿舍，享用大块鱼肉和白面馒头包子外，还经常与小易进行乒乓球或篮球的对垒。有时还会坐在一块儿，畅谈时事，交流情义。想当年能跟解放军叔叔混在一起成为朋友，总觉得是件挺牛的事。

1978年7月暑假，我离开进贤返回北京。那是一个炎热的下午，寿祥和洪波送我到了进贤火车站，火车在这个小站只停留2分钟。我总也忘不了在那拥挤的站台上，他们硬把我从车窗塞进车厢的狼狈样子，而情义从此绵延。

1979年五七学校撤销时，我父亲负责收尾移交等工作。后来他跟我讲，他临走前特意去了消防中队打招呼告别，特别是专门到张寿祥班长那儿，对他送我上火车的事表达了谢意。

这些孩童时代的往事，每当想到都会有一种令人发笑又暖心的感觉。后来，我们和消防中队不少人都成了好朋友。当时的新兵战士易殿群，后来成了团级干部。如今易团长已退休在家，享受着天伦之乐。干校撤销后，大家各奔东西。40年间，虽天各一方，却从未中断对彼此的惦记与挂念，一直保持着联系。这是我人生经历中的一份弥足珍贵的友情佳话，也是对五七学校那个年代艰苦生活的一份温暖回忆吧。

时光如梭，一晃半个世纪过去了，我们也快到退休的年龄了。当年五七学校小五七战士的生活经历，早已深深烙印在我的记忆里。每当回顾干校的那段历史，时常有种五味杂陈的感觉。但是感受更多的是经历过艰苦锻炼后内心的一份坚韧，就像一首歌里唱到的“当所有一切都已看平淡，是否有一种坚持还留在心间”。

这是那段特殊岁月留给我的一份精神财富。

◎ 笔者（左）与进贤消防队队员的合影

第一个“春插”

李艳萍

1970年4月24日，我国第一颗人造卫星发射成功，举国上下齐欢庆，《东方红》乐曲响遍大江南北。当时我们已经跟随父母由北京下放到了江西省进贤县中共中央办公厅五七干校，这一天全县的大喇叭都播放着《东方红》，声音清澈悦耳，激动人心。此时我们小五七战士在宋继军老师的组织带领下，正雄赳赳气昂昂高声地唱着《小五七战士之歌》。队伍前面的同学吹着口琴伴奏，大家迈着整齐的步伐，骄傲地走在进贤县那不宽的马路上，街道两边正在忙碌的老表（指当地的老乡）放下手中的活计，不时地看着我们这群北京来的小孩，我当时走在队伍里，嘿！那叫一个神气！歌唱得更洪亮，步伐走得更整齐带劲，齐刷刷地奔赴大田，这一天是我们小五七战士第一次参加“春插”战斗。

◎ 笔者（前排右一）与五七中学同学的合影

◎ 笔者（第二排左三）与五七中学同学合影

我们来到大提上，这几华里长的大堤，是我们的老五七战士们在严寒的冬季，上身穿着棉衣、下身穿着短裤，光着脚站在冰冷的泥水里，一铁锹一铁锹地铲，一竹筐土一竹筐土挑起筑成的。没有大型机械设备，老五七战士用辛勤的劳动围湖造田，开垦了近万亩的稻田。站在大堤上放眼望去，眼前一派绿莹莹的景象，一望无际的水稻田，这是我们在城里见不到的，当时感觉好看、新鲜、美丽，并没有想“春插”是什么。可当我们把一双双小脚踏进冰凉的泥水中时才意识到，哦！我们是来劳动来锻炼的，是来向老五七战士学习的，在那个年代，谁也不甘落后呀！记得一天早上，天蒙蒙亮我们就下田了，当天的任务是拔秧。拔秧就是把育好的秧苗拔起，一小捆一小捆地捆好，奇怪的是，它的根部并不需要泥土，这和我在北京见到的移动花草树木时必须带土是完全不一样的，嘿！真新鲜！难道这就是城市与农村、南方与北方的差别吗？把捆好的秧苗放在身后，会有专人挑着担子把秧苗送到插秧地点。我们二排被安排在六连，当时负责送秧苗的有马振东等人，那时我们年纪较小，只能拔秧。我们几个人站在一排，每个人负责自己眼前大约一米宽的秧苗，大家不顾一切，抢先站到冰凉的水里弯腰拔秧，谁也不甘落后，我也是积极地埋头拔秧，然后打成捆儿放在身后，再继续拔秧，边干边往前挪，一会儿工夫便前进了一大步，可我感觉旁边的秧苗没动，回头一看，唉！我的战友弯着腰，两肘支撑在双腿膝关节上，手里拿着秧苗低着头打起了盹儿，多么不可思议呀，十一二岁的年纪，这种姿势竟然都能睡着。可在当时人们的思想激进，只有超负荷的体力劳动才被认为是经受锻炼，批评与自我批评才是表现积极的行为。

“春插”时节，阴雨连绵，我们伴着冬天的寒意，春天的雨水，战斗在第一线，用实际行动改造世界观，把自己锻炼成一个真正的小五七战士！“春插”“双抢”我们要停课参加，平时我们还要种菜、种树、施肥、养猪等，这些对于一个十一二岁的孩子来说不是一件件简单的事，不过当时的艰苦生活的确磨炼了我们的意志，如今我们在各自的工作岗位上个个能吃苦耐劳，任劳任怨，尽职尽责，也是得益于当初的艰苦劳动。第一次“春插”让我们学会了插秧、拔秧，特殊年代的劳动生活使我们懂得许多，就让我们把这磨炼当作生活的积累吧！

五七中学的一次野营拉练

崔志江

大概是1970年的深秋，为了增强我们的战备观念，五七中学组织全校师生进行了一次野营拉练，目的地是向塘的一个公社，当时一排、二排、三排都参加了（那时好像还没有新三排和四排），只有少数老师和同学在校

◎ 笔者（右一）在五七中学排演小话剧

◎ 笔者（后排右一）和五七学校司机班战友的合影

留守。

出发的那天早晨，参加拉练的全体师生身背行囊列队操场，校领导做行前动员，随后大家雄赳赳气昂昂，在五七中学校旗的引导下，踏上了征程。从红壤山到向塘有40多里的路程，刚一上路，大家都精神抖擞，歌声口号声不断，班级之间还不时拉歌，整个队伍热闹非常。走了两个多小时，大家开始感觉双腿发沉，抬不起来，歌声口号没有刚出发时响亮了，甚至连说笑也少了许多，队伍里一片寂静，只听见脚下的解放鞋与路面沙子摩擦发出的有节奏的沙沙声。不知过了多久，队伍里响起一位老师洪亮的声音：“同学们，我们现在出现的疲劳，运动医学上叫生理极限，只要大家坚持下去，这种现象很快就会消失。我们要发扬毛主席教导的不怕牺牲连续作战的作风，一定要坚持到最后的胜利，大家有没有信心？”“有！”大家齐声回答。“我起个头大家唱个歌吧，下定决心不怕牺牲，预备唱……”毛主席语录歌驱散了行军的疲劳，大家重又抖擞起精神继续前行。一段路程过后，队伍里出现了一阵小小的骚动，原来是有老师和班干部在与同学相互争抢、帮对方背背包。中午时分，大家又累又饿，有些走不动了，一些同学的脚底也磨起了水泡，在老师与同学的鼓励帮助下，这些同学一瘸一拐坚持着，始终没有掉队。中午过后，我们终于到达了目的地，打前站的炊事班郝老师，在当地公社干部和老乡的帮助下，为我们准备了炒圆白菜、米饭，还有咸菜，那顿饭大家吃得狼吞虎咽，全然没有了平日边吃饭边聊天的情景。

下午，我们来到江边一个当年日本鬼子屠杀当地百姓的地方组织活动。那是一座只剩残垣断壁的祠堂，到处长满了杂草。记得好像是一位公社干部或是一位事件的亲历者，为我们讲述了当年日本鬼子在这里烧死几百名中国人的暴行，讲述者那让人刻骨铭心的话语，字字句句给予我们强烈的心灵震撼。“起来，饥寒交迫的奴隶……”在悲壮的歌声中活动结束了，大家的心情很沉重，或许那是我们生平第一次感受这样的气氛。

给我印象最深刻的是当晚的宿营。晚上活动结束后，宋继军老师把我们几个班干部叫到一起，说有个富农也住在这个院，夜里睡觉要提高警惕，班干部要靠着门口睡，轮流值班。安排铺位时我选在了靠近门口的位置，借着手电的光亮，大家打理好铺盖睡了。漆黑的夜晚，万籁俱寂，天下起了毛毛细雨，雨水汇集在屋檐，顺势滴落在地上，发出滴答滴答的声音。我躺在寒冷潮湿的稻草铺上，想着“有个富农也住在这个院，夜里睡觉要提高警惕”的话，不由得后脊梁阵阵发凉，久久不能入睡，双眼紧盯着那扇破烂不堪、无法关闭，被风吹得不时吱吱作响的破门，越发感到恐惧。由于白天行军劳累，大家睡得很沉，其他班干部没有能醒来与我换班，我只有在恐惧中煎熬。朦胧中，突然有个黑影推门进来，随之一道手电光照在我的脸上，把我惊醒了，原来是宋老师来查铺，他低声问了我几句话后起身离去，而我却再也没有了睡意，瞪着眼睛一直到天亮。

由于年代久远，一些细节记不清楚了，事情记述得也不完整，只是自己的一些记忆和感受。

五七中学历险记

李惠玲

记得五七中学刚创办时，校址就在进贤县的进贤中学。当时我们的教室和宿舍在一个二层的小楼里，对面是食堂和锅炉房。我所经历的不寻常的事情就发生在锅炉房。

锅炉房是里外间，外间放煤，里屋的锅炉正对着两道门（只有门框，没有门）。江西一到梅雨季节就阴雨连绵。一天上午，天下着小雨，课间我拎着暖壶去锅炉房打开水，前面已经排了三位同学，后面排了一位同学。当前面两位同学接完水转身要走时，突然一位同学说："进来一个火球。"这时不知谁又跟了句："靠边别动。"在他们说话时，我回身往外看了一眼，只见一个橘红色的火球从外面进来。直径一尺左右，闪着并不刺眼的光，已经飘到了里屋门前。这时我和在场的五六个同学都背对着墙站着，一动不动，我连气都不敢喘。曾听人说过，雷电火球很厉害，一旦碰上，就别想活了。虽然当时心里很害怕，但还是睁眼看着火球不紧不慢地从每个人胸前飘过。它就像是个有思想的生物，慢慢观察着我们，围着里屋转了一圈，又原路出去了。不知过了多长时间我们才缓过神儿来，跑出锅炉房，把刚才发生的离奇事讲给同学们听，一个同学说，看来你们都没做坏事。难道真的像老话所说的，好人好报，不会遭雷劈？

将近40年过去了，每当说起此事，我都觉得不可思议，好多人听了也都是一副疑惑的表情，一般听到的都是雷击事件，像我们这样死里逃生的，可谓福大命大。在2019年五七学校40年聚会时，我终于找到了一位当时在场的同学——荷铭。另外几位历险的同学是谁，你们都在哪里？

干校孩童杂忆

王　峰

“猎鸭”记

1969年11月28日，我和姐姐、弟弟登上了开往江西进贤的列车。一路走走停停，颠簸两天两夜之后，我们终于踏上了这片陌生的土地。

我们被安排住在进贤中学。刚刚下车，大人们都在忙着收拾行李物品，姐姐也跟着帮忙。我和弟弟便悄悄跑出了进贤中学的大门。

啊！一切都是那么新鲜，令两个小男孩目不暇接！

空中飞舞的蜻蜓比北京的大两三倍，田间的水牛就像画里的一样，村头的狗在嬉戏打闹，水鸟扇动着色彩斑斓的翅膀从身边飞过……

虽然父母正处逆境，可年少不知愁滋味，我们的心里只有两个字——好玩！

在校门口玩了一会儿，我们被池塘里的鸭子吸引住了，在北京要到动物园才能看到，可现在它们就在身边，太好玩了！

男孩子调皮好斗的天性一下子被激发了起来。我和弟弟兵分两路，开始了“猎鸭”行动。弟弟在池塘东岸用较小的石子把鸭子赶到对岸，我则“埋伏”在西岸的芦苇丛中，准备了一堆大石子作为“弹药”。

◎ 笔者在五七学校时的留影

可能是乡下的孩子很少打鸭子，那

群鸭子为了躲避弟弟的石子毫无戒心地向我游来。我看到战机成熟，立刻发起总攻，将手中的石子向鸭群投去。不出几下，便有一只鸭子不幸中弹。看着水中的“猎物”挣扎翻腾，我和弟弟有些害怕，赶紧躲进了身旁的芦苇丛。

过了一会儿，鸭子不动了，静静地漂在水面上。我们知道闯了大祸，一动不动地在芦苇丛中“潜伏”了好一会儿。确信附近无人，我们决定“撤退”。我拉着弟弟沿着池塘边的小路飞快地往回跑。

快跑到大门口，正好小卖部的沈叔叔走出来，他和蔼地说道：“去哪儿玩了，慢点儿跑。”

而我做贼心虚，一看到大人来了，魂儿都吓飞了，不打自招道：“那只鸭子不是我打死的！”

后果可想而知，我和弟弟挨了一顿臭骂，爸爸赔了老乡四块钱（当时一个月的伙食费才十二元），鸭子还给了老乡。

很久以后我还在想：为什么我们赔了钱，还吃不到鸭子？

今年春天小五七战士聚会后，我恰巧出差江西，由朋友陪同重回进贤。进贤中学已更名为进贤县第一中学，校门前昔日的池塘已不见踪影，唯有后山的老树依然挺拔。

“借”书记

刚到干校，我们一家住在进贤中学。爸爸妈妈每天要出工，哥哥姐姐已经到五七中学去了，只有我们这些小学生无事可做。八连安排了柳伦阿姨做我们的辅导员，每天上午学习毛主席语录，下午自由活动。

这可把我们这些北京来的孩子乐坏了！

山下池塘有青蛙，远听一片聒噪蛙鸣，未及近前，蛙妈妈早已不知去向。细看时，水中蝌蚪摇着尾巴在跳舞。

山上树梢有鸟窝，几个男孩子互相帮助，爬上梢头掏鸟蛋，回到家中未及煮熟，已有女生报告柳阿姨。

◎ 笔者在五七学校时的留影

有一天，我们几个男孩玩“官兵捉贼”的游戏，我被追得无路可逃，一纵身跳进了果园旁一幢房子的破窗户里。我躲了很久，他们也没找到，我不由得放松下来。

环顾四周，眼前有扇小门，轻轻一推，戛然而开，门楣上掉下些许灰尘。我好奇地向内张望，只见昏暗的大屋里整整齐齐地摆放着一列列书架，书架上盖着厚厚的蓝布。我掀开布帘的一角，立刻被眼前的情景惊呆了：一本本见所未见的大小图书分门别类地摆放在书架上，《知识就是力量》《水浒传》《西游记》《钢铁是怎样炼成的》……还有很多我看不懂的书名。

原来这里是进贤中学的图书馆，干校来得突然，部分图书未及搬走，这可大大满足了我们这些小朋友的好奇心。一本本图书从那个小窗口被“借”出来，在我们之间传阅。

看了《知识就是力量》，我们知道了外面的世界如此精彩；

看了《水浒传》，我们被梁山好汉的仗义豪情深深吸引；

看了《西游记》，我们对孙大圣崇拜得五体投地；

看了《钢铁是怎样炼成的》，我们心里总在想冬妮娅长得一定非常漂亮。

然而，好景不长，柳阿姨得知后，严肃地批评了我们，要求我们立刻归还所有图书，还让木工班的叔叔加固了图书馆的门窗。

虽然长大后又有机会读到儿时遇到的这些书籍，理解也自然深刻了许多。但是在那个特殊的年代，初次见到这些从未见过的名篇，那样的震撼终生难忘。

2019年重回进贤，到了进贤中学自然想去看看图书馆。不料老房子已不复存在，取而代之的是一座颇具规模的新图书馆，楼前是漂亮的雕塑和花坛。

40年前，这里有一片大树，树上有一个个鸟窝，树下是嬉戏的我们。

长袖善舞话当年

张纪东

我们五七中学有个闻名五七学校甚至在进贤县都有名的文艺宣传队，王建军老师主管，还有宋继军老师。宣传队中的舞蹈成员，主要是王老师培训出来的，成员也是王老师定的，老三排毕业以后，一排二排的学生就成了主力。

我们一排的戚鸣、郭玲玲、梁燕和我是舞蹈队的骨干，后来加入了随家长来五七学校的彭晓梅同学，她在北京的某中学就是宣传队的领舞，来到了五七中学后，自然成为宣传队舞蹈队中的主力。我们排的成爱兵、荷铭、冯凌燕是独唱高手；季志刚是出名的“郭建光”；我是有名的“老太太”；薛典和刘勇是乐队的。

在舞蹈队里，我们都很善于学习，作为台柱子的彭晓梅同学自然是跳舞女生们学习的榜样。舞蹈队成员之间也相互学习，谁的动作优美、表演到位就向谁学，从来没有为争角色而吵，也从未发生过嫉妒拆台的事情。

当时舞蹈队中的我们对跳舞很入迷，时时注意向能者高手学习。有一次，我、戚鸣，还有郭玲玲等女生去红壤山上的高桥中学教舞蹈，我们发现高桥中学宣传队有一女生的舞姿十分特别，她伸臂侧上举的时候，整个胳膊是圆弧形的，这让我们十分好奇和费解：我们的胳膊侧上举时，肘部总有个尖儿（肘骨），难道她没有胳膊肘，还是骨头软到可以藏起胳膊肘？

去高桥中学那天正好是星期六，教完舞蹈后，住在红壤山下的同学就步行回家了。我和戚鸣两人结伴而行，一路走一路研究这位高桥女生。我们边走边比画着，惹得护路工人驻足观看，偶尔还会遇上过路人投来的异样目光。还没有走到县城，我们就已经琢磨透了。原来，这位高桥女生胳膊侧上举时，小臂是向后旋转了45度，这时的肘部正好朝前，从正面看，胳膊就呈圆弧形，看不见胳膊肘。有了答案，戚鸣情不自禁地跳起了《洗衣歌》，我们两人就这样手舞足蹈地进了县城。后来我们还特意问了高桥中学的这位女生，原来她天生就这样举臂。真是高手在民间啊！

为了使宣传队能有更多新舞蹈面向观众，王建军老师还曾带我、彭晓梅、杨阳去江西省歌舞团学习。一行四人自带行李，在歌舞团一间空房子里打地铺，像极了老八路。在王老师的带领下，彭晓梅、杨阳主学领舞部分，我主学群舞部分。在学习中，我们见识了芭蕾舞从编舞、排练，到上台演出的全过程，当目光触及妙龄芭蕾舞演员们那一双双因跳舞而变形的脚，那光鲜演出服下因练舞而落下的道道伤疤时，我们心痛并且感动。我们知道了什么叫台上一分钟、台下十年功，我们不光要学习芭蕾舞的一招一式，还要学习芭蕾人为舞蹈献身的精神。

五七中学的宣传队在王老师和宋老师的指导培训下，利用上课和劳动之余，排练舞蹈、快板、小话剧、小歌剧、样板戏唱段、相声等节目，成为活跃在舞台上、田间地头、水利大会战和红壤山现场、武装拉练路上的生力军。

在五七中学宣传队的日子，可以说是我们最快乐的时光，能尽情地笑、尽情地唱、尽情地跳！我们不仅活跃了五七道路上的生活，还展现出了我们的青春活力，真是难忘的一段经历啊！

江西干校的飞行物

成　宇

蚊子

可能因为围湖造田惊扰了蚊子的老窝，又去了很多血液味道特殊的城里人，蚊子们可高兴了，撒欢了。我刚到干校中学在七连的营地，看见一个半大小伙儿，浑身缠着纱布，纱布上红色夹杂着紫色，斑斑点点，便问道，这人是不是受伤了？同学告诉我，这个纱布人叫陆军，是咱们班的同学，被蚊子咬后，忍不住用手抓，结果抓破了，造成了皮肤感染。我第一次感觉到蚊子的厉害。

每天天刚一擦黑，苍蝇刚下班，蚊子立刻上班，从人们不知道的阴暗处钻了出来，逮谁咬谁。路灯亮了，蚊子们立刻涌上前去开集体大会，估计一个灯前能集合成千上万只蚊子，在灯下聚成一个大团。它们在高空待累了，就俯冲下来找我们这些坐在地上开会的“大五七”“小五七”，“开牙”吸血。到了晚上睡觉的时候，先得用扇子把蚊帐里的蚊子清理一番，睡觉还得拿好姿势，如果不小心碰到蚊帐，那就不是被咬一个包的问题了，一只蚊子能咬你几个包，若干只蚊子咬的包就得呈几何级数增长。一次在七连老五七战士宿舍前边的空场上开会，我边开会边捋着双脚、双腿和胳膊数包，总共被蚊子咬了100多个包，真不是夸张。

苍蝇

干校每个连队都有猪圈，是苍蝇滋生的“圣地”。有红头的、绿头的，有大的也有小的，斩不尽杀不绝。夏天不怕热，跟着我们一起在烈日下吃饭；冬天喜温暖，宿舍里吊灯的电线上、晾衣绳上爬满了一串串的苍蝇。

干校没那么多苍蝇拍，我学会了使用报纸打苍蝇。把报纸折成一细筒，等苍蝇落在桌上或窗上，耐心等待它惬意地抬起前腿搓来搓去时，猛地用报纸筒打向它，十有八九能打中。最佩服我的同桌大民，瞄准正在飞行的苍蝇，用手迅速一捞，就能抓住一只，绝了！不像我打苍蝇得等待运气，还那么大动静。

蟑螂

在北京的医院里看见蟑螂时，我回想起干校的蟑螂。北京的医院里蟑螂很多，但比不上干校多，而且也比不上干校的本事大。它们会“咬文嚼字”，我最恨它们除了吃书还在书上排泄、产卵。它们之中的佼佼者当属那些长着翅膀的飞行蟑螂，不但活动的空间大，而且速度特别快，你想打它的时候，“唰”——飞到你够不着的地方。我在干校晚上睡觉的时候，还挨过蟑螂的咬呢。从南方回来时，我的书没有一本是干干净净的，都有被蟑螂祸害的痕迹。据说蟑螂是这个星球上最古老的昆虫之一，曾与恐龙生活在同一时代，其繁殖力、生命力极强，人类对它只能深恶痛绝，而无法把它灭绝。

相信同学们对这些飞行物都记忆犹新。

我在五七中学受批判

王　越

在五七中学生活过的许多人都有过接受批判的经历，尤其是那些淘气的男生，经常被当作“落后分子”挨批判。直到现在，我们每次聚会时回忆最多、谈论最多的就是那时在五七中学受批判的经过。

在五七中学生活了两年，我当了两年的小班长，应该不算“落后分子”，但我也挨过三次批判。

有一年参加“双抢”，我们早晨四点多就下地去割稻子。江西的夏天骄阳似火，气温高达40摄氏度。那天就是这样一个大热天，太阳把人烤出了油，我有些中暑，头晕乎乎的，浑身没劲儿，别的同学都出很多汗，整个后背的衣服都被汗水湿透了，而我的衣服却干干的，一点汗也没有（看着就像没使劲儿）。我一直在最后边，被落下几米远。晚上“红哨兵”讲评时，班主任老师点了我们班的名，说我们班在今天的劳动中表现不好，说“火车跑得快，全靠车头带”，我们班表现不好就是因为我这个班长一直落在最后边，让我在分班讨论时好好检讨检讨。接下来的分班讨论，我狠狠地批评了自己，什么怕苦怕累、资产阶级思想严重、对自己要求不严格等的“大帽子”扣了许多。其实心里很委屈，我一点儿都没怕苦怕累，而是中暑了，我没说出来，不表扬我带病坚持劳动也就算了，还批判我。我在整个班会过程中委屈得眼泪就没断过。同学们也批评我没有起到模范带头作用，拖了全班的后腿，等等，最后我表决心在以后的劳动中一定严格要求自己，冲在最前面。第二天我没再中暑，一直冲在全班的最前面。割稻子在最前面是最难的，两边都是没割倒的稻子，割下来的稻子不能往旁边放，只能放在身后。那天也不知哪儿来了那么大的劲，太靠前边的时候，还帮旁边的同学割上两行。吃晚饭时牙疼得不能嚼东西，怎么回事呀？仔细一想，原来是割稻子的时候一使劲儿就咬牙，可见割稻子时使了多大的劲儿。晚上全班开会，老师表扬了我们班，说我昨天痛哭起了作用。接下来的几天，我再没落后过，当然每天的晚饭也都是囫囵咽下的。直到有一天我割破了手指，那天左手无名指被斜着连指甲带肉割下了一大块，都露出了白色的骨头，刚割破时都没感觉到疼，从头上解下扎小辫的皮筋缠在手指头上止血，等到了连队卫生所时，那个手指头都变青了。记得卫生员说，缠的时间再长一些，血液不流通这个指头就坏死了。直到现在，手指头上还留有伤疤，前些年碰这个伤疤还会隐隐作痛。因为手指伤得有点儿严重，改去干捆稻子的活，牙齿也不再疼了。可见对我的批判是很管用的，人的精神力量是无穷的。

还有一次挨批判是因为吃了一块锅巴。在五七中学的食堂后面有一块地，那年我们班负责在这块地上种西瓜和香瓜，劳动时别的同学去菜地、棉花地和花生地干活，我们班就在瓜地干活。当时食堂有孟师傅（孟繁红、孟繁荣的爸爸）、张师傅（他女儿也在五七中学，名字我忘了）、赵师傅（赵京生的爸爸），他们和我们家一起住在九连，我跟他们都很熟。一天在瓜地劳动休息的时候，我去食堂喝水，顺便帮他们干点活（那时经常去食堂帮忙择菜、洗菜。记得一次择青椒，我说青椒把可以吃，只要把籽和外面的硬把择下来就行，从那以后张师傅就管我叫"青椒把"）。那天帮完厨，一位师傅给了我一大块锅巴。又焦又黄又香又脆的锅巴，对于从没有零食吃的我们来说真是好东西，我高兴地拿着它跑回瓜地，和班里的其他同学分着吃。他们风卷残云般地吃光了，我分到一小块，不舍得一下子吃完，一小口一小口地慢慢品尝，不想这一慢就出了问题，被别的班干完活回来的同学看见了。晚上在"红哨兵"讲评会上，这位同学对我发起了批判，占小便宜、不艰苦奋斗、不起模范带头作用，等等，批了我半天。在分班的讨论会上同学们倒没有说我什么，因为他们也都吃了锅巴。我心里极不服气，可在嘴上也得认错。从那以后，我还真没有再吃过食堂大师傅给的东西。现在想想当年在五七中学我们这些十四五岁的孩子，都被训练成了“小马列”。

第二次挨批判是在上五七中学的第二年，那时开始抓文化学习，排里也开始发展团员，我们排的排长和几个班长都先后入了团，可就是迟迟不发展我。我劳动时抢脏活累活干，学习在排里数前几名，团结关心帮助同学，敢与不良现象作斗争，我始终不明白我什么地方做得不好。对我的批判是从一次化学考试以后开始的，那次考试我其他科都考了95分以上，只有化学考了70多分。记得那次化学考的是百分比浓度，因为听课时我睡着了（晚上蚊子太咬，天太热没睡好），什么溶液、溶质、溶剂分不清楚，化学老师开始批我偏科，其实我超爱学化学（直到我女儿上初中时，她的百分比浓度的化学题我都能做）。接着班主任老师（他是我们排的团支部书记）找我谈话，问我为什么不写思想汇报，让我谈对团组织的认识，我一时语塞。在接下来的大会小会上，我被批走“白专”道路、偏科、政治上糊涂。直到1973年3月，离开五七中学，我都没写过一次思想汇报，当然也没能入团。

查卫生

刘　慧

五七学校、五七道路，对于如今“80后”“90后”的孩子们来说是那么陌生，而对于我们这些20世纪50年代出生的人来说却是那么熟悉。40年前那个动荡的时代我们跟随父母离开北京，来到了江西进贤县五七学校，走上了五七道路。

五七中学连，多么好听的名字，新三排对于我来说就像梦一样，在这个梦开始的地方有幼儿园的小朋友、一起长大的伙伴，还有来自各连的孩子们，大家聚在一起组织了一个新的集体，接受再教育，改造世界观，开始了我们人生的重要一程。

◎ 笔者（前排左一）和母亲、姐姐及哥哥、弟弟在红壤山的合影

当时的中学连像部队一样管理，中学连里有班长、排长、连长、指导员和老师，各个都非常厉害。我们吃大锅饭，住集体宿舍，早上按时起床，晚上按时熄灯睡觉，半夜经常紧急集合，打背包叠方块被子都是要学会的。白天不仅要学习文化课，还要参加生产劳动。插秧割稻子，大部分同学的手都被割破过，有的至今还留有伤疤。担粪种菜，胆小的女生被虫子吓得嗷嗷叫。到了晚上还要在自制的小煤油灯下学习毛主席语录、做作业、写批判稿，开展“一帮一、一对红”活动，大家互相谈心，共同进步。在这样的环境下我们接受着军事化管理，接受着正统教育，去掉了身上的娇气与骄气，我们的思想和人生观有了根本的转变。

我是排里的生活委员，负责管理大家的生活，查卫生成了我的重要工作。我们的宿舍不大，睡的是上下铺，十几个人共用一张桌子。每天早上起床后被子叠得要像豆腐块，上下床对齐，床单要铺平，脸盆要码成一条

◎ 笔者（前排左三）和五七中学老师同学的合影

线，刷牙缸摆在桌子上，牙刷、牙膏都要朝一个方向排列整齐，墙上挂着的毛巾也要统一折得大小一致。这些女生容易做到，男生就差些。查卫生的时间是在早饭前，全体同学在教室前排好队，我走在队伍的前头，从女生宿舍查到男生宿舍，哪个宿舍不合格都要记下来进行整改。经常在男生宿舍看到这样的一幕——床单没有铺平，鼓起一个大包，掀开一看是没有洗的臭袜子。被子不叠盖在床上，掀开一看床单上画上了地图，大家哄然一笑，明白××同学尿床了。当年我们都是十几岁的孩子，没有离开过父母，从小娇生惯养，自我管理能力较差，每当男生尿床，拆洗的任务就落到了我们女生头上。学校里没有自来水，洗衣服要到井边，一桶桶把水打上来。夏天好些，冬天水很凉，手被冻得通红，但从来没有一个同学叫苦，大家争先恐后地帮忙。被子拆了还要缝，几个女生在教室里把桌子拼在一起，大针小线，歪七扭八，就这样男生还是很感谢我们。

一晃40年过去了，当年我们这些风华正茂的少年如今都已步入不惑之年。每当大家聚在一起，叫着对方的小名、外号，谈论往事、糗事，难忘的一幕幕就像发生在昨天似的。五七中学新三排，它带给我们许许多多美好的回忆，今生难以忘却。我为曾是其中的一员感到无比的自豪和骄傲，让我们记住吧，江西进贤中办五七学校中学连！记住吧，中学连里的新三排！

红壤山上种花生

黄　雁

我记忆中的五七中学，地是红色，房子是红色，我们都称其为红壤山。老师和同学们同吃、同住、同劳动，我们在红壤山种的最多的是花生，当时我们新三排的班主任是刘芳莲老师，她是山西人，梳着两条又黑又长的大辫子，充满青春活力，带着我们这一帮十多岁的孩子剥花生种子。我们每周有两天的劳动课，每年开春的时候播种花生。前期工作是选种，我们每人带着自己的盆，分成六个小组，在组长的带领下开展劳动竞赛，班里设有质检员，负责为包好的花生称重量。同学们剥花生手都剥肿了，也不知哪位同学发明了剥花生的夹子，夹子用竹子做成，剥起花生来又快又轻松。剥花生对于我们这些十几岁、好动的孩子来说很枯燥，为了活跃气氛，刘芳莲老师教我们唱起歌来："紧敲那个板来，慢拉琴，我来唱唱光荣的志愿军……"动听的歌声仿佛还萦绕耳畔。同学们比赛着剥花生，在歌声中花生种子盛满了一小盆又一小盆。

种花生也是我们的劳动任务，三人一组，有人拉沟，有人点种，最后有人用土将种子盖上，那种情景至今历历在目。种完后我们这些孩子总惦记着，眼看着它们长出一片片绿叶，叶子里长出一朵朵小白花。最高兴的是拔花生，当看到自己的劳动果实——花生秧子底下结出的一串串饱满的花生时，我们无比激动。现在一看到花生，我就不由得联想起五七中学的纯真生活。

煤油灯

邱小青

鞋带捻成的灯芯，穿过牙膏皮卷成的灯头，插入灌有煤油的旧墨水瓶里，就成了一盏土油灯。煤油耗尽，再添一些；灯芯燃完，重接一根，土油灯又可接着亮，这就是咱们五七中学各排教室常用的土油灯。由于晚上经常停电，只得掌灯看书、写作业和开会，土油灯闪烁在夜幕下，倒也成了一道别致的风景。

记得经常是作业没写完，我的眼睛就已经被煤油烟熏得直淌泪水，鼻孔里也全是黑乎乎油烟灰。40年过去，我们早已是“楼上楼下，电灯电话”。摇曳、昏暗的土油灯早已远离了我们的生活，但当年自得其乐、挑灯夜战的情景仿佛就在昨天。

自编小舞蹈《英雄小姐妹》

孙淑萍

“天上闪烁的星星多呀星星多，不如我们草原的羊儿多。天边飘浮的云彩白呀云彩白，不如我们草原的羊绒白……”

每当听到这首熟悉的歌，我就仿佛又回了那个特殊的年代。小小年纪，离开了父母的呵护，来到红壤山上，在这所管理军事化、行动战斗化、生活集体化的五七中学里，度过了自己的学生时代。

在20世纪六七十年代，英雄小姐妹的故事广为流传，深深影响着小五七战士。虽然没有那么多的影像资料可看，但凭着记忆，新三排的小同学利用自身的优势，自编了舞蹈——《草原英雄小姐妹》。同学们找来红布，并从五七中学的大田里采来棉花，用不太好的针线活，一针一线地缝制衣服。服装具备了，舞蹈动作却难坏了小个子的同学。僵硬的木偶动作，需要反反复复、周而复始地训练。每天小胳膊、小腿好像长在别人身上，时常会抽筋，动作不协调。小同学凭借特别能战斗的精神，终于登上五七中学操场的大舞台，并获得了演出成功，展现了新三排小同学的表演天赋。

青葱岁月

写在小五七营地开营之际

王　凡

本文起因于遵命，但没想到遵命之后便有些情不自禁。

我是在1970年夏季“双抢”刚开始之际到干校的，傍晚下的火车。可人到了进贤，却被告知行李第二天才能到。我的衣服、被褥、蚊帐都打在行李中，只穿着一身汗衫短裤到了财干校，当时二连在这里设有一处养猪分场，我母亲在此司职猪倌。结果那一晚我可惨了，被蚊子叮得无处躲无处藏，找了把大蒲扇坐在宿舍外，从繁星满天一直拍打到启明星划过晨曦初露。到干校第一夜的情形，这辈子也不会从我记忆中抹去。

到干校后，我就在母亲所在的二连（主要是由中办机要室人员构成）参加“双抢”，劳动强度之大，时间之长，远远超乎我的想象，但比之我后来

◎ 1971年夏，笔者（第二排左二）与五连二排六班的五七战友合影

在五连（起初主要是机要干校学员，后为替江西培训的农村基层干部）度过的两年多，又实在不算什么了。在干校，劳其筋骨是第一课，日子一长，劳其筋骨又成了家常便饭，也正因此才铸就了我们的金刚不坏之身——再怎样辛苦劳累也奈何不了我们。

于是，干校的辛苦劳累在我的记忆里已经变得比较淡漠了，倒是一些辛苦劳累之外的事，回忆起来感到分外有趣。我到二连后和周总理原办公室主任童小鹏住在一个房间。每天凌晨三四点钟出工的哨子一响，童小鹏就醒了，非得把我叫醒，催我跟队伍开拔后，他才再睡去。童小鹏在，我假装没听见哨声再懒一会儿的伎俩一次也没有得逞过。

“双抢”期间，汪东兴到干校来了，我是和二连的老五七战士在水稻田内的工棚前受到他“接见”的。他和我握手时，我看到一双从没有见过的手，我真想不到人的皮肤能够那么白、那么细腻、那么柔软。我们两只手握在一起，反差极为鲜明。因为我周围都是成年人，只有我一个“小五七”比较明显，汪东兴问这是谁的孩子，我想是由于我的父亲还是“黑帮”吧，陪同的人说是施小珍的孩子。汪东兴说：“哦，施小珍的孩子。来这里当五七战士？”与很多人被裹挟而来不一样，到五七干校是我自己的选择，是我自己去上海火车站买的车票，所以我回答说：“是的。”他说：“好，当五七战士好。”

在“小五七”里给我较深印象的是李小雪。记得在中南海我看到的第一个戴漂亮纱巾的女孩就是李小雪，她过去给我的印象是被母亲宠得娇滴滴的。我刚到的那年“双抢”过后，五七中学放假了，二连的孩子都回到了二连，连里安排我每天和他们一起活动。几天下来，我发现从她身上已经找不到一点当年的娇气劲儿了。我因到干校的日子不长，感觉有些沉闷，就时不时开些玩笑，逗逗身边的“小五七”。不想，两天后受到李小雪不点名的批评，她说：“有的人说话不突出政治。”我讲的笑话有些的确不属于“高级趣味”，挨批评倒也没什么不好接受，但说话要突出政治，我是第一次听到这样的概念，她的这句话也才让我意识到我已经处在一个全新的环境，政治渗透到生活中的每一个细节。我那时比较自大，总觉得自己比较成熟，看别人都“小”，说话居高临下，没想到比我小的李小雪能说出比我还成人化的语言来，这让我感到吃惊。

“林彪事件”发生一年多以后，干校内部环境逐渐宽松了一些，星期天可以开小灶了，“打猎队”应运而生。估计很多工厂连的“小五七”还都记得，到了星期六晚上，就会有人高喊“打猎去喽，打猎去喽”，接着便有一队人马出发。置身打猎队伍里的，我记得有王海燕、范越、丁山城、马振东、曾勇、田宪民、苏展燕……有时打猎会持续一个通宵，打回的猎物有蛇、鳝鱼、麻雀、青蛙……星期天的某个时间，这些猎物就变成了美味佳肴，曾勇和我多次扮演大厨的角色。

也许，已经没有人记得清我们在干校期间究竟参加过多少场救火战斗。我在红壤山上、在青岚湖边参加过多次救火，最远跑出去大约有三四公里之遥。甚至在1972年，我们跟着成宇妈妈到武夷山采药，在我们住的山村里还碰到了火情，我跑去扑救了一阵。当时采药队里的“小五七”有刘瓦丽、陈思玉、杨建新和我。关于采药的故事，我准备专门写一篇《武夷山采药纪事》。

我想所有的干校人都不会忘记1973年的大洪水。工厂连下山抗洪抢险，卡车只走了一半路程就走不了了，我们只得涉水而行。经过一座桥时，水漫到大腿根，而且水流湍急。李春奇当时推着一辆公家的自行车走在最后，被水冲得把持不住。我和另外几个人帮他拽着车走，记不清帮忙的是不是还有亚丁或天健，但最终因为水流太急，实在拉不住，只好放手让水把车子冲走。到了五七大堤上，水几乎与大堤持平，稍有波动水就漫上大堤，五七战士在大堤上又筑了一道小堤，阻挡漫上大堤的水。就是那一次，我明白了人们为什么会用“洪水滔天”“洪水猛兽”来形容来势凶猛、难以抗拒的危险和困厄。面对险情，面对堤垮水淹的不堪，大家干得非常卖力，接下来自然就是明显的饥渴和劳累。但带队的副连长怕给水稻连的人添麻烦，拒绝了人家提供午饭的好意。结果工厂连那天所有参加抗洪的人一回忆起洪灾，就生出强烈的饥饿感。朱镇对我和另外几个人在那天先于他和大伙稍稍填巴了两口点心，至今还耿耿于怀（说笑而已）。

然而，洪水灾难并非只结恶果，并非只给人们的眼里留下残酷的画面。我记得那一年我看到了最清澈的青岚湖。那天抢险结束往回走时，我忍不住跳进水里，游了很长一段，感觉浮力特别大，把身上的泥泞洗得干干净净。也是在洪水泛滥期间，很多人才思奔涌，创作出好多文艺作品：我写了诗，和我一个宿舍的安京京也写了诗，还有更多的人留下了文字记录。我记得有几天，夜很深了，安京京还在伏案冥思苦想。他那首关于洪水的诗给我看了，平心而论，他写得相当有水平，但出于“文人相轻”和“嫉妒心”作祟，我当时并没有恰如其分地夸奖他。不知道安京京是否还留着他那个蓝皮小本本，如果他还保存着，把那首诗展示出来，我想大家看了都会认为我的评价并不虚妄。

关于那场大洪水，不同连队的人会讲出无数个版本的故事，足够出一本书了。

梁建英也许已经不记得了，我刚上山进工厂连时，她是连里的赤脚医生。我因皮肤过敏得厉害，有时不得不静脉注射葡萄糖酸钙。在山上第一次给我打葡萄糖酸钙的是梁建英，也许是因为推得快了一点儿，我晕针了。她可能是第一次看到这种阵势，紧张了好一阵子，我感觉真对不住她。说起静脉注射，我就特别怀念王雁，她几次为我注射都掌握得非常适度。可我从来没因此谢过她，她却再也听不到我的声音了。

我没有文艺细胞，与宣传无缘。但我还记得每次临近某个节庆活动，宣传队排练时，老像是抬不起眼皮的李京武便眉开眼笑地拉溜着二胡，叫着未非去排练；我也记得曾勇埋头苦练单簧管，周华光拜师学拉手风琴的情景；张金来拉提琴的握姿与众不同……我们三车间设备组尽是文娱骨干，除了上述京武、未非、周华光外，薛梅梅的二重唱，陈曙光的中阮在校内也都是一流的，我们设备组不需要外援足以自娱自乐，可惜从来没有搞过。

◎ 笔者在读书

工厂搬下山后，与校部为邻。校部有一个很大的图书室，里面有很多图书，最让我觊觎的是那相当数量的内部书，按规定13级以上的干部才可以借阅。好在图书管理员是我的幼儿园园友且曾在一个院子里住过很多年的王爱萍。我便凭这“优越”条件，磨得她终于悄悄给我开了后门。图书室房间很大，房间和书架的排列，让我想起中南海田家英替毛主席看管的图书馆。

关于读书，让我记忆深刻的还有一个人和一个家，那个人是康援援，那个家是陈思玉的家。

我不知道康援援是如何把那么多外国文学经典带到干校去的，我在干校的一部分时光没有虚度，一个重要原因是在那里又碰到了康援援。《双城记》《傲慢与偏见》《战争与和平》《汤姆·索亚历险记》《静静的顿河》……都是从她那儿借的。《战争与和平》几经周转，先是没了封面，继而没了序言、目录，再后来连前十几页都找不到了。据我所知，领受她的慷慨馈赠的还大有人在。我曾扪心自问：如果是我拥有这些资源，是不是会像她那样不问“阶级”、不论亲疏、不分男女地慷慨无私地广施恩泽，结论是——我做不到。记得我看得特别用心的是《侍卫官杂记》，还是把它当真历史去看的。

没有虚度光阴的另一个原因，是陈思玉的父亲解放了。她家有了自己单独的房间，当年被抄走的部分藏书也还回来了，我的中国古典文学基础，就是每周日在陈思玉家奠定的。那里不光有书，还有她爸爸这位国内一流专家的耳提面命。有这位长辈的指点，我读《红楼梦》，读《水浒传》，读《三国演义》，比其他人更多读到了文字深处的东西。有幸从干校图书室、康援援的藏书箱、陈思玉家的小书柜中汲取知识，我至今心存感激。

当然，在近8年的时间里，我还做过一些说来丢人、想起惭愧的事。不记得是哪位伟人说过：犯错误是年轻人的天赋权利。也正是经过做错事之后的不断忏悔自责，我们才切掉了体内的病灶，逐渐磨掉了骄躁，懂得了自敛，学会了宽容。

信笔写来，有点一发难收，但我觉得还是见好就收才不招人讨厌。

共同的回忆

马振东

在那个火红的年代，历史的大潮将我们的父辈与我们两代人，从共和国的首都“赶”到了可“大有作为的广阔天地”，置身于那改造世界观的“革命大熔炉”中，两代人将整整10年的时光和热血洒在了那片令人难忘的红土地上。

10年的岁月，我们两代人各自步入了不同的人生阶段。皱纹渐渐布满了父辈的额头，我们这些懵懂无知的少男少女也慢慢长大，变成了似乎早熟的革命青年。10年的干校生活，给我们留下的是什么？是甜美的回忆，是沉甸甸的反思，是抱怨悔恨不堪回首，还是其他什么？五七干校是特定历史条件下的产物，而我们却成为当时知识青年中的特殊群体，也获得了“小五七战士”这一特殊称谓。10年的干校生活是我们共同的经历，我们可能会有许多共同的感受，但因个体差异，感受也会有所不同。然而，甜也好，苦也好，褒也好，贬也罢，这毕竟是我们共同的经历。这段刻骨铭心的经历，是我们小五七战友们的共同财富。对这段历史的评判非我们这些凡人所能及，而将这些回忆作为生活的调味品和茶余饭后的话料，倒不妨

◎ 笔者（右一）与工厂连战友的合影

“萝卜青菜”，“好吃你就多吃点”，感觉不佳就搁置不理。总之没有必要太严肃、太沉重，轻松开心就好。

看了成宇在《干校的飞行物》中诙谐有趣的描述，我也想起两个细节。一是当时在干校的宿舍里，如果谁的蚊帐被老鼠咬了洞，说明谁准是在蚊帐里私藏了美味食品，这在当时是公开的秘密。还有一个现象，至今令人难以忘记：在炎热的夏天，尤其傍晚去厕所，必须带上一把大蒲扇，不光是为了摇扇凉快，更重要的是为了轰赶那些“特殊飞行物”。

在回忆中，金来子曾提到不知谁是气枪的主人，时隔四十年谜底揭晓：气枪的主人是王凡提供的庐山仙人洞照片中的“四大仙人”——王海燕、王凡、安京京、马振东。气枪价值40元，每人出资10元（主谋是王海燕、马振东），这在当时小五七战士月工资仅十几元的情况下可算得上一笔巨资。

必须说说这支当时曾给工厂连部分小战士（男生）的生活带来很多乐趣的气枪。

每到周末“狩猎队”就带着这支唯一的“猎枪”去狩猎，且每次多少

◎ 笔者（左二）和小五七好友在庐山的合影

都会有所收获，猎物自然成为周日改善生活的美味。记得曾勇和王凡都是烹饪高手，常常很快就能做出一桌美餐，让众弟兄们一饱口福。

然而正是这支可恨的气枪，成为制造发生在工厂连二车间男生宿舍枪击党刊《红旗》杂志的这一政治事件的罪魁祸首。设想因为一支气枪，如果真的毁了朋友的前途，是多么得不偿失，多么可怕。记不清当时的受害人是王海燕还是丁三了，想起来真是后怕。这当中其实安京京也挺冤的，作为气枪的主人之一，安京京本来就是买枪的“随从者”，而且印象中他从来没有碰过这支枪，因为他是“文人”，“不好武”。如果被这支枪牵连，是不是很冤？

“曾经沧海难为水”，转眼40年过去，我们都是一把年纪的人了，真有点“弹指一挥间”的感慨！或许有点酸，但这都是真实的感受。我们每个人的回忆或许是支离破碎的，或许是不完整的，但是将我们每个人的回忆，在这片小五七营地中连接起来，编织成一张巨大的网，那就是一个完整的难以忘怀的故事，也是我们共同的回忆……

难忘五七道路　珍惜今天幸福

程　弢

岁月悠悠四十载，风华少年两鬓白；
红壤山下两代人，五七道路难忘怀。
劳动号子犹在耳，十年耕耘情景在；
风霜雨雪都经过，青岚湖流向中南海。

40年来，每当看报纸、看电视、听广播，只要听到、看到“下放”“干校”这两个词我们就会想起“江西进贤”，眼前就会浮现出当年种种的劳动生活景象；凡是有“江西”“进贤”这两个词儿出现的时候，我们定会多看两眼、多听几句，总想知道那里又发生了什么变化。是的，多少年来我们总是对江西、对进贤、对五七干校、对五七中学有着一种难以忘却和割舍的情怀。

今天，当我们大家聚在一起的时候，我们的眼前总是不断地浮现着历史的画面：一连二连三连四连五连六连七连八连九连十连十一连十二连，青岚湖连着红壤山，中学连、工厂连，山上山下大支援；青岚湖畔备田插秧、割稻晒场；红壤山上挖坑种树、养猪开荒；打井抗旱日夜忙，水灾、雪灾上战场；农忙战“双抢”，运送副食和公粮；农闲养猪种菜，自采红石盖新房；吃红米饭，就“无缝钢管”南瓜汤……这难忘的一幕幕场景，又把我们拉回到40年前的艰苦岁月。

在国家遭遇劫难的时候，我们跟随父母离开了首都，离开了熟悉的环境和家园，坐了两天两夜的火车来到青岚湖畔、红壤山下，踏上了一条从未走过的道路，当时我们这些十几岁的孩子可能还不知道为什么要到这么遥远的地方来，有的孩子还觉得挺好玩呢。特别是令人难忘的五七中学，把我们这些素不相识的孩子组织起来，每天集体学习，集体劳动、集体生活，管理的难度相当大，调皮的孩子也常常做出一些令老师很伤脑筋的事情。学校简陋的教室、宿舍，破旧的桌椅、板凳；一人一亩的耕地，我们这些十几岁的孩子做到了在生活上基本能够自给自足；学校像部队一样的管理、非常严厉的老师、认真的思想改造、艰苦的生产劳动和紧张的文化教学以及青春期的启蒙教育等，给我们上了人生的重要一课，教会了我们如何做人、如何生活，对我们人生观世界观的形成起到了关键性的作用。在这里我们应该说：五七中学我们永远感谢你，感谢培养我们的老师、连长和指导员。虽然我们所受的苦和累一辈子难忘，但我们的父辈在精神上所遭受的痛苦、打击和磨难却是用语言难以形容的。

在20世纪70年代南方农村那种严酷的生产、生活条件下，一介书生或干部，拖家带口，要经历多少磨难啊，有的甚至付出了生命的代价。

◎ 笔者90年代重返五七学校

早请示、晚汇报，政治学习天天保；恋爱不许谈，严肃不能笑，改造思想最重要，蚂蟥叮，蚊子咬，水土不服起大包；夏天晒脱皮、冬天冻出泡，脱胎换骨改面貌；40度，睡不着，天亮就吹出工号；50米不抬头、100米不直腰，累得腰疼不敢叫。但这些都不叫痛苦，痛苦的是我们的父母，他们的思想被禁锢，冤屈不能申诉，在残酷的政治环境下只能用谎言掩盖事实，用劳动惩罚身体，只有老老实实地接受劳动改造。现在看来，当时在全国的动乱中，我们的父母们被下放劳动，来到千里之外的江西进贤五七干校，何尝不是来到了一个远离政治旋涡的避风港呢？又何尝不是一种幸运呢？这不正是应验了古代思想家老子“祸兮福所倚”的那句哲言吗？

十年五七路，一朝是非无；功过烟消散，化作尘与土。历史翻开了新的一页，40年后，当我们的父母渐渐老去，我们也从不懂事的孩子步入不惑之年、知天命的时候，我们也该仔细想一想，五七道路，它到底留给我们的是什么样的精神财富，值得我们今天去回忆、去怀念、去发扬？

五七道路是一条艰难的路，是一条痛苦的路，然而它更是一条难忘的路，是一条磨炼人的路。它留给我们的启迪就是：自强不息，坚持到底！它还留给我们这一代小五七战士永恒的友谊。该过去的一定要让它过去，今天的幸福我们一定要无比珍惜！

难以忘却的人和事

王　瑗

在江西进贤五七学校的日子已经过去50年了，许多记忆都已模糊，但有些人和事仿佛刻在心底，难以忘怀。

大海的乳汁

1971年2月，我从五七中学毕业，和季国庆、郭志刚、陈曙华一起分配到工厂连农机班，那时农机班的主要工作是维修小型农机，也仿制脱粒机、插秧机等。我们跟师傅学的主要是锯、锉、钻孔等钳工活和一些钣金活。后来工厂连搬上了红壤山，我们干的活就不限于农机，出于有些修理活的需要，我们班的年轻人都学会了电焊。

记不清是哪一年了，班里安排崔志平和我一起焊一个角铁门框，以小崔为主，我来配合，当时我不知戴电焊面罩的必要性，没有戴。到了晚间，我的眼睛开始红肿，像是一把沙子揉进了眼里，疼痛，双目不停地流泪，不敢看东西，眼睛肿成了一条缝。我忍着痛去找医务室的丁大夫，小丁大夫知道我是被电焊弧光晃的，告诉我这是电光性眼炎，医务室没有治疗的眼药，有个土办法可以试一下，就是用奶水滴入眼中，会起到治疗作用。她随即拿出一个小药瓶，说我带你去找大海。尽管心里半信半疑，但眼睛疼得厉害，这总是个办法吧。大海就是王洪海，机要干校毕业，山东济南人，在二车间车工班工作，那时她刚生完儿子回来，小儿子是在南京出生的，名叫徐宁。

到了大海的宿舍，小徐宁正静静地睡着，那时他才出生几个月，感觉小宝宝那么小。大海听说是为了给我治眼睛，爽朗地笑了起来，二话没说就把奶水挤了满满一小药瓶给我。小丁大夫让我抬起头，带着大海体温的乳汁滴到了我的眼中，立刻滋润了我的双眼，眼睛顿时感觉舒服多了……就这样，靠着这瓶乳汁我度过了那个难眠的夜晚。至今我也没弄懂，为什么乳汁能治疗被电弧光灼伤的眼睛。但这已经不重要了，是大海温润的乳汁治愈了我的眼睛，更是大海待人的热诚温暖了我的心，这温馨的记忆一直留在我的心底。

一只军用水壶

1977年初，仍在干校生产组工作的父亲得到通知，他的工作安排有了进展，组织同意他先回北京。在五七学校待了整整八年的父亲母亲携小弟王珂就要回北京了，全家人都十分高兴。临行前，帮助家里收拾东西，母亲把一只军用水壶留给了我。这只水壶是父亲用了挺长时间的，壶表面的军绿色漆有几处已经剥落，壶底部有两处被磕瘪了，壶身的帆布带子上端端正正地写着父亲的名字：爱深（为了易于辨认，父亲将“琛”写为“深”）。这是因为许多老五七战士都备有这种水壶，写上名字可以避免在集体劳动和生活中拿错。这只水壶陪伴父亲在五七大堤上抗洪抢险，在五七大田里辛苦劳作，喝上几口它装的水，能够消暑解渴，稍缓劳累。母亲把这只水壶留给了我，我自然是很珍惜的。1978年9月，我接到了北京商学院的录取通知书。回京求学，当然轻装简行，除了将衣服、被褥、少量书籍和生活必需品装箱打包，其他的物品谁有需要就送给了谁。这只写有父亲名字的军用水壶，自从到了我手里一直被闲置，回北京就更派不上用场了，可壶上有父亲的名字，最好是送给相识的同志。想到连部文书徐家荣是从四连调过来的，而生产组一直是在四连的食堂搭伙，四连的五七战士们都知道父亲，徐家荣、王

◎ 父亲的军用水壶

◎ 笔者的父亲（右一）和老五七战士的合影

洪海夫妇同父亲很熟悉，于是我就把水壶送给了徐家荣同志。从此，这只军用水壶渐渐淡出了我的记忆。

2018年，我从李新芝同志处了解到徐家荣家的电话，是想问问徐宁是哪一年出生的，以此推断用大海的乳汁为我治好眼疾的时间。电话打过去了，接电话的是大海，她回答了我的问题后接着问我：“你还记得那个军用水壶吗？”我一时没有反应过来，“就是写着你爸爸名字的那个水壶，还在我们家呢，可以还给你了。”什么？水壶还在大海家呢？我确实不敢相信，从1978年到2018年，整整40年啊！历经了多少变化、变故、变迁，一只再普通不过的旧水壶，它太容易在任何一次搬迁或大扫除中消失，然而，它跟着老徐、大海一家人从进贤到了北京，今天，它又回到了我的手中。看着这只已经40多岁的老水壶，军绿色的漆还能够覆盖壶身的主体，父亲的名字依然清晰地写在上面，壶身上的每一处划痕似乎都有一个小故事，壶底部瘪了的地方记载着每一次的磕碰……我心里充满了感激，感激老徐、大海替我们保存了父亲的遗物，更为他们珍视友情的这份真诚，珍惜那段难忘岁月的这种坚守而深深感动！这只老水壶承载的宝贵情感和美好回忆我将永存心间。

初识宝玲的两件小事

1970年的1月1日，是我们到进贤后迎来的第一个元旦。那时，我们家和刚刚来校一个月的八连（警卫局）家属都住在进贤中学临时隔开的平房教室里。元旦刚过就听说要办五七中学了，紧接着就接到通知，要求我们带着铺盖到进贤中学后面的教学楼报到。记得那天前去报到的还有未非、关九兰、贺守红、王京萍等，家长都是警卫局的。

我被分配到了五七中学三排，先到一楼的教室里点名，张贵印老师宣布了各小班的名单和三排排长——杨宝玲，我记住了这个名字。宿舍安排在教室的楼上，女生宿舍在楼道的最西头，也是由教室临时布置的。宿舍里没有床，沿着教室两边的墙在地板上铺了一层厚厚的稻草，用整根竹子拦在稻草的边上，形成两排地铺，中间是过道。每排地铺大约可睡十几个人，写有每个人名字的纸条分别贴在铺位前面的竹子上，房间里充满了稻草散发的特有的味道。对于睡稻草地铺，我是有思想准备的。因为从来没有睡过，甚至还有点期待，但没有想到的是，我的名字出现在一进门右手的第一个，我的铺位紧挨着宿舍门。

一月进贤的天气湿冷湿冷的，室内没有取暖设施，顺着门缝望去，都能看到走廊的地面，我犹豫着没有打开行李。这时，一个梳着短辫、身穿格子罩衣的瘦瘦的女生走过来对我说：“我睡这儿吧！”同时把她手里拿着的名字纸条贴在了离门最近的竹子上——杨宝玲，哦，原来是我们排长。我有些心安理得地接受了宝玲的安排：宝玲挨着门口，我紧挨着宝玲，我的右边是杨春荣，就这样度过了在五七中学睡稻草地铺的第一个夜晚。

第二天早上，十分尴尬的一幕出现了。由于女生宿舍离厕所比较远，就在宿舍里放置了一只带提梁的木桶，方便起夜。可是20多个人，一只木桶的容量有限，经过一夜的积累，已经满得几乎溢出来了！宿舍里的人大概都是头一回遇到这种情形，谁也不知道该怎么办。这时，宝玲起身对我说：咱俩把桶抬下去吧！虽然我从来没干过这高难度的活，但听着宝玲很有把握的口气，似乎有了点勇气，于是，我们俩小心翼翼地把木桶抬到了厕所倒掉并冲洗干净。

◎ 笔者和好友杨宝玲

第一次在砖窑劳动

五七学校的砖窑离进贤中学不远，由八连老五七战士负责管理。听老五七战士说，各连队盖房所用的红砖，都是在这个砖窑里烧制出来的，此前，砖是怎样制成的，我一点儿也不知道。

到了砖窑现场，才看到制砖的全过程：取泥—搅拌均匀—制砖机压出砖坯—码坯晾晒—入窑烧制—出窑—红砖制成。我们被安排在码砖坯的环节，即把机器压制好的砖坯按照一定距离码放成垛，以利于通风晾晒，待晾干后方可入窑烧制。码砖坯可以说是最轻的活了，把一车车的湿砖坯从手推车上搬下来，码放整齐就好了。干了不一会儿，过来一位老五七战士说，需要有人去帮忙拉车。原来，安放制砖机的地方是在坡下面比较低的一块平地上，而码放砖坯是在坡上的一处开阔的场地，有利于砖坯通风晾干。刚刚制成的砖坯很湿，装满一车相当重，可能是由于坡下坡上之间的小路很窄，只能用独轮手推车，这样在上坡的时候就需要有人在前面用绳子拉。

听到老五七战士说需要人拉车，看着上坡的小路和满载砖坯的独轮车，我们几个面面相觑，不知如何应答，要知道这时我们这群十四五岁的孩子刚从北京到进贤一个多月，都是第一次到砖窑干活，手推车怎么拉啊，有些不知所措！只见宝玲从砖垛的那一头走过来说："我去吧！"看到女生都不怵，有两个男生也立即跟了过去，我留了下来继续码砖坯……晚上回进贤中学的宿舍后，宝玲告诉我，是用一个铁钩子钩住手推车前面的车梁，帮助把车拉上坡的。可以想象，这是一个很费力气的活啊！

宝玲走了已经整整10年，但这些我们初识的记忆依然鲜活、难忘，像镜头一样在脑海中闪现，记下这几笔，权当是送给宝玲的一瓣心香吧。

五七工厂铣工班纪事

刘东川　白一清　宋　镇

2019年5月4日，170多名当年的小五七战士在北京聚会，共同纪念和追忆我们赴中办五七学校50周年。大家感慨万千：时光荏苒，岁月如梭，当年的青葱少年，如今已鬓染霜雪，进入了退休之年。然往事并不如烟，它留存在了我们的脑海深处，沉淀于我们的精神之中。

我们几位曾被分到五七工厂铣工班的同事相约聚在一起，共同回忆了当年在铣工班时的历历往事，你一言我一语，聊出了如下一篇纪事。

◎ 2006年，铣工班老战友重聚留念

学徒生活

1971年2月，杨博光和白一清从五七中学一毕业，就被分配到了五七学校的工厂连。她俩从红壤山去了20里外的设在原江西省财干校院内的工厂连。连里把她俩安排到了铣工班，她们的学徒生活就从这里开始了。

那时，工厂连已办了一年多，人员主要是由原中办机要局二处的干部和技术人员组成。工厂连起初的主要任务是维修和制造一些五七学校所需的农业机械，后来也生产一些军工产品和电子器件。

杨博光学的是万能工具铣机床，师傅是原机要局干部翟云芳。白一清的师傅是原机要局的技工欧瑞江，学的是哈尔滨生产的51型号的立铣机床。当时在铣工班的小五七战士还有关立东，他开的是昆明生产的立铣机床。

杨博光学的那台“万能工具铣”是一台精密度非常高的铣床，草绿色的机身，能多角度倾斜，适合加工各种精度要求高的零件。

“听师傅说，这台铣床是20世纪50年代我们国家从德国进口的最高级的铣床，当时全国只进口了两台，其中一台分给了中办机要局。为机要局的业务需求服务了多年。中办五七学校创建后，为了农机制造维修的需要和增加收入，创建了工厂连，这台精密铣床和原机要局的一些加工机械，被一起搬到了江西进贤，这台万能工具铣成为工厂连最精密的加工机床之

◎ 杨博光在聚精会神地操作机床

一。”杨博光说。

翟云芳师傅那时30多岁，梳着齐耳短发，性格稳重内向，说起话来慢声细气，干活非常认真细致，是位很有专业经验的师傅。

杨博光说：“记得刚当学徒那会儿，翟师傅常常嘱咐我，要戴好工作帽，防止头发和辫子绞到机器里。可我那时年轻，正是爱美的时候，觉得戴帽子难看，不愿意戴。翟师傅总是不厌其烦地叮嘱，一定要戴好帽子，还给我讲她曾亲历的不安全事故的教训。此后我才逐渐养成了戴帽子工作的习惯。”

有一次，翟师傅让杨博光把加工零件使用的卧铣刀片安装好。杨博光觉得已经学习了多日，装刀片应该没什么问题。可安装了半天，却怎么也装不上去，心里十分焦急。赶快去问翟师傅，可师傅明明知道，就是不告诉她。

看着杨博光为难的样子，翟云芳对她说：“你好好想想，安装方法以前告诉过你的。”杨博光只好一边琢磨一边反复安装，可刀片还是安不上去，急得她没办法，真恨不得找个地缝钻进去。翟师傅看出她实在没辙了，才慢条斯理地告诉她安装方法。杨博光这才恍然想起，师傅此前确实讲过，但自己当时没有把要领牢牢记在心里。

“后来我才意识到，翟云芳师傅是故意用这种方法，以激励我更加用心地去琢磨，这样才能让我印象深刻，不会忘记。”翟师傅的严格要求和杨博光的反复磨炼，使她的铣工技术飞速提升，她很快成为铣工班的技术能手，开始独当一面地担当加工各种“高精尖”零部件的生产重任，成为让翟师傅放心和赏识的好徒弟。

进厂时才15岁的小姑娘白一清，当学徒时开的是哈51大型立式铣床。这铣床又高又大，比她的个头还高出不少。工具配件也都是大家伙：大转盘、大虎钳……“加工不同零件时，要把这些工具抱上抱下，挺沉的。我就像个女汉子，能抱动就自己装，实在抱不动才去找组里的男同胞帮忙。”白一清说。

当学徒时白一清印象深刻的一件事，是她刚到工厂两个月，虽然操作机床熟练了，但对许多技术问题还似懂非懂。“记得一天下午，在加工零件逆铣操作时，由于吃刀过大，‘啪’的一下，刀片崩出去了。我当时就吓傻了，站在那里不知所措。翟云芳师傅听到响动，马上跑过来，‘啪’的一下按停了我的机床。她大声告诉我，不管出现什么问题，第一要务就是先把机床停下来。说完她又去忙别的事了，我一个人站在机床边发愣，感到难过委屈，眼泪汪汪地哭了起来。”她说。

同班的关立东见此情况，赶快去车间办公室叫来了师傅欧瑞江。老欧师傅查看了铣床，了解了事故原因，安慰徒弟小白别太难过，学习过程中难免会发生意外事故，好好总结就会大有进步。

接着整整一个下午，老欧师傅都没让白一清干活，而是现场授课，给她细致讲解什么叫顺铣、什么叫逆铣、顺铣和逆铣的不同操作要领。这堂现场业务课对白一清来说真是特别及时和必要，让她对铣工技术难点有了特别深刻的领悟，从那以后她在操作立铣和卧铣铣床时，再也没犯过同类错误。

“欧瑞江师傅掰开揉碎仔细给我讲解铣工的技术难点、可能遇到的问题和处置方法，真让我茅塞顿开！也使我这小学徒工真正学到了技术和知识。”白一清说。

后来，白一清不仅能熟练操控高大的哈51立式铣床，还能开北京第一机床厂生产的X62卧式铣床，成长为铣工班的业务骨干，从学徒变成了师傅，还带了徒弟。

刘东平是1972年春天从十二连去工厂连铣工班的，学徒时跟白一清和张善梅一起开X62W万能卧式铣床。铣工班班长翟云芳是她的师傅。

“记得第一天到车间，翟云芳没让我动机床，先拿出一张齿轮加工图纸，让我细致了解齿轮的图形及标识等，告诉我一定要学好识图，这是机加工工人必须掌握的最基本技能。”刘东平说。

刘东平初学铣角度垫块。她只考虑到了垫块要求的角度，却没有注意先要测量基准是否成直角。结果白费了半天工夫，铣好的垫块不合要求，而她自己还不知问题出在哪里。

◎ 1974年，刘东平和白一清在铣工班时的合影

后来，翟云芳师傅帮她分析了出废品的原因，并要她去学习《铣工技术》中的相关论述。在师傅的点拨下，带着问题学习，刘东平很快强化了对加工零部件测量基准的理解。

“还有一次，我铣两个小零件槽，看着挺简单，实际上却各有技术要点。一个零件吃刀面积宽，容易跑；一个零件槽两边的余量小，容易变形。在翟师傅的提醒下，我做了选择，前一零件选用小铣刀，分多次进刀，减轻了零件的负荷压力；后一零件选用大铣刀，一刀就铣出整槽尺寸，避免了零件变形，圆满地完成了任务。”刘东平回忆道。

繁忙的生产任务

1972年初，为了扩大生产规模，五七工厂搬到了红壤山上。新建了机加工车间等设施，同时还陆续从农业连调入一批小五七战士。朱镇、梁建英、曾晨、翟晓云、吕大成、刘东平、曹小宁、刘书香都是那一年春季从农业连队来工厂铣工班的。

此时的工厂连已经比较完备，共有三个车间，外加一个军工产品620的生产装配线。铣工班即二车间铣工班，又称二排五班。说是铣工班，实际上班里的机床除铣床外，还有刨床、磨床、滚齿机，所以班里又分了铣、

◎ 五七工厂机加工车间

磨、刨三个组。

此时的班长是原机要干校学员张善梅，副班长是原机要干校学员李淑珍、原机要局的翟云芳。新工人到后，之前的学徒升格当了师傅。杨博光带梁建英学开万能工具铣床，刘东平跟白一清、张善梅学开X62W万能卧式铣床，朱镇、关立东、曹小宁跟李淑珍学开立铣，翟云芳带曾晨学开滚齿机，吕大成、刘淑香跟陈银爱学开刨床，翟晓云和陈淑琴学开磨床。人员多了，此时可谓铣工班的全盛时期。

记得当时工厂的重点军工产品620和一些对外承接的齿轮等零件批量加工任务同时进行，生产满负荷，有时还要加班加点完成。为了做好620，还专门请了620的装配负责人孙伯超等，给大家讲解这个产品对于海军舰艇发射鱼雷的重要作用及其对于精密度的高规格要求。

杨博光那时已是有经验的铣工了，她开的万能工具铣床专门加工620内部的精细零部件。“当时印象深的，一个是铣拨盘，一个是刻刻度盘，精度要求非常高，只允许有比头发丝还要细（约一二丝）的误差，稍有疏忽，就可能报废。刻刻度时，刻度线有长有短，间距非常细密，每一刀都要走得非常精准，不能有一点闪失，工作要非常专注。我基本做到了保证加工质量，没出过什么废品。”

“为了铣精细零件，在工具铣床上安装了分度头，要摇好几圈摇把，分度头才转动微小的角度，干620的活时，整天总不停地摇摇把，感觉把自己的右胳膊练得特别有劲。”杨博光说。

朱镇开的立铣主要是加工620的箱体外壳，这些箱体为轻型铝材的长方体，四角有弧度，加工时出屑量大，需要两个人配合，一人操作机器按照画线加工，一人用毛刷刷掉铣下来的铝屑，以免遮挡加工划线。那时机床的自动化程度较低，如调刀的角度、调进深量等都是靠手工操作完成的。

用立铣在箱体上镗圆孔，精度要求很高。镗完还要用塞规测量圆孔尺寸，塞规能塞进圆孔，拔出时还要发出响声，才算好活。塞不进去不行，那是孔镗小了；没发出响声也不行，那是孔镗大了。因为是手工操作，镗孔是铣工技术难度较大的活，需要特别仔细。

◎ 2004年重返五七学校时，刘东平在曾操作过的机床前留影

我们的工厂连建在农村地区，当时电力供应不足，特别是农忙季节，要优先保障农业生产用电。所以白天经常会拉闸断电，不少耗电量大的机床，白天只能停工待电，许多活都要等到晚上来电后加夜班干。

上红壤山后，不少机加工任务是限时间完成的。有时候一批机加工急活来了，班里要开动员会，要求大家保质保量完成任务。因此需要白天晚上轮班赶活，一度加夜班成了家常便饭。

刘东平那时开的卧铣经常承担大批量的齿轮加工任务，铣齿轮时，先将齿轮毛坯安装在分度头上，再安装合适的刀具，铣床便按设定，一个齿一个齿地铣。每铣完一个齿，需要根据齿轮的齿数算好分度头旋转角度并操作，直至铣完一个齿轮，检验合格后，再换装另一个备加工的齿轮毛坯。

在计算安装调试好后，齿轮加工过程比较单调，没什么复杂的技术动作，人待在一旁就很容易犯困。那时年纪小，爱打瞌睡，特别是吃过夜宵，到了深夜两三点钟，眼皮就上下打架，抬不起来了，经常边干着就边“迷糊”上了。

学技术、学英语和转正考试

在红壤山时，工厂连已经具有了相当的规模。三个车间九个班，还有620生产线、材料组、技术组、采购组，还有归属后勤的食堂、菜地、养猪场等，总共200多人。其中小五七工人有一百来人。

有一次食堂卫生出了问题，全厂上下都闹肚子，因拉稀病倒的人员就有一百多人，当时正赶上埃塞俄比亚国王海尔·塞拉希来华访问，大家就开玩笑说工厂的集体拉肚子是“赛拉稀”事件。

工厂的小五七们大多只有初中文化，均未学过专业技术。为让年轻工人多掌握些文化和业务知识，以适应工作，提高业务能力，工厂专门为青工们组织了文化业务课学习。利用每周六半天和晚上时间，在大食堂上课。

除了请在五七中学教学的黄祥生老师上数学课外，还请了二车间的技术员黄健东讲识图（包括机械加工图纸的要求、如何看懂图纸等），二车间的技术员刘延峰讲热处理原理和操作流程，620负责人孙伯超讲电工原理，设备组的郭子相讲化学。从清华大学请来做技术指导的老师，也曾给工厂连的小五七讲过课。这些文化和业务知识补习，对于刚入行的青工们来说真是雪中送炭。

青工们学习知识的热情很高。记得美国总统尼克松访华之后，全国掀起了一波学习外语热，中央人民广播电台还开播了英语学习讲座节目，这更激起了千万年轻人学习外语的热情。工厂的一些年轻人也利用业余时间，跟着广播学英语。

“当时620组毕业于清华大学的张淑珍，见我们有学习兴趣，便主动提出要教我们学英语。大家从北京买来《广播英语口语》教材，每周末，我和620几个自愿学习的青工听张老师讲一堂英语课。每次上课张老师都让我们背诵一些最常用的英语口语，如where are you from? I am from Peking等，鼓励我们要敢于张口说。”

“这个由年轻人自发组织的英语小课堂大概坚持了好几个月，直至张老师调离工厂回了北京。虽说后来上大学也学英语，但工厂连时张老师教的英语口语却至今没忘，她是我的英语启蒙老师，非常感谢她。”刘东平回忆说。

在业务技术学习的基础上，小五七工人分批参加了工厂连各车间组织的转正考试。刘东平大概是1974年夏天转正的，她记得当时先由个人写出转正思想总结，全班同学进行评议，然后参加转正技术考试。

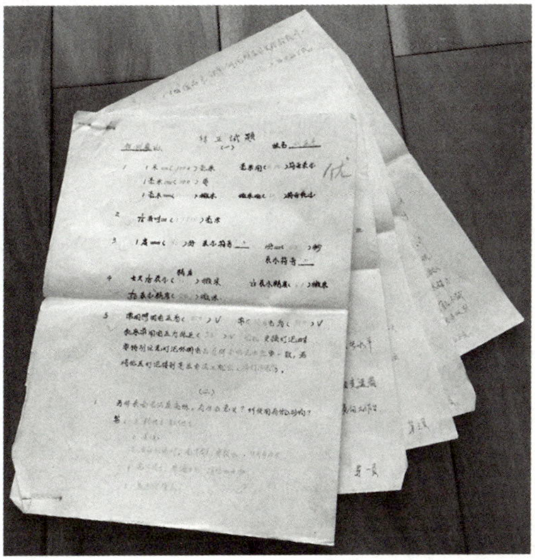

◎ 刘东平参加转正技术考试时的试卷

铣工班的考试分“铣刨磨试卷”和“铣工试卷”两种，其中“铣工试卷”中有这样的题目：“从你这几年工作所出的事故中，举一例说明原因及经验教训”。刘东平在答题中举了工作中所遇到的事故实例，并进行分析。

“今年4月3日，我在铣弹簧夹头槽时，发生了铣刀打碎擦破脸皮的事故。这一事故的发生，是因为我在技术上没有正确认识刀具和加工零件间的关系及相互影响，这个加工零件吃刀深，走刀距离长，材料又不是实体，这些因素都会对刀具产生影响。而我不了解同样厚度的铣刀，直径越大摆动越大，承受力越小，在铣的过程中，盲目选择了大铣刀和大进深量，致使铣刀在铣长槽时来回摆动，最终承受不了压力破碎而飞，发生了极其危险的事故。认真分析总结这次事故，不仅能避免今后此类事故再发生，也是我在工作中不断学习和掌握铣工技术的有效方法。”

今天看来，这样紧密结合工作，边干边学边总结的考试，确实能有效提高工人的业务能力和技术水准。

打鸟、打球、编节目

尽管工作起来紧张繁忙，但小青工们也有自己的业余生活。况且当时我们都是十多岁的青少年，正是爱玩好动的年龄。

朱镇从小喜欢玩弹弓，而且打得很准。到了五七工厂，他仍是弹弓不离身，揣在衣服口袋里。每到空闲时刻，他便抓住时机，寻找目标，一解技痒。甚至在工作时，他也会眼神时而瞄向车间窗外，趁工作间隙，掏出弹弓就打了出去，树枝上的小鸟应声而落。

后来各班轮流到食堂菜地帮忙种菜，走出车间的朱镇更有了用武之地，用弹弓打菜地里的蛇、池塘里的鱼，过足了弹弓瘾，好似神枪手。虽说这并非多么高大上的技能，但是每当人们对他精准弹弓技艺发出赞叹，也总能让朱镇内心生出几分得意。

后来工厂一些男青工见县里有气枪卖，便商议买一杆，玩气枪打鸟（那时还没有环保意识）。先是王海燕等人合伙买了气枪，周末便集结出动去打猎，常常是满载各种战利品而归。

常参与狩猎的朱镇，也不满足于玩弹弓了，升级买了一杆气枪。其他人也不甘落后，相效而行。一时间一个工厂连，竟有三杆气枪。当然，因气枪而惹出的乱子也不在少数，这里就不一一细表了。

当年的铣工班，有多位女青工参加过工厂连的篮球队。篮球队最早成立于工厂初创时期，由李瑞春担任教练，训练严格，实力很强，并以工厂连为主组成校队代表五七学校参加进贤县年度篮球比赛，居然连拿三年冠军、两年亚军。

铣工班的李蓉和杨博光打前锋，李淑珍打中锋，白一清和陈淑琴司职后卫。前锋杨博光是投篮能手，后卫陈淑琴个头不高，跑得非常快，投篮、防守都不错。就这阵势，仅仅一个铣工班就能组织一支篮球队了！

工厂连技术组的李瑞春（大春）、张克平（张嘎子）、张宪魁（大个），前后都当过篮球女队的教练。“大春对女篮队员的训练非常严格，谁要偷懒都要挨她‘呲’。”杨博光记忆犹新。工厂连还时常利用周日举行男、女篮球比赛。工厂连的男、女篮球队还到进贤县和红壤山当地的一些单位去比赛，也曾邀请江西第二造纸厂等单位的篮球队来厂比赛。

杨博光记得有一次，工厂连邀请红壤山附近的温家圳篮球队来比赛。两队交锋，工厂连女篮明显占据优势，仅杨博光一人投篮就得了20多分。杨博光非常得意，为工厂连女篮增了光添了彩！

篮球赛也成了工厂连最热闹的体育活动。有比赛时，全厂的男女老少几乎倾巢出动，围在篮球场边观看比赛。喝彩声、加油声此起彼伏，成了五七工厂周末生活的一道风景。

铣工班的刘东平、翟晓云等，还在业余时间兴趣盎然地写诗歌、创作单弦演唱，作词谱曲、编排歌舞表演等，成为工厂文艺宣传创作的主力，活跃了工厂连的娱乐生活。

青春铺垫的岁月

李晓玉

1970年夏天，随着五七工厂连业务的不断扩大，从各个农业连队调了一批小五七战士过去，我就是其中的一员，我们连和我同去的还有王长庚、郑和平，从此开启了我们的学徒生涯。

历练后才能出徒

我们当时的师傅是程社平，她的门下有五个徒弟——牛淑玲、杨汉平、郑和平、张宏和我，我们自称“五朵金花”。师傅手把手地教我们无线电专业技术的基本功——焊接线路板、扎制线路、绕制变压器等。在师傅的严格要求下，我们几个徒弟，各个技术提高得都很快，真可谓严师出高徒。

记得刚开始学徒不久，我们车间承接了江西省的一项尖端任务——生产彩色电视发射控制设备，我们有幸参加了这个设备的生产过程。制作这个设备，对当时的工厂连来说是很艰巨的任务，而且时间紧迫。

为了完成这个艰巨任务，老同志们夜以继日地工作——设计图纸、研究生产方案。在设备进入生产阶段后，我们这几个学徒工也一起加入了加班大军。连续几天都是工作到凌晨一两点钟，每天只能睡四五个小时。

那时，我们还是一帮十五六岁的孩子。每天加班到深夜，困得不停地打盹，脑门不停地碰撞在桌面扎线板的钉子上。磕碰一下，疼得一激灵，就能马上清醒一会儿，再接着干。我们就这样连续奋战着。

这是我们到工厂后参加的第一个攻坚战，我第一次领教了困乏给人带来的痛苦。那段时间虽然工作很辛苦，但是内心却感到非常快乐和自豪。

每天晚上下夜班的时候，我们都无法抑制内心的喜悦。在回宿舍的一路上，我们常常边走边唱，边笑边闹，完全没有顾忌已是深夜大家都在休

◎ 620项目组“五朵金花”：牛淑玲、杨汉平、郑和平、张宏及笔者（右一）

息。为此，曾一再引来老同志们的批评，他们严厉指出我们在扰民影响大家的休息。我还记得，他们很严肃地对我们说：“人家解放军战士是走一路红一线，驻一地红一片，而你们几个是走一路吵一线，驻一地闹一片。”

对于老同志们的批评，我们几个毫不在意，完全沉浸在参与项目生产的喜悦之中。就这样，经过一个又一个项目的历练，我们这五个徒弟都顺利通过了理论和实际操作的考核，晋升到了二级工。

记得是在1972年的秋冬季节，我们又承接了一项绝密的国防项目生产任务（代号620），这是一套海军舰艇导弹发射指挥仪器的装备，全部技术是从苏联引进的，虽然这在苏联已属于将要淘汰的，但对于那个年代我们的国家和军队来说，算是很先进的精密仪器了。

为了完成这个高端的620项目，工厂连引进了一些高精度设备，产品则全部由我们工厂自主生产完成。工厂连的二排，即机加工的二车间，负责仪器的各种齿轮和机械零部件的生产和加工。

620是一套很精密的仪器，不同于普通的设备。因此对每一个零部件的加工要求都极为严格，公差不能大于两丝，稍不留意就会出废品。在那个年代，国家还很贫穷，原材料紧缺，如果大家没有极强的责任心和精湛的技术，是不可能多、快、好、省地完成这项任务的。当时二车间的很多小五七战士都参与过620机械零件的生产加工。

我所在的620车间，负责设备的电路部分和整机的装配与调试。在生产线路的过程中，有一项工作让我记忆犹新，就是绕制环形线圈。这是一个特殊的变压器，零点几丝细的漆包线，从一个封闭的圆环中穿过去，大概要穿15000圈。

当时我们没有绕制这个线圈的设备，老同志们想了很多办法都无法解决这个问题。为了不误工期，最终决定由人工代替设备来完成。牛淑玲、杨汉平、郑和平和我，我们四个人有幸参加了这项艰巨任务。

接受这项工作时，师傅对我们进行了战前动员，要求我们做好艰苦奋战的准备。这是因为15000圈头发丝那么细的漆包线，一圈一圈地从鸡蛋大小的圆环中穿过去，不能出一点差错，如果绕制出来的线圈数据不对，就是废品，会前功尽弃，延误工期。

工作开始后，我们被关在一个小房间里，不允许任何人打扰。当然，我们也不能随意出去，这样才能全神贯注地投入工作。我们每个人手里准备了一个小本子和铅笔，为了确保15000圈不出差错，我们按照自己的土办法，穿十圈一计数。就这样经过几天的努力，我们终于一次就成功了，很好地完成了这项看似不可能的任务。

620整机设备生产完成后，被送到海军23基地某舰艇进行海上实验，这期间还发生了一件很巧合的事情。当时我哥哥就在海军23基地服兵役，他正好是搞舰艇弹道测量技术的，因此他也亲眼见证了我们的产品在海上模拟实验的过程。

我哥哥写信告诉我："海上实验的时候，老远就看见一行夺目的大字，

◎ 620项目组的师傅和徒弟们

‘中央办公厅五七学校’。”看到哥哥信中这段话的那一刻，我感到无比自豪。相信所有为620产品付出过努力的小五七战士们，当年也和我一样自豪。

在我人生的长河中，中办五七学校的五年工人生涯虽然短暂，但却是最为重要的一段时光。这期间我不仅学到了专业技能，更重要的是，老同志老师傅们严谨负责的工作态度、一丝不苟的钻研精神，以及吃苦耐劳的工作作风，深刻影响了我的一生，让我终生受用。

红壤山离别

1975年7月，工厂连领导，分别找我们620车间的大多数同志和二车间的个别同志谈话。谈话的内容是我们的工作要有所变动，而这是我们从来没有想过的，感觉有些突然。

当时军队的机要系统新成立了一个研究所，主要任务是自主研制和生产密码机。研究所的业务由总参机要局和中央办公厅机要局双重领导，行政关系由原成都军区代管。因此在全国多地分别抽调了一批技术人员，我们五七学校工厂共有11人被研究所收编。

研究所的驻地在四川灌县（都江堰市）的一个山沟里，由于属于军队系统，因此进入研究所的人员都要穿上军装。连领导与我们谈话征求意见时，有的同志表示愿意去，可能也有人会有些顾虑。无论大家怎么想，最终都选择了服从组织调动。

调令很快就来了，我们随即开始安排交接工作，收拾行装，打包个人物品。不到十天的时间，一切准备就绪，我们整装待发了。

我从小生活在部队大院里，听着军号声长大，对军人和军队有着特殊的情感。想着自己很快就能成为一名真正的军人，心情特别激动，恨不得立刻插上翅膀飞往营区，去实现我当兵的梦想。

然而，当我们出发的那天到来，真正要离开这已经熟悉的环境和这么多年朝夕相处的同事时，心中一下子涌起了难舍的情愫，那短短不到三个小时的离别场景，我却永生难忘。

那天中午，我们和往常一样，吃完离别前的最后一顿午餐，收拾好餐具，便开始去各个宿舍跟各个车间的小五七战士们告别。分手之际，大家相互嘱托，相互祝福，宿舍里一派热闹的景象。

这时，左小宁拿了几个梨来让大家分着吃。我已经不记得了当时是谁大声喊着说，梨是不能分着吃的，那叫分离。现场的气氛顿时变得有些沉重起来，我的喉咙也像被什么东西堵住，开始有些哽咽。

和大家告别之后，我们登上了连里送别的大卡车，准备去红壤山张王庙火车站。由于卡车的承载量有限，连里的领导和各车间里只能派几个代表去车站为我们送行。

当卡车缓缓驶出厂区时，在场的人再也抑制不住离情别绪，泪水夺眶而出，那泪水是从我们的心底流出的。我印象最深的是老同志王庆武，他哭得像个孩子，不停地抽泣着。他脖子上搭着一条白毛巾，竟然完全被泪水浸湿了。

到了张王庙火车站，我们从卡车上下来，此刻距离火车进站大概还有半小时。大家拉着手，相互凝视着，说不出话来，索性放声痛痛快快地哭了一场。

站台上其他的旅客，看着我们这群人哭天抹泪，十分诧异。有人好奇地问："你们这是要被送去哪里呀？"我们说要去上海（当时我们要先前往上海，再从上海转车去四川），“上海是好地方啊，为什么哭成这样呢？”

列车进站了，我们登上火车，大家拥在车窗口，向我们挥手告别。我是最后一个上车的，我的好朋友杨博光一直拉着我的手，直到列车缓缓启动，我们紧紧拉在一起的手依然不舍得放开。

列车渐渐走远了，只见送行的人边挥手边朝着我们奔跑，直至从我们的视线中完全消失。火车开出几个小时后，我们的心情才慢慢平复下来。

平静后，我的脑海里还不时冒出那位旅客的话：“为什么哭成这样呢？”是啊！我们这段植根于心底的经历，他们是不知道也无法理解的。江西进贤这片土地上，记录着我们年少的追求、兄弟般的友谊、共同成长的快乐，在这里我们品尝了踏入社会最初的酸甜苦辣，这是用我们的青春铺垫的一段岁月。

回首一生，经历过太多的离别，唯有红壤山这次离别的场景，永远清晰地保留在我的记忆中。

烙在心底的经历

成　宇

“人生能有几个8年？”这是打倒“四人帮”后老五七战士开会时的感慨，此言令我难以忘怀。因为在五七干校这8年的经历已经深深烙在了我的心底。

初到干校

1970年正月初一，我和妹妹坐火车在进贤站下车时，天下着小雨，我们穿着棉布鞋，走在泥泞的路上。满眼的红土烂泥，心里凉飕飕的，真是到了他乡的感觉。

到了财干校，我认识了第一个小五七战士，她的热情健谈一下子消除

◎ 笔者（左一）与好友合影

◎ 笔者（前排右三）和工厂连战士的合影

了我的陌生感，我感到心里很温暖。我问她名字时，她告诉我，她姓王，接着用右手食指和大拇指比画成一个圆形示意。我理解了，说："哦，叫王圈儿。"知道了她的真名后我俩都大笑起来。"圈儿"后来成了我对她的昵称，一直亲切地叫到现在。

第一次到校部，父亲让我自己转转。我走到八连猪圈，看见了童小鹏伯伯，他身材瘦瘦的，没有了往日的将军肚，正推着一辆独轮车在猪圈旁忙活。我好像在他乡看到了亲人，感觉特别亲切。我连声叫"童伯伯、童伯伯"，没想到童伯伯看了我一眼，没有回答，也没有任何表情，转过身走开了。我后来问父亲，童伯伯怎么不理我？父亲告诉我什么现在记不清了，当时还很不理解。多年后，在北京见到童伯伯，提起往事，感慨不已。

第一次女子篮球友谊赛

我们从中学毕业后，大部分同学被分配到财干校的五七工厂当工人。那时我还不到15岁。在大春、张克平的张罗下，工厂组织了女子篮球队，我被动员参加，成了一名不会打球的队员。记得队员还有李晓玉、梁建英、李荣。初步训练后，准备和县女子篮球队举行友谊比赛。一个周日，工厂女子篮球队集合，队长李晓玉作战前动员：今天和县女子篮球队进行友谊比赛，大家都要笑脸欢迎！那次比赛的激烈程度真是空前绝后。双方在场上共有10个女队员，个个如猛虎下山，见到球都往自己怀里抱，带球走步、带球跑步都很少见，因为没那功夫。大部分时间双方队员都趴在地上，分不清彼此是哪个球队的，只要一个人拿着球，其他人冲上来就抢，争得你死我活。康援援是原女八中校队的主力，球技高超，这次在球场上却无法施展，头上还被撞了个大包。众多球员的手上和胳膊上都被抓得满是血道子，伤痕累累。场外教练干瞪眼，没招儿，观球者都笑得岔了气儿。最后终场哨声响了，裁判宣布：全场比赛结束，比分“零比零”。观众们都说这场比赛进球比足球比赛还难呀！

上庐山

1976年的十一假期，张金来、陈曙华、王爱萍、杨宝玲，还有我的好朋友培培，结伴前往庐山旅游。游程中印象最深的是游览“月照松林”。那天吃过晚饭，我们一行人打听着来到一条小河边，河上有一座小桥通向对岸的“月照松林”。我记得那天天特别黑，道路两侧没有路灯，没有月光，风还特别大。我们站在小河旁，对岸一片漆黑，听着松涛阵阵怒吼，望着树影随风晃动，众人心里发抖，当时的情景很瘆人。我们站在那儿商量去不去“月照松林”，唯一的男士张金来自告奋勇，准备先行探路。陈曙华从行囊中掏出一把水果刀交给张金来，张金来打开刀握在手中，不那么坚定地从小桥上向对岸走去。我们这几位女士都为他捏着一把汗，瞪大眼睛望着他的背影。不一会儿，张金来就走到小桥中间了，只见他义无反顾地转回身，走了回来。到了岸上说，咱们还是明天再去吧！后来去没去我都没印象了。

在工厂三排

快乐的工作

在光刻工序，我和徐晏是一对搭档。我俩性格都是外向型，好玩好动，工作起来特别快乐。经常边唱歌边光刻，一点也不觉得苦。虽然经常加班连轴转，晚上加班吃夜餐，每餐两毛五分钱，吃得挺开心。下了夜班打乒乓球（平时占不上球台），打排球，打羽毛球。离开工厂很多年后，我还常做光刻梦，扳着光刻机套刻图形，那些图形确实刻在了我的脑海深处。

◎ 笔者和搭档徐晏

在刘积仁家包饺子

那年马怀川主任带领我和梅梅到扬州学习。那时刘积仁不再担任三车间的副主任，从干校调回了扬州。马主任事先与刘积仁联系好，带我们参观了扬州的晶体管工厂。一日马主任带我们来到刘积仁家家访，看看老同事、老战友。到了他家，刘积仁已经和好了饺子面，拌好了饺子馅，还准备好了南方擀面皮用的枣核形擀面杖，招呼我们一起包饺子。老刘说，在干校他吃惯了饺子，回到扬州常常想吃这一口，可是南方人不会擀皮，就先擀一大张皮，再用小陶瓷碗边从大皮上刻下一张张小圆皮来包饺子，这样老刘就可以吃到正宗的北方饺子皮包的饺子了，可饺子馅还是扬州味，咸中有甜，特别好吃。

周玉梅要求入团

记得每次救火我们都要先集合，列队报数后再前往火灾现场。有一次，曹小宁为救火奋勇冲上房顶，从房架子上摔了下来。还有一次，在救火时，民房的土坯墙倒塌，砸伤了周玉梅的腿，她住进了南昌的医院。工厂派代表前往医院慰问，问周玉梅有什么要求，周玉梅躺在病床上坚定地回答：“我要入团。”

在二连种地的日了

楠天健

初到二连

初到二连报到，连部文书王妙琼热情地接待了我。见过了连长许荣卿和指导员王学智后，我被分到了七班。

那天下雨，全班正在屋里学习，老同志们见到我十分惊讶，问了问我的情况，议论纷纷：“这么大点儿个小孩就来劳动？”“想想咱们参加革命队伍那会儿，还没他大呢。”

这是一个大宿舍，整齐排列着十张上下铺。徐瑞新等人帮我清理了一个上铺，打开我寒酸的小铺盖卷儿，帮我铺好被褥。我感到温暖。

过了一会儿，几个年龄大一些的人进来了，各自走到铺位前坐下，默默地打量着我。尽管谁也没说话，但我知道，他们就是班里的“黑帮”了。

该吃饭了，老同志们招呼我，我拿出母亲为我准备的搪瓷碗和勺，出门就跑。忽听后面有人喊：“小家伙，小家伙回来。”

我回头一看，全班人已经站成一排，原来要排队出发。我面露愧色，赶紧回来。队列像一堵墙，我不知道该站在哪儿。身材魁梧的刘吉顺向右边跨了一步，我钻了进去。刘吉顺低头看我，粲然一笑。

此时队列中，我左边是“革命同志”，右边是“批斗对象”。我的“地位”就此定了。

班长王玉贵见人齐了，说：“小徐，起个头。”

“下定决心，预备唱。”

全班唱完语录歌，列队去食堂吃饭。

你尿床吗?

晚上，睡觉前的一幕才滑稽呢。

我的下铺是老阎——阎致远，原朱德司令的机要秘书，老八路出身，50多岁，瘦瘦的。

他用陕北口音，与我脸对脸，一本正经地问我："小家伙，晚上你不会尿床吧？"

我摇摇头，不以为然，径自爬到上铺。

过了一会儿，他又仰脸问我："你晚上真不会尿床吧？"

这回我得发声了，我说："我向毛主席保证，不会尿床。"

其他人笑了，纷纷说："都这么大孩子了，不会的，老阎放心吧。"

只听一阵窸窸窣窣的声音，他又说："我这里有塑料布，要不然给你铺在褥子底下。"

宿舍里一片笑声，我窘红了脸，表示坚决不要。

直到熄灯前，他又坐起来，小声对我说："小家伙，你晚上要上厕所，不愿出去可以用我的尿罐罐。"说着从床铺底下踢出一个陶罐子。

我郑重承诺："好，我知道了，一定。"

今天想来，老阎那晚上不知道是怎么过来的，肯定是没有睡踏实。

第二天早上，我在老阎香烟的熏陶中醒来。经过一夜验证，他对我放心了。

老阎是我们班年龄最大的，很受大家的尊重。后来领导照顾他，让他去和张晓希一同养鸭子，搬到了圩堤三角地的鸭棚，离我们二连不远。之后每次遇到他，我都要接过他手中那根长长的鸭杆，挥舞耍弄一番，再扛在肩上，看着那一大群呱呱叫的可爱鸭子，和他待上一会儿。一次我们俩走在大堤上，人来人往，有人问："老阎，这是你儿子？"

我们班

我们班的人员，主要是来自原中办机要室的干部和中央领导的秘书，原来都在中南海工作。班长黄桂隆，副班长王玉贵，还有李静、徐瑞新、张耀堂、李杰斌、陈朝江、张荣城。女同志有张霖芝、孙永勤和鲁梅馨，年纪最长的是阎致远。

班里的批斗对象有韩增福、李欣、刘吉顺、梁川和王绍萍五人。

在我待在这里的近两年时间里，老阎被调去喂鸭子，原朱德秘书朱慎过来当排长，住在我们班。黄桂隆上调政工组，陈朝江任班长。再后来又有从机关（“文化大革命”期间叫中办秘书处）陆续下来锻炼的刘显民、霍秀云、王桂荣等。

他们都已为人父母，有些子女还是我同学。说来惭愧，我那时特没规矩，说话没大没小，指天画地，信口开河。他们宽厚地包容了我，对我处处照顾，关爱有加。我心存感激，终生难忘。

种地的辛苦

我们二连，主要是种水稻，都是种双季稻（一年中一块地要种早稻、晚稻两次庄稼）。这是很辛苦的活，几十年过去了，至今想起两个农忙季节——“春插”“双抢”，还心头发紧，背上冒凉气。

其中，最辛苦的就属7～8月的抢收抢种季节，俗称“双抢”。天气最热时节，要把成熟的早稻收割脱粒，紧接着要翻耕平整土地，将晚稻秧苗栽插下去。由于农时节气限制，必须在短短的20多天内完成，拖延会影响一年的收成。此时工厂停工、学校放假，动员全体人员参加“双抢”劳动。那时除了耕地使用拖拉机，其他全部是手工，加上天气闷热，人人汗流浃背，疲惫不堪，真是累死人了。

其次就是“春插”。早春二月下旬，开始备田播种育秧，这个季节进贤多雨，北风嗖嗖的，连绵的牛毛细雨能下上半个月。出工时要上穿棉衣，外罩雨衣。一天下来，雨水加汗水，浑身透湿，最多也只能点起个小炭盆，烤一烤。

早春的一天，天下着雨，我们赤脚踩在带冰碴的水稻秧田里，冰冷刺骨，冻得上牙打下牙。我看到张西江竟然同时点燃两只香烟抽着，号称“抽烟取暖”，逗得我开心地跳着脚哈哈大笑。周围人看到我傻笑失态，也被逗乐了。

你算什么男劳力?

干农活需要体力。当年我人瘦个矮，劳动中老同志都很照顾我。尽管我干活不惜力、从不偷懒，无奈也常不受待见，被人羞辱。

有一次在地里劳动，副连长郑道中风风火火地跑来，招呼几个男劳力去扛麻袋装车，我跑过去又被劝回来，还当场遭到了嘲讽，“切！你算什么男劳力呀？”郝焕璋的老婆余昭英轻蔑地说。副排长王金娥也说：“嗨，他们这批小孩，好一点儿的都被人挑走了，去开拖拉机，去工厂，剩下的弄到咱们农业连来了。”说完还无奈地摇摇头。

我当场被挤对得无地自容、自惭形秽，只得闷头干活。其实人家说的也是实话。后来插秧好歹让我找回点脸面。

学插秧

插秧，就是把水稻秧苗插在水田中。育秧田里密集的秧苗长到3～5寸长时，要将其拔出，移栽到大田里。插秧有标准，一人插6行（纵向为行），行距6寸，株距4寸，往往还要拉绳子做规矩。高手会插得很均匀，横竖都在一条线上。时代发展了，现在都使用自动插秧机了。

“春插”季节，班长分工说：“年龄大的同志运送稻秧，你去插秧吧。”

刚开始我笨手笨脚，老同志们看了说：“你不行呀，太慢了……”我闷头继续干。

过了两天，有人说："你插得歪歪扭扭，不像样……"我闷头继续干。

又过了两天，有人说："你插得不匀，别光图快，要保证质量……"我闷头继续干。

当人们开始议论："这小家伙插秧还行……"我已经进入插秧第一梯队了。

到了"双抢"季节，人们已经不再挑我的毛病，而是夸我插秧快如"鸡啄米"，是连队里公认的快手了。

稻田插秧，面朝泥水背朝天，腰酸腿疼，手指磨破红肿，苦不堪言。古有插秧诗："手把青苗插野田，低头便见水中天。六根清净方为稻（道），退步原来是向前。"自是小中见大，讲人生哲理，但也只是古人笔下文章，不然你让他下田试试？

说起来，稻田插秧这活儿具有竞争性，几个人同时下田，往往互相比着干。当时二连插秧最快的有小胡和大胡。他们先前都是警卫团的战士，退伍后到了机要室，因为都是农家子弟，干农活有童子功。两个人的名字只差一个字，我开始总分不清。

小胡叫胡定华，湖北人，个子不高，瘦瘦的，具有南方人的聪慧精巧，干农活是一把好手；大胡叫胡庭华，山西人，红脸汉子，镶着颗大金牙，彪悍能拼，"左撇子"，干活麻利，还会唱几句山西梆子，后来被我剽窃了，干活累了，没人处我也会吼两句："喜看稻菽千重浪，遍地英雄下夕烟。"

插秧慢的人，不爱挨着快手干活，以免有被关进"胡同"的尴尬。可我常常傍着他们干活，揣摩他们的手法。开始差距蛮大，人家对我不屑一顾，过一阵子我能跟上了，他们则对我勖勉有加，有时还撒开了一起比试比试。

再后来不比了，他们觉得与我比不值，太亏得慌。

大胡说："你小子才多大？我们都多大了？干一天下来腰酸腿疼，腰都直不起来，谁跟你比？”累得直不起腰的大胡，被我戏称“老虾米”。

又过了几天，大胡拼得手臂肿得像面包，改去挑秧了；小胡有肝炎，体力不支（几年后在五七学校死于肝病，令人惋惜）；就剩下了我，我环顾左右，“时无英雄，使竖子成名”。

校长曹全夫来二连参加劳动，下水田和我们一起插秧。我们几个“人来疯”，都想表现一番，在地头展开一场插秧表演赛。老曹看了，私下还夸了我，问：“谁是你的师傅？”我答：“徐瑞新。”徐听说了大感意外，问我：“你怎么提我呀？”

连里有人看不过，摇头不屑地说：“嗨，你小子也只能在咱们‘老头连’里拔尖，到别的连队排不上号。”我不服，又无言以对。

此时连里组织了“支援小分队”，去其他连队插秧。外出干了几天，转一圈回来，我已经是公认的插秧快手了。不是吹牛，我一个可以顶两三个人。

田头照相

春季的一天，我们正在水田里插秧。艳阳高照，风和日丽。红花草一片粉红，油菜花一片金黄，煞是美。范越妈妈杨聿政阿姨用无锡口音说了一句：“天气好，人的心情也好了。”特有意境。

只见远处大堤上，走来两个人，说是新华社记者，要给我们照相。有人招呼大家集中一下，几个批斗对象自然原地没动，我也继续干活。陪同的校部政工组小年轻王大印不高兴了，厉声道：“快点！你们几个怎么不动呀？”排长朱慎小声说：“他们不方便……”见人不多，又把我叫上凑数。

下水田干活，大家都赤着脚。见我们把腿脚上的泥都洗干净了，记者苦笑，要我们去田里蘸上泥巴，然后在田埂上安排了站位。让岁数大的朱慎坐在中间，七八个人围着坐，让我在一旁站着。要求大家看着老朱，主题是听老同志讲延安。

新华社的记者就是专业。看到我们一个个木讷的样子，两个记者对视了一下，其中一个蹲在相机镜头前开口了。他微笑着拿呆头呆脑的我们开涮，绘声绘色地说道：“小家伙，听过老同志讲战争年代打仗的故事吧，是不是就像听水泊梁山水浒的故事……”大伙不禁哑然失笑，瞬间“咔嚓”一声，人们还没回过神儿来，另一个照相的记者说了声：“行了！”两人收起相机，扬长而去，留下了一脸懵懂的我们。

这是我唯一的一次在田头照相，至于照成什么样，天晓得！此番经历，让我着实领略了什么是专业摄影。多年以后，我也玩照相机了，无知无畏，一二百人的合影都敢招呼。有人问我专业与业余的区别，我说：“给你照相，会给你照片就是业余的，专业的从来不给。”

收工以后

江西的夏天热死个人。那是1971年的夏天，内部发了文件，报纸广播报道了“中美和解”，尼克松计划访华的消息。对国际关系的关注，使大家从多年政治运动造成的紧张氛围中稍稍解脱出来，开始能喘口气了，精神也有所放松。

下工回来，晚饭后照例是停电。闷热得让人无法入睡，于是人人拿起一把大蒲扇（主要是赶恼人的蚊子），光着膀子坐在房前屋后散放的小竹椅上，抽烟、闲谈、发呆、打盹，大家和村里的老农没什么区别。那时五七学校不让打扑克，更没有麻将，只有休整时才让下象棋和军棋。

毕竟都是读书识字的人，过去又在中央机关工作，都十分关心时事。大家争抢着看每班一份的《参考消息》，还都是两三天前的（当时报刊从南昌运来），只有四版，常常被撕开传阅，人们就着煤油灯的昏暗灯光，看着天下事。

倘有突发事件或精彩报道，大家会自发围拢过来，由一个人读，大家点评。什么中美苏三国关系、基辛格的秘密行踪、《纽约时报》赖斯顿的评论、台湾动向、越南战争进展、印巴战争等，都是议论的话题。年轻人好争论，一言不合就抬杠；后楼的老同志好分析探究，说起来就像卖瓦盆，一套一套的。

轻体力劳动

一天，下着雨，我们穿着雨衣在水田里劳动。我看到一起插秧的刘振德（原刘少奇秘书），十分疲惫，几乎坐在泥水里了，就去接应他，帮着他把剩下的活干完了。

他看到我来接应，十分欣慰，立刻放松了。直起身子扭动着腰，咂巴着嘴，哼哼唧唧，不用问，腰疼得厉害。我看他动作滑稽，就问他："老刘，插秧算轻活还是重活？"

"当然是轻体力劳动。"老刘脱口而出。我又问："那你腰疼得厉害怎么算？"老刘一下被问住了。

一同劳动的其他人接着话茬议论开了。一旁有人数落我："你小孩子家，哪里知道我们上年纪的人腰疼得难受。"

我回嘴道："我也腰疼。"

有人不屑："你长腰了吗？""你小子睡一觉屁事没了，我们三天缓不过来。"

我说："那插秧应该算重活？"

"重活？你能和田鹤年、王瑞林他们备田班比吗？"

一会儿老刘说话了："插秧应该算轻活。"立即有人反驳。

老刘不慌不忙地说："别急呀，等我把话说完。应该说'插秧是带有腰疼性质的轻体力劳动'。"又是一阵七嘴八舌的辩论。

最后，老刘总结大家的共识："插秧是带有腰疼性质的技术性较强的轻体力劳动。"

此结论一出，田里一片笑声。后来，"插秧是带有腰疼性质的技术性较强的轻体力劳动”的说法，成了全连的笑谈。

四条汉子的褒奖

一天，备田班的几个人说说笑笑，也来体验插秧。地都整完了，他们一时没活干。

备田班是全连的“梦之队”。农忙时，将连里体格最好的几个壮汉，像田鹤年、王瑞林、王振琦、孟宪义等临时召集过来，从事备田劳动。备田就是将用拖拉机犁过的水田，用农具耖平。只见他们走在拖着农具的硕大水牛后面，高声驱赶牲口，大步流星，泥水飞溅。整理后的水田，平如明镜，便于插秧。这是最苦最累的农活。

当时五七学校是禁酒的，但对于食堂杜文亮师傅和备田班的个别人私下喝酒，二连却是睁一只眼闭一只眼。前者连里是管过，但发现惹不起杜老爷子，事关全连人的伙食质量；后者连里大概是动了恻隐之心，要知道，初春踩着冰碴赤脚下田太辛苦了。

今天来插秧，他们算是入错行了，由于个子高大，弯腰插秧自然十分憋屈，干了个把小时，纷纷走上田埂，都喊腰酸腿疼。

说起来我和他们还有点“过节”。前几天下工路上，他们几个赶着牲口往牛棚走，挡住了我们的路。只见他们个个人高马大，满身泥水，十分惹眼。我一时嘴欠，叫喊道：“嘿！瞧呀，四条汉子。”引得众人哄笑。

那时，“四条汉子”是带贬义的政治流行语。前一阵进行政治学习，看了鲁迅先生的文章，里面有贬损当年“左联”周、夏、田、阳四人的生动描述：“却见驶来了一辆汽车，从中跳出四条汉子……一律洋服，态度轩昂……”他们对我也没客气，一人回敬一句：“这小兔崽子！”

此时，我正在水田里埋头插秧，忽然飞来一大捆秧苗，砸在我面前，溅起的泥水糊了我一脸一身，我抹了一把脸，直起腰刚要咋呼，突然看到田埂上站着人高马大的田鹤年、王瑞林和孟宪义，正看着我嘻嘻地笑。

他们说："小家伙行呀，没想到你插秧挺快，干得不错嘛。"

还说："这儿有你插秧就行了，你顶我们仨，我们还不如去干点其他活。"王瑞林没说话，一双大眼睛透过沾泥点的眼镜片瞪着我。看了我插秧，他们还算满意。

我能受到连里最能干的"四条汉子"的夸奖，受宠若惊，傻笑得合不拢嘴，也不顾他们恶作剧溅了我满身的泥水了，如同一只泥猴。

被拴起来的牛尾巴

王瑞林给我印象最深的，是他的眼镜片总是沾满泥点，十分有趣。在二连及备田班，他干活都是拔尖的。水田里，他驱赶着拖着农具的大水牛，大步流星，激起滚滚水花，如同一台拖拉机。

最让他窝心的是，牛的尾巴如同一只大毛笔，蘸着田里的泥浆一甩一甩，人跟在后面，溅得满身满脸都是泥。其他人闭一闭眼也就过去了，可王瑞林戴着眼镜，泥水溅在上面遮住了视线，浑身的泥水又无从擦拭，用细腻的泥浆也洗不干净。不戴眼镜又看不清路，牛拖拽的水田耙有一长排钢制的锋利尖齿，也是十分危险的农具。这令他非常郁闷，索性用绳子把牛尾巴拴起来。可牛又不高兴了，耍牛脾气，不好好干活。

我头一次目睹硕大的水牛尾巴被拴起来，惊奇地大呼小叫；又看到赶牛干活的他，眼镜上泥浆点点，如同戴着毛玻璃墨镜，又哈哈大笑。大田劳动让人疲惫不堪、筋疲力尽，一个小屁孩的嘻嘻哈哈，他不屑一顾。

50年前，我有幸与他们朝夕相处，目睹他们落难时的艰辛与窘迫。那时，我只是一个十五六岁、没心没肺的毛孩子，自然无从理解这些成年人内心的真实感受。

回想起来，当年真委屈他们了。国家一片混乱，一帮北京城里的机关干部被赶到千里之外的农村，抛家舍业去走五七道路，拿着政府工资当农民，种地自己养活自己，拼了命要实现"四自给"（即粮、油、肉、菜自产自消），又整天内斗不断。如此不务正业，在今天看来甚是荒唐。

连里插秧最快的小家伙

那时候，在二连的水稻田里，人们可以看到一个又黑又瘦的半大小子，赤脚光背，瘦骨嶙峋，身穿短裤，头戴破草帽，满脸汗，一身泥。上来二话不说，一脚迈进水田，低头插秧，一会儿就跟别人拉开了距离，扬长而去。一次校部的人来参观，惊讶地问：“你们连从哪儿来了个当地小老表？”排长老朱笑喷了。

那就是我，献丑啦。

我凭插秧一点雕虫小技，博得人们的表扬，沾沾自喜。连里组织鼓动宣传，田鹤年说快板：“……你看那小天健儿，干活不简单，插秧一溜烟儿……”

校部生产组从浙江请来指导科学种田的蔡志新老师来二连考察，看了我们插秧，也夸我。听别人说，蔡老师后来在其他连队，还拿我当榜样，教训一些新来的年轻人干活不力。

最实惠的是到食堂吃饭，打菜的杜师傅见了我，老爷子一句京腔：“嘿！小爷们。”手腕一抖，“咔嚓”一勺菜扣到我碗里，肉比别人都多。我受宠若惊，张口傻笑，闭嘴大嚼。那时候干活累，真能吃，像个饭桶。副排长李树良用一口保定腔说我：“半大小子，吃死老子。”

此时的我，小人得志，扬眉吐气。或许有点嚣张了，排长老朱开导我不要骄傲，“夹起尾巴做人”。我不高兴了，说：“我哪有尾巴？”

多少年后，遇到当年二连的老同志，握手打招呼时，他们大多想不起我的名字了，就说：“啊哈！你就是当年连里插秧最快的那个小家伙吧。”

嗨！一生有此经历，“细思皆幸矣”，真好。

值得品味的享受
——干校生活散记

王爱萍

记得到达五七干校是在1970年3月中旬某日的晚上。除了从火车站到出县城的一段路尚有昏黄的路灯照明外，去目的地三连的路是摸着黑走到的。那个晚上没有月亮，没有星星，漆黑一片。江西三四月份，阴雨连绵，白天的阳光和夜晚的月亮、星星在这个季节都难得一见。当然这些是后来知道的，反正当时的感觉就是一个字——“黑”。

《十万个为什么》

我在五七干校满打满算待了七年零十一个月，这期间在五七中学和五七工厂的集体生活是快乐的，有两件事情让我感觉很享受。

我和刘东平是五七中学的同班同学，东平的父亲刘鑑农伯伯和我的父亲同在三连参加劳动。中学期间，遇到放假的星期天，我们总是搭伴回三连看望父亲。

大概是在1971年到1972年之间的一个周日，回家（父亲住集体宿舍）时，父亲郑重地递给我一套崭新的、散发着新书特有墨香的《十万个为什么》，对满脸惊喜和诧异的我说，刘伯伯刚探亲回来，这是他带来的。我不记得是否曾经对刘伯伯道声感谢，只记得如获珍宝般，立刻抱起这套书找了个僻静处读了起来。

《十万个为什么》在“文化大革命”前就是一套写给青少年的畅销科普读物，当年的销量不亚于当今图书市场上的畅销书。然而当年我对它并没有兴趣，也没有读过。这套书“文化大革命”期间再版，此刻捧在我手中的正是刚刚再版的《十万个为什么》。

尽管为了适应当时的政治气候，再版时对书中内容作了诸多修改，但在科学文化知识极其匮乏的年代，能够拥有这套丛书于我是莫大的幸福。这是我当时所能阅读到的除了应景的报纸文章和革命领袖著作之外唯一的另类文字，是那时唯一令我爱不释手的图书。

从那以后的很长一段时间里，我时不时沉浸于书中那一个个“为什么”自娱自乐，偶尔读到顿悟处（原来是这样！）还会大声念出来，有时读到自然界的种种奥秘，便会发一番世界真奇妙的感慨。阅读的喜悦来自科学的启蒙，那种愉悦难以用文字表达。

黄老师的数学课

在工厂期间，黄老师的数学课是我的又一大享受。

黄老师的数学课，每周一次，记得是在每周六的上午，上课地点在食堂。食堂原是江西红壤试验站的礼堂兼食堂。五七干校建校之初，这里还是九连地盘时，仍用作食堂，自第三任主人——五七工厂入住后，便赋予这座建筑新的用途——教室，可谓物尽其用。

教室西面的小舞台上设有一块大黑板，算是讲台，食堂的饭桌就是我们的课桌（后来上了大学，我认为这间教室的舒适度比之大学教室毫不逊色）。我每次都早早来到教室，选择第一排的座位就座，这样可以看得清板书、听得清讲课。每周六下午安排做作业的时间，开始到工厂时我和刘瓦丽住在一个宿舍，万一有不会的题她都会帮我解答。

我上黄老师的数学课，学习态度端正，学习目标明确，遇有考试非但没有压力，反而翘首以盼，还有点莫名的兴奋。如若获得好成绩，那种感觉更是妙不可言。

记得那时我总是和杨宝玲一起去黄老师家送大家的作业本。黄老师每次都要问哪些题目困难多，需要再讲一讲，我们都一一作答，捎带请教几道自己理解不透彻的题目。

如果要问为何上黄老师的数学课是一种享受，我认为：其一，黄老师浑身上下透着一种人类文化传播者的泱泱风范和谦谦风度，如雨露般滋润感染着我们这些对文化知识充满渴望的青年人。听他的课总能让人茅塞顿开。其二，热闹，和谐。讲台上下师生间的互动，黄老师的数学课和其他课在这一点上并无二致。其独到之处在于“东西互动”，准确说是黄老师与食堂大师傅之间的互动，这恐怕是独此一家、别无分店了。

黄式课堂的讲台在食堂西面，设在高于地面的舞台上，可以视之为上层建筑。厨房在食堂东面，与地面平，是讲台的物质基础，上层建筑和物质基础共处一室，合二为一。

这一西一东每周要打一次擂台，黄老师和厨房的师傅们是擂主，我们学生则兼着观战者的闲差，我们的态度（入世或出世）和肠胃感觉是决定双方胜负的关键因素。10点钟以前西风压倒东风，黄老师主讲，八面威风，占主导地位。10点钟过后，厨房中传来的锅碗瓢盆进行曲，再加上饭菜飘香，如春风送暖，黄老师这边渐成弱势。接近午饭时分，学生们饥肠辘辘，东风已然压倒西风，于是台上台下一番互动，黄老师鸣金收兵，每周一次的数学课体面收场。一周一轮回，大家乐此不疲，不知以此注解“衣食足而知荣辱”妥否。

极品肉松

我们这批人进工厂连的初期先搞了几个月的基建，风里来雨里去，修好了工厂的围墙、锻工房和食堂前的澡堂，对此我颇有些成就感。

在此期间的一个星期日的晚上，王瑗从家里回来，把我拉出宿舍，从兜里掏出一个小纸包递给我，说：“我妈自己做的肉松，可好吃了，就一点儿，快吃吧。”

我连忙打开纸包，大概不到一小勺的肉松，我迫不及待地将肉松全部倒入口中，然后慢慢品尝，含在嘴里久久舍不得下咽。看着我很享受的样子，王瑗心满意足，接着说：“我妈把家里分的一斤多猪肉都炒成了肉松，用小火慢慢炒，可费时间了，却只能炒出来很少的肉松，我妈给我们每个人都分了一份。”

我知道，王家孩子多，僧多粥少，原本不多的肉松分到每人手里就只有很少的量了。王瑗自己吃都不可能尽兴，还要省出来与我分享。我真的好感动，也后悔不该把肉松都吃掉。

我们今天的物质生活已极其丰富，但是当我面对布满美味佳肴的餐桌时，口齿间每每回味的还是王瑗给我的那一小口肉松的美味。我敢说李维阿姨（王瑗的妈妈）做的肉松是我吃到过的最好吃的极品肉松。

地震预报

天下无不散的筵席。1975年四五月间，领导通知我、同车间的李文瑛和二车间的高明妹离开工厂去校部工作，要中断文化课的学习，我极不情愿。事实上，到校部后的1975年和1976年这两年确实过得有点糊涂和无奈，还有几分不知所措，但也有些看似不足道的小事至今难以忘记。

这段往事的起因纯属子虚乌有，始作俑者也无从考证，但是以下记述却是真实的。30多年过去了，当时的情景仿佛就在眼前。

那天，我正在值班，小雒军特意跑进我的办公室，认真地说：“猪圈要地震了，很危险，不要过去。”话音刚落，他便急匆匆离去，估计他重任在肩正着急通知其他很多人呢！

猪圈在校部西坡上的最北面，雒军家和校部各组的办公室都在东坡，一条沟将两坡分开，这条沟严格来说是两坡之间的一块低洼的平地，建有工厂连的食堂和校部，以及供全五七干校轮流使用的澡堂（有一个时期我被安排轮班烧澡堂的锅炉）。

东坡和西坡的直线距离也就200米左右，住在东坡和西坡的人遥相呼应，坡这面的和坡那面的隔沟聊天是家常便饭，当然须嗓门大一些，要用上喊的劲儿才能听着。常常是坡两边的两人或几人越聊越近乎，于是原本站在坡上的人不知不觉走下坡，相对而行，随着双方距离的缩短，说话的声音也会越来越小，直到在沟底会合，聊天便转入私密小范围。食堂前井台这个地方，差不多是在校部的中心地带，谁都会来，熟悉的碰到了免不了说上几句，不熟悉的至少也会点头示意，搁现在，我们定会给它冠名“社交场所”或者“会所”之类，名副其实。

东西坡的坡上坡下种了些橘树、梨树、黄花菜，那是尽人事的成果，而满坡的杂草野花则是大自然的恩惠，人与自然的结合使这方土地生机盎然。也因为时常有毒蛇出没，需要隔三岔五地锄草，这虽然烦人却很有必要，朱秀峰就曾被毒蛇咬伤过。这两坡一沟就是小雒军的活动天地，他经常跑来跑去，谁都喜欢这个圆头圆脑、长睫毛大眼睛的小男孩，这里发生的大事小情都能被他捕捉到。

1976年属多事之秋，那个夏天大家的热点话题是刚刚发生的河北唐山大地震，大家关心着远在地震区的灾民和离震中很近的北京的亲人朋友，间或也有些江西某地发生地震的猜测和传说。

雒军传递的西坡猪圈要地震的信息一定是有人给他说的玩笑话，他便当了真。然而，以他这样的小小年纪，在得知灾难即将来临时，首先想到的是去广而告之，让别人避险，这是何等善良的心地，虽然他还是那样稚嫩！长江沿岸遍布着几个素称夏季火炉的城市：重庆、武汉、南京，其实五七干校所在的鄱阳湖南岸，夏天的闷热堪比南京，与武汉也不相上下。在这个烈日炎炎的盛夏的午后，雒军跑得汗流浃背，气喘吁吁，让我于心不忍，追出去想去告诉他不要跑了，但他那小小的身影早已消失得无影无踪，不知去向了。

平心而论，雒军其实是很敬业的地震预报员，除了消息来源不准确外（责任不在他），他把该预报的所有因素都交代得周全：时间、地点、危险事由无一疏漏。雒军的善良得自家庭，在他那充满爱心与温情的家庭中，人类最美好的品质被潜移默化地传承着。

雒军的父亲雒叔叔、母亲孟阿姨当时都在校部工作，我们天天打照面，我能感觉到来自他们的关心。在校部期间，我能够从不知所措中走出来，就是得益于他们时时向我传递的温暖，那是一种无言的鼓励，它使我坚持追求世间美好的东西。

自制棉裤

游笔至此我必须花一些笔墨写写王玉兰阿姨。王阿姨是长辈，她是我五七中学的同学李国伟的母亲。

自从去校部工作，我和王阿姨就成了同事，相互以“老王”“小王”相称。这种情况在干校很普遍，我们这些小字辈对长辈的称呼常常随着场合的不同而变化，开始不免尴尬，后来就习惯成自然了，且自然得很彻底。

老王在政工组不属于领导，但在组里革命资格最老，年龄也应该最长，尽管她从不倚老卖老。她语言丰富，幽默感极强，比如当众人议论起当时国际上某两国之间的微妙关系时，她便插言道，某国施惠于某国“不过是给他个甜枣核嘣嘣”，一语切中要害，留下无穷回味；有些原本严肃的问题（那时严肃的题目俯拾皆是）一经她的口说出，就会变得轻松几分，又不会留下话把儿。世人眼中的聪明往往表现在回答脑筋急转弯之类问题时的出彩，其实老王式的机智幽默才是大智慧的体现。

老王是那种能力很强的干部，却又善解人意，富有同情心。我知道她曾经几次不动声色帮我化解和避免“危机”，但是她后来绝口不提。她的字写得非常好，是那种钢笔行书字体。第一次看到老王的字，我眼前一亮，记得小时候我妈让我们照字帖练习写字，还特别强调，写不好字就没有文化。我虽然记住了这句话，但是却没有付诸行动，时至今日仍然是一笔烂字，但这并不妨碍我对写得一手好字的向往和羡慕。

老王还心灵手巧，什么都会做。我的关节不好，每年冬天都会腿疼，偶然发现有半斤棉花压在箱底，就盘算着给自己做条棉裤，于是找老王商量。她出了个绝妙的省钱省时又简单的办法：用工厂发的那条褐色工装裤作外面，用另一条旧裤子作里子，在两条裤子之间絮上棉花。在她的帮助下，三下两下一条合适的棉裤就做成了。穿着这条暖和的棉裤，我度过了1975年到1976年间那个寒冷的冬天。

我在五七学校的七个小故事

崔志平

这里就是家

1969年11月27日下午，母亲带着我和弟弟登上了开往江西进贤中央办公厅五七学校的专列，同车的还有许多中办各单位的家属和孩子。汽笛声一响，列车缓缓开出了北京站。一路上，火车走走停停，大概是临时加车，要给正点火车让路。经过三天两夜的行程，29日下午，在一片喧嚣的锣鼓声和此起彼伏的口号声中，火车徐徐停靠在了江西进贤火车站，透过车窗的玻璃，在欢迎的队伍中，我一眼就看见了爸爸。他不停地向我们挥手，一年没见面了，他虽有点瘦，也晒黑了，但体质和精神都很好。车站有很多来欢迎我们的五七战士，他们有的敲锣打鼓，有的打着横幅，横幅上写着“欢迎来五七学校安家落户”，“我们也有两只手，不在城里吃闲饭”。

离开欢迎的人群，我们列队呼喊着口号走到了进贤中学，爸爸把我们领到一间刚由教室隔断而成的屋门前说：“到了，这里就是家。”我进屋发现里面很黑，北边墙上有个小窗户透进些亮光，门两侧的窗户很小，所以屋里显得昏暗。借着窗户透进的亮光，抬头看见从屋顶中间垂下一盏灯，打开灯后，屋里亮了许多，才看清屋里摆放的物品。墙北边放着一张五七战士刚用潮湿的木板和木条钉制的简易大床，东边放着刚从北京运来装生活用品的两个箱子，还有一张单人竹床，靠西墙有张长条小课桌，旁边是两把小竹椅子，泥土地面很潮湿，放了些锅碗瓢勺暖水瓶等日用品。看着屋里简陋的陈设，真不敢相信爸爸进门前说的话：“这里就是家。”

这里的生活条件同北京比差多了，要在这里住一辈子，真是不可想象的事，心里不由得产生了一种失望和迷茫的感觉。我就是怀着这种复杂的心情，开始了五七学校的生活。

第一次发工资

第二天我在院子里玩，碰到了王国进，他说："家属子女可以申请参加连队劳动，连里管饭，吃饭不要钱，我已经报名了。"我一听很高兴，这年头，吃饭不要钱，到哪儿去找这样的好事啊！于是马上回家跟爸爸说了此事，爸爸很快就向八连连部递交了我的劳动申请。没过几天，爸爸晚上放鸭子回来，高兴地对我说："你的申请连里批了，明天就可以到连部报到参加劳动了。"第二天早上到连部报到，连里安排一名叫赵素芬的女同志当我们的班长，负责管理我们十几个参加劳动的孩子。

从那以后，赵班长每天带我们去八连砖窑劳动，挖泥、搬砖、拉车、给菜地浇水等，干力所能及的活。那时刚从北京来到进贤，对农村的一切事物都感到新奇，没感到有多苦，就是干活有点累，这也算不了什么。最开心的就是吃饭不限量，能吃多少就吃多少。由于劳动强度大，又是长身体的年龄，所以饭量大增，中午能吃三个馒头再喝两碗粥，米饭也能吃两大碗。那些日子真是吃得饱睡得香，晚上头沾枕头就睡着了。

就这样，时间飞快地过着，下连队已经快一个月了。有一天，赵班长召集我们开会，她说："上级决定从这个月起每月给大家发工资，每月十五元，扣除十二元伙食费和五毛钱药费，剩余两块五毛钱发给大家。"听到这里我真有点不相信自己的耳朵，原来只说参加劳动连里管饭，没有说有工资，现在管饭还发工资，虽然钱不多，但出乎意料，心里还挺高兴。晚上回家的路上，手里拿着装有两块五毛钱的信封，心里油然生出一种自豪的感觉，长到16岁了，还是第一次通过自己的劳动挣了钱……要赶快把这个消息告诉妈妈，于是连蹦带跳地往家跑，一进门就把信封递给妈妈，"今天我发工资了。"妈妈惊讶地看着我说："你发工资了！"我答道："是啊！"妈妈继续说："我不要，你留着自己买点需要的东西吧！"妈妈一脸喜悦，我从她那高兴的眼神里仿佛看到，我已经长大成人，可以自食其力了。一连几天，每当想起这件事，心里都美滋滋的。

脚上的伤痕

2019年5月4日，小五七战士50年聚会以后，我就想写一篇回忆文章。但写什么？从哪里下笔？一直琢磨不定。有一天在家看电视，无意看到脚背上的伤痕，勾起了一段回忆。那是1970年2月10日，刚过完春节，八连的小五七战士，按照校部统一安排，分到各个农业连队，我和曹世平、王国进分到五连二排。我分到五班住在电排站，班里有十几个人，基本上都是原机要干校学员。班长是姜琦，副班长是王根广，班里主要负责全连水稻田的耕田、耙田、耖田，为插秧做好准备。有一天班长分配我耙田，地点是电排站南边的一块地，并说上午要完成，明天等着插秧，不要耽误连里的生产进度，我愉快地接受了任务，冒着小雨，一个人赶着牛去耙田。大约干到上午11点钟，还有半小时就可以完成任务了，忽然想去厕所小便。我所在的位置距离厕所大约200米远，田埂上泥泞难走，来回要10多分钟，太耽误时间，怕上午完不成任务，就地解决吧，可是离我耙田的地方不远，有女生排在插秧，这可怎么办？忽然想出一个办法，用水牛的身体遮挡，在水牛后边方便完了。

可就在我把脚从泥里拔出来的时候，突然感觉一阵疼痛。脚抬起来后看到血水从泥水中渗出来，这时感到更疼了，我马上反应过来，刚才脚踩的位置太靠近牛的身体，忘记了牛身体后的耙上有四排耙齿，都是向后斜着的，脚抬起的时候碰到了耙齿上，把脚背割破了，血还在流，怎么办？我向四处一看，发现不远处的田埂上有根草绳，就捡来在脚背上使劲缠了几圈，也没管血还流不流，一咬牙忍着疼继续干活，终于按时完成了任务。中午吃完饭到连部找到卫生员董君玲和王雁，清理完伤口才看清楚，伤口大约有两厘米长，血已经不流了。幸好伤口不是太深，卫生员给消毒、上药、包扎，并再三叮嘱，一周之内不要着水，以防感染化脓，我嘴上说着一定注意，可还是没当回事，心想每天在水田里干活哪有不沾水的呀！这点伤口不要紧，过两天就会好的，所以这件事也没有跟班长说。半夜有拖拉机陷在水田里，全班都去拉拖拉机，受伤的脚一踏进泥水里钻心地疼，但我一声没吭，坚持和大家一起把拖拉机拉上来。由于伤口沾了脏水，没过几天就感染化脓了，脚背肿得像小包子似的，连鞋都穿不进去，还发低烧，连里卫生员建议我到校部医务室治疗。后来找到夏大夫，经打针、吃药、消炎、针灸，用了很多方法，大概过了两个月才慢慢好了，但伤口愈合留下的疤痕一直没有消退，50年后还能依稀看到伤口的痕迹。

新生事物“电犁”

1970年5月底，连里安排我到工厂连学习电犁的制作、使用、维护和保养工作。电犁是什么机器，长什么样，我一点也不知道。据说是五七学校请来的蔡志新老师，从他的老家浙江嘉兴带来的新技术，目的是解决水稻连的50亩水田由于淤泥太深，拖拉机、手扶和牛陷进去就出不来，影响稻田作业的问题。这项新技术对于五七学校乃至进贤县来说都是新生事物，这次能去工厂连学习这项新技术，我心里十分高兴。

◎ 当年自行研制的小型农机

那天，天空灰蒙蒙的，下着细雨。我打着背包，穿着新买的塑料雨衣（是用两个月的工资积蓄，花4元钱买的）。从五连连部出发，大约走了六七里路，来到原财干校里的工厂连。到工厂连后，放下背包就去了生产车间，车间房子不大，摆着几张钳工操作台，几台钻床、砂轮机等设备。从那天起，认识了一起搞电犁的几位师傅——崔义民、马怀川、张克平、陈志山等人。第二天，郑明生师傅手把手教我做零件，讲解如何看图纸……在工厂连学习了一个多月。电犁整机生产完成了，随后就到五连的水稻田试验其性能。

电犁，顾名思义，就是用电驱动电动机，经过齿轮变速，带动绞盘转动，绞盘上装有五六十米长的钢丝绳，钢丝绳一头固定在犁身上，绞盘转动就牵引犁做直线运动，从而实现犁地的目的。犁重量轻，不会陷到淤泥里，从而解决了拖拉机陷淤泥里的老大难问题。

经过试验，电犁的使用效果不错，受到校领导和连队的肯定，达到了预期目的。当年就是用电犁耕田、耙田几十亩，第二年又推广到七连使用。

说到使用电犁，还得说说我亲历的一次意外惊险。1971年“春插”时节，我带5名江西学员，在电排站靠大堤的水田里用电犁耕地，耕完后准备把电犁抬到大堤上，用手推车运到另一块田里耕作。当我们四人各握一个把手，喊着号子，一起用力抬起电犁时，没想到把电源线从电犁接线盒孔中拉了出来，险情发生了！电犁整机都是金属材料制成的，导电性极强，我们四人又都光着脚没穿鞋，身体没有任何防护，因此立刻被强大的电流牢牢吸住。

我当时马上意识到，坏了，触电了！但是双手握着金属把手，根本松不开，手不听使唤，就感觉双手发麻、刺痛，我当时本能地大声喊：“快拉闸！触电了！”当时大堤下还有两人在收拾工具，其中档案馆的电工黄师傅听到喊声，反应很快，三步并作两步，迅速跑到距离他八九米远的电闸箱前，果断拉断电闸，我们四人才脱险。但其中一人由于电闸断电，紧张的神经突然放松，他手一松，脚下没站稳，身子一歪滚下了堤坡，幸好堤坡上种满了青草，身体才没有受伤，真是有惊无险。我们六人坐在大堤上，你看我，我看你，沉默了半晌，忽然都笑起来，大概是想起了俗话说的“大难不死，必有后福”。事后，我们班开了总结会，认真分析了这次意外事故，总结了经验教训，并制定了相应的安全措施，其中最重要的一点就是：今后在移动电犁机器时，一定要先拉闸后移动。由于做了安全工作，以后使用电犁时再没有类似的事故发生。

种树

1970年12月，五七学校因部分学员分配了工作离校，五连电排站值班人员只剩下我和原档案馆的老杨、老田等几个人。为了补充人员，江西省来了300名学员，分到五连、六连、七连，每个连100名，我们班分到10人，重新组成一个班。班长是九江地区来的一名姓何的学员，我担任副班长。当时大田里活很少，连部给了几十棵树苗，准备绿化电排站周围，我和几个学员从中挑了两棵比较粗壮的，大约有铁锹把那么粗，在宿舍门前挖了两个树坑，把树苗栽上，然后培土浇水，前后大约用了一小时，当时种的是什么树并不知道。从那以后我们经常给小树苗浇水、施肥、打药，看着小树苗一天天长高，心里非常高兴。

1997年10月返京18年后因公到江西出差，特意到进贤中办五七学校电排站，看看自己曾经生活劳动的地方，看看当年种的两棵树苗长得有多高了。我骑着借来的自行车，从县城骑了10多里路来到电排站，看到当年种下的两棵小树苗，简直不敢相信自己的眼睛，如今两棵树长得又高又大，根深叶茂，郁郁葱葱，树的直径有四五十厘米，我问住在屋里的老乡才知道树的品种是樟树。看着两棵樟树长得这么好，心里感到非常愉快。

2019年10月27日，在纪念原中办五七学校建校50周年的日子里，我和几名五七战友专程到进贤中办五七学校，寻找青春的记忆，重返五七路，又去电排站第二次看望我的两位老伙计——两棵樟树。从1997年到2019年又过去了整整22年，两位老伙计现在怎样了，心里一直牵挂着。走在五七

◎ 笔者（后排左二）和电排站小五七战士的合影

大堤上，距离电排站还有两三里的时候，我远远就望见了两棵樟树的轮廓。我急切地加快了脚步，来到樟树前，看到樟树比22年前长得更高大、挺拔、粗壮，树枝向四周伸展，树形更加美丽，两棵树如同两把大伞把五间平房全部遮在树荫下，走到树旁，樟树特有的芳香扑鼻而来，沁人心脾。从树下向上看去，树绿荫浓、树干挺拔，真可谓参天大树，树高10多米，树的直径经测量是0.77米，要两个人合抱才行。这时一阵从青岚湖畔吹来的秋风，把樟树的树枝吹得左右晃动，树叶沙沙作响，我感觉好像是对多年没有见面老朋友的到来，表示热烈欢迎并向我点头微笑，我内心感到无比的自豪和畅快。我给樟树松土、浇水，希望它俩今后长得更加枝繁叶茂，为青岚湖畔美丽的风景作出贡献。

俗话说“十年树木，百年树人”，从1971年种下树苗到2019年经过了48年时光，两棵樟树经历了风风雨雨，寒雪冰霜，已经成材，我也从当年的18岁走到了66岁，两棵樟树曾经和我朝夕相处，陪伴我一起走过五七路，它是我在五七学校劳动、生活、锻炼、成长的见证。

◎ 1997年，笔者重返电排站

挖井

1971年6月，五连连部交给我们排一项挖井的任务。副排长大林带领我们班四个人，在牛棚处挖了一口井，主要是为了养猪、养牛用水方便。那天大林和副连长王秀峰在牛棚空地商量了一会儿，就在地上用白石灰粉画了一个圆圈，直径大约80～90厘米，这就是挖井的位置。大林让我们先找来几根七八米长的杉篙，又准备了铁锹、洋镐、铁桶等工具。他带着我们，先把三根杉篙对齐，用铁丝捆牢，再挂上一个滑轮，把粗麻绳从滑轮槽穿过，绳头拴上一个铁桶，然后把杉篙立起来，形成三角形，再用三根杉篙把三条腿分别捆牢，就形成了一个挖井用的井架，一切准备停当，开挖！

第一天挖了一米多，都是碎石头。第二天，挖到三米深，井底土层变成了泥土和沙石，而且泥沙开始变湿。第三天，又继续挖了一米多，井底和井壁开始慢慢渗出水来，大家看到这些心里非常兴奋，一直干到天黑，井底下什么也看不清，才不情愿地爬上来。晚上睡觉躺在床上，还想着白天打井的事，心里琢磨明天该出水了吧，想着想着就迷迷糊糊进入了梦乡。

第四天，一大早来到井旁，往下一看，井底已经有了大约30厘米深的水，这是昨天夜里渗出来的。于是，我们先把水淘出来，又往下挖了一米多，井里的水渗得越来越快，用桶淘水已经来不及了。大林说：“就挖到这儿，今天夜里看看能出多少水，再决定明天还挖不挖。”第五天早上，大家一起来到水井旁，看到水已经到了井口，清澈的井水在阳光照射下，反着刺眼的亮光，大家高兴极了，不约而同地跳了起来了！我用手捧起清凉的井水喝了一口，一丝甘甜沁入心田。这美好的感受把几天来的辛苦、劳累都抛到九霄云外了。

1971年12月，五连接到校部的通知，从各连抽人到红壤山五七中学挖井。因为我在五连挖过两口井，有点经验，连里就派我和一名江西学员一同去。其他连也都派人参加，共有六七个人组成挖井小组。五七中学原有两口井，一口在食堂旁边，主要用于洗菜、做饭和学生生活用水，但用的人多，水有时候就变浑发黄，会影响饮水健康。另外在宿舍区东面有一个水塘，水塘旁还有一口水井，但水质不好，基本是从水塘里渗过来的水，受天气变化影响大，雨季水位高，旱季水位就低了。学生们每天要用这口井的水刷牙、洗脸、洗衣服，到旱季水位低时用水就十分紧张，所以要新挖一口井，井址就选在宿舍区东边。

◎ 当年挖的水井，至今当地老乡还在用

为五七中学新挖这口井时，遇到很多意想不到的困难，刚开始挖到1～2米时，是坚硬又有韧性的红土层，往往一镐下去只能留下个小坑印，有点像北方古建筑地基中的三合土，非常难挖，每人在井下干半小时就累得气喘吁吁，汗流浃背，必须换人。因此每天的进度很慢，一天只能挖0.3～0.5米。这样奋战了八九天，土层才出现了碎石和沙子，用铁锹可以铲动了，进度也快了起来，很快挖到了8米深。

按我在水稻连挖井的经验，这个深度早该出水了，可这口新井下的土还是干干的，一点潮湿的迹象也没有。这时大家有点干劲不足了。我想，不能泄气，也不能动摇，要坚持下去。就这样又挖了两米深，土层终于出现了潮湿。大家一看有戏，又来了劲头！一人在井下挖，一人装土，井上几人拉绳，进度大大加快。

五七中学师生为减轻我们的劳动强度，每天特意安排七八个男同学来帮忙，学生们负责从井口往上拉绳运土，看着这些十三四岁的学生们朝气蓬勃、干劲十足，也给了我们很大鼓励。大家共同努力，没几天就挖到了12米深，然而，潮湿土层并没有出水的迹象。大家心里又有些打鼓了。

这时听到当地人说，县地质勘探队曾经勘探过红壤山的地质构造，结论是，没有可开采的水源。这说法无疑对我们挖井小组打击很大，大家边挖井边议论，这是真的吗？挖了十几天没见出水的迹象，还要不要再挖呢？但没挖出水就没完成任务，这怎么行？最后大家统一了认识，坚持下去，继续挖。

当水井挖到13米时，土层变成了泥沙混合层，再往下挖了半米，变成了沙层，并且慢慢有水渗出，渗水的速度越来越快，不一会儿水就到了脚脖子，这情景让我们看到，光明就在前面！大家兴奋起来，加快了挖沙速度。又过了一阵，当我把铁锹用力向上挖起的时候，井底沙子中涌出一股泉水，泉水向上翻滚着，泉水中心非常清澈，周围有点浑浊。我长这么大，还是第一次看到井底涌泉的样子，高兴极了，大喊道：“出水啦！”听到喊声，大家都往井下看，井口围了许多人，大家激动的心情难以形容。这时井水涨得很快，已经到膝盖以上了，我赶紧收拾工具，快速离开了井底。

第二天一大早，我来到水井旁，井水已经涨到离井口1米的地方，井水在散射光的照射下反着亮光，并把我的身影投在水中，透过身影，我仿佛看到了20多天来，大家在井下挥汗如雨艰苦劳动、在井上齐心协力拉绳运土的情景，我们的努力终于获得了回报——在红壤山复杂的地质构造中，挖出了清澈的泉水，打了一眼水质较好的水井。

转正定级实操考试

1974年5月，工厂连进行转正定级实操考试，农机车间有我和刘静平等四人。考试的前一天，我看见王传福在农机车间用气割下料，是厚度10毫米的铁板，就凑上去问他做什么用，他低头不语只顾干活，我感到蹊跷，再三追问，他才笑着说："你明天就知道了。"见此情景我也不好再问。

第二天进行转正定级实操考试，地点在农机班。首先，班长陈志山简单地说了几句开场白，大意是，希望大家发挥出最好的技术水平，争取通过转正定级实操考试……然后就把图纸和要加工的铁板发给每个人。我接过图纸和铁板一看，正是昨天王传福下的长方形板料，立刻明白了，昨天他不说话是为了保密。我拿起图纸，低头看了一下，估工是8小时，顿时傻了眼，这么大的工作量，哪里完得成啊！但又一想，光着急也没什么用，赶快抓紧干吧，再磨蹭，时间更不够了。这次实操考试做的是四个大扳手，我做的是最大号的24—22，所以加工量、劳动强度都最大。首先，我用砂轮机把铁板四边气割下料时遗留的金属渣磨掉，然后在铁板上按图纸要求画线点上样冲眼，接下来在铁板需要掏空的位置打孔定位，再用钢锯沿着孔径2/3处锯下来。这次实操考核的主要是钳工的基本功，因此钳工常用的工具都用上了，锉、锯、锤、錾一通招呼，出的汗把工作服都湿透了，忙得也顾不上擦汗，一上午连口水都没喝，就怕在规定时间内完不成实操考试。时间过得飞快，一转眼就到了中午。班长让大家先吃饭，连催了几次也没人放下手中的工具，大家专心干活都忘记了饿，一直干到12点钟，食堂都要关门了，这才去吃饭，饭后也没有休息，接着干。

下午主要是加工扳手两头的开口，因有公差要求，所以格外仔细，用粗、中、细三种锉刀加工，以确保达到图纸技术要求。又经过一番苦战，终于完成了扳手的制作，顺利通过了转正定级实操考试。这次实操考试，是我走上工作岗位的第一次，所以非常有意义。为了记住这个特殊的日子，我用电刻笔在扳手上刻上年、月、日留作纪念。后来时间一长，字迹就模糊了，我又重新做了标记。每当看到这个扳手，45年前实操考试现场的情景就清晰地浮现在眼前，久久不能忘怀。

以上回忆的是在五七学校发生的七个小故事，从不同的侧面记述了我在五七学校劳动、生活、锻炼的经历。我先后在八连、五连和工厂连工作，通过在五七学校广阔天地的锻炼，汲取了各方面的营养，我从一个16岁的青少年逐步长大成人，成为祖国的建设者。斗转星移，50年过去了，我已步入66岁的花甲之年，有很多事情已经淡忘，但是在五七学校用艰辛劳动的汗水浇灌的青春岁月，将成为难忘的记忆，铭刻在我的心中。

话说电排站

齐建国

看到天健“情系进贤”那组照片，特别是电排站的外景、机房里的水泵、排水口的闸门这几张，我很有感触，当年有关电排站的几件往事立刻浮现在眼前。

电排站——抢险

1973年6月23日夜里的一场暴雨来得特别猛，事后才知道那一夜降水量150毫米，进贤县大小几十座堤坝，仅有两座得以保全，其中之一就是我们的五七大堤。

24日早晨，工厂连接到命令，组织男劳力下山，支援水稻连抗洪抢险。当我们冒雨涉水赶到大堤上时，只见浑浊的湖水白茫茫一片，阴沉沉的天水相连不见边际，脚下湖水翻着浪花一波波涌过来，眼看就要漫过大堤，情况相当危急。其他连队的五七战士已经在几处险要地段展开抢险，容不

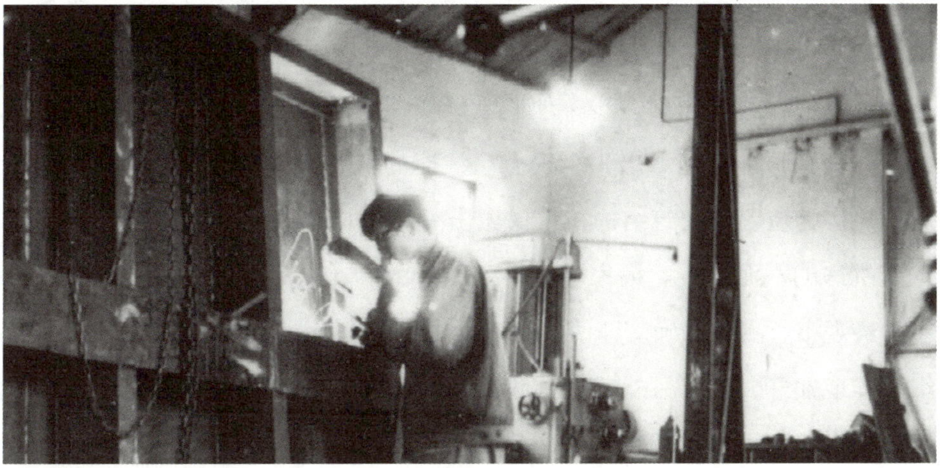

◎ 笔者在焊电排站的闸门

得多想，大家立刻投入战斗，拼命地挖土、运土，草袋、竹筐、手推车，拉的拉、挑的挑、扛的扛，能用的都用上了。为了阻挡湖水，在堤顶用草袋装土垒砌一道子堤，还砍来一捆捆荆条铺在堤顶以减缓水浪的冲刷。一天奋战下来，大家中午饭都没吃，又累又饿，一个个筋疲力尽，总算把湖水挡在了堤外。

傍晚，正当大家准备返回山上的时候，我们接到了一个通知，让工厂连派个机修小组赶到电排站，说是有紧急任务。当时崔义民师傅带着崔志平和我，好像还有李春奇、范越四五个人（当时是不是程德玉连长带队记不清了），在四连食堂吃了点饭就往电排站赶。当时稻田里一片汪洋，机耕道早就看不见了，六连小高地也已经被水淹没，人员已经撤离，只有那几排营房站在水里。

赶到电排站，生产组长成元功给我们交代任务：由于连降暴雨，青岚湖水位已涨到大堤顶部，对大堤造成极大的压力，校领导考虑，如果上游水位继续升高就提闸放水，减轻对大堤的压力，以免五七大堤被冲垮。但是电排站机房里有四台80千瓦立式轴流水泵，保证这四台水泵电机不被水浸就是我们的任务。

机座上的电机立在那里有一人多高，直径一个人抱不过来，有多重我不清楚，可把它挪个地方不是件容易的事。十一连电工班长王春菊师傅和他的徒弟们比我们先到一步，他们已经切断电源做好了拆卸的准备。怎么办？时间紧迫，必须拿出一个安全、快捷的解决办法来。几个师傅仔细研究了机房的位置和建筑结构，很快做出一个大胆的决定，把电机就地吊起，悬在机房的水泥梁上。大家立刻动手，拆的拆，吊的吊，第一台吊装成功了。经观察、测量，确认即使放水泄洪也不会被淹着，立即用8号铅丝做拉绳牢牢地捆好，接着另外三台也照样吊了起来。为减轻对机房大梁的压力，在每台电机下面都用粗大的木方做成支架，结结实实地固定好，忙完了这一切已经是后半夜了。

离开机房走上大堤，校部接我们的机帆船停在岸边，这时候不知谁先喊了一声，“喻！星星！”大家忙抬头往天上看，真的有几颗星星闪着光，太好了！天晴了，雨停了！大家顿时感觉一阵轻松，这时一直在现场指挥的李树槐校长也深深舒了口气。

半夜我们坐船回到校部，就在校部会议室的桌子上和乒乓球台子上睡了一觉，天亮后才赶回山上工厂。

电排站——增容

据老同志们回忆，在建中办五七学校之初毛主席就讲过，在那里围湖造田，除了防洪还要防内涝。经历了1973年的大水后，我对防洪排涝的意义有了切身体会。特别是暴雨过后，电排站对排水、防内涝发挥了重要作用。

为了提高排水能力，1975年年初，对电排站进行一次增容改造。这项工程主要做了两件事：一是把原来80千瓦的电动机换成了150千瓦；二是调整增大了原来水泵的叶片角度。这个方案不需要改动机房等基础设施，只须新买四台大功率的电动机就能提高水泵扬程和排水量。

负责这个项目的是生产组的王爱琛同志，具体工作由我们工厂农机排承担，副连长程德玉带队，崔义民、崔志平、范越、李春奇和我（好像张京来也去过，也许先后还有其他人）都参加了。为了保证春耕之前完工，我们3月初就开始干，总共干了半个来月。

那时工厂已经搬到了山下，我们每天开手扶拖拉机往返于校部和电排站，有一次下雨路滑，回校部的路又是上坡右转，可能是开的速度太快，方向失控，拖拉机朝着校门口右边的红石柱子直撞过去，“咣”的一声，车头撞在了石柱上卡住了，王爱琛的腰被撞了一下，其他人没大事。

还有一次程连长开手扶拖拉机，车斗里坐满了人，也是雨后道路泥泞，从生产组往六连去的机耕道是一个左转的大下坡，路旁是几米深的灌渠，那天程连长车速太快，拐弯不及时，眼看车头冲着灌渠去了，程连长猛力打把，车又朝向左边冲过去，程连长竭力控制车把，才没有翻到沟里，这么来回一晃，车上所有人惊得半天回不过神儿来，这时李静生不紧不慢地说了一句："刚才我们差点就走到那条路上去了！"大伙会意地笑了。这次好在没翻车，真的很悬！

◎ 笔者2016年重返电排站

工作一开始我们就遇到了困难，水泵排水口没在水里，拆卸水泵叶轮必须下到齐腰深的水里操作，开始我们穿了防水衣下去，可是防水衣太厚重，碍手碍脚不便干活，稍不注意水就顺着脖领往里灌，后来干脆不穿了。水泵喇叭口直径70～80厘米，必须几个人配合着同时拆卸，因为螺栓锈蚀，再加上水下作业，着实艰难。范越个高、劲大，重活累活总是冲在前边，春奇干起活来更是个"拼命三郎"，哥儿几个喊着叫着互相鼓劲，天寒水冷工夫不大就冻得直打哆嗦，干一会儿上来暖暖再下。第二天王爱琛带了两瓶"李渡"酒给大家御寒，哥儿几个对嘴儿灌两口就下水干活，过一会儿挺不住了，上来再灌两口又下去，空嘴喝完了两瓶“李渡”也没觉着暖和，反而头重脚轻有点儿晕，冻得昏奇后来吐了。

接着就是更换电机，旧电机上有个联轴器，必须拆下来装在新电机上。可是这个联轴器与旧电机结合得太紧了，钳子都拉坏了，就是拆不下来，现场条件有限，一时无从下手。大伙儿七嘴八舌，有的说用铆头砸，有的说用錾子撑，还有的说用杠子撬，没个准主意，但都不大可行。这事既不能损坏联轴器，还得保护电机轴，最后大伙商量，一边用气焊枪给联轴器加热，一边用钳子悠着劲拉，一试果然见效，第一个拆下来了，其他的照方抓药。安装联轴器的时候，也是先预热，然后再轻轻地砸进去。

电机就位后，叶轮调整、安装一切顺利，开机试车一次成功。

看着电排站的照片，好像又听到了当年那水泵巨大的轰鸣声！

在五七学校连队劳动

吴京京

被招工的初始记忆

1972年快到年底了，五七校办工厂要扩大对外军工产品加工，从中学一排二排选挑了27人参加工作。

这27人中，很多人不想去工作，还想去上高中，这也包括我。可是没办法，中学反复动员我们去当工人，不去也得去呀！招工表上赫然印着“江西省国防工办”几个大字，让我们填上1973年2月1日参加工作。

那时工厂连正往山上搬，厂房等设施大体就位了。工厂连派了屠建业来带我们这27人。

上班干的第一件事就是砌墙。工厂西边（朝向中学）的一段墙还没砌，就留给我们试试手了。要是老泥瓦工砌这墙估计用不了多少时间，但我们不会呀，墙砌得慢不说，砂浆用了多一倍都不止，但墙终于砌好了。

一边砌墙，一边还要（一周两个下午）学习座谈：感谢党和毛主席，一毕业就有了工作！一个月工资18元，交12元的伙食费、5分钱的团费，剩下5.95元，除去日用品花销，还能省下几块钱。

按照当时的政策规定，要从在农村劳动锻炼两年以上的知青中招工。我们在中学常劳动算一年，再去农业连干一年才行。于是在工厂连干了一个月后，1973年3月5日“学雷锋日”这天，我们27个人被用卡车送到了山下四连。

到四连没一两天，真正的考验来了，倒春寒时节做秧田。

天很冷，老五七战士们披着棉衣在屋里读“马列”，我们就锻炼去了。连里当时已经有硬筒雨鞋和软体水鞋，但是不让穿，为了锻炼，一定要光着脚冒着春寒去干活。人站在冰冷的泥水中，把泥土挖好，用长把的耙子捣烂泥巴，冻得实在受不了了，就把一只脚从泥水中抬到水面上暖和一下，再换另一只脚上来暖和一下。脚和腿都冻得红红的，蚂蟥咬都不知道，打掉腿上的蚂蟥，只见流血不知疼。

这就是我被招工的最初印记。

抗洪抢险

这是这一年劳动中最值得讲的。

1973年6月，天像破了口子，大雨哗哗下个不停。湖水陡涨、浊浪拍岸、四方告急、洪灾来了！

四连对着的五七大堤内侧，出现十几米的塌陷，一旦决堤后果不堪设想。

抢险！抢险！

我们四连的，其他连队的，还有校部的，总共几百人参加了当天的抢险。从高处挖土，装草袋，在塌陷的大堤一侧垒起草袋钉上木桩，再往中间倒土，把塌陷的地方顶住。

雨就这么下着，人群就这么忙碌着。

早上刚去时，低洼处已有积水，到晚上整个大堤内积水已没过膝盖，有的地方已到大腿或齐腰深了。堤外湖水猛涨，水面离堤面下沉的地方连一米都不到了，汹涌澎湃，令人心畏。

中午连里送饭到大堤上，一片泥泞，没地方站更没地方坐，只能用雨衣的帽檐遮住雨水，赶紧把饭吃了，又去干活。

我记得刚好有位军人来连里探亲，人家义无反顾地参加了当天的抢险，给我的印象十分深刻，解放军真是好样的！

我想方便一下，但到处下雨，没个遮挡，回连里或去三角地又太远，隔湖对面就是造纸厂的抽水站，水面又不太宽，也不知哪儿来的胆子，我就游过去了！在人家抽水站门檐下解决了问题。估计等人家上班一定会骂：哪个坏蛋选这地方方便！我这不是不得已吗，刚好这里背人又遮雨！

连里的老弱病残都疏散了，留下几十个青壮劳力组成抢险突击队，连续十来天不准脱衣睡觉，工具必须放在床头，时刻准备出动！

连续几个晚上，饭后集合在连里食堂开会，电早断了，马灯映照着赵指导员严峻刚毅的脸庞。他讲着长江中下游的洪水形势，讲着江西和进贤的洪水形势，讲到我们突击队要与大堤共存亡，与连队共存亡，不到万不得已绝不放弃，甚有大义凛然、慷慨赴难的悲壮之气！

还好，天公作美，几天后雨终于停了，我们的大堤保住了！但每日的大堤巡逻值班一刻也不能停。

有两个小插曲很有意思，一个是煎蛋，一个是睡觉。

一天晚上，我和一个老五七去堤上值班，从食堂领到了挂面鸡蛋和一点油盐，因稻田里全是水，我们俩提着马灯扛着铁锹挑着担子，绕到三角地上了大堤。来回巡查了一遍没有发现问题，就点上小煤油炉开始做饭吃。

那个老五七说，我们吃荷包蛋吧！我当时不知道什么叫荷包蛋，只见老五七在锅里倒了一些油，把一个鸡蛋磕了进去，两面煎了放在他的碗里。又把另一个鸡蛋两面煎了放到我的碗里。接着又把他碗里的第一个鸡蛋放回锅里，把瓶里剩下的油全倒进锅里，慢慢地反复煎来煎去，直到锅里的油全被煎光了，鸡蛋也变得金黄金黄。老五七见我一直在看他煎，就指着我的碗说，这个你吃吧！看着我的这个白乎乎的蛋，再看着他那金黄金黄的蛋，心里感觉有点气！那时少油少肉，仅有的这点油全煎他的蛋上了，心想那个金黄蛋一定很香很好吃！最后我们在锅里放上水、加点盐煮了挂面，说是叫清汤面。

还有一次和另一个老五七上堤值班，从四连边上的机耕路下去，直接划小船穿过稻田去大堤。大堤外水面上拴着一条大船，船上放满了木桩草袋。那晚月朗风轻，除了虫鸣蛙叫，四处静悄悄的。老五七跟我说你睡觉吧，我转转，有事叫你。我白天干了一天的活，也确实累了，就躺在船的草袋上，一会儿就睡着了。睡得特别沉，特别香！就好像多年后歌中唱的那样——“年轻的水兵，头枕着波涛，睡梦中露出甜美的微笑……”

突然船体晃动，瞬间把我惊醒了！有些迷糊的我猛然站起身，差点栽到水里去，老五七在堤上大喊：“小心！”此时天已大亮。

哈！这晚的巡逻值班真美真好！

学理才能论

1974年到1977年，校部和各个连队都成立了学习小组，我有幸被选入四连学习小组，就像一个小学生与教授研究员一块学习，受益良多。

《共产党宣言》《国家与革命》《法兰西内战》《哥达纲领批判》《马克思主义论国家》等，原著还真学了不少，有的读了好多遍。听着老干部老知识分子的领读和讨论，对一些深奥的文章段落有了理解，对一些理论产生的背景有了了解，再琢磨着自学还是读懂了一些东西，初步有了些理论悟性。

那时有一个奇特现象，正面文字，偏偏要从反面找出问题进行批判，

◎ 笔者（右）与老五七战士的合影

"批林批孔"等，都是这样干的。这种批判方式对我来说也是一种难得的学习机会，我从中学到了如何看问题和分析问题，也算是辩证思维吧。

我们连队一位姓陈的十级老干部，在中南海后楼工作，我请他为我们几个年轻人讲政治经济学，从而知道了价值和剩余价值，知道了国民经济第一部类和第二部类的配比关系。这个学习使我跨过了政治经济学的门槛，以至上大学时学这门课一点障碍都没有，还能给别的同学讲解。

还记得多年以后，我在商务部工作，一个偶然的机会，与全国总工会书记处的一位老书记吃饭，不知怎的聊到了工运和哥达纲领，老书记认为自己干工会工作几十年，聊这些我只有听的份，没想到我也熟读过马克思晚年写的《哥达纲领批判》，说起拉萨尔，不折不扣的劳动所得，我不仅熟悉，还能谈出自己的见解，老书记不由得对我刮目相看！其实他有所不知，在五七学校时我是在那么多理论修养高深的老干部老知识分子的帮助下认真读马列著作的。若没有那时打下的这点理论基础，我也只能听老书记说啥是啥了。

给母牛接生

记得1977年夏天，那时四连和二连已合并组成了一连，我晚上加班，白天休息。

忽听连队的母牛要生小牛了，赶紧跑去看热闹。母牛站在牛棚外边的空地上，旁边七八个人围看。贫下中农蔡老师焦急地来回走动，一会儿又叫人去连部给校部打电话催兽医来。

这时小牛一下伸出两只脚，头露出了一点点，一会儿又全缩了进去，就这么反反复复。母牛一声不吭地站在那里，不时地晃下耳朵摇下尾巴，眼睛里流露着无奈和痛苦的神情。

一个多小时就这么过去了。蔡老师大声说道："这样不行，不能再等了，小牛会死在母牛肚子里，要把它拽出来！"

说时迟那时快，蔡老师撸起袖子，双臂插进了母牛产道并不停做着扩张动作。我和朱连长按蔡老师的吩咐，趁小牛又伸出两只脚的当口，一人拉住一只脚使劲往外拽，不让它再缩回去。这时感觉小牛往回缩的那个劲头可真大呀，都快拽不住了，我们好像在和母牛“拔河”！当小牛又一次向外涌动时，蔡老师大叫：“使劲使劲！拉住拉住！”这时小牛的腿伸出很长了，头也露出了小半个，我拽得手上湿漉漉的，脚下也直打滑，腿都有点儿站不稳了。就这么僵持了几秒钟，小牛的身体一下子夺穴而出，后面的东西稀里哗啦流了一地……

小牛躺在地上，一会儿就趺趺撞撞地站起来了，牲畜的命真大呀！

母牛还是一声不吭，看上去是累坏了，但显得安详多了，眼睛也比刚才明亮了许多。从它的眼神中看得出，它似乎在说：“三个爷们，你们就这样粗暴地对待一个产妇啊！不过还得谢谢你们，把我的孩子接到世上。”

嘿！“五七·六”高地

程　弢

我是1975年6月从进贤县高桥中学毕业后分到六连插队的。六连位于五七大堤内西北角，距西侧的五七大堤只有100多米远，隔着青岚湖与江西第二造纸厂相望，因地势高于地平面四五米，面积有3亩多地，就在上面盖了房子，建了连队，编号六连，当时干校的人就称它为“五七·六高地”。六连是典型的水稻连，除炊事班、后勤班、司机班外，其他的十多个班都是直接种植、管理、收割水稻的。六连是由人民大会堂、机要交通局、编译局及部分警卫局、秘书局、机要干校的下放、轮训干部及职工家属子女组成，当时有300多人，有六七百亩水稻田吧。

认识孙勇连长

刚到连队后，第一课是给我们这些新来的小青年办一个学习班（现在称为“培训”）。连长孙勇、指导员王振福与我们见了面，领导轮流讲了六连的光荣历史，要求我们扎根五七干校一辈子，为毛主席争光云云，然后是我们每个人谈感想、表决心。说实话，当时高中毕业分到连队，并不感到有什么新鲜的，因为在五七中学时就多次参加“双抢”，也经常去学农劳动，只不过到连队更苦更累罢了，而且从今以后每月可以挣18块的工资（连队统一扣掉12元伙食费，实发6元生活费），能够自食其力了，也有一点自豪感。孙勇曾是毛主席的卫士长，此人魁梧雄壮，是个一米九的大个子，宽脸膛，浓眉大眼，说话和蔼，面带笑容，身怀绝技，武艺高强。据说他曾在苏联接受过专业训练，在保卫毛主席的多年警卫工作中有许多传奇故事，是一位年轻的老革命。今后要在孙连长手下干活，心里还真有点怯怯的。现在想来，我在孙连长手下近三年，跟他已很熟，由于当时太年轻，未能

◎ 笔者（右一）与五七中学部分老师、同学的合影

挖掘他的英雄传奇故事，深感遗憾，这可是第一手材料啊。这是后话。

学会了使唤牛

学习班后，我被分配到了备田班（俗称“牛班”）。班长叫杨钦，是人民大会堂的下放干部，湖北襄阳人，说话办事干脆利落，他把我领到了班里，安顿住下。刚到六连没多长时间，就参加了刚开始的“双抢”硬仗。当时耕地和收割已初步实现了机械化，但拖拉机耕地后，需要用牛拉耙（农具）把地耙平，再插秧，以便于灌溉。我们班有十多个人、十多头牛，就负责这几百亩地插秧前的备田平地任务，插完秧后还和别的班一样干活。

备田要先学会使唤牛。南方的水牛比北方的黄牛个头大得多，公牛之间还爱顶架，如不及时拉开就会往死里整。让我使牛可把我吓坏了，我可怕牛啊！在班长和其他同事的开导和帮助下，先教我使一头黄牛（唯一的一头黄牛），以慢慢适应。备田既是个技术活儿，也是一个苦活儿、累活儿。为了多打粮，当时基本上是种双季稻，前边割完早稻，紧接着拖拉机就耕地，我们就跟着备田，后边还有几百人在插秧。“双抢”时稻田里红旗招展，大喇叭里播放着革命歌曲，收割机欢畅着收割，拖拉机奔跑着运粮，耕牛在穿梭备田，插秧的人忙成一片，交织成一幅热火朝天的壮观场面，但是在40多摄氏度的骄阳下干活，谁还有心思欣赏这个？一会儿这边拖拉机陷地里了，我们喊着口号去拽拖拉机；一会儿那边牛又躺地下不干活了，我们又去拉牛。早晨6点多就出工，晚上六七点钟才收工，除了吃饭、上厕所的时间外，一天要干12～13个小时的活啊。在“双抢”大忙季节，这样的劳动强度要持续一个多月。超负荷的体力劳动，让我有点吃不消，主要是困，尽管天气闷热，但总想睡觉，迷迷糊糊的，睡不够的觉，睡不醒的觉。

在牛班被帮助

过了近半年，我总感到在牛班太累了，遂产生了活思想。这时连里的人我也差不多混熟了，发现隔壁的水班活儿比我们牛班轻松得多。水稻在整个生长过程中，分蘖、拔节、扬花、灌浆、结穗等，都要通过水量调节对其进行控制，能不能大丰收，水是决定性因素，这里边有好多学问。这水班就是管水的，扛把铁锹在稻田里转悠，哪块地何时灌水、何时晒田，按技术员的要求操作，时间长了，自己也能掌握规律。轻松啊，我想上水班不错（想跳槽了）。另外当时水班有个小伙子叫陈小兵，脑子活，知识面广，特能侃，天南地北、国内国外都跟我聊，在那干活累死人、知识贫乏的年代，跟他聊天还真有不少收获呢，我就想去水班了（第二年这小子被连里推荐去了华东水利学院读大学，杳无音讯，一直未联系上，甚念）。当时一个毛头小伙，哪懂什么关系，想好了就去找班长谈想法，没想到被班长一顿批评教育给顶了回来，那个难受劲儿就别提了，很长一段时间心情郁闷、无精打采，脑子还没转过弯儿来。

当时全国“批林批孔”运动正搞得热火朝天，干校连队也不例外，还搞什么学点历史，学儒法斗争史等。在学习时，我发现柳宗元的一首诗很有意境，正对我的胃口：

千山鸟飞绝，万径人踪灭。孤舟蓑笠翁，独钓寒江雪。

古为今用，于是我将这首诗用钢笔工整地抄下来，贴在床头上欣赏。我们是住集体宿舍，一屋六个人，你在床头贴张纸别人不可能看不见，但主要还是幼稚，没把它当回事。上中学时我就爱好文科，抄抄写写与别人何干，但是在那种环境下不行，这回是喝凉水塞了牙，为此遭到班里同志的一通批判，当时叫“帮助”。一般情况下，“双抢”大忙季节，班组开会、政治学习少一些；农忙一过，白天除了干活外，晚上还经常要开会、进行政治学习，斗私批修，改造世界观。这回班组开会可有了话题，并数次开会“帮助”我，说我抄这首诗表现了不健康的思想情绪，借古诗发泄对领导批评的不满，又牵涉我想离开牛班，怕苦怕累，不坚定走五七道路，等等，联系越来越广，“帮助”越来越深刻。我记得对我“帮助”特别大的除班长外，还有王高社、杨占洲、许计划、冯清华、耿进京、李润田等，他们是耐心、认真地“帮助”我呀，但也使我感到有口难辩，更感到委屈。没办法，不写检讨是过不了关的。写检讨吧，一通上纲上线的分析、深刻地自我解剖之后，表了决心和信心，憧憬了美好未来，把检讨交给了领导，还再三表示今后绝不会再犯这样的错误，绝不走歪路，等等。结果，领导看在小青年思想单纯的面上，让我过关了！

真没想到，抄了一首意境优美的古诗，未能发思古之幽情，反而惹出了这样大的麻烦，我真要感谢帮助过我的朋友们！从此我在牛班再不敢有非分之想，后来我学会了使牛，也学会了备田，但也不知不觉地沾染了点牛脾气……

“龚子荣，你家属看你来啦”

随着时间的推移，连队的政治气氛不像前几年那样凝固了，未被解放的老干部也允许家属来探亲了。有一天下午，我正在地里干活，忽听一人对正在后勤班菜地里干活的老头喊：“龚子荣，你家属看你来啦！”只见龚子荣当时怔了一下，不知所措，好像没有反应过来。这个人又说：“快回去吧，你家属在宿舍等着你呐。”这时龚子荣扔下干活的工具，一溜小跑向宿舍奔去，从背影望去，还有不停地擦拭眼泪的动作。多年以来，这一幕给我留下了深刻的印象，在那样严酷的政治环境下，也有人性闪耀的瞬间。当时在我们六连，还有一大批像曾三、龚子荣、王生荣、田畴、朱慎、李长葆、修环等这样的老干部，他们的家属、子女均不在身边，他们除了像我们年轻人一样，每天从事繁重的体力劳动之外，还要承受着巨大的政治压力和思念亲人的痛苦，这是一种难以名状的痛苦啊……昔日，这些老干部们都曾在毛主席、朱老总、周总理等开国领袖的身边工作，都曾聆听过革命领袖的教诲，有着坚定的革命信念，所以他们能够正确对待自己命运的不幸，在忍辱负重的同时还忧心国家的未来，这是一种何等博大的胸怀。在劳动中，我也曾多次听老干部们讲一些关于开国领袖忙碌工作、日常生活和精神风采的故事，以至于后来在工作中常听到坊间关于领袖的各种小道传闻，觉得都是一些无稽之谈。

康大夫给我治病

长期下水田劳动，后来不知什么原因，我的右脚掌上长了一个鸡眼，一走路就钻心地疼，以致影响下地干活。小病不用去县医院，我到了连队的医务室，连队的赤脚医生康德德大夫和白大夫说，我们可以给你治，但你别怕疼。我说，只要能治好鸡眼，疼点没关系。我把脚洗干净了，大夫先在鸡眼周围注射了一针麻药，再将碘酒注射到了鸡眼根部，过了几天，鸡眼从根部起烂掉了，歇了几天我又能下地干活了。我当时直夸康大姐医术高，她还和我开玩笑说，今后臭脚丫子少得病啊！直到今天我的脚上未再长过鸡眼。数年后，我分配到中国人民保险公司工作，有一天在食堂里吃饭时突然看见了康德德大夫，聊起来才知道，她调到了中国银行医务室工作，因为五七干校的共同经历，我常去她那里串门，聊一聊我们六连有趣的往事与难忘经历。1993年我离开保险公司，后来听说康大姐因病去世了，我感到很意外，在此深切怀念敬爱的康大姐。

时光荏苒，岁月如梭。40多年过去了，但在“五七·六”高地上共同战斗过的那些人和事时常浮现在眼前，挥之不去。静下心来，回首往事，拨开极左的迷雾，拂去历史的尘埃，五七干校留给我们的除了痛苦的记忆之外，是不是还有什么值得我们留恋的东西？是的，我想五七干校留给我们的那种艰苦奋斗、自强不息、珍惜生命、热爱生活的精神财富，是永远不会过时的，是永远值得我们发扬光大的。

三角地印象

黄志平

在青岚湖畔有一大块围湖造田后形似三角的地带，人们称它为三角地。那里是我曾经战斗过的地方，种着一大片果林，有梨树、苹果树等，最多的要数柑橘树了，它们枝繁叶茂，整齐划一，像一排排的小战士，沐浴着阳光雨露，汲取着大地的养分，茁壮地成长。

春天，万物生机盎然，无不表现出大自然强大的生命力。青岚湖以它的温暖和热情荡漾着，滋润着果林，哺育着大地。小草好奇地探出头，虫儿欢快地啾唧着，柑橘树露出鹅黄色的尖尖嫩芽，向着天空尽情地抽枝伸展。

夏天，烈日炎炎，酷暑当头。知了此起彼伏地聒噪着，小草都困倦得蔫头耷脑，可是柑橘树却仍英姿挺立，青涩的果实绿油油的小精灵似的挂满了枝头，那么惹人怜爱，这都是因为有青岚湖水无私的浇灌啊。

◎ 笔者（左一）和同学合影

秋天，是丰收的季节，田野金黄，稻谷飘香。飒飒秋风用它纤细的手展开了一幅人间美丽画卷：在蓝天白云下，鲜绿的树丛中点缀着一颗颗黄澄澄熟透的果实，不远处的湖水湛绿清澈，肥硕的鱼儿嬉戏着，碧波追逐着堤岸。

冬天，一派萧索，树木凋零，草儿枯黄，而柑橘树却无声地与风霜雪雨抗争着，虽然青岚湖畔的青蛙们终止了每晚不停息的合唱，但湖水仍旧欢快地流淌。

春夏秋冬，周而复始地更替着，果树经历着风风雨雨，在青岚湖畔从树苗长成大树，与大自然和谐共存。光阴荏苒，我们小五七战士也像那一棵棵果树，经受着风吹雨打。我们在劳动中学习，在学习中懂事，学会了做人，学会了忍耐，学会了拼搏，学会了生活。我们的双手磨出了老茧，皮肤晒得黝黑，饮着青岚湖的水，从少年变成青年，健康地成长为国家的栋梁。

干校劳动记趣

陈思玉

从到进贤五七干校至今已经不知不觉40多年了，一些往事仍会顽强地穿透岁月的覆盖，浮现在我已经开始衰退的记忆中。

进山采药

1972年6月6日（按现在的说法，多顺的日子呀），这天早上，校部医务室的焦大夫（成宇的妈妈）带领我们一行九人（不一定准确）踏上了采药的路途。江西资溪县饶桥公社朝阳大队的青年小队就是我们要去采药的地方。因为要去十多天，大家都带着行李。下车后我们就背的背、挑的挑，向目的地进发了。我们没有想到的是，车站离我们的目的地很远，还是在大山里面（属于武夷山山脉）。在当地老乡的带领下，我们开始爬山。去采药的队伍里除了五位老五七战士外，还有几位小五七战士，有当时七连的刘瓦

◎ 笔者（右一）和小五七战士在庐山

丽、六连的杨博光哥哥、五连的王凡以及来自十一连的我。几个小五七战士当时还都是十几岁的孩子，又背行李，又挑担子（在山下买了几十斤米面），从城市里来的我们哪走过这样的山路，还背着、挑着这么多东西，好在大家相互帮助相互鼓励，走走歇歇，从中午走到临近黄昏，终于到达了目的地。

在那十几天的采药的日子里，的确发生了不少趣事，可以说是苦中有乐。我们住在山里，一切生活用品和粮食都要到山下购买，往返要好几十里地，很是辛苦。进山采药可不像现在为了锻炼，那时只要有药材的地方不管有没有路都要去。每天都是空手出来，满载而归。草药有的是草本，有的是木本，有花草，有树枝，有藤蔓。采来的中草药，还要挑到山下的火车站，通过火车托运回进贤。

每天从这山爬到那山，回到村里就已经很累了，但当我们在一起做饭，吃饭时又是乐趣横生。记得有一次还差点断了粮，副队长周延凯带着王凡下山买回了粮食，我们大家才吃上饭。

在山里采药虽然比较艰苦，但我们也乐在其中。想吃什么就自己动手做，比如想吃粽子就上山摘粽子叶包粽子，想吃饺子大家就一起包饺子（但没有什么肉）。我们那次采药是在杨梅成熟的季节，采摘了大量的杨梅。那天的晚饭，就是吃馒头、喝杨梅汤。但杨梅多了煮出来很酸，结果那一顿饭，差不多把我们带的糖全都消耗了，而且几天下来，我们的牙差不多都酸倒了。

采药的生活真有点苦其体肤、乐在精神的味道。在那些日子里，武夷山时不时回荡起我们开心的笑声。现在想来，依然让人留恋。

支援“双抢”

每到“双抢”时，我们都要下到连队（我已经分到十一连）支援“双抢”，任务通常是帮助拔秧插秧。在干活时为了鼓劲，来自不同连队的人常常相互拉歌，这边唱罢那边起，好不热闹。

◎ 笔者和五七战士的合影

记得有一次，我们十一连和五七中学的学生在一起拔秧苗（就是把育好的秧苗拔下来打成捆，送到地里再插上），我们让中学的同学唱歌，他们唱完后，就喊让我们这边来一个。有意思的是，不知是谁知道了我的名字，高声喊“陈思玉叔叔来一个”，这喊声一下子就把我们全逗乐了。陈思玉明明是姐姐，怎么成了叔叔了？笑得我们直不起腰来，要不是站在水里也许能笑得坐在地上。在我的印象中，这个喊口号的人好像是王瑗的弟弟（王方）。我还没搞清楚是怎么回事，田里已是笑声一片。当时不管是我们还是他们都还是孩子呢，那时候不管是大人还是孩子，都是这样的精神状态，这正是苦中作乐。

山村救火

成宇在她的回忆里提到有一次在山上救火，当时我也在现场。那时候我们一心为了老乡的财产，只要听到哨声，大家就立即奔向起火点，好像没有人退缩过。

想起那次救火的场景，还真有些后怕。当时大家站成一排，传水盆和水桶救火，我刚好从别的地方过来，也加入了传水的队伍。刚刚走近队伍，就见一堵山墙直直地倒下来，当时听见喊叫的声调都变了："墙倒啦！快跑啊！"声音刚落，墙就塌下来了，好在同学们跑得快。马上清点人数，没有找到周玉梅。大家一下子就急了，不管不顾地拼命用手扒拉脚下的砖瓦。接着，有人发现了周玉梅，她已经受伤，浑身是血。

我们几个同学立刻抬着她上了去医院的手扶拖拉机，那时是秀玲抱着她，我在旁边扶着，一路颠簸到了县医院。送去抢救后，我们才喘了口气。这时，我才知道秀玲有晕血症。好像我还问她怎么不说一声，忘记当时她说了什么，意思是为了姐妹的生命，这点困难算什么，很了不起。

现在想起当年的情景，有点不可思议。那时我们都还是孩子，境界很高，不容易。在医院护理周玉梅也是个艰苦的活：一天24小时守着，还要给她翻身，那时的我们哪有什么力气，只能勉强，就这样一直护理到她的伤好一些。

边干活边聊天

在工厂我去过不少班，干过各种工序——沾锡、压焊等，最有意思的是在八班压焊。当时的班长是李晓光，班里还有祥丽、栋阁、马振东等。

那时候压焊是要计数的，看谁压得快，李黎是我们班最快的。

当年工厂的生产条件有限，我们干活时门窗都是大敞着。可是我们生产的管子质量还不错，想想很自豪。大家边干活还能边聊天，很有趣。

尤其是在干校的后期，大家都盼望着回北京，谈论的也都是关于回北京的话题。你一言我一语，有人说只要让我回北京干什么都行，有的人甚至说回北京可以去扫大街、看自行车等。后来我们都回北京了，但没有一个扫街、看车的。

五七学校的回顾

朱　镇

初到五七学校

1969年12月24日晚上6点左右，从北京出发，经过50多个小时的行程，我们的专列终于到达江西进贤中办五七学校。一下火车就看到父亲来接站，我们拿着行李到了一连的驻地进贤财干校。一到驻地就见到父亲原机关里许多熟悉的叔叔阿姨，心里很高兴。

父亲在原中办秘书室工作，我家住单位宿舍，与中南海一墙之隔。我很小的时候就上了中南海幼儿园，因全托不能每天回家。如果班上有人生病被隔离更是好几个星期都不能回去。后来，我就死活不愿意上幼儿园了。上小学之前的两年里，我每天在中南海到处闲逛，午饭时就到父亲的办公室找他一起去游泳池边的食堂吃饭。上学后，放了学也到中南海玩，直到1963年，住在中南海外的工作人员子女才不能随便出入中南海了。所以，我对父亲单位的好多人都挺熟悉。

父亲在家从来不谈论单位的事。突然有一天，我记得是1966年6月18日（星期六）晚上，父亲下班回来对母亲和我们说"明天搬家，搬到呼家楼"。同院里住的王凡、陈小兵、逄小龙等也都同时搬家。后来才知道，父亲被赶出中南海，进了学习班。

到了五七学校后我才惊讶地看到，从秘书室的老领导陈秉忱到几乎所有的工作人员，包括工勤人员全都在这里。

父亲所在的一连，是由原秘书室和原国家机关党委的人员组成的。我们这些家属由一人担任排长，由原国家机关党委的人进行临时管理。第二天上午就安排我们这些孩子去进贤火车站用板车拉煤。我和苏展燕、沈小云（沈小东的哥哥）各拉一辆车，其他小一点的孩子在后边推，因体能不行，加上从火车站到财干校是上坡，路也不好走，费了好大劲才把煤拉到财干校。之后几天又领着我们陆续参观了砖厂、进贤中学、校部及养猪厂、五七大堤和稻田、菜地等。

一天，在路经北门桥时，我看到老表为捉鱼设的迷魂阵的竹竿上落着八哥，就掏出随身带的弹弓打了一下，结果被管理我们的那个排长恶狠狠地批评一顿，并声称要没收我的弹弓。当时我只是一个刚来的中学生，根本不怕他，就是怕给家长找麻烦，只斜眼看了他一下，没说话。这样的人对我们这些小孩态度都是如此，对待那些当时被管制对象的态度就可想而知了。

当时的一连主要负责种菜、养猪。养猪厂打草帘的稻草不够了，就安排我们这些孩子去三角地运稻草。由我们把地里的稻草搬运到堤上装板车。小一点的孩子抱着运，我就用扁担挑。那时的稻田里长满了红花草，窄窄的田埂十分湿滑，我挑着一担稻草走在上面，脚下突然一滑就摔了出去，不巧的是头与身子分别在田埂的两边，脖子卡在田埂上的排水槽里了，上边还压着扁担，那感觉就像是上了断头台，那狼狈样就别提了。

几天后，我就正式编入连队参加劳动了。每月工资12元，同原秘书室的梁川、凌爱珠一起做水泥涵管，成了一名小五七战士。

1970年的经历

1970年元旦过后，一连被拆分了，我随原秘书室的人员到了七连。春节过后又被分到了以机要干校学员为主组成的五连。到五连后我们小五七战士的工资由每月12元涨到了15元，扣除12元伙食费和5分钱的电影费，每月能拿到2.95元的工资。

我到五连被分到了二排六班。这个班的小五七战士有我、楠亚丁、王国进，老干部有庞重阳、潘合定，机要干校学员有汪作华（班长）、李东堂

◎ 笔者（右一）与楠亚丁的合影

（副班长）、姚小溪、徐顶芳、吴九平、崔同信。我们班主要负责育秧和田间管理。

那年阴雨连绵，气温偏低，到地里干活上面淋着雨，下面被蚌壳划破数条伤口的双脚下到冰冷的水田里，那滋味就不用说了。班里的徐顶芳是育秧负责人。由于气温低，经验不足，造成了烂秧，徐顶芳难过地流下了眼泪。

王国进开始负责管水，有一次掉进了田里的拖拉机陷坑中，水齐胸，费了好大劲才爬上来。用铁锹当拐棍走在湿滑的田埂上，有一次铲到了田间的电线，差点触电，为了安全，连里就给他调换了工作。

插完秧后姚小溪和我负责打药除虫。在田埂上将药桶打足气，身背数十斤的药桶往返穿梭在66米长的田间进行喷洒。两条腿被稻叶划得都是伤痕，还沾满了农药。那时稻田主要用滴滴涕、六六粉，还有生产组制作的土农药。六六粉是粉状，很容易堵喷嘴。有一次喷嘴堵了，我没经验对着喷嘴捅，六六粉一下子喷进了眼里，我急忙用水沟里的水进行清洗，幸好没有对眼睛造成大的损伤。为了提高杀虫效果，有时还用剧毒农药1605。打1605身上需要抹用热水融化的肥皂浆糊，用长衣长裤包裹严实，戴口罩、帽子，背风倒退着喷洒，在炎热的夏天如此装备实在难受。有时也给旱地喷乐果、敌敌畏等农药。农药喷在身上和衣服上是难免的，经常有苍蝇落在身上被毒死。

在那个年代除了劳动生产、天天读，还有政治运动。学校时常组织各连到县礼堂开全校大会，内容不外乎批判大会、有些干部的解放大会、活学活用毛泽东思想讲用会。有时晚上从县礼堂回连队的路上，困得我走着走着就停下来睡着，有时还差点走到大堤下边去。

“双抢”是一年中劳动强度最大的时期，既要收早稻，又要为提高产量尽早种上晚稻。最紧张时凌晨2点起来拔秧，天亮后进行插秧及干其他工作到中午12点，午饭后休息到下午3点，继续劳动至晚6点，晚饭后继续拔秧至午夜12点，接着天天读1小时到凌晨1点，如此往复数天。

在这一年里，班里有些同志和领导对我挺照顾的。在刚到连队时，劳动中有时让我干些轻活。在同姚小溪一起劳动喷药期间，为了让我多睡会儿，有时他先下地干活，到天亮时再叫醒我下地。有一次我生病打摆子，吃了几天奎宁，可能是此药副作用较大，脸色很不好，劳动中被副连长王秀峰（他是高一届的学员）看到，让我回去休息。那时为了积极表现，我虽然没有回去，但是依然感激这份关心。

我对四班班长陈敏郎的印象较深，是因为他在那个极左的年代敢于说实话给领导提意见，有些意见也符合我的想法。

一次是为纪念毛主席畅游长江4周年，学校在北门桥组织游泳活动，我参加了1000米项目，为争取好的成绩，大家都尽力去游，所以体力消耗很大，回到连队已是中午。下午连里又安排下地劳动时大家感到体力有些透支。过后他给领导提意见，说游泳当天下午不应再安排劳动，应让大家休息一下以便恢复体力。

那时我年龄稍小，劳动时间长强度大，感觉很困，老想睡觉。“天天读”都是在劳累了一天后的晚上进行，因此“天天读”时我经常打瞌睡，为此没少受批评。受批评时总是表决心改正，但实际总改不了。

“双抢”时，拔秧到午夜12点再“天天读”到凌晨1点。陈敏郎给连里提意见，大意是午夜12点已过了当天，不是当天的“天天读”了，在如此劳累的情况下，在那个时段“天天读”，根本读不出什么效果，是形式主义。这个意见当时虽然无法改变什么，领导也不会采纳，但却说到了我的心坎里，这正是我不敢说的。

那时候说话要十分谨慎，否则可能产生严重后果。有一次挖渠时，各班组之间较劲唱歌拉歌，我随口说了句“又不是大比武”，立刻受到严厉批评，当时心里很害怕，好在最后没有上纲上线，否则还不知会怎样呢。

年底指导员遇永斌召集我们小五七战士到连部开会，讲到领导对我们的关怀，给我们涨工资了，由每月15元涨到了18元。扣除12元伙食费、5角钱的合作医疗费、5分钱的电影费，这样我们每月能拿到5.45元了。

试验田

通过1年多的劳动学习，我初步了解了水稻的种植管理。那时我主要负责给水稻喷洒农药。1971年8月初，“双抢”已进入尾声，在我们连稻田的一个晒场边有一小块不规则的田地，经丈量也就一分二厘，由于太小，连

◎ 1971年，笔者（右一）和王凡、陈小兵在五七田排灌渠边留影

长马魁明让我做试验田，由我负责从插秧至收割的全程管理。我到秧田里专找边上较为粗壮的秧苗进行插种。秧苗间距是跟大田一样（4寸×6寸）。这个间距是有经验的人实践总结出来的，间距大单位面积稻穗少，影响产量；间距小秧苗密影响通风和光合作用，造成稻穗灌浆不满，千粒重小，同样影响产量。稻秧插栽生根后还要耙田，就是把秧苗的部分根耙断，促使它再生新的根，使根系更加发达，秧苗生长更加茁壮，分蘖更多，因此在耙田时我更仔细些。灌水、放水、晒田等由负责大田的人同步进行。在施肥打药方面都同大田一样，没什么区别。何时打药、何时施肥等大的方面均由生产组安排。秋收时我亲自收割称量计算，折合亩产870斤，比大田的平均亩产还是高一些。但离亩产千斤还有很大的差距。当时的科技管理水平及稻谷的品种质量要达到亩产千斤还真是很不容易。

一场争论

1972年我到工厂后的那年夏天，弟弟从五七中学退学了。那时工厂和五七中学都在红壤山上，利用中午休息时间，叫上田献民与我同去五七中学，准备把弟弟的行李取回。到五七中学跟老师说明情况后，学校指导员很不满地跟我说，弟弟的退学他们还没研究批准，等批准后由他们直接把行李送回我们家。

过了两个星期未见行李送回，我只好又叫了陆军一起再去五七中学拿行李。见到老师后我说："你们也没把行李给送回去，还得我自己来拿。"谁知这句话捅了马蜂窝。

收拾好行李正准备回工厂，被指导员和几个老师拦住了，并气势汹汹地质问我："你凭什么质问五七中学，有什么权力质问五七中学？"我随即说："我质问什么了，是你们说把行李给送回去，我不过是问问。"而后他们把我叫到学校的办公室，像对待学生似的进行训斥，但这次的对象并不是他们管辖的学生，因此发生了争论。

办公室内有指导员和以机要干校学员为主的几位老师。争论的焦点就是凭什么质问五七中学。几个老师为了表现自己你一言我一语激动地说着，我也随时回击。虽然我在经历上是无法和他们相比的，但通过在五七学校的学习锻炼政治经验有了不少提高。我时时提醒自己，说话一定要注意，千万不能让他们抓住把柄。因此说话既平静又慢，根本不给他们抓把柄的机会。

就这样争论了很长时间，他们也没得到所要的结果。突然事情出现了转机，正在争论时，原在我所在的五连任司务长的机要干校学员，现在在五七中学执教的一位老师猛然狠狠地拍了下桌子，这给了我回击的余地。我说："你再拍就把桌子拍坏了。"这句话让他一时无言以对，借此机会我马上说下午还要上班，须回工厂了。他们看也争论不出什么结果，根本无法让我屈服，只得让我走了。

我本以为这件事就完了。没想到过了些天工厂副指导员陈虎阁突然找我问起了这事，我随即把事情原原本本跟陈虎阁说了一遍，并说不行就找校领导评评理。陈虎阁听后也没说什么，这件事就过去了。

大学招生风波

1973年，全国恢复了大学招生。在那个特殊的年代，高等学校招生废除考试制度，"实行群众推荐、领导批准和学校复审相结合的办法"招收工农兵学员。此时，我已经到了五七工厂。我们工厂分到了一个名额，顿时成了热点。

如何分配这一个名额？厂里规定，有八个人可以报名竞争，报名通过的原则是：自愿报名、班组推荐、领导审定。抱着试试看的态度，我报了名，并被所在的铣工班推荐上去，可"领导审定"这一关没有通过，眼瞅着没戏了。

世事难料，已被审定通过的陆军，因气枪事件的牵连，又被领导取消了资格，而将我补了上去，我成了八个竞争者中的一员。被批准参加竞争考试的有我、老三届的屠建业和后来被领导指定上学的周建华等。

我自认为文化水平还算不错的，但与老三届相比还是有相当大的差距，毕竟人家在“文化大革命”前所受的正规教育比我多很多。我的心态很放松，知道自己只是个分母。如果按考试成绩录取，肯定是老三届的成绩好，如果是领导指定也不会轮到我这个替补。

考试后，成绩也没告诉我本人，我对自己的成绩也没有关心的必要。当然老三届的同志可能感觉自己考试成绩好，按成绩应该能考上大学。在当时全国大环境下，按成绩录取还是有希望的。所以是按1：8的比例参加考试，通过考试选拔出文化水平较高的上大学。

但风云突变，闹出了一个“张铁生”事件，彻底改变了最初的招生方式，使许多人希望按考试成绩录取上大学的梦破灭了。从此以后，我们中办五七学校也是按照新的选拔上大学的方式，由校领导根据长期办校的需要来安排上大学的人员。

1979年初中办五七学校宣布解散之后，副指导员陈虎阁突然告诉了我当年的考试成绩，数学104分，语文80多分，至于试卷的总分和其他人的分数并没有告诉我。许多年过去了，我在五七工厂生活中的这一段小插曲，仍留在我的印象里。

五七学校里的见闻

在五七学校待了9年多，从五七学校回京也40年有余了，人生最美好的时光是在那里度过的，是这一生都不可能忘怀的。

在干校的那些年，我学会了一些劳动技能，提高了文化水平，更主要的是提高了政治思想觉悟，提高了分析能力。对于从小就居住在北京却随父母到千里之外的乡村成为小五七战士的我来说，当然不是受益者，但与那些在五七学校受到迫害的老干部相比，也算不上受害者。但我在中办

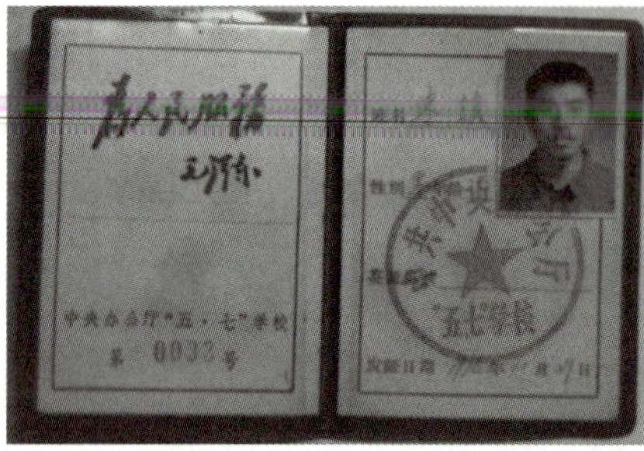

◎工作证

五七学校所经历和所看到、听到的，确实存在一些与毛主席的指示精神不太相符的事情。

1969年底，刚到五七学校就看到原秘书室领导陈秉忱在干校劳动。他曾跟随毛主席访问莫斯科，出生于1903年，时年已66岁。我家刚到五七学校时住在财干校，邻居有一位叫王录的老干部，身患重病，别说劳动，就是生活都不能自理，还得把外地的儿子叫过来照顾他。听别人讲，还有一位身患重病的红军时期的老干部邱兰标，刚到五七学校没几天就在劳动工地吐血，因未能得到很好的治疗很快就去世了。原杨尚昆的卫兵张晓希在五七学校，拄着根棍一瘸一拐地放鸭子，同他聊天后得知，是因为腿摔断后未能得到很好的护理造成肌肉萎缩所致。而针对干部到五七学校参加劳动，毛主席曾说过："广大干部下放劳动，这对干部是一种重新学习的极好机会，除老弱病残者外都应这样做。在职干部也应分批下放劳动。"

我到中办五七学校初期所在的五连，是以机要干校学员为主的水稻生产连。年轻人居多，还有一些原在中央档案馆工作的老同志，邱兰标的妻子就在我们连。当时连里没有重点批斗对象，学校就安排别的连的批斗对象到我们连进行看管劳动。我曾亲眼看见有人唆使一个有智力障碍的女青年对这位批斗对象进行殴打和侮辱。

从1972年以后，中办五七学校的老干部的状况渐渐地有了一些改善，但我还是可以感觉到他们精神上受压抑、政治上受歧视的境况。直到1979年元旦过后，中央办公厅发了1979年1号文件，决定撤销中办五七学校，老干部们才真正得到解放、平反、恢复工作，比较彻底地摆脱了精神上的压抑。我们这些随父母来到江西进贤的小五七战士，也才得以回到生活多年的北京。

回想往事，历历在目。在干校的那些年，有苦有乐，特别是近距离接触到许多老干部，他们身处逆境却不卑不亢，不丧失革命意志、不放弃坚守的信念，从他们的行止中感悟到许多东西。在特殊的时期、特殊的环境中，领教这些经历丰富的老干部的教诲，让我终身受益。那些年，我就是这样从一个比较单纯的少年，在艰苦劳动中、在政治变幻中、在五七战士们的共同奋斗中成长为有一定见解的青年。

在工厂连的日子里

张京来

师傅

我从九连调到工厂连后，被分配在二车间机修组，徐德田是我的师傅。

徐师傅嘴里经常叼着一支自制的“大炮”，走起路来踢着腿，两只胳膊夸张地向身后左右摆动着，整个腰身也随之摇晃，像一只急于扑向水塘觅食的“鸭子”。徐师傅他为人乐观、和善，总爱和周围的人嘻嘻哈哈地开一些玩笑，无论走到哪里都会溢出一片笑声，颇有人缘。

徐师傅技术全面，对大车间里的车床、铣床、刨床、磨床、镗床等诸多设备都操作熟练；无论机械维修，还是电器维修，样样精通。当设备出现故障时，他总是认真地指导我们应该如何判断故障的位置、如何制定修理方案、如何拆卸、如何装配、如何调试等，很是耐心、细致。碰到需要吊装较重的部件时，“顺手”就把如何使用大绳“拴扣”的技术传授给了我们。什么“梅花扣”“猪蹄扣”“海员扣”等，教得很用心。这些拴扣的方法，我至今还记得牢牢的。

徐师傅曾经在天津“三条石”练就了一身硬功夫，钳工底子深厚扎实，有一手过人的绝活。使用榔头、錾子是钳工的基本功之一，他给我们做示范动作的情景至今还记忆犹新。徐师傅手握一尺多长的大号榔头柄的尾端，大臂带小臂，再加上手腕子的技巧，一下、一下，榔头落下来时又准又狠，眼见十毫米厚的钢板随着“铛铛”的响声，断裂开来。师傅打到兴致处，就开始“表演”了。只见他闭上双眼，手臂挥动的幅度进一步加大，榔头与錾子的撞击依旧是那么准确、实在。这时的我，嘴巴已经张得合不上了。但后边更精彩的“表演”不仅让我嘴巴张得更大，两只眼球也几乎要弹出来。只见师傅把榔头调转180度，仍旧是闭着双眼，用“小头”击打，那娴熟的动作看起来真是赏心悦目。现在电视台里有很多“选秀”“比武”的节目，我想如果在当时也有这种节目，徐师傅参加的话，准能得冠军。

徐师傅在日常工作中，不仅把他精湛的技艺尽其所能地传授给了我，而且在不经意中把他自身所具备的优良品德也传授给了我。记得那是在安装“龙门刨”时，需要凿开水泥地面，预埋固定设备的地脚螺栓，这就用上了大锤和钢钎等工具。这次师傅没有“表演”，他讲了使用大锤的要领后，就亲手握钢钎让我们抡大锤。对于熟练使用大锤的人来说这不算什么，但对于我们这些生手来说，扶钢钎的人就很危险了。18磅重的大锤抡圆了砸下去，如果“跑锤”，扶钢钎的人就会受伤，轻则皮破血流，重则伤筋断骨，如果滑向头部或面部，后果将不堪设想。师傅掌钎，明白人一看就知道，这是让我们拿他“练手”。我几次下锤不稳，大锤滑到师傅手上，我很是紧张。但师傅总是说“没事，没事，继续”。看着师傅手臂上的伤痕，我读懂了什么叫“为人师表”。直到现在，师傅被我砸到手臂后那转瞬即逝的痛苦表情，还在我眼前晃动。唯一让我感到宽慰的是，我当时一直没敢用太大的力气。

俗话说“名师出高徒”。在师傅的调教下，我们机修组的几个师兄弟，很快就熟练地掌握了各种机床设备的维修技术。后来在工厂连搬迁时，师傅教的技术都派上了用场，高徒们稳稳当当地完成了所有大型设备的搬运、吊装、安装、调试等工作。所有这些，都要感谢我们的师傅。

气枪

记不清从何时起，男同胞们开始抢着玩一杆气枪。具体枪的主人是谁，我也无从知晓。印象中，枪的主人是慷慨大方的。不管是谁手里有了几粒子弹，都可以把枪拿来把玩一阵，过过枪瘾。那时工厂连绝大部分青年年龄都在20岁以内，可以说孩子气还很浓，都很贪玩。

工厂宿舍楼与大车间之间生长着一片茂盛的桐树，树冠浓密阔大，每到夜间就有大群的麻雀栖息于此，这无疑给气枪爱好者们提供了试练的机会。用手电筒照明，光柱集中，瞄准一只打一只，很是欢喜。由于麻雀密度过高，有时随便打一枪也能打下一两只来。这就引发了爱好者们的兴趣，他们彼此开始较劲，互相攀比，看谁能一枪打下来更多，并把这种打法戏称为“穿糖葫芦”。两只的，三只的，运气好的时候甚至有四五只的，最后究竟谁最多，现在也无从考证了，反正有那么两三个人是大家默认的“枪手”。

气枪受到大家的青睐，由气枪而聚拢起的一伙人也逐步组成了捕猎小组。每到休息日，这伙人就脚穿雨靴，肩扛气枪，手提钢叉，腰挎鱼篓，直奔附近村庄小树林后的稻田而去。大家各有分工，有抓青蛙的，有钓黄鳝的，有打飞禽的。经过几个小时的“战斗”，奏凯而归。将猎物集中起来，有地上跑的，水里游的，天上飞的，品种、数量还真不少，打打牙祭、解解馋是不成问题的。有自认为是烹饪高手的也毛遂自荐，烹、炸、炖、炒，花样繁多，色、香、味俱全，真可谓一顿丰盛的大餐。当然，现在国家提倡保护野生动物、爱护鸟类，但毕竟那个时候的人们还没有这种意识，找到“穷欢乐”的日子才是最开心的。

气枪给我们带来无限乐趣，乐此不疲的人对自己的“枪技”也有了更高的要求。什么叫“枪不离手”，“曲不离口”？勤练呗。于是，聪明的人在纸上画好环形靶子，随手拿来一叠杂志置于靶后，这样既练习了枪法，又可以回收子弹。但是，枪打完了，翻开杂志的时候才知道：哦，闯祸啦！气枪！

夜宵

工厂连有值夜班的制度。值夜班以车间、班组为顺序，二人一组，轮流巡逻、守夜，并且可以拥有一顿夜宵的待遇。

值班人员到食堂领回定量的面粉、鸡蛋、食油、酱油等食料，巡逻至深夜便开始点制夜宵。那时连零食都很少吃到的我们，对于这顿“额外”得到的夜宵，自我感觉还是很享受、很惬意的。现在说起来，当时的夜宵很普通。在面粉里加适量的水，调制到稀稠合适的程度，点燃煤油炉，在小锅里放入少量食油，摊上刚才调好的面糊，再在上面均匀地铺上二三勺打散的鸡蛋液，烙熟后软软的、黄黄的，又香又好看。一张张码放整齐，然后再往油锅底里浇上酱油，加入水，一锅“高汤”就完成了。

这种鸡蛋饼加高汤的美食，使很多人流口水。于是，值夜班的人员经常会“荣幸”地接到“夜宵好了，给我留点儿的”通知。值班人员也很讲哥们儿义气，把从自己嘴里省下来的一二张鸡蛋饼，很守信用地塞进还在睡梦中的“通知”者嘴里，让他也共享这顿夜宵。

宠物

工厂连来了一只可爱的小狗，据说它是南昌军犬队里的一只像小牛犊般大小的纯种狼狗的后代。小家伙圆乎乎的，有一身丝绸般光滑的浅色细毛，很招人喜欢。那时的人还没有养宠物的概念，但从大家对它的喜爱程度，应该算是我们养的“宠物”吧！受国外电影《桥》故事情节的启发，大家给“宠物”起了一个名字——拷斯。

拷斯真正的主人是张顺，他负责小家伙的一日三餐及日常起居活动。当然，那时的主人不可能像现在人这样去专卖店给宠物狗买狗粮，而只能从食堂里端回一盆剩菜剩饭。但这并不影响拷斯的身体发育，才三四个月大，就长得有模有样了。四条腿修长，个头高大，一对尖尖的大耳朵竖立在头顶，很是机灵、神气，纯正的血统已在它身上凸显出来了。

拷斯不仅听主人的话，还喜欢与熟悉的人玩耍。你随手拾起一个物件掷向远处，它就会一阵风似的跑过去，准确无误地把那个物件叼回来。如果主人说一声“拷斯，去拔一个萝卜回来”，它就会“嗖”地冲进男生宿舍旁边的菜地，用两只前爪快速把土扒开，咬住萝卜秧子，头往上一甩，将一根大萝卜衔给主人。拷斯的表演逗得大家笑成一片，赞美之词不绝于耳。

在五七战士们陆续离开进贤、返回北京的那个时期，由于火车托运行李的车厢紧张，我多停留了些日子。临近春节，工厂连已是一片冷清，就剩下我一个人了。拷斯这时好像预感到了什么，整天与我形影不离，就像一个胆小的孩子。到了晚上，它用爪子使劲“敲”我宿舍的门，不放它进来我就别想睡觉。我去市场买东西，它也跟着我去。那时的拷斯已经长得很威风了，大街上的人们看到它，纷纷投来惊奇、惊讶甚至有些惊恐的目光，胆子大一些的就把手里的食物往它嘴边送。但是拷斯看也不看，昂着头，甩着四爪，一副很傲慢的样子。

那天，我只顾忙我的事。突然一回头，发现拷斯不在身后了，急得我边跑边喊，找了好几圈，也不见它的踪影。没办法，我只好往回走。当我走到离校部不远的那一段斜坡上时，突然发现拷斯卧在路边，瞪着圆圆的眼，不停地哼哧鼻子，使劲冲我摇着尾巴，嘴前边还放着很宽的一大条子猪肉。我又惊又喜，冲过去问：“你跑哪去了？这肉是怎么弄来的？”拷斯低下头，喉咙里发出“滋滋”的声音，显得很委屈。我说：“是别人送你的？”它仰起脸，歪着头看着我。我又说：“是给我的？”它立刻站起身，衔住那条子肉走到我身旁，用脖子一下一下地蹭我的腿。我拍拍它的头，说：“你自己拿去吃吧。”它往后退了退，看看我，调转身走了，走得很慢。看着它，我心里忽然有种酸酸的感觉。我想，拷斯跟着我们长到这么大，可能还没吃过这么多的肉。等我离开后，它可就真的一个“亲人”也没有了，往后的命运又该如何呢？

对于那一条子猪肉的来历，我始终百思不得其解，成了一个永远的谜。狗的心思人是猜不透的，试着猜，拷斯可能是为了“讨好”我，希望我不要把它抛弃吧。但我只能轻轻地说了一声“对不起，拷斯”，再见了，我们的“宠物”。

珍贵的记忆

周华光

五七中学点滴

50年前，我们那么年轻、真诚、单纯。

1970年2月，我们老三排的十几个男女同学来到了六连，这是我们五七中学的连队办学点。我们住在六连小高地南面的茅草房，睡的是上下铺。南方的春天天天都在下雨，茅草房漏雨，我们就用塑料布挡雨或用塑料布直接盖在被子上睡觉。

当时宿舍里没有电灯，晚上屋里照明靠点煤油灯。但是天天下雨，周围又都是水稻田，空气湿度非常大，点个煤油灯都很费劲。记得有一次，曹小宁给了何立秋三根火柴也没把煤油灯点着。有时，就是用10根火柴也点不亮煤油灯。

◎ 笔者（后排右二）与小五七战士的合影

2月里天寒地冻，秧苗田表面结了一层冰碴儿。我们下田劳动，最初就凭着年轻有朝气，嘴里喊着“下定决心……”的口号，跳下田去干活。但常常是坚持不了三分钟就被冻得受不了了，又跳到田埂上来。

最令我们难忘的是每天吃三顿饭要走的那条路，对于我们是个不小的考验。我们的住处离连部食堂有几百米远，一去一回很是艰难。因为下雨五七田埂很滑，每天同学们都在表演“摔跤”比赛。表演最精彩的是曹小宁同学，他个子高，站不稳，摔得最干脆“漂亮”。在我的记忆中，摔跤最少的应该是何立秋，他脚大站得稳。

最温暖的时候是晚上。屋外下着雨，阴冷阴冷的，寒气逼人，同学们在茅草房里围着炭火看书、学文化，气氛暖暖的。

20世纪70年代，一个艰苦奋斗的年代，一个朝气蓬勃的年代，纯粹、简单、向上，令人怀念。

◎ 笔者在五七工厂晶体管车间工作

我登上了观礼台

这是一个别人不知道的秘密。

1971年2月，我从五七中学毕业了，大部分同学们分配到了五七学校的各个农业连队和工厂连，还有几位男生分配到了学校的司机班，而我却留在中学当老师。我的任务是带领五七中学三个排轮流干农活，种180亩花生、20亩菜地。

3月的一天，我接到通知，明天去校部报到。第二天我来到校部会议室，共有各连来的6位同志。校长曹全夫讲话，给我们的任务是到北京有色金属研究院去学习。曹校长在黑板上给我们写了一种军工需用材料——砷化镓，写完后又很快把字迹擦掉，让我们把这种材料的名字记在脑子里。曹校长讲，砷化镓是制造夜色镜的材料，在夜晚看不见东西时戴上夜色镜，能看清距离50米远的东西。

初步明白了校领导的意图后，我们很快就集中到了北京，住进了位于北太平庄附近的有色金属研究院的招待所，进入紧张的学习和工作中。

有色金属研究院是高级知识分子的聚集地，现在要有博士学位的人才能进入。而我当时仅是初中毕业生，学习压力很大。到研究院后，我先参加工作，边干边学习。我的工作就是把砷矿提纯到6个9纯度的砷晶，由于是倒班工作，我每天要上两个班。大家知道，砷是有毒性的化学元素，由于每天上班时间长，接触砷元素过多，一个月后，我就砷中毒了，全身起大泡，很难受。我去北医三院看病，要我住院打氧气针才能去除毒素。我

◎ 1971年，笔者在北京学习进修期间于天安门广场留影

担心住院治疗会影响学习，就没惊动大家，也没去住院。凭着自己当时年轻、身体素质好、抵抗力强，20多天后，全身的水泡渐渐消失了。

1971年5月1日夜晚，中办政治部组织我们来京学习人员登上天安门观礼台，观看节日烟花和广场表演，我们看见了天安门城楼上的毛主席等中央领导。我还看到，观礼台下面有一大排圆桌和座椅，桌面上放着中华牌、礼花牌香烟和汽水，供观礼人员取用，将军们和各级领导都在桌旁抽烟、聊天。

在北京三个月的学习很快结束了，我们回到了五七学校工厂。但后来可能是投入太大等一些原因，我们学习的项目并没有上马，我被分配在了晶体管生产车间的测试班工作。

尽管这段经历已经过去40多年了，但我感觉那是很珍贵的。我自豪，那一年，我登上观礼台看见毛主席了。

初到五七工厂

王　瑗

第一件“作品”

1972年2月，五七中学老三排的部分同学毕业分配到了五七工厂，那时的厂址在进贤财干校，陈曙华、季国庆、郭志刚和我同在农机班。

我们的班长是陈志山，副班长是崔义民，崔义民师傅是五级工，钳工水平相当高，在当时的五七工厂当数钳工第一人。我们到农机班学做的第一个任务是制作榔头。在崔师傅的指导下，我们从下料开始，其流程大致如下：锯料——20×20毫米45号碳素方钢；画线——在方钢的一个平面画去需要去掉的部分和打孔的中心位置；钻孔——在台式钻上用钻头打两个相连的孔；锉孔——用小圆锉刀把两个相连的孔锉通，成为一个长孔；锯出外形——把多余的部分用锯锯掉，形成两个斜面；锉外形——用平板锉锉出平面及两个斜面和倒角。后续的工作还有淬火及安装木头手柄。在这个过程中，无论钢锯、锉刀，还是直尺、画针；不管虎钳还是台钻，对我们来讲都是第一次见到，十分新鲜、有趣。在这个过程中，锯条搞断过，钻头锛坏过，连手也碰破过……最难的是锉平面，初学用锉刀，总是两边低中间高，季国庆悟性强，第一个通过了师傅的验收，用了几天时间记不清楚了，反正通过自己动手，小榔头终于做出来了，尽管粗糙，不够美观精致，但它是一件可用的小工具，也是我们成为五七工人后的第一件作品。

初试成功的喜悦自不必言。对我来讲，这是第一次弄明白，工人是用什么工具、通过什么方法，使坚硬的钢铁按照人的意愿成为有使用价值的器物的。

汽油机惹的祸

到工厂连后不久，“春插”就到来了。农机班最主要的任务就是试制机动插秧机。能用机器替代“面朝黄土背朝天”的辛劳，是农机班师徒们最大的心愿。

试制的插秧机由机身、水田轮、齿轮箱、秧箱、送秧器（秧爪）等组成，图纸设计者是李爱忠同志，他总是操着浓重的粤语，尽量向我们解释图纸的含义。试制的插秧机，动力是一个小型汽油机，机身紫红色，很好看，是江西萍乡汽油机厂生产的。汽油机被四个螺钉固定在插秧机身的前端，汽油机产生的动力通过齿轮箱传递到水田轮上，插秧机便可以缓慢行走，再通过操纵杆传递到送秧器上，秧爪便把秧苗一撮一撮地插到田里了。

每天上班的第一件事是把汽油机发动起来。发动的过程：需要用一根比跳绳略细一些的绳子，一端是木手柄，另一端是一个打死结的疙瘩，把疙瘩挂在汽油机侧面的飞轮上，把绳子一圈圈绕在飞轮的凹槽里，然后用力拉绳子——使大力气猛拽一下，汽油机就会“突、突、突”地发动起来。通常情况下，发动汽油机多半由季国庆或者郭志刚来操作。那天，不知是他俩不在还是什么原因，由小华把绳子一圈圈绕在飞轮的凹槽里，用双手拽住绳子另一端的木柄，用尽全身力气猛地拉动了绳子……惊险的一幕发生了：汽油机没有像平时一样“突、突、突”地叫唤起来，只听一声惨叫，小华左手的无名指被紧紧挤压在凹槽里了，是汽油机飞轮巨大的反作用力通过绳子把小华的手指拉进了飞轮的凹槽里，在场的人都惊呆了，不记得是谁赶紧上前解开绳子，也记不得是谁护送小华到医务室，我只记得，小华纤细的无名指被挤压得转了向，指甲盖转了九十度。十指连心，小华疼得哭不出来了，脸色苍白，据说到了医务室被人把转了九十度的指头又给拧了回来，连医院都没去。

30多年过去了，小汽油机不多见了，小华的手指大概也不再像当年那么纤细了，可这一幕好似发生在昨天。

有惊无险

——回忆五七干校工厂的战斗生活

崔志平

1977年2月，根据五七干校领导的要求，由工厂农机一班、二班制作排灌站防水闸门。黄建东、齐建国负责设计图纸，齐建国、李春奇、范越、李伯浪和我共5人负责具体制作，要求在3月中旬“春插”前制作、安装完成。在这次制作中发生了两次危险，如果险情成为事实，我们几个中就要有人改写“人生历史”了。

第一次险情是在校部工厂大车间里焊接闸门。闸门是用槽钢和钢板焊接而成的，每焊接完一面就要把闸门翻过来焊接另一面，闸门大约有2吨重，每次都要使用自制龙门吊车将闸门吊起来翻身。那天我与李春奇一起干活，他拉吊链，我在一边观察四周的情况。闸门被缓缓地吊起，但是我

◎ 笔者在焊接电排站闸门

俩都没有意识到，危险正一步一步向我们逼来，我俩只顾仰头看着吊链，没有注意下边龙门吊车的四个轮子都是横向的，所以在起吊的过程中，轮子没有随着闸门抬起一同慢慢向前移动，这样龙门吊车就失去了重心，向一边倒去，连同闸门一起砸在了水泥地上，发出巨大的声响，距离龙门刨床只有半尺。当龙门吊车和闸门倒下的瞬间，李春奇迅速跳到了一边，否则他就会被砸在下边壮烈牺牲了。巨大的声响过后，两三分钟后我们俩才回过神来，太悬了。事后分析原因才知道，是龙门吊车的轮子没有移动，这样的危险本来是可以避免的，就是在起吊前检查一下龙门吊车轮子的方向，这样就不会出现险情了，就因为这一点小小的疏漏就差点酿成大祸。

第二次险情是闸门焊好后要安装防水密封胶条。当时进贤下了十几天的雨，终于放晴了，我们把闸门拉到车间外边，准备用三脚架和吊链把闸门吊起来，打孔安装防水密封胶条，哥几个干劲十足，三下五除二就把三脚架立起来了，然后再把吊链挂在三脚架挂钩上。这活不用问，肯定就是范越的专利，他个子高，站在凳子上就能挂上，别人没有这个先天条件。接着他又拉动吊链的链条，把闸门吊起来，就在闸门完全吊离地面时，危险发生了。水稻连的一个小五七战士长得胖胖的，开着手扶拖拉机冒着黑烟由北向南冲着我们开过来，一点也没有减速。还没等我们反应过来，拖拉机已经碰上了三脚架的一条腿，只听见“咣当”一声，三脚架与闸门一起倒在了地上。这突如其来的情景让哥几个全傻了，呆呆地站在原地有好几秒钟，记不清当时范越是怎么从凳子上跳到一边的，否则，又一个要“壮烈牺牲”了。等回过神来后，几个人愤怒地指责小胖子：“你怎么开的车？”“没看见这边干活呢？”小胖子低头说：“我想着拖拉机可以从三脚架的空当中钻过去，没想到能撞上。”经过这件事我们也长了教训，在危险作业时，一定要有专人看护现场，周围不能有任何车辆及行人靠近。

说到危险还有一个小插曲。那天上班时，我和齐建国、李春奇来得比较早，在工作场地准备工具，我拿着上好钻头的手电钻，想同齐建国开个玩笑，就冲着他喊了一声“不许动”，齐建国离我只有两步远，电钻直奔他的肚子就去了，我想他会躲开，没想到他没有躲，我拿电钻的右手食指无意触到了电钻开关，旋转的钻头将他的工作服、绒衣、毛背心三层都钻透了，只有衬衣没钻着，钻头离肚子也就几毫米，吓得我出了一身冷汗，你说有多危险，这要钻到肚子上，后果将不堪设想。这件事让我记忆犹新，我常把这件事讲给别人引以为戒，干活时不要随便开玩笑，否则容易出事故。

时间过得真快，一晃40多年过去了，往事就像发生在昨天一样，那些危险的场景时常浮现在眼前，因此写出来同大家共同回忆当年在五七干校工厂那“有惊无险”的战斗生活。

初到干校红壤山

王　越

从北京到进贤

去干校前，我家一直住在妈妈的单位——中共中央对外联络部在木樨地的大院里。1969年初，父母分别下放去了江西进贤和黑龙江肇源，我和大弟弟转学去了外婆家，小弟弟依然留在中联部的幼儿园上全托。在记忆中父母走后就没有回来过，一直到1970年刚过完春节不久，一天我在买东西回来的路上（那时买个酱油、醋都要走很远），看见一个人戴着浅黄色毛的大皮帽，穿着带毛领子的棉大衣，这种打扮在北京很少见，我心里琢磨着这是什么人，加快步子赶了上去，走近一看我都没认出这个人就是我妈

◎ 笔者一家在红壤山

◎ 笔者重返红壤山留影

妈，还是妈妈认出了我。

妈妈回来了，我们都很高兴，可更高兴的是妈妈要带我们去江西找爸爸。我马上就到学校办了我和弟弟的转学手续，又和妈妈回到中联部的家中整理东西。当时住在机关的宿舍里，家具都是公家配的，自己家里也没有什么东西。很清楚地记得，全部家当是两个木箱子、一个小碗柜、两把小椅子、一台缝纫机、一辆自行车，还有一个铝质的大洗衣盆。家里的壁橱里有许多书，我很费力且很高兴地把它们都送进了废品收购站（后来才知道那些书都是名著，是“文化大革命”时的禁书）。听说江西冬天很冷，又新买了蜂窝煤炉子和几节烟囱，还有一对白铁皮的水桶（2009年聚会时见到罗铭，她说我爸爸离开干校时把这对水桶送给她家了）。把这些东西都用稻草绳密密地缠好（去江西时北京有卖整团的稻草绳，回北京时用的稻草绳都是自己搓的）。妈妈退掉了房子，迁了我们的户口，一家人奔赴江西扎根去了（1973年妈妈带我们回北京后没有房子，暂住在招待所的一间小房里，上不了户口，不能上学，我在家待了半年）。

3月初，我们登上了去江西的火车，从北京到江西进贤张王庙我们一共走了9天（这是当时火车票的有效期，如果有效期更长我们会走更多天）。先从北京到济南，然后转车去了潍坊我爸爸的老家，在潍坊住了三天，回到济南上火车到上海，又在上海住了三天，然后再坐火车到鹰潭。在鹰潭火车站等了六七个小时，最后上了一辆经过张王庙的慢车。这一路上只有从北京到济南坐的是卧铺（从济南一下车卧铺票便作废了），后来坐的都是硬座，有时还没座，可是一点儿都没觉得累。看着在北京从未见过的景色，过黄河，跨长江，钻山洞，绕山坡，遍地的油菜花、满山的映山红使我好奇、兴奋得不行。记得在火车停靠的许多小站的两边山上开满了映山红，几次我都要下车去摘，可妈妈不让，说停站的时间短，来不及。就这样一路在心里描绘着江西五七干校的样子，想象着那里一定和我看见的景色一样美。

张王庙火车站

到张王庙时已经是第九天的晚上十点多了，爸爸和刘国贤叔叔（刘勇的爸爸）到火车站来接我们。那天下着小雨，天上没有星星和月亮，四下里漆黑一片，我们沿着火车道深一脚浅一脚地走了半个多小时，来到了十二连的食堂。这时每个人的鞋底都沾满了红泥巴，刘叔叔告诉我们，这就是红壤土的特性，它“晴天一块铜，雨天一包浓”（曾经在红壤山上挖过树坑的人大概都不会忘记，狠狠地抡上一镐，在像铜板一样硬的红土上只能留下个小坑）。食堂里有只大狗趴在门口，我很害怕，不敢进去，爸爸说不用害怕，它不咬干校的人。果然，它趴在那儿安安静静的（以后发现干校养的狗都这样，只要有老表经过，哪怕在远处，它们都要叫个不停。而北京来的人，尽管从未见过，它们都不叫，可能是我们都说普通话的缘故）。从十二连走到九连我们家的住处，已经是深夜了。那天正好停电，借着微弱的烛光，打量着空荡荡的屋子，这时我的情绪已被疲惫、不满和失望所替代。但我绝对没有预料到，更艰苦的劳动和思想改造在后面等着我呢！

忆青岚湖畔二三事

关九兰

二排的两次劳动课

我们全家是在1969年11月27日由北京奔赴江西的，那时候我只有13岁多，家中的小弟弟才5岁多。我和母亲及四个兄妹，既不是知识分子也不是干部，但都随父亲下放劳动，接受再教育。

到进贤后，我和一些十几岁的孩子进入了中办五七中学学习和生活，学校奉行先生产后生活的原则。我们中学也学习红军的光荣传统——打地铺、铺稻草。当时还传诵着一首打油诗："干稻草软又黄，金丝被儿盖身上，不怕北风和大雪，暖暖和和入梦乡。"

记得大概是1970年的夏天，二排组织劳动就是为了协助八连五七战士一起完成砖窑烧砖任务。同学们有的挖河泥，有的挑砖，我们几个女同学被分配去挑砖。同学们劳动热情高、干劲足，个个争先恐后、不甘落后。挑的砖从八块逐渐增加至20块，挑担子，从不会到比较熟练自如地挑，尤其是第二天和第三天，我的肩膀都被压紫了，还磨出了大血泡，泡破了粘在衣服上，到了晚上睡觉时衣服都揭不下来，疼得我直掉眼泪。又赶上天气炎热，伤口化脓，我忍痛继续参加劳作。

还有一次劳动课，至今记忆犹新。那是在这一年的秋天，我们二排同学的劳动任务是从校部往水稻连送竹竿。开始时每个同学都挑多的、大捆的竹竿扛，有的同学甚至还想扛两捆，结果我们靠肩扛手拖走到北门桥的时候，体力不支，累得溃不成军。同学们走走停停，有的拖拽着竹竿，有的背着竹竿，真是洋相百出。咬着牙使出浑身解数，终于把竹竿拖拽到了目的地。因为马上就要返回县城，渴得连口水也没顾上喝，当时真想跳到青岚湖里喝几口水。劳动强度之大，条件之艰苦，可把我们这些孩子给累坏了。

劳动的汗水洗礼着同学们的心灵，劳动的艰辛和不易磨炼了我们的意志，使我们在日后工作和学习中有了战胜困难的勇气和信心，让我们这些“50后”的小五七战士与时俱进、思想不落伍、赶上时代的潮流。

三连逸事

1975年我在进贤中学高中毕业后，来到三连（原中办五七学校六连）插队。

时光荏苒，光阴似箭，我们周围的同学、朋友及认识的五七战士，有的参加招工，有的当兵，有的考大学，有的返城，只剩下我们这些没有门

◎ 笔者（前排左一）和五七战士们的合影

路和机遇的知青，还要继续走五七道路，扎根在连队。

此时中办五七学校正在拍电影《熔炉》，连长给我们几个女知青布置任务，嘱咐我们说："穿上漂亮衣服，把头发梳理整齐，下午去晒场扛麻袋配合拍电影。"连长挺神秘地告诉我们："麻袋里装的都是稻草和稻谷皮子，麻袋很轻呀，你们一定要装作很用力的样子，千万别穿帮了！"我一听很生气，心想："弄虚作假、装模作样，我才不去呢！"可又一想，公开对抗连长的命令也不好，怎么办呢？眉头一皱，计上心来。

中午吃饭时，正好食堂卖米酒，我特意花钱买了好几大缸子米酒，并请几个知青一同喝。米酒后劲大，酒后我们几个知青面红耳赤、红头涨脸、头发晕来脚发软，到了宿舍倒头便睡了。到了开工时，该拍电影了，连长前来叫人，我们还睡不醒，气得连长干瞪眼，只得找轮训的五七战士代替我们。事后我虽然受到连长的严厉批评，但是我为自己做主不随波逐流而感到高兴和自豪。

随着时间的推移，转眼间到了1977年，邓小平复出并主持中央工作。红极一时的电影《熔炉》也被打入了冷宫。当时有一个老知青听到这个消息后，激动地跑到操场上大声呼喊："'邓青天'出来了！我们有望回北京了！"我当时听了之后心情也非常激动。

1979年中办五七学校终于宣布解散，我于1979年底回到了北京。回京后我参加了北京市统一招工考试，被分配到一轻局造纸厂当了8年工人。在此期间，一边学习一边工作，并参加了北京市成人高考，先后取得了中华女子学院幼儿教育专科学历、学前教育管理专科学历和北京师范大学学前教育本科学历。因工作需要，于1987年调入中共中央警卫局幼儿园做教师。在从教的20多年中，多次被评为中办部级优秀教师，获中办"巾帼建功先进个人"称号，2008年经警卫局党委研究决定，调入中南海行政科协助工作。2012年2月我在警卫局行政科光荣退休。

学 习

成 宇

上五七中学

我和妹妹在1970年大年初一到了五七干校，和父亲一起住在进贤财经干部学校，2月我就到了五七中学，在七连学习劳动。当时住的房子是五七战士们刚刚盖好的砖房，门框和窗户框上都挂着草帘子代替门窗，还没有通电。没过多久就安装了玻璃窗和门，也安装了电灯，晚上有了电灯照明，当时感觉很幸福！

农忙的时候，我们学生是突击队，插秧割稻不惜力。农闲时我们在一间四面用砖坯砌成的房间上课。有时老师正讲着课，一只老鼠不知从哪里钻出来爬上墙，又顺着房顶悬着的电灯线爬向另一面墙。张贵印老师是我们的班主任，好像既教语文又教数学。为了适应形势，也为了让我们学到知识，老师尽量理论联系实际。政治课学习时事政治。语文课写“春插”“双抢”的决心书和劳动体会。记得数学课教我们计算种树的面积与数量、锅盖面积等。最开心的是劳动课，每当连里传来命令，让我们去拉拖拉机，甭管刮风还是下雨，同学们都欢呼着冲出教室，奔向指定地点，在老五七战士的指挥下，大家喊着口号，齐心协力地把陷在泥坑中的拖拉机拖上来，有时一天拉几次拖拉机。我们都特别乐意当这样的大田机动队，比上课和其他一切活动都更积极，也很有成就感。

◎ 笔者在五七田里

我们在五七中学，劳动课也是主课。“春插”“双抢”，大田里我们是突击队，下到水田里，唱着红歌，比赛插秧割稻。老五七战士说我们年纪小，没有腰，所以干活快。稻田农闲时，我们种果树，种蔬菜，种花生，摘棉花。经常背诵毛主席语录：“告诉他们，劳动也是一课。”现在回想，文化课学什么已经模糊了，还是劳动的场景印象深刻，劳动使我懂得了劳动人民是我们的衣食父母，亲身感受到了“粒粒皆辛苦”。

在工厂学习

1971年初，我们中学毕业，我被分配到五七工厂连三车间当了一名工人。我们生产的是当时属于高科技的晶体管，但是我们这些工人却只有小学、初中的文化水平。为了提高我们的文化水平，连里请来了在机关担任文化教员的黄祥生老师，利用下班后的业余时间为我们讲授中学数学课，请工厂的大学生郭子湘给我们讲化学课。车间主任马怀川（我们称呼他“老马”）给我们讲中央机关的工作人员业余学习文化的传统，他和机关的很多同志都没有上过大学，只在工作之余上了业余大学，每个周末骑自行车到西郊听课，凭着毅力坚持学习几年，达到了大学水平。老马鼓励我们业余时间学习文化知识，他出差时给我买了一本物理书，鼓励我自学，有不懂之处我就向他请教。老马工作认真执着，在前来帮忙的清华大学老师的支持下，老马带着我们这一帮文化知识贫乏的青年工人建立起晶体管生产线。记得有一次，我在试验光刻的曝光时间时，几秒几秒地增加时间，总也不

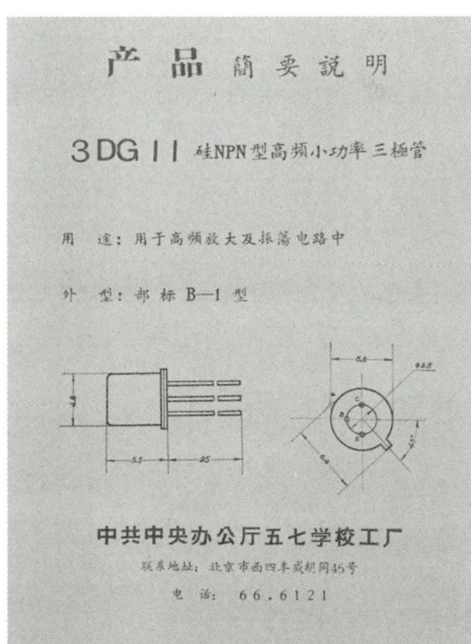
产品簡要説明

3DG11 硅NPN型高频小功率三極管

用　途：用于高频放大及振荡电路中

外　型：部标 B—1 型

中共中央办公厅五七学校工厂

联系地址：北京市西四丰盛胡同45号

电　话：66.6121

◎ 五七工厂生产的晶体管产品说明书

成功，老马给我讲了黄金分割法，指导我采用这个方法试验曝光最佳时间，很快就得到了效果。老马学习新知识新方法的精神，让我钦佩不已，又令我受益匪浅。经过许多个日日夜夜，老马和刘积仁、鲁兆德等车间的老同志带领我们小五七们加班加点地奋战，终于生产出了合格的晶体管，据说我们的产品还用于军工生产。五七工厂有很多这样的老同志、共产党员，带着我们在实际工作中学习，是我们小五七学习和跟随的榜样！

参加高考

1977年9月，恢复高考的消息传来，我考虑到自己没有上过高中，初中课程都学得不正规，文化水平差，很犹豫要不要报名参加高考。我们几个小五七商量，最后还是互相鼓励着报名参加了“文化大革命”后的第一次高考。

记得是12月7日、8日考试，我们走进考场，坐在课桌前的木条长凳上，教室外下着小雨，考试房间里面的气温比外边还低，再加上答题紧张，直到考完试，手指头都是伸不直的冻僵状态。现在想想，我基本是用小学的语文水平、工厂的数理化扫盲水平、干校受到的突出的政治教育水平完成了高考答卷，虽然成绩一般，但是我和干校其他十几位小五七一起被大学录取，成了幸运儿。回想这段经历，我感激干校的老五七们，是他们的教育和帮助，使我搭上了“文化大革命”后接受高等教育的头班车。1978年2月，我前往江西中医学院药学专业学习，开始了我人生的又一次转折。

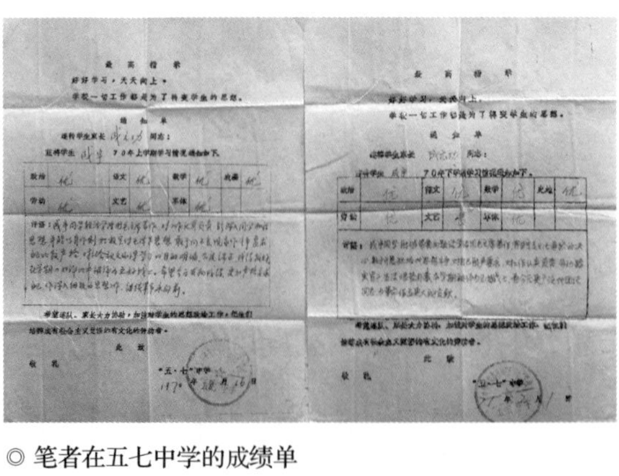

◎ 笔者在五七中学的成绩单

从1970年2月来到干校，到1978年2月去南昌上学，我在干校生活了整整8年。离开干校走向社会后，我感觉在干校这8年，有幸与许多革命老前辈一起劳动生活，受到他们的言传身教，学习他们的优秀品质，他们身处逆境仍对党忠诚，他们忍辱负重仍从思想上、工作上、生活上关心和培养我们这一代人，让我们接受了最正统的革命传统教育并陪伴我们一生。在干校这8年，是我一生中最接地气的时光，我们做工，我们务农，劳动锻炼了我们的身体，培养了我们吃苦耐劳的品质。在干校的这8年，我们学习了，奋斗了，奉献了，成长了！我们应当把我们的青春岁月记录留存，把优秀品质和革命传统发扬传承！

读书是我的精神依托

——回忆工厂连阅览室

王长庚

鲁迅先生提倡青年要多读书，主张不管什么书都要随便翻翻。在六七十年代读杂书是一种享受和奢望，也是一种危险的行为。

那时的人，可能会利用毛主席语录上的一句话当锐利武器，为证明自己是正确路线的代表，去诋毁压制他人。他要是看到你在看其他书，会在背后打小报告或关键时候踩你一脚，这都是要时刻提防的。当年我精力旺盛，为了分散精神上的清苦，我想着怎么能合规、放心地看到连里锁着的书呢？

当时我遇到一个机会：连部文书忙不过来，正找人帮他整理从北京拉来的几十箱资料和书籍。我因为经常去连部借钥匙看书，为提高技术水平翻资料，连部文书就叫我去帮忙，后来忙不过来又加了几个人（牛淑玲、李晓玉、杨汉平）。书是整理好了，但怎么能利用上这个资源，创造一个良好的政治学习环境呢？

我们要求连里开一个阅览室，我们义务把书管起来，不久连里就批准了这个要求。为此连里单独在院里腾出一间平房做阅览室。连长、指导员还给我们四个图书管理员提了要求和规定。我们就把那几十箱书从红砖楼里搬入平房，把那简陋的阅览室布置得整整齐齐。开架书籍、杂志都包上了书皮。我们还根据连里的要求，去南昌买进一些当时比较受欢迎的小说。

连里领导检查完我们的工作后，指导员说："连里为支持你们的工作，让校部木工班做了几个书柜、桌子给你们。"我们高兴极了，阅览室开了！连里的五七战士还有家属的孩子都来看书、借书，我们在晚饭后的几个小时忙活着，有了一种责任感。这种感觉让我终身受益，接触的面广了，我不认为这是吃苦，这也许就是所谓的精神财富吧！

我在五七学校的10年经历并不空虚，我集喜、怒、哀、乐、忧、恐、思于一身，并没有被环境的恶劣、条件的艰苦、政治空气的严肃紧张压垮，而在体育、文娱、技术钻研、看书中寻找快乐。

图书阅览室管理员的工作使我懂得了团结合作的重要性。从李晓玉、牛淑玲、杨汉平，还有后来到校部时又增加的刘伟，她们都是女同志，个个都是对工作认真负责，不怕脏、不怕累的干部子弟。没有谁在关键时刻掉链子，我是男子汉就更要吃苦耐劳了。

管图书的便利条件使我看完了马克思的《资本论》、《列宁文选》两厚本，高尔基的诗歌文选、《鲁迅全集》、各种历史名著、《知识就是力量》杂志当中的科幻故事等。在30多年后的今天，多数幻想已成了人们生活中必不可少的现实。后来，李晓玉、牛淑玲、杨汉平她们因工作需要去了四川，图书室就由我一个人管理。

工厂搬到山下校部的新厂后，管书、看书的工作使我在五七学校受益

◎ 同为车工班战友阅览室管理员的刘伟

匪浅，在文化学习上有了进步，知识开阔了我的眼界，对工厂中考上大学的战友也有一定的帮助。我看问题的方式不是随波逐流，那时我的观点不同，有时就消极对待，跟不上极左的形势，我又总是实话实说，使得当时的一些领导，先批我后又同情我。我的一些观点在跟领导谈心的过程中也被默认，但当时的环境中，不整人就要沦落成被人整。我对于那些靠整人而保住官位或晋级的人，是非常鄙视而且从内心里不能原谅的。

图书阅览室的最后一任管理员是刘伟，我们一直从事这个义务劳动，直到五七学校解散才结束这项工作。这期间我们在管理图书工作上都很认真，我还多读了一些自己喜欢的书。

阅览室的灯光

程　弢

在五七学校三连前排宿舍的东头，有一间约20平方米的阅览室，是全连平时读书看报、了解时事的场所。这里既是平日关灯最晚的地方，也是我最喜欢去的地方。

当了阅览室管理员

我是1975年夏季从进贤县高桥中学高中毕业后分配到三连备田班的。当时我们的连长是孙勇，他曾在毛主席身边工作多年，文武双全，是个传奇式人物。指导员王玉福是机要干校的干部。三连有200多人，由人民大会堂、机要交通局、编译局、警卫局干部职工以及下乡知识青年组成，中年人和年轻人占50%以上。全连除肉、菜要自给自足外，还要耕种、管理、收割500多亩水稻田，是标准的农业水稻连队。

在校部党委的领导和农业专家的指导下，每年我们要打三个主要的生产战役，即春天插秧、夏季“双抢”和秋收晚稻，一年到头，水稻田劳作是异常艰苦的。除此之外，晚上还要经常组织政治学习、开会，连队是半军事化管理，起床吹号，出工吹哨，插秧割稻，统一步调。那时我刚到连队，因为年轻体力好，所以除了跟班出工劳动外，休息时我常去阅览室读书看报。领导看我常跑阅览室，就跟团支部书记王庆喜说让我兼任阅览室的管理员。因为爱看书看报，我欣然接受了这项工作。

说是阅览室，其实里面没什么设施。一张旧乒乓球桌摆在中间，周围一圈木椅，算作公共阅读台。靠窗摆着几个梯形报架子，报夹搁在上面，此外还有两个简易书架，上面平放着一些书刊等，供大家自由阅读。

报刊都是由连队的会计统一订购的，我记得主要有《人民日报》、《解放军报》、《红旗》杂志，还有《参考消息》《人民画报》《解放军画报》《解放军文艺》《北京日报》《解放日报》《江西日报》，《北京大学学报（哲学社会科学版）》《辽宁大学学报》《文史哲（山东大学学报）》，以及五七学校自办的《五七路上》和江西的农业杂志等。

当然，我这个管理员也完全是业余的。主要工作就是利用休息时间将报纸夹到报夹上去，以方便大家翻阅。平时擦擦桌子扫扫地，同时将报刊码放整齐，晚上没人后负责关灯。还有就是刮风下雨时关门、关窗等。阅览室没有开门、关门的时间限制，一年到头基本不用锁门。之后不久，我见有的同志看完报纸后不放回原处，就写了一个“阅览室规则”贴在墙上，大概内容就是：阅览室是公众场所，禁止吸烟；报纸杂志不要携带出室外，阅后放回原处；保持室内卫生等。为此领导还说我把阅览室管理得不错。

有一天早上，我到阅览室打扫卫生，猛然看到墙角有一摊黑色的东西，再仔细一看，是一条黑褐色的大蛇盘在那里，吓得我汗毛直竖，后退了好几步，心里怦怦直跳。心想：可能是昨晚门没关严爬进来的，以前只是听说老鼠钻宿舍，还没听说过蛇也钻进屋，这次可算亲眼看见了。我赶紧喊来班里的同志帮忙，折腾了半天，用铁锹将大蛇铲到室外，挖个土坑埋掉了。

我想可能是我们三连驻地在稻田中间的一片高地上，蛇鼠出没比其他连队多。看来以后一定要谨慎小心，晚上将门关严，防止蛇鼠再次钻进来。

手抄笔记

平日里，每到休息日和晚间，连里的同志不论年轻还是年长，都会三三两两，聚在这间灯光柔和、面积不大的阅览室里或读书看报，或谈天说地，聊聊家常，这里成了大家放逐心灵的场所。

编译局的老同志有时在这里读读外语书，在机关里他们都是翻译马、恩、列、斯著作的专业人才，熟谙“拳不离手，曲不离口”的道理，虽下放劳动，也不丢专业。他们大多是学俄语、德语，读外语叽里咕噜的，我

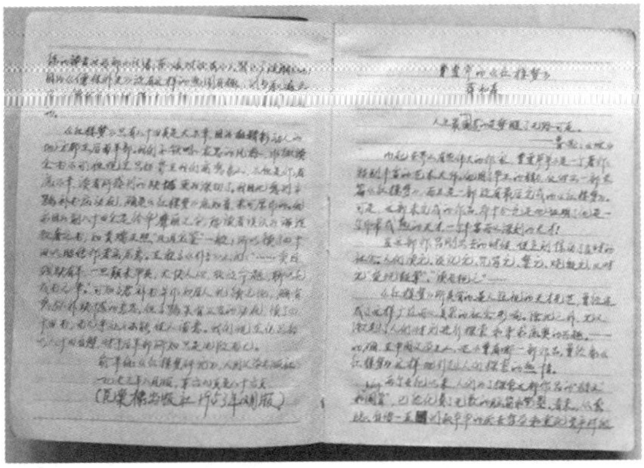

◎ 手抄笔记

们连半句也听不懂，有时还和他们开玩笑，说这读外语和种水稻到底有什么关系，他们说，干活时背背外语，就不会感到累了。当时，在“白卷英雄”的大环境影响下，再加上每天10多个小时的艰苦农业劳动，尽管我们和这些专家学者同吃同住同劳动，朝夕相处，但也很少向他们请教学问上的事，更遑论跟他们学习外语了，现在回想起来很后悔。

在三连插队的几年，除周日休息时偶然回趟家以外，基本就是在田间、宿舍、阅览室来回转，我是在阅览室待的时间最长的人，除每天阅览报纸外，还经常阅读各种学报、杂志。通过阅读，学到了书本里没有的知识，看到好的文章，我还摘抄到笔记本上，几年下来也抄满了好几个笔记本。其间学报上常刊登一些评论《红楼梦》的文章，当时我还没有读过《红楼梦》，连很多常识都搞不清楚，于是经常就一些文史问题请教班里的周裕昶、徐若木、陈国雄等老同志。他们看我虚心求教，就给我大讲特讲“四书五经”，讲唐诗宋词，讲中国古典文学四大名著，讲《红楼梦》以及胡适、俞平伯、周汝昌、周祜昌、何其芳、蒋和森、李希凡等文化名人的学业和研究成果，这些知识对我来说是闻所未闻，听得我如醉如痴，感到很新鲜，大大拓宽了我的知识面，心想这些老先生都是满腹经纶，应该多向他们请教和学习。

在进贤县新华书店购买图书

1975年底，连里的小五七战士陈晓兵被推荐到华东水利学院上大学了，

◎ 在进贤新华书店购买的书

我非常羡慕他能够有机会上大学深造，临走时他送给我一本自己读过的《政治经济学》，并聊起了五七学校年轻人今后的前途问题。编译局的徐广华还送给我一本英语教科书，并教我如何学习英语知识，这些都体现了三连这个集体关心年轻人的融洽氛围。

当时社会上流行的一本书是杨荣国主编的《简明中国哲学史》，政治学习时大家在一起也经常讨论主观与客观、理论与实践及脑力劳动与体力劳动之间的关系，还讨论过如何实现农业机械化等问题。讨论时尽管还有许多理论问题搞不清楚，但我已隐隐感到，迫切需要加强文化知识方面的学习，并暗下决心要多看书，提高认识和分析问题的能力。书籍是人类进步的阶梯。因此，一方面我利用管理阅览室的便利条件多阅读，另一方面利用回家时间绕道新华书店选购一些自己喜欢的书读。在进贤县民和镇老街上，有一间门面不大的新华书店，里面除了“红宝书”和毛选外，还有一些时事、小说、农业等类的书籍。有一天逛书店，偶然看到一本《自然科学大事年表》(上海人民出版社，1975年7月版)，我如获至宝，买来并包上书皮，经常翻阅，一直保存到现在。此外，我还在县新华书店先后买过《汉语成语小辞典》《知识青年地图册》《认识与真理》《商品自述》《中国历史大系表》《民间测天谚语》《现代汉语词汇知识》《井冈山颂》等书。后来多次搬家，40多年了这些书仍然是我的宝贝，摆放在我的书柜里。

高考复习室

1977年10月的一天，从无线电广播里传来恢复高考的好消息。我们已明显感觉到，这是国家实行改革开放、奔向四个现代化的嘹亮号角。我们知识青年奔走相告，纷纷摩拳擦掌表示要参加高考。从公布消息到考试仅有两个多月的时间，当时又是连队的秋收农忙季节，我每天除要参加收割、脱粒、晒场的劳动外，每当夜幕降临就将自己牢牢地钉在阅览室里复习、补课，遇到问题就虚心向老同志请教，如朱慎、冯清华、王高社等老同志都在学习上给予我很多指导和帮助。

当时参考资料很少，只能复习中学时的课本和读大量的时事资料，实在太困，眼皮打架，就用凉水冲冲头，继续看书，争分夺秒，贪婪地吸收知识营养，一句话，就是拼了。每当深夜，全连宿舍的灯光都已熄灭，只有阅览室的灯光还在闪烁，天天如此……年底，全国统一高考如期举行，我顺利考取了江西师范学院中文系，实现了读大学的愿望。

40多年过去，弹指一挥间。当历史的尘埃都已荡尽，唯有阅览室的灯光常在我心中闪耀。是它护佑我在阅览室里阅读学习、遨游知识的海洋。每当工作、生活中遇到困难时，我就会想起阅览室的灯光，是它给我指明了努力的方向。

我永远不会忘记——五七学校三连阅览室的灯光。

丁三儿

曹小宁

丁三儿，可能很多人已说不出他的大名——丁山城。我俩从小一起长大，建国约我写一篇回忆干校生活的文章，我很自然地就想到他。

我们俩都是魏家大院一起长大的孩子，中南海幼儿园的往事已依稀，只记得他是班上的“调皮鬼”。从上小学我们俩就分在一个班，每天早上找他上学，经常看到他光着身子在棕床上蹦来跳去。他母亲指着墙上解放军骑马的画像解嘲说：“毛毛，我们三儿将来是要当兵的。”

在班里，我是中队长，三儿调皮，只是“白丁”，但同学们都爱听他的。三儿确实有他的聪明之处。记得二年级期末考试，他得了双百，我只有语文100分，算术98分。放学的路上，我带队，他昂着小脑袋，对我表现出颇为不屑的神态，这个表情我记忆犹新。当时我怯想，是不是老师判错卷子了？他调皮，却不时地流露出聪慧。记得有一次，他爬进大院的小车库，

◎ 笔者（右）与好友丁三儿的合影

偷出两个夹报纸的木夹。他展开木夹当长枪耍，并分给我一支。我们爬上假山玩打仗的游戏。他认真地对我说：“毛毛，不怕一万，就怕万一。一定要小心，我偷出来，可得好好地还回去。”他扛着“枪”跑了没几步，一个跟头就把木夹子摔成了两截。“不怕一万，就怕万一”这句话牢牢地刻在我脑海近50年，同时伴着三儿那摔坏木报夹时的哭丧表情。

“文化大革命”开始了，三儿成了有名的“顽主”，他经常骑着带转铃的大链套自行车满京城地飘，打架、拔份。对于我这个天生胆小怕事的人，他是不屑一顾的，就这样，没上五年级的两个小伙伴就此分手了。在那时，他闹却也读了不少书，至少他能吹出康德、托尔斯泰、巴甫洛夫的名字。

1969年初，我去干校之前，偶尔见他一面，看到他的脸上布满了疤痕。据说是在家研究炮药不慎烧坏的。我想上前问候，告诉他“我要去江西了”，却没有说出口。

五七中学搬上红壤山后，三儿才来到干校，我们又恢复了儿时的友谊，无话不谈。到了工厂，又像小学那样，我当干部，他做白丁。大家都愿意和他在一起，有时他会把大家说我的话悄悄地转告我。我记得他对我说的最重的一句话是：“毛毛，你不能老做‘御用’的事。”记得一次选举，我差点落选，他默默地和我一起坐了很久，以表达对我的安慰。我知道他不欣赏我的一些做法，但当我遇到困难的时候，他会毫不迟疑地为我分担苦恼。他聪明，技术好，却是一个天生的逍遥派，而且骨子里有犯上的情结。最遗憾的是，他没有上大学，也没能当兵。

我大学毕业后，同三儿之间的走动越来越少。最后一次见到他，是在亚丁妻子的追悼会上，当时正忙着，只听见他远远地叫了声“毛毛”。

三儿的窘境是从他二姐莉亚那听说的：“三儿没了工作，眼睛瞎了，妻子蕙兰的厂子也倒闭了，她每天得跑几十里，靠给人家看仓库来养家，儿子丁丁还小。”我的心里很不是滋味。在公司的办公会上，我把三儿的故事讲给大家，并说：“他的父亲是中办信访局局长，为无数上访的人解决了困难，却没有利用手中的权力为自己的瞎儿子办点事。”大家听了，唏嘘不止，决定公司每月给三儿400元的生活费，帮他走出困境。

后来，三儿在“黑暗”中听了我做的一次广播节目，激动地打来电话祝贺，从他的话音中，我听出了真诚，我知道他由衷地为我高兴。

三儿弥留之际，莉亚打电话给我，当时我正在开会。我问：“事急吗？”她欲言又止。第二天我得到了三儿去世的消息，犹如五雷轰顶。我打电话问莉亚，她说：“本来我想告诉你，三儿不行了。但你忙，又不忍心打扰。三儿去世前，一直在找什么，惦记着什么。问他，他说，知道吗，毛毛的女儿考上了中央音乐学院！”其实，他把我的两个女儿的事混在了一起。当时我的大女儿正在考大学，小女儿在学钢琴。三儿在走之前还惦记着我，我却没能守在他的床前，这是我永远的痛！

三儿的追悼会后，蕙兰给我打电话说：“毛毛，我真的感谢你，谢谢大家，你们给三儿办的追悼会，让儿子丁丁找到了自信，找回了他对父亲的尊重。过去丁丁总埋怨爸爸没有本事，太窝囊。追悼会上来了这么多人，说了那么多怀念爸爸的话，他才明白父亲在人们心中的地位。”我告诉蕙兰，三儿走了，我有责任把丁丁养大，继续供他上大学。现在丁丁已经毕业几年了，也找到了工作，担负起照顾母亲的责任。今年经济危机，我让秘书给蕙兰打电话，问她是否需要帮助。她说，正在她姐姐的公司里做事，生活挺好的……

三儿，我说的，你能听到吗？

五七战友情

钮　键

战友向我敬军礼

1976年五一劳动节，我和两位朋友去中山公园游园，走在长安街上，对面走来四个当兵的，其中一人走到我面前，立正向我敬了个军礼。这个向我敬礼的军人是1973年和我在五七连一个排的战友，他是八三四一部队到五七学校轮训的一名副大队长。离开五七学校近三年，我们还保留着深厚的情谊，是五七学校的那段经历把我们连在了一起。试想，如果不是那段同甘共苦的劳动经历，他怎么会在公共场合向一个20岁的普通百姓行军礼，那军礼是多么厚重的一份友情！

因为一个军礼，我回想起在江西五七学校的一些往事，回忆起我们在一起的日日夜夜！回想我15岁时，在红壤山挑着100斤的化肥、100多斤的大粪桶，挖直径1米、深0.7米的树坑。红壤的硬度跟石头差不多，挖起来很费劲，我每天挖的树坑量跟许多老五七战士一样多。18岁时，我在青岚湖畔，去粮库送粮，扛起200多斤的麻包走上陡直的跳板，往粮仓中倒粮食。“老五七”挑两粪箕带泥板的秧苗，我挑四粪箕，上田埂下田埂，踩着到大腿深的田泥，从早到晚把秧苗送到插秧机旁，看到稻田变成一片翠绿时心里特别高兴！

南方的农业生产劳作非常艰辛：春天要在尚有薄冰的稻田里插秧，双腿冻得发麻；春耕时细雨蒙蒙，不见太阳，仍要下水田备耕，7、8月气温高达40摄氏度，在太阳下干活全身晒脱了几层皮。

“双抢”期间劳动时间长，更辛苦！早上5点起床干活，吃早饭后继续干活，吃中饭休息后一直干到天黑，晚饭后要去田里拔秧，到晚上11点多

◎ 笔者在五七田里牧牛

回去休息。要是拖拉机陷在了田里，夜里还要拉几次拖拉机。高温下的“双抢”，劳动强度大，睡眠少，脚上破了口、负了伤、发高烧都要坚持干活。到了雨季，天天下雨，一样要出工。五七战士们真是战酷暑、斗严寒、雨天冒雨不停歇，小雨小干，大雨大干，带伤、带病还在干。

那时劳动虽艰苦，但乐观，苦中作乐！虽苦犹荣！人与人之间关系也很密切！劳动锻炼出我们坚强的毅力、艰苦奋斗的精神！它使我们更加感恩天地万物，珍惜人与人之间的情谊！培养了我们热爱劳动、尊敬劳动人民的优秀品格！

无怨无悔，我们的青春年华！

心的感触

1969年，我在九连时，连里有一位患精神病的老同志叫闫谦，患病时有人对他态度极不友好，我看不过去就说：“你们不能这样对他，他也是人。”老闫虽有病，但仍能感觉到我对他的态度。有一次他用双手捧着个苹果走到我面前说，你吃、你吃！可见人的精神不正常，也能感知你对他的好！五七学校撤销后，回到北京，我遇到当年九连的一位老同志朱素芳，她对我说，钮键，你那时才15岁吧，能对老闫讲出那样的话，不容易，我没想到。

1970年，我在九连参加打井劳动。九连有一位被区别对待的吴善章，那时60多岁，背都驼了，我和老吴来回跑着将井里挖出的土用绳子拉上来。我们干了一天活，天也快黑了，但还没收工。我想到老吴年纪大，身体更劳累，就走到他身边让他休息，尽管他很倔强，不肯休息，但我觉得这样做是应该的。在九连时，连里还让我看着批斗对象们学习。学习中，我只是静静地看着他们学，从未对他们刁难呵斥过。1983年曾三曾来我们单位，见到我时把手搭在我肩上说，那时小钮对我们好！

1973年，我到了五连和七连合并后的新二连，连里有个批斗对象叫晓兰，患有精神病，一天连里叫我陪她去进贤医院看病。从连队到医院要走十几里地，走一段路我就叫她坐下来休息一会儿，到了医院我让她坐着，自己去排队为她挂号。看完病，晓兰买了一摞油饼捧在手上，拉着我说：

◎ 笔者（后排右一）和五连五七战士的合影

“你吃！你吃！”我没吃她的油饼，但彼此之间却表达了感恩之心！时间过去50年了，但我仍对这些事记忆犹新！

我的父亲是张思德的战友，父亲常对我们说：“人心要实，火心要虚。”父母亲就总帮助人，同情弱者，做人实实在在，做事踏踏实实。我在五七学校时的表现与父母对我的言传身教是分不开的。

回京后我一直从事老干部服务管理工作，陪同80多岁的老同志去体检时，我不顾X光线辐射，去放射室照顾老同志。1995年、1996年我先后被评为中办先进工作者。去五七学校至今已过了50年，不论环境如何变化，人心总应是向善的。

学铸造与“土造”抽粪车

齐建国

1971年2月，我从五七中学三排毕业了，从此就算正式参加工作，部分同学分配到了五七工厂。

因陋就简学铸造

工厂设在原进贤财干校旧址，规模不大，可车、磨、铣、刨、钳、锻造、铸造、电焊、气焊等样样俱全。我和李春奇、孙燕龙，还有两个女生——张小莲和孙桂清一起被分到铸造班。我们班长胡和修是原中办机要干校的学员，黄建东是原机要局二处的工程师，还有一位女同志毕俊兰。

◎ 笔者与师傅黄建东（右二）及小五七战士的合影

我们几个小青年对铸造一无所知，老黄虽是机械工程师，但也从没干过铸造。不懂就学，就近的进贤县农机厂有个颇具规模的铸造车间，有一次老黄去现场参观，为了看清楚炼铁炉的结构，老黄爬到两层楼高的操作平台上，顺手打开了一个观察孔的小铁门，他刚要一探究竟，只听见“轰”的一声喷出一团火苗，立刻闻到一股毛发烧焦的味道，老黄眉毛烧没了，头发也烧焦了一层。我见到老黄的第一眼，就觉得他花白发黄的头发和光秃秃的眉毛有点怪，老黄隔着厚厚的白边近视眼镜憨厚地笑着给我讲了这段不久前刚刚发生的事。

铸造和锻造、焊接都属于金属热加工，铸造俗称翻砂，就是把熔化的金属浇铸到模型里，铸出各种形状复杂的零件。当时真是白手起家，一切因陋就简，老黄既是技术总监也是操作工，他给我们讲解铸造的原理、工艺流程和工艺技术，还手把手地教我们用一台自制的木工车床做木模。做泥芯和砂型也很有讲究，对沙子要求很高，既要有很好的透气性，又要有一定的黏性，太湿了不行，太干了也不行，一丁点儿也不能马虎。

经过一番准备，我们终于迎来了一次开炉。记得头天晚上加班，我和李春奇特别兴奋，一边干活一边大声高唱：“毛主席的战士最听党的话，哪里需要到哪里去呀，哪里艰苦哪儿安家……”

我们的铸造班和锻造班共用一个100多平方米的简陋大棚当车间，大棚三面围墙一面敞开，做好的砂型就在红石围起来的一个沙坑里。大棚外边，土造的化铁炉立在那里，共分三层，最底下是大铁水包，中层用汽油桶砌上耐火砖做炉身，最上层是烟囱。

开炉的那天，铁工班的师傅们都过来帮忙，炉膛里加满了焦炭和铁锭，老黄亲自点火，鼓风机开足马力，炉火熊熊燃烧，我们紧张忙碌着。两三个小时后，铁锭渐渐熔化成了铁水，缓缓流出来，大家两人抬一个小铁水包，必须快速准确地把铁水浇铸到砂型的浇口里，小铁水包也有100多斤重，加上1400多摄氏度的高温灼烤，难度可想而知，且有一定的危险，老五七战士就没让我们上手。一通忙碌，完成浇铸后，还得清理残存在炉子里的焦炭和铁渣。因为没有吊装设备，要用两根钢管抬杠，靠人力把中间的炉身抬起来，站远了用不上劲，站近了烤得人受不了，最后只好放弃，等它慢慢冷却下来。

可惜那批铸件合格率不高。其中最复杂的是插秧机齿轮箱，记得有一件加工出来用上了，其他的是皮带轮和粉碎机叶片，虽然能用，但是成本高不划算，以后就不再铸造了。回想当年五七战士真有一股子敢想敢干，不怕任何困难的英雄气概呢。

由于有过这段铸造工作实践，紧接着工厂派胡和修带着毕俊兰和我，为完成620项目铝合金铸件的铸造任务，到上海浦东航海仪器厂工作学习。浦东航海仪器厂是个军工厂，在这里我们看到了现代化的铸造生产线，生产计划性强，工作定时定量。虽然在“文化大革命”期间，经常有政治活动，但都是车间党支部主导，利用下班后的业余时间，工厂生产秩序比较正常。胡和修明确规定：“咱们的任务是确保620铸件，不介入工厂运动，不要随便说话。”我们每天和工人师傅一起上下班，一起干活，学了技术，

◎ 五七工厂铁工班的五七战士们

长了见识。经过两个月的努力，圆满完成了任务，和这批铸件一起回到五七工厂。

“土造”的真空抽粪车

在五七学校劳动最不愿意干的活，就是淘大粪了，对此我深有体会。

1971年，工厂在财干校时，菜班只有四个人，老班长屈显德和三个中年女同志——石淑娟、朱道珍和刘俊卿，要保障全连几十人吃菜，劳动力实在紧张，那年夏天连里派我到菜班帮忙。种菜离不开大粪，可是淘粪这活是个苦差事，又累、又脏、又臭。老班长手下就我一个年轻小伙子，每次淘粪二话不说我得主动承担这个任务。财干校厕所的粪池是露天的，日晒雨淋，夏天稍稍走近一点儿就听见“嗡嗡”的声音，一群硕大的绿头苍蝇往脸上撞，再近一点，一股浓烈的氨气味直刺鼻子，绝不是一个“臭”字能形容的，再看粪坑里和周遭爬满了蛆，实在让人恶心。那厕所在后院坡下墙根里，汽油桶改成的手推粪车只能停在坡上，先用木桶把粪挑上来倒进粪车里，因为满担的粪太重，一个人没法提起来倒进粪车，我最多每次挑半担，反复多次装满一车后拉到前院的菜地里去。我当时一边干活一边就梦想着，要是有一台淘粪的机器就好了。活干完了我衣服上溅的、蹭的都是大粪，浑身上下那股子味，把同宿舍一屋子人熏得一点脾气没有。

我在菜地干了两个月回到农机排，我们排的任务就是为五七学校修理和制造农机，当年像拖拉机、手扶拖拉机、联合收割机这样的大型农机需要购买，其他大量小型非标准农机都是五七工厂自己制造的，比如插秧机、脱粒机、饲料粉碎机、稻谷装包机等。我先学习修理农机，后来跟着师傅黄建东学习机械设计，参与了一些农机的设计制造。

我心里一直想着怎么解决淘粪难的问题，可总没有合适的设计方案。大约在1973年，偶然间我和师傅黄建东在农机资料上看到介绍简易真空抽粪原理的一个示意图，是利用手扶拖拉机发动机的进气系统抽取真空，达到抽粪的目的。师傅和我都惊喜于这个思路太有创意。把发动机当成真空泵用，只要有一台手扶拖拉机，自己做一个可以抽真空的大罐了，配上管道和阀门就能变成一辆真空抽粪车啦！我们也知道这样使用发动机肯定是不符合规范的，但是小心操作应该可以避免对发动机造成伤害，我们决定先做一台试试。

说干就干，师傅带着我加班加点设计方案，老黄勾草图我来画，一个星期拿出图纸。抽粪机的主体是一个容积大约1.5立方米的椭圆形大罐子，为了做这个大罐子，铁工班弟兄们动了很多脑筋，还专门自制了一台手动卷板机，这个罐子要求能承受一定的负压，顶上有密封的顶盖连接真空抽气管道，侧面有水位观察孔，下部有个150毫米的粪水出入口，用一个阀门控制，罐体内外都涂了好几层防锈底漆和沥青防腐漆。大罐子固定在一个自制的底盘上，挂在手扶拖拉机上，连接好真空抽气管，抽粪车就安装好了。

大家都期待着第一次试车，其实心里也存着悬念，究竟能不能把粪抽上来？发动机会不会因缺氧熄火？当我把抽粪软管插入粪池后，打开水阀，老黄把进气阀切换到密封大罐，这时罐内很快形成负压，圆形观察孔少许有点变形，粪水慢慢被抽上来，大家仔细观察着，罐子里水位越来越高，发动机开始缺氧，突突地喘着粗气、冒着黑烟，老黄赶快把进气阀切换回滤清器，发动机立刻恢复正常呼吸，我跟着关闭水阀，提起抽粪软管，再看罐子里已经八九成满，用了大约20分钟，试车成功了，大家都很开心。

我和李春奇开着这台抽粪车，到校部和农业连去演示，得到一致好评，后来又做了几台，基本满足了五七学校淘粪的需要。

那年9月9日想起一件儿时往事

王长庚

我从1969年11月来到江西进贤中办五七学校参加劳动，从田里挖沥干沟，到砖窑烧砖，在农业七连种田，抗过洪，抢过险，护过堤，救过火，再到工厂连，一直干到五七学校解散。在工厂里从农机修造到国防工办军工产品的加工，还有三车间初建时，很多晶体管生产设备，都是我们制造的，这些工作中都有我的汗水。

1976年9月9日那天，广播中传来低沉的哀乐声，播音员用沉痛的声音宣布，伟大领袖毛主席逝世了，毛主席永远离开我们的消息太令人震惊了！当时我的心情非常复杂和难过，我想起了童年时第一次见到毛主席的情景。

1960年初夏，我的父亲王和生在中南海警卫局甲区工作，他在紧张工作之余，还要抽出时间来照顾我生病的母亲杨竹云。

在三年困难时期，每家每户都在为吃不上饭发愁。我家也一样，因为生活上计划不周，经常断炊。

计划经济时代，每家的口粮都要严格计划才能吃到月底。我家是湖南人，习惯吃大米，每月就用粗粮票跟别人换大米票。面票和米票可一斤换一斤，粗粮票换米票就要两斤粗粮票换一斤大米票，长此以往家里的口粮就亏多了。父亲在中南海还有饭票可买饭，那也是他的口粮。有时他带回来米饭和一些荤菜，我们这些不懂事的孩子，总是把他带来的饭菜一扫而光，从没有注意父母吃过饭没有。

这天家里断炊了，离月底买粮还有两天，怎么办？中午饭时，父亲就把面袋底的一点面灰抖到锅里，做了点面糊汤喝，我和妹妹们都喊饿。

父亲二话没说，拿起一个帆布提包，拉着我到中南海丰泽园的路边，在砖缝里、树丛中挖野菜。在父亲的指点下，我认识了荠菜、苦菜、苋菜、

◎ 笔者（右二）的全家福

马齿苋，但是这些菜太少了。天气旱，荠菜出头打籽就老了，即使这样荠菜的两片绿叶也很珍贵，我们也能采来吃，只是荠菜叶子很稀少，不容易采到。

父亲和我挖了两个小时，也没挖到多少，何况80%的草要丢掉。我们准备继续挖一会儿，我和父亲分别在路两边挖。这时从大门里走出来一群人，中间一位身材魁梧的高个子伯伯，身旁身后跟着几位叔叔，高个子伯伯正跟身旁的叔叔说着话。快走到我跟前了，一个站在这群人边上的穿中山装的叔叔跑过来，把我拉了起来站在路的一边。我真不知道发生了什么事，两只眼睛盯着这群人，愣愣地发呆。

中间的高个子伯伯用我熟悉的湖南话，问他旁边的叔叔："这是哪个的细伢子？"我听了用手指着在路另一边挖野菜的父亲。这时父亲也看到了这边的情况，快步走了过来，告诉高个子伯伯："这是我的细伢子。"旁边一位叔叔还告诉他："你们是同乡呢！"

高个子伯伯和父亲面对面说了几句话，父亲把我拉过去让我叫伯伯。我胆小地叫了一声"伯伯"，就躲到父亲身后去了，还抓住父亲的衣服，探头看那高个子伯伯和父亲说话。父亲把包里刚挖的野菜拿给他看，高个子伯伯看后，马上让一位叔叔带我们去他们刚才出来的那座大门，又过了几个岗哨，走进一个园子。

这个园子里的花池，现在都成了菜地，整整齐齐种了不少蔬菜。在种菜的垄沟里有不少我们要的野菜。父亲和我就在那里挖了起来，一会儿工夫就

◎ 笔者的父亲王和生在中南海的留影（摄于1960年）

挖了大半帆布包。我看见不少长得像香菜的植物就拔了几根，父亲告诉我："这是胡萝卜缨子，也能吃。"我们又采了一些南瓜叶和马齿苋，很快包里就装满了。我们就提着这包野菜，经过一道道岗哨回到家中。

我母亲正半躺着，给我的两个妹妹讲故事。父亲坐到床边跟母亲说话，我跑到中间问父亲："今天那个伯伯是谁？"父亲对我说："是毛主席啊！他是我们的同乡，这些野菜就是在他居住的丰泽园内的菜园里采摘的。"

毛主席在我的眼里是和父亲一样的穿着中山装的普通人。但毛主席是中国人民的领袖，他管着国家大事，还要提醒周围的同志，别忘了为人民服务。他要以身作则，还要去关心他看到的人们。在这一件小事上，对我们家是很温暖的。

在那三年困难时期，毛主席和人民群众共渡难关，非常不易！这也是我儿时对毛主席的最深记忆。1976年9月9日，敬爱的毛主席永远离开了我们。这又唤起了我儿时在中南海见到毛主席的那段美好记忆。

我们这些生长在红墙内外的伙伴们，随父母走上了五七道路，在中办五七学校劳动工作近10年。1979年初中办五七学校撤销后，我们这些小五七才回到了北京。

我的篮球情结

于速荣

五七中学的文体活动

1970年秋，五七中学结束了原来的分散式办学模式，全部集中到红壤山的新校舍。校园里劳动的号子声、琅琅的读书声和文体活动的欢歌笑语逐渐替代了浓烈的政治氛围。从此，同学们才真正开始享受属于自己的精神生活。

文艺宣传队是五七中学精神生活的主力军，他们的演出，从田间到舞台，从校园到社会，随处可见。内容丰富多彩，形式不拘一格，表演精准到位，在全五七学校乃至进贤县都有非常棒的口碑。军事训练也是五七中学精神生活中特有的一部分，它以“九一三”事件为背景，属于政治任务。同学们经历了从内务整理、打背包训练、队列、匍匐前进、瞄准射击、投掷手榴弹，到频繁的夜间紧急集合、中短途急行军拉练等全部训练，从而达到锻造和完善自我的目的。

体育活动作为军事训练的补充，在当时也发挥了不可或缺的振奋精神的作用。同学们在军训、上课和劳动之余，可以参加自己喜爱的体育项目，如篮球、排球、乒乓球、田径和一些群众性的比赛活动。我和德英、孙秋杰、刘勇还参加了红壤山三个连队的乒乓球比赛，但战绩不佳。记得五七中学开过一次盛况空前的运动会，在得知我们排获得比赛总成绩第一的消息后，同学们个个喜出望外、眉开眼笑、如获至宝。

我第一次接触篮球

五七中学约在1971年成立了男女篮球队，董杨龙老师任领队兼教练，男队队长是李伟，女队队长记不清了。中学的篮球场是自然的红土地，只经过粗糙的找平和拍打处理。篮球架是校部木工组自制的，虽然算不上精致，但也能派上用场。

篮球队每星期训练一次，不下雨的时候会适当增加训练，“春插”“双抢”“秋收”等农忙季节就暂停训练。参加五七中学篮球队，是我有生以来第一次正式接触篮球，当时是十四五岁吧。我们的训练从零开始，原地拍球、运球、传球、跑位、接球、三步上篮、近距离蹭板投篮、中远距离投篮等，贾连长和董老师从实战出发，常教大家一些小技巧和简单的战术，每位球员都受益匪浅。

为了提升男女队员的能力，老师还有意安排成爱兵、荷名晞、李淑香、王莉四名女队员与我和李伟进行对抗训练。李伟是中学男队的佼佼者，身高1.8米，体格健壮，弹跳0.85米上下，百米速度12.9秒，在五七中学唯一的一次外战高桥中学的师生篮球友谊比赛中，也只有他才能发挥作用助老

◎ 笔者（前排左一）与五七学校的男篮队员们

师一臂之力，而我和其他队员却显得球技稚嫩，力不从心。从此，李伟成为我心中的榜样，而篮球则成为我精神上的伴侣。

1973年3月，五七中学一排和二排的27个男同学走上工作岗位，有司机、医生、木工、电工和放映员。第一年集中在一连锻炼，之后大家被分配到各个连队。尽管当时劳动强度很大，但大家还是积极挤时间参加体育活动，既锻炼身体，又愉悦心情，还能为一天的劳累之苦缓解压力，何乐而不为呢？

体育运动的力量是无穷的，据说工厂连在红壤山期间，遇到过一次较大的火情，在灭火过程中围墙忽然倒塌，致使个别反应慢的同志受伤。此事之后，教练张宪魁对女篮队员说："这次救火受伤者中没有女篮队员，说明大家在面对突发事件时反应敏捷、处置及时、动作协调，这就是体育训练和篮球运动带给你们的益处。"

参加校队县队，球技见长

1974年，我和李伟、龚建一同加入五七学校的校篮球队，并参加了进贤县的篮球赛。当时，校男子篮球队以中办机要局红旗队老同志为基础，李瑞春（二排李艳平同学的父亲，大家都叫他大春）身兼教练、队长两职。大春的篮球经验丰富、技术高超，打比赛灵活多变，他擅长的眼往右视、背后传球到左侧的标志动作，至今让我难以忘怀，他是全体篮球队员的偶像。

参加校篮球队后，集中训练的时间很有限，主要靠自己平日细心琢磨、刻苦训练、虚心请教模仿，篮球技术得到了长足进步。我的篮球首秀是在与县农机厂的一次比赛中，中场我被派上去担任左前锋，结果连续七次接长传快攻，直接突破对方人员的防守，一口气得到了14分，从而奠定了自己在校男篮的一席之地。

1974年，我被选入进贤县篮球队，由左前锋改打中锋，并参加了在宜黄县举办的抚州地区的篮球比赛。我在县队集训期间，县体委的同志告诉我，原计划把五七学校女篮主力队员全部选入县女队参加抚州地区比赛的，但你们五七学校以社会因素复杂和内部原因特殊为由，婉拒了此事。五七学校女篮最早是由工厂女篮为主组建的，队长李晓玉打中锋，李荣、杨博光打前锋，成宇、康援援为后卫，队员还有郑和平、赵美华、陈淑琴、李黎、白一清。参加县里的比赛时，原机要干校学员张瑞智会临时带着女队打。后来张瑞智离开了五七学校，李晓玉、李荣、郑和平、赵美华去了部队，女队又吸收了梁建英、刘静平、于小荣加入。据说，当时最吸引进贤老表眼球的就是观赏五七学校女篮比赛，一是她们球打得好，二是北京来的姑娘个个都漂亮。

我经过专区级的篮球赛事以后，从理念到技术再到战术，从身体素质到对抗能力，从经验积累到实战应用，都获得了质的飞跃。70年代中后期，在京机关工作人员开始分期分批到五七学校轮训，机要局的王林老师第二次到校，他为我们讲述了不少北京篮球国际赛事的精彩片段，并传授了一些新的技术动作，比如后仰身投篮、后撤步投篮和急转身运球等。

那时，打篮球就像着迷似的，不管工作多苦多累多紧张，自己挤时间都要坚持篮球动作练习和腰腿部力量训练，就连在防洪抢险的大堤上还能每天把李伯浪或袁宝桐扛在肩上做下蹲运动。功夫不负有心人，在全五七学校的篮球比赛中，我们司机连还拿到了冠军。后来，五七学校男女篮球队全部由小五七战士组成，偶尔会借用个别轮训人员，男队主力阵容是：孙燕龙和李伟分别为左、右前锋，龚建和范越为后卫，我司职中锋，队员还有李小健、马俊杰、杨阳、刘勇、董晓荣和大会堂的于建华等；女队主力队员中锋康援援任队长、杨博光为前锋、成宇为后卫，还有大会堂的袁传荣与钓鱼台小段等。我在担任男篮队长的同时，还兼任校男、女篮球队的教练，具体负责球队的训练和技术、战术指导，当时江西省流行“3—1—1”全场紧逼防守及破除的战术。为了掌握该战术压迫性强、反应灵敏、动作迅速的特点，男队还专门组成了适应此战法的小个子阵容，女队也重点练习了破除全场紧逼的战术。在与江西省909地质大队的女篮比赛中，对方突然采取全场紧逼防守，我方及时布置应对，暂停后女篮队员执行意图坚决，跑位得当，掩护到位，远投及篮下连续命中，技术发挥和战术运用都相当出色，对方被迫收手调整防守策略。

五七学校后期的各类篮球赛事逐渐多了起来，我们经常与当地的测绘队、导弹营、省第二造纸厂进行比赛，还与抚州军分区、南昌柴油机厂的篮球队进行过比赛。江西省拖拉机厂男女篮球队曾经与五七学校男女篮球队约过一次比赛，比赛时间是1976年9月9日晚19时。为了此战，原校队队员提前几天就进行了集训，并计划在比赛当日从轮训人员中借调几个篮球打得好的人充实球队（大会堂和八三四一部队的），准备大干一场。记得在比赛日那天我身上起了风疹，政工组的王大印一面鼓励我坚持参赛，一面还安排我去校医务室输了液。下午3点多钟，传来毛泽东主席逝世的噩耗，这场篮球比赛也随之终止了。大家非常遗憾，也特别难忘！

入选抚州地区男篮，参加全省运动会

1978年，我被选入抚州地区篮球队，参加了江西省第五届运动会篮球比赛。在地区队集训期间，还到福建省分别与厦门市队、漳州市队和当地驻军部队篮球队进行了多场比赛。抚州地区篮球队的后卫是省队最优秀的控卫，还有两名省体校的绝对主力，他们都有童子功，很小就开始练球了，因此球性和球技自然要高过我们这些半路出道的野路子队员。

在南昌与省军区队的比赛中，我脑海里偶然闪现出“复仇”两个字。此事的起因是这样的：有一次江西省军区队途经进贤，与县队进行了一场比赛，双方的水平不在同一级别，差距非常悬殊，军区队的快攻势如破竹，让我们眼花缭乱、应接不暇，我还被人家的张姓主力中锋给了一个大帽，真觉得丢人。而这次参加省运动会篮球赛恰逢省军区队，在场上又正好对位那个张姓中锋，心想得给他点颜色瞧瞧，以报一帽之仇。我在三秒区左侧腰部接到队友的传球，撑开双臂虚晃两下就摆脱了对方的防守，轻松把球送入了篮筐，嘴里还不由自主地发出“两分”的声音。在我窃喜之时，裁判的哨声忽然响了起来，判我动作过大犯规，两分无效，结果让我空欢喜了一场！我一直认为这个犯规是误判，因为我在晃过对手时几乎没有触碰防守人员。也许是裁判为了保护省队的主力中锋，也许是其所处的位置出现了盲点，也许……

1978年12月，党的十一届三中全会在京召开，全会实现了思想路线、政治路线和组织路线的“拨乱反正”，中央办公厅即刻作出撤销五七学校的决定。

1979年初，我们告别煎熬10年之久的江西，重新回到北京。在尚未分配工作期间，我们男篮还同大会堂、八三四一部队和管理局的球队进行过比赛。不久，我被分配到北京医疗器械公司，参加了全仪表局系统的篮球比赛。随着北京市的机构调整，医疗器械公司划归新组建的北京市医药总公司，我作为该公司篮球队的主力队员，又参加了北京市职工篮球赛。北京市职工篮球赛藏龙卧虎，有很多从专业和半专业球队下来的队员，很多大型国有企业为了获取赛事的优异成绩，不惜下本钱招募这部分人，据说不论他们到哪里，接收单位都会给出四级工的工资待遇。由此可见，篮球还真是魅力无穷。

如今的NBA、CBA等很多的体育赛事的确让我们大饱眼福，但始终让我无法割舍的还是自己十四五岁在赣习球的那段经历。到了耳顺之年，我仍常常忆起那些懵懵懂懂的人与事，这大概就是一直埋藏心底的篮球情结，虽然平淡无光，但它的确见证了我从芳华年代起始的精神生活……

干校"戏"缘

刘东平

1969年12月20日，我们乘坐中办家属专列从北京出发，前往江西进贤的五七干校。当时一路同行的五七小友还有不少，像孙淑娟、曹小宁、梁燕、谭路等。这是我13岁以来路途最长的旅行，从北方到南方，从黄土地走进了红土地。这次长途之旅，也成了我在干校10年青春岁月的起点。

到干校后演的第一场戏

到了干校的第一天，从校部一直走到了父亲所在的连队。连队里的生活条件极其简陋，大家都住在砖搭的简易集体宿舍，过着吃饭劳动睡觉都在一起的大集体生活。

而刚去干校的我觉得一切都很新鲜，叔叔阿姨们早没有了在北京时的干部模样，穿着破衣，吃着大锅饭，干着重体力活。当时大多数人内心是怎么想的不太清楚，但表面上看去精神饱满而乐观。

到连队的第一天，就看到连队大人们正在排演节目，准备春节的文艺演出。我正好在连里也没事，就被拉到了排练现场看热闹。演妈妈的巩若英阿姨一眼就看到了我，说："嗨，这戏里正好缺一个演女儿的呢，干脆就让小东平来吧。"

后来我才知道，这个戏的编剧就是大名鼎鼎的东升，他还非常认真地考察了我一番，然后才点头同意。巩若英"妈妈"很热情，手把手地教我怎么演。而那位演爸爸的印刷厂王姓叔叔也很随和，这个临时组合的家庭就这么随戏诞生了。

演的剧情和剧名有点记不清了，大概是讲爸爸到干校劳动锻炼，收获很大，就动员妈妈带孩子一起来干校，支持他走五七道路。妈妈开始对去干校劳动有些不理解，通过爸爸的宣传讲解，妈妈的思想发生了转变，心情舒畅地带着女儿来到了干校。对话介绍了在五七干校干部的收获，改变了以往的“官老爷”作风。

记得东升不仅是这个戏的编剧，还是导演。他很认真，一边帮助我们排练，一边不时地修改剧本台词。那时我并不知道他曾经是胡乔木的秘书和大笔杆子，写过不少有名的话剧，更没想到，上完大学，进了杂志社，还和他的前夫人同在一个单位，成了她的下属。

我就这样无意识地加入了演戏队伍，有模有样地演了起来。由于没什么拘束，好像“玩”一样，几天工夫就很轻松地排演下来了。春节前夕的一天，这台小戏还登上了县礼堂的大舞台，得到了连队叔叔阿姨们的夸奖。从此，我在干校就和演戏结下了缘。

初演《红灯记》折子戏

不久，五七中学在县中学开办，我们这些在北京没读完初中的孩子就入了五七中学。开学不过几个月，在“开门办学”口号的号召下，学校各班就拆成小组，下到农业连参加劳动了。我和同学去了七连，在那里参加完“双抢”，就接到了政治演出任务。为庆祝国庆，普及当时大红大紫的样板戏，五七学校决定排演《红灯记》片段。

◎ 1972年，笔者在进贤县礼堂清唱样板戏

一天，老师通知我去四连开会，我去了那里一看，干校宣传队的文艺骨干们都到场了。王建军、

张瑞智、吴兴宏、宋继军、张宝田、小秦、李明等，挤了满满一屋了。政工组长杨树田做动员，说干校一定要为全县样板戏的宣传做个榜样，一定要排演出一台高质量的样板戏来。

之后，就进行了具体的分工安排。其他的事情没有记住，只记得当时组成两个班组，同时排练，哪个班组演得好就由哪个组上台。当时宣布的是我跟九连的小秦搭档为B组，她演奶奶，我演铁梅；A组是王建军和张瑞智搭档，王演奶奶，张演铁梅。

我们两个组的演员都很认真刻苦，在当时只有收音机的条件下，我们就跟着收音机一遍遍地学唱，不厌其烦，甚至连吃饭、睡觉都在琢磨着唱腔、台词，琢磨怎么唱好、演好。

大约半个月过去了，两个组都排练好了，学校领导要来审查排练成果。那天，大家都很紧张，因为五七学校还是第一次正儿八经地排练样板戏折子戏呢。看了电视剧《激情燃烧的岁月2》，里面排练的场面就有点当年的那个劲头。

演完之后，我们就等着领导们裁决了。没想到，领导们根据实际演出效果，商量了一番，作出了出乎意料的决定。把A组和B组打乱，重新组合，我和王建军老师搭档，她演奶奶，我演铁梅，成了A组。李玉和则由张兴邦饰演。

王建军老师是我很佩服的干校名角，能唱能演能编，是个全能人才。能和她搭档演出，我感到很兴奋，很愿意在她的指导下提高我的唱功和演技。由此也开始了我们重新组合后的排练。

拍戏过程中，我确实从王老师那里学到了不少东西，她唱腔准确，饱含激情，表演惟妙惟肖，很有章法，也很有创意，既符合样板戏的原版，也有个人的风格特点，跟她搭戏使我受益匪浅。

为了这个样板戏，干校领导也投入不少钱，专门去省里买了李铁梅、李玉和等人的服装和演出道具，还制作了一整套演出布景。

真是功夫不负有心人，《红灯记》在进贤县礼堂的第一场演出就一炮走红，轰动了干校和进贤县，此后《红灯记》还成了五七干校的招牌戏，走到哪里演到哪里，成为五七干校宣传毛泽东思想的形象工程。

演完戏后，我从五七中学一回到爸爸的连队，连里的叔叔阿姨们就招呼说："小铁梅回来啦！"校长李树槐见了我还开玩笑说："有人看了咱干校演的《红灯记》，说演铁梅的挺像刘长瑜，是不是刘长瑜的妹妹啊？"他的话把大伙儿都逗乐了。

不管怎么说，这次演样板戏的成功的确激发了我对文艺的兴趣和热爱，此后在干校也不断发挥文艺才能。

随校宣传队赴井冈山演出

《红灯记》一炮走红后，便开始在进贤县内外巡演，意在宣传毛泽东思想，宣传革命样板戏。历次演出过程中发生的一些趣事我还依稀记得。

有一次，在县广场的露天舞台演戏。我往台下一看，观众挤得满满的，黑压压一片。可是天公不作美，演出当中下起了大雨。演员们没有退阵，在风雨里继续演，演完下来都淋成了"落汤鸡"。台下的观众也很配合，打着雨伞，戴着斗笠，穿着蓑衣，继续观看。如此的热情，如此的"观戏若渴"，现在恐怕无论如何也不会有了。

1970年冬天，干校组织去井冈山接受革命传统教育，并决定带学校宣传队一同前往，广泛宣传毛泽东思想和样板戏，也扩大干校在地方上的影响力，于是我又被临时从五七中学抽出来，去了井冈山。

没想到刚一进山，就遇到了危险。井冈山山高林密，盘山公路非常陡峭，经常有连续的大弯道。不知怎么的，我们乘坐的汽车在盘山公路的一个拐弯处，突然与迎面开来的大卡车相撞，我们的车被撞得歪倒在山根上，好在司机刹车及时才没有人受重伤。大家从歪倒的车里爬出来，一个个惊魂未定。再看看山路外侧就是万丈深渊，不由得倒吸一口冷气，如果我们

◎ 1970年11月，笔者随干校宣传队赴井冈山演出途中在安源合影留念，图为宣传队女队员们

的车是在山道外侧行驶，一撞车，那我们这一车人不就全部“报销”在万丈深渊了嘛！现在想想还后怕呢。可以想见，当时去井冈山的路是何等艰险，哪能想到今天，飞机、火车直达，旅游大巴如履平地，山上山下游人如织呢。

到了井冈山，马上准备晚上的首场演出，地点就在茨坪人民剧院。剧场不大，但设施要比进贤县优越得多，据说毛泽东等中共领袖们上井冈山开会、看戏都在这里，怎么能差呢？

据说晚上江西省的领导来观看演出，宣传队员们心里还是有点紧张和压力的。虽然戏早已演得滚瓜烂熟，但由于场地不熟，布景道具也都有所变化，个别演员也作了调配，所以大家还是认真彩排，不敢有一点疏漏。

没想到，来井冈山的第一场戏还是出了不少纰漏。在《红灯记》的一场戏中，邻居大婶来到铁梅家，有句对话说“有堵墙是两家，拆了墙咱们就是一家人啊”，结果扮演邻居大婶的演员一紧张，台词说反了，成了“有堵墙是一家，拆了墙咱们就是两家人啊”。

那时候的观众对样板戏太熟悉了，几乎每句台词都能背。台上演，台下呼应。结果就因为这一句错的台词，引起了不小的骚动，只见台下交头接耳、议论纷纷，过了好一阵才安静下来。这一阵骚动弄得我们这些演员也有点儿六神无主，演出情绪和效果都受到了影响。

演出结束后，大家心情惴惴不安：头场戏就演砸了。更令人不安的是，还听到当地人们议论说：是不是《红灯记》的台词改了呢，中央来的戏班子还能有错嘛！

这话听来可笑，却足见当时的中央办公厅五七学校在地方上还是颇具影响力的，说错的台词都能被当成真的。这样的情景在今天难以想象，一是样板戏几乎到了人人皆能背唱的普及程度，二是中办干校的一支业余宣传队也能有如此的影响力。

填词作曲，发表在《五七路上》

1972年初，我们从农业连队被招进了干校工厂，开始了工厂连的劳动和生活。劳动之余，积极筹备干校和工厂每年的节庆文艺演出，仍是我的业余工作和兴趣爱好，也算由戏缘引发而来的吧。

记得当时文化生活贫乏，可看的书很少，可听的歌更少，电台里每天播放的那几个样板戏听都听得腻烦了。“九一三”事件后，政治形势松动，电台的文艺节目和新歌也渐渐多了起来。我们几个小工人，跟“风”很快，一听到广播里有新歌，马上回来对着收音机记谱、记词，一首新歌很快就被“复制”出来。

那时电台正广播一首藏族新歌《金珠玛米亚古都》，音乐欢快悠扬，很适合表演。我一下来了灵感，赶快复制排演，准备国庆节搬上干校舞台。

我反复收听广播，连夜抄谱记词，复制了歌曲，然后找来晓玉、梅梅、未红、汉平等，排练女声版《金珠玛米亚古都》，国庆节在县礼堂演出，大家看了都觉得《金珠玛米亚古都》清新欢快，流动着一股青春气息。

现在回忆起来，在当时八个样板戏当道的年代，一首新歌，就像一股清风，吹拂着年轻人的心，正如现在的年轻人对当红流行歌曲一样痴迷。

记得当时电台还流行了一阵马增蕙演唱的单弦，我也很感兴趣，马上和翟晓云合作，她写词，我谱曲，来了一段单弦新唱《战洪水》，在工厂的食堂现场演出，也得到了形式新颖的好评。后来又排演了《长征组歌》合唱，创作排演了舞蹈《五七工人》等。

文艺创作演出给了我们自信，后来学校让我们工厂连也搞些文艺创作，校办刊物《五七路上》也需要刊登一些文艺作品。

年轻人敢想敢干，说干就干。记得当时曹小宁去学校开会，回来传达了这一精神，就召集我和翟晓云商议，是否写一首歌曲，反映我们小五七战士的生活。

于是我们几个人就干开了。善于写诗的翟晓云先写了两段歌词，然后几个人一起讨论修改，我再根据歌词谱曲，大家再一起修改。一首名为《前进在光辉的五 · 七道路上》的歌曲，很快创作出来了，并得到了学校文艺指导吴兴宏的首肯。随后便以宁东云为笔名，在《五七路上》上发表。

现在想想有点不可思议，我从没学过作曲，就敢谱，说是谱曲，其实不过是凭着对音乐的直觉，随意唱就。

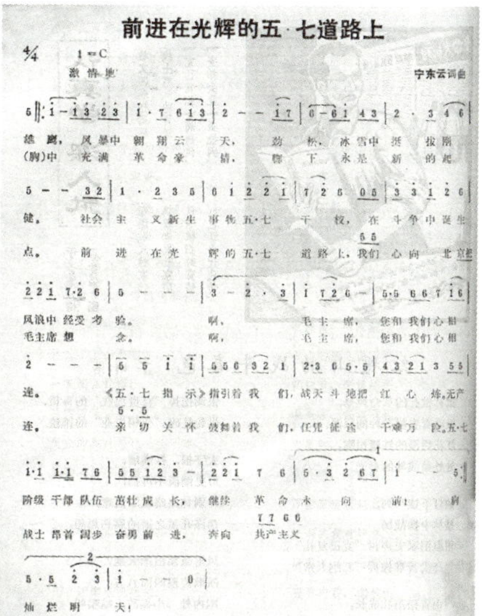

◎ 歌曲

但那是年轻、兴趣使然。

电影《熔炉》中的演唱镜头

1976年，干校的一件大事就是中央新闻电影制片厂来拍摄纪录片《熔炉》。为了这项政治任务，全校上下动员，积极配合，干校不仅写了电影脚本，还组织拍摄了许多场戏的镜头。记得工厂连指导员陈虎阁告诉我，电影里需要配唱一首歌曲，干校决定由我来演唱。当时接手这件事我感到很有压力，因为以前大多是唱样板戏，戏和歌毕竟不同，而且这次还要上电影。但又一想，就当作一次学习吧，尽量完成好任务就是了。

新影厂派了一位张老师，专门辅导我如何唱好这首歌。张老师是这首歌的词曲作者，因此辅导得很到位，我很快掌握了这首带有江西民歌风味的歌曲，能熟练地唱下来了。

忙乎了好一阵，终于等到了9月的一天，要去江西省歌舞团的录音棚正式录音。车到录音棚，人家早已经做了一些准备。我上去就唱了一遍，不行，再唱，还没有过关。那一天，反反复复不知唱了多少遍，因为他们要看录音的效果如何，反复调试，这才让我知道了录唱一首歌曲的程序如此复杂，非常不容易。为了达到比较好的音质效果，要加许多人工效果，如回声、颤音等。

从早上9点多一直录到了晚上9点多，一首歌才算录制完成，我们累得够呛，特别是总指挥总调度张老师更是辛苦，忙前忙后，一点也不得闲。直到录音完毕，他才算松了一口气，大家决定到饭馆好好吃一顿，庆贺录音工作顺利完成。

那顿晚餐，拿出了好几瓶酒，都是名酒，有山西的竹叶青、江西的四特酒等。结果张老师一高兴撒开了喝，喝了不止一瓶，当场就醉倒在了餐桌上，又吐又说胡话，几乎不省人事。弄得大家本来挺高兴的，但这会儿又都担心起张老师的身体，生怕他为了一次录音，喝坏了身子，回去没法交代。

之后的现场拍摄又是一场戏，按导演的要求，事先准备了一块收割完的稻田，还开来一台大型联合收割机当背景，然后五七战士们三三两两到田间地头休息，“进场”听唱。我也特意按要求化了妆，上身穿一件格子衬衫，下身穿一条绿色军裤，身背一顶新草帽，这一身行头都是临时借来的。就这样假模假样地进了场地，按照导演的要求，听着录音带对口型。这还是我第一次“假唱”，感觉有劲使不上，很别扭，表演也显得做作、不自然。

看来，假唱还真不是后来流行歌星的首创，我在70年代的干校期间，就意外地赶上了这么一回。但按照当时极左的概念，假戏真做，渲染夸张，留下的纪录片，早已背离了真实，只能算是一个为政治服务的典型宣传品。但它的价值在于，为后人留下了一份了解“文化大革命”时代五七干校的不可多得的历史影像资料。

◎ 1977年拍摄《熔炉》中的镜头

离开进贤前的最后一台戏

粉碎“四人帮”后，按毛主席的既定方针，华国锋出任党中央和国家主要领导人。后来考学政策有所松动，干校的年轻人出于对前途的考虑，纷纷准备报考大学。

一天，干校政工组找我，布置了一项特殊任务。说县里为了庆祝粉碎“四人帮”和华主席视察进贤6周年，准备搞一台专题文艺晚会，全部由县里从各个单位抽调人员参加排练演出，咱们干校决定派你代表干校参加这台演出，一定要注意影响，这关系到干校的形象。

这台晚会搞得很隆重，全体演员集中到县里，集体吃住、排练了一个多月，节目全部由县里的文艺人才编演。记得我参加了独唱、表演唱、集体舞蹈等节目，整个是一台歌颂英明领袖华主席的演出。那时在人们的概念中，华主席是毛主席选定的接班人，所以人们就像敬仰毛主席一样歌颂华主席的功德。这场政治色彩极浓厚的文艺演出，除了在县里演外，还上至省城南昌、下到基层农村巡演了多场，以表达进贤人民紧跟以华主席为首的党中央的决心和态势。

◎ 1977年夏，笔者（左二）参加进贤县纪念华主席视察进贤县6周年文艺专场演出

现在回忆起来，当时“文化大革命”虽然已结束，但思想意识还是沿用了“文化大革命”的那一套，一切照过去的方针办，坚决拥护华主席，紧跟华主席向前进。

1977年的这场演出结束后，不过一年的时间，我们就离开了进贤，赴南昌上大学了。这是我在干校期间的最后一次演戏经历。

转瞬30年，弹指一挥间。这段“戏缘”早已如人生陈酿，久久埋藏于心底了。今天，趁编印干校回忆文集的契机，我翻出记忆，稍加清点，也算是干校小五七集体回忆中的一段个人小曲吧。

我们第一次烧锅炉

张小莲

1969年至1979年，我在中办五七学校生活劳动了10年。这期间，我上过中学，种过水稻，种过菜，养过猪，还从事了半导体晶体管的烧结工作。

在五七学校的生活是难以忘怀的，小五七战士的生活虽然清苦、劳累，但是也充满了新奇、快乐，有一段有趣的往事令我终生难忘。

当时为了长期办五七学校，学校的生活条件逐渐有些改善，工厂连还专门修建了洗澡堂，每隔一周大家可以洗一次澡，由各班自己派人烧锅炉。

记得那是1975年的一天，三车间八班安排我和李晓光第二天烧锅炉。作为小五七战士，那是我平生第一次体验烧锅炉的工作，心里既兴奋又紧张，兴奋的是能亲自动手烧锅炉，让大家洗澡；紧张的是如果水烧得不热，大家洗不好澡，埋怨我们怎么办？左思右想，我一夜没睡好觉。

◎ 笔者（左三）和五七工厂战友

第二天，天刚蒙蒙亮，我和李晓光就起床了，穿上蓝色的工作服，戴好工作帽，凭着小五七战士的热情，开始了烧锅炉的工作。我和晓光把煤一铲一铲地装上了车，这满满一车煤真够重的，很不好推，两轮的铁皮煤车，平衡不好掌握，我和晓光十分费力地推车，边推车边喊："劳驾，让一让，靠边，别撞着。"这时，我们不由得抬头一看，前方路上，一个人影也没有，因为天太早，大家都还没起床，此情此景，把我们自己都逗笑了。其实，我们大声吆喝就是为了给自己鼓劲、壮胆。就这样，我们推着满满一车煤，一路歪歪扭扭、磕磕绊绊地到了锅炉房。

我们心里只有一个念头：把火烧旺，把水烧得越热越好，让大家洗一个舒服的热水澡。当时我们只顾一个劲地往锅炉里填煤，却忽略了重要的一点，就是随时观察锅炉的温度表。如今洗澡水需要经冷、热水管两个管道，经过一个混合装置，使冷、热水混合调和后，达到合适的水温，才能使用。而那个年代，只有热水管一个管道，锅炉房烧多热的水，就洗多热的水，没有其他办法调节冷热水。当时我们不断往锅炉里填煤，温度已经

◎ 作者和小五七战士在井冈山

在不断升高了，我们却没有察觉。

正好这时五七学校的生产组长成元功叔叔路过锅炉房，他进来一看，是我们俩在烧锅炉。他询问我们烧煤的情况、水温多少、温度表显示多少摄氏度。他亲自查看温度表后，吓了一跳！大声说：“水都快开锅了，这么高的水温洗澡，人哪能受得了？”

这时，只听见洗澡的人在喊：“水太烫了！谁烧的水？都洗脱皮了！”这么一喊，把我们吓得不轻，这下闯祸了！成元功叔叔安慰我们：别害怕，烧锅炉要边填煤边注意看温度表，否则，烧得温度过高，人的皮肤受不了，锅炉也容易出危险。你们以前没干过，以后注意就行了。现在可以把火封好，这样锅炉的水温就会慢慢降下来，形成一定的恒温，大家就可以放心洗澡了。好在有惊无险，大家洗澡没出什么大问题。我们从心里感谢成元功叔叔的帮助。

其实，一开始工作前，锅炉师傅就跟我们讲了烧锅炉的注意事项，只是当时并不太懂，也没用心记。有了这第一次烧锅炉的经历，我们在实践中学习并增长了经验。

收拾好锅炉房，我和晓光一路没怎么说话，怕碰到别人问起此事。我们心情很复杂，既觉得对不起大家，又觉得好笑。回到宿舍，一看没人，我们俩终于忍不住，大笑起来。过了一会儿，洗澡的人陆续回到宿舍，问起此事，我们也只是支支吾吾，不敢多说。此时，我和晓光才去洗澡，整个洗澡房里，只有我们两个人，不时传出笑声和哗哗的流水声。

这段有趣的往事已经过去了数十年。每当我们提起此事，都会情不自禁地捧腹大笑。笑声中透出过去的年轻、今天的成熟。这段经历，已成为有趣的往事，它将伴随我们一生。

“横渡”青岚湖

李晓光

聚会后几次提笔想写点什么，但往事千头万绪，又自觉文字水平太低，不知怎样起笔，犹豫再三还是鼓起勇气，讲讲这件亲身经历的故事，与大家分享当时惊险的一幕。

江西的夏天只能用“酷热”来形容，记不清是哪一年哪一天，只记得是炎热得让人受不了的一天。工厂连已经从红壤山搬到了进贤县，校部旁边就是美丽的青岚湖。夏天青岚湖吸引着周边扛不住热、需要降温的人们。在那个年代，当地女人很少在众目睽睽之下下河泡澡，只有男人才到桥头河边冲凉解暑。我们这些五七“阁老”可不论这一套，经常成群结队地去游泳。记得那天实在耐不住热，我与李小雪相约去青岚湖游泳，换好游泳衣，披上雨衣就出发了。对于从小在中南海长大的李小雪来说，青岚湖这

◎ 1976年，笔者（前排左二）和小五七战士参观井冈山的合影

◎ 笔者在五七工厂晶体管车间工作

汪水对她是享受，可我从没有受过正规的游泳训练，是只会在北京的游泳池里瞎扑腾的“旱鸭子”，面对这么大的湖面，已属于溜边不敢往湖里游半步的胆小鬼。游了一会儿，李小雪感到不过瘾，动员我往河对岸游，但我心里有数，我这水平绝对游不到对岸。我俩估摸了半天：湖面究竟有多宽，要游多远？就是下不了决心。小雪问我会踩水吗？我说我短时间沉不下去。我们约定，我游不动时她救我，我心里才踏实点。这时，工厂连水性好的一些人已经游到了河对岸，直冲我们招手。我心里打鼓，犹豫再三，终于经不住小雪的软磨硬泡，一咬牙豁出去了，起脚跟着李小雪向河对岸冲。

会游泳的人换气游，不费力，游得远，我怕鼻子耳朵进水，永远把头挺在水面上，这样也可以看到周围的情况，感觉安全些。但是游不了多远体力就跟不上了，加上边游边说话，只感觉身体越来越沉。小雪在一边撒着欢地游，我让她帮我，她就是不靠近我，还一个劲儿地逗笑，我终于游不动了。我想改变姿势，缓解一下疲劳，谁想刚一站立，“咚”的一下子脚板够不着底，脑袋也沉入水中，立马把我吓蒙：这走船的大通道水到底有多深啊？瞬间脑子里像过电影一样很快地闪过：我真后悔跟着小雪过来，万一我游不动沉下去了，她怎么救我？她也是个孩子，还是个女孩子，我要是就这样死了算咋回事呢？父母也承受不住这样的打击啊。越想越害怕，求生的本能使我挣扎着调整姿势拼命往前游。现在想想都可笑，我最后那几下扑腾哪里是游泳，要说是狗刨、踩水都不像，说不清，手脚一通乱划拉，感觉身体越来越重，越着急越往下沉，到最后感觉身体都竖起来了，根本不是游。最后在李小雪连说带笑的鼓励下，终于挣扎到了河对岸。只可惜当年还没有手机，这痛苦的表情和可笑的姿势没能留下一点影像。惊恐上岸的我，当时只看到已经有几个人坐在大堤边上休息，记得薛梅梅还对我说：“你的嘴唇都紫了。”估计那就是缺氧吧？我大口大口地喘着粗气，心跳飞快，腿都软了，瘫坐在地上。这场惊吓，当时好多细节都回忆不起来了，后怕呀。一阵笑谈之后又休息了一下，突然想起，回程怎么办呢？恐惧感一下子又涌上心头，我表示坚决不能游回去，那简直就是送死。但眼前只有两条路，不游回去就只能走大路，从县城边上绕回去。可我们所有的衣服、鞋都在河对岸，只穿着游泳衣光着脚走回宿舍，谈何容易？况且按当地的风俗女人都不下水，我们怎么能以这种打扮大摇大摆地出现在街面上呢，那不是会遭白眼，让人笑话吗？思来想去，斗争了半天，加上大家的鼓励——能游就游回去，于是我鼓足勇气，战战兢兢，二次下水。好歹还有刚才的经验，惊恐之中手忙脚乱，总算没再遇险。事后真想不起是怎样上岸的。庆幸的是，“旱鸭子”自己游回来了！

“一朝被蛇咬，十年怕井绳。”领教了这生死瞬间，以后再去青岚湖游泳，还真没有勇气再游到河对岸了，只是在湖边玩水罢了。

在五七学校经历高考的那段日子

刘东平

小学校里的高考考场

1978年7月20日清晨，我一早就去食堂吃好饭，然后和五七工厂参加1978年高考的青工一起赶往进贤县的一所小学（好像是县城边上的板桥小学）。考生来得真不少，除了五七学校的考生外，还有进贤县的考生。大家按照准考证号进入不同的教室。

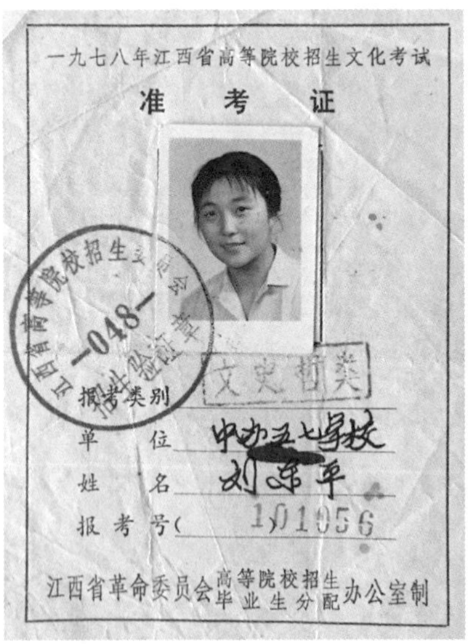
一九七八年江西省高等院校招生文化考试

准考证

报考类别 文史哲类

单位 中办五七学校

姓名 刘东平

报考号 101056

江西省革命委员会高等院校招生毕业生分配办公室制

◎ 准考证

我们那间教室非常简陋，地面铺的是青砖，有点高低不平，木课桌，两人坐一长条木凳，身子一动木凳也跟着摇晃，教室前面的墙上是水泥黑板，水泥抹得不够平展，还能看出些水泥的抹痕。

我参加的是文科考试，那年是恢复高考后全国首次统一试卷考试。每个教室有一位监考老师，负责收发考卷和巡查。开考的铃声响后，一摞刚拆封的考卷很快发到每个考生手里。刚发考卷时我内心真有几分紧张，整个教室鸦雀无声，只听到考卷纸张的哗哗响动，当时心里一个劲犯嘀咕，真不知啥难题在等着我们呢！

第一门考的是政治。有五七学校数年来政治学习的功底，再加上高考政治大纲的复习，答起题来还算顺畅。

第二天上午考数学，这可遭遇了我的短板。仅有初一数学基础的我，看考卷上的各种试题就像看天书似的，根本无从下手，只能猜谜似的蒙了几道选择题，做了一道二元一次方程的应用题，剩下的时间只得在那里呆坐。此时真后悔自己没有先见之明，以前没多学些数学。

第三天上午考语文，这可是文科考试的重中之重，考试时间也比其他科目多半个小时。可是语文考卷的作文题却出乎我的意料，给出的是一篇题为“速度问题是一个政治问题”的文章，要考生根据文章主题和段落大意，概括出它的主要论点和各段落的主要意思，用自己的语言重新组织一篇短文。这让我们在复习中练习的“最难忘的……”“最敬重的……”“最喜爱的……”等作文题目都落了空，只能临场发挥，看平日积累的功力了。

好在我平日经常写学习笔记，一般的概括、提炼还能应付，也就没太费劲地完成了作文。其实在今天看来，如此作文题连初中生都会觉得太容易，而当时全国高考就是这样的水准，“文化大革命”带来的文化倒退和失落令人嗟叹。

考地理和历史时，会做的题目就尽可能发挥，不会或生疏的题目就慢慢答，这样考试时间也就刚够，铃声响了匆匆交卷。回来的路上大家还在议论哪道题答得不够圆满、叙述得不够完善。其实今天来看，这都是初中水准的史地知识，而我们那时所谓的初中毕业生，在五七中学一年多时间基本没上过地理历史课，语文课也多是念报纸和写大批判稿，今天想来真有点不可思议，而当时极左的政治环境和气氛就是这样，真是文化荒漠之境贻害一代人啊。

第三天下午考外语（英语或日语），不是必考科目，我们这些根本没学过外语的考生只好选择放弃。回去等待考试成绩了。

懵懂去上海考音乐学院

回想8个月前的1977年末，我还经历了一次高考。那是粉碎“四人帮”后的第一次高考。

记得1977年10月21日，报纸、广播中刚刚公布恢复高考制度、凡符合年龄和基本条件的青年都可以报考高等院校，统一考试择优录取的消息。这一大好消息像一声春雷，在五七工厂的青工中引起强烈震动，大家都在议论纷纷。

“文化大革命”期间正是我们这一代求学的年龄，大动荡的年代让我们失去了正规的上学机会，几近成了文盲。虽说1972年后也曾有大学招收工农兵学员，但名额极少，还要经领导严格挑选和政治审查。尽管我一直渴望上大学，但没去报名，也不想给领导添麻烦。

而这次恢复高考的消息，瞬间点燃了全国亿万青年的学习激情！这是一次凭文化知识考试、公平检验知识水准的良机。尽管77届高考还有政审，为此也刷掉了一批优秀考生，但比起“文化大革命”时代的万马齐喑，那真是破冰式的拨乱反正壮举了。

我下决心参加高考，亲历这次历史性的难得机遇，圆上大学的梦。我回家把想法告诉父母，他们都非常支持我，希望我能有机会上大学，弥补“文化大革命”这些年的文化空白。

但考什么呢？理工科肯定不行，自己没有数理化基础，也不擅长，那文科考什么专业呢？我首先想到了在五七学校多年来一直喜爱的文艺，具体来说就是唱歌。尽管我当时丝毫不懂声乐专业，也从未受过专业训练，但自认为还有些文艺特长和实践经验。正好父亲的一位老战友在原上海音乐学院工作，当时还沿用“文化大革命”时的名称：中央五七艺术大学音乐学院。听他说音乐学院招生要在统考前先进行专业考试，专业考试通过了，才能参加文化课考试。

中央五七艺大音乐学院的专业考试在上海进行，听说全国各地艺术类考生非常多（“文化大革命”积压了一批音乐人才），我不过是个来自基层的不懂声乐的白丁，当时对是否参加考试还挺犹豫。父亲鼓励我说，你就去试试，也算见识见识吧，考不上也没关系的。就这样，我跟工厂请了假，带着满腔的文艺热情，懵懵懂懂地去了上海。

当时距声乐专业的初考就只有一周多的时间，爸爸的老战友万叔叔临时找了位声乐系的王品素老师给我辅导。王老师优雅和蔼，总是面带微笑，她第一次听我唱歌后给我的评价是："你的音色很好，可惜没有专业训练。"

王老师自然很清楚，像我这样从未学过声乐的白丁，跟那些声乐专业功底深厚的考生同场竞技，是没有希望被录取的。更何况当年77级全国高考的录取比例大概是5%，而艺术专业的录取比例更小，说千里挑一丝毫不过分，录取者可谓凤毛麟角，堪比今天热门的公务员职位竞争了！尽管如此，王老师仍然很耐心地辅导我，教我练声，并指点我如何更好地应对初试。

后来我才知道，这位和气的王老师可是很不一般。20世纪60年代时，西藏歌手才旦卓玛曾被送到上海音乐学院进修学习，成了王老师的学生。王老师按照才旦卓玛的声音特点制定了一套独特的训练方法，让她在学习美声的同时，也保留并发挥了自己本民族嗓音的特点，这才有了我们后来听到的独具魅力的才旦卓玛版《唱支山歌给党听》《翻身农奴把歌唱》等独唱歌曲，才旦卓玛也在王品素等老师的精心培养下一步步成长为全国著名的民族歌唱家。

◎ 准考证

王品素老师不仅是才旦卓玛最为感激的声乐启蒙老师，她还运用自己在声乐教学中总结出的一套美声与民族声乐相结合的训练方法，培养出20多名民族声乐歌手。我能得到她的指点辅导，真是难得的荣幸。

初考的日子到了。我带上准考证，准时来到中央五七艺术大学音乐学院的声乐初考考场。没想到，考场外人头攒动，聚集了许多男女考生，有的还在抓紧时间旁若无人地咿咿呀呀练声，那场面真让人感慨。"文革"沉寂了多年，多少青年渴求知识，渴望上大学深造！

第一次置身这样的场合，我心里难免紧张，一遍遍默唱着要考的歌，但似乎也有点心不在焉。终于叫到我的名字了，我快步走进考场。这像是一间大教室，前面坐着一排主考老师，人人神情都很严谨认真。是啊，那么多来自全国各地考生的期待和命运就握在他们手中。

我唱了事先准备好的一首《白毛女》选曲《北风吹》，这首耳熟能详的民歌曲调简单，对我这个未经训练者来说比较适合，可扬长避短。一开口唱我倒也不知紧张了，很放松地唱完。

虽然初考后，我毫无悬念地预知了结果，没能进入复试，但我内心并没有太多遗憾和懊悔！毕竟我学习了，经历了，见识了！这是国家大变革时代的一次个人经历，我青春岁月中的一个难忘片段。以后每当听到《北风吹》那熟悉的旋律时，我就会想起当年懵懵懂懂去上海考音乐学院的那次经历。

一波三折的高考录取

77级没考取，78级再来战！我总结经验，考虑到再考声乐找专业老师辅导难，而时间又不允许拖延，很可能这是自己参加高考的最后机会了。不如调整方向，好好准备复习，参加78级文科统考。1978年春节后，我和工厂报名高考的青工们就进入了紧张的备考。

而作为五七工厂晶体管车间生产线上的一名熟练工人，我不可能拿出白天的工作时间复习，担负的工作任务一点儿也不能耽误，我们只能在每天下班后的晚上和星期日的休息时间加紧复习。

当时不知怎么从北京弄来了文科高考复习大纲，小小的32开本，封面和内文纸一样朴素，封面印了一行不大的标题字"文科高考复习大纲"。大纲很不起眼，远抵不上今天五花八门的高考复习资料，却涵盖了数学、语文、政治、史地几门文科必考科目的基本内容。

我们就像捧着宝贝似的，每天捧读苦背。并以它为纲，寻找更多的相关资料参照学习。还制订了复习计划，合理分配业余时间。那一段时间里，我们下了班吃过晚饭，就马上投入复习，天天挑灯夜战。若遇停电，就得点起煤油灯，继续学习。

进入夏季后，天气越来越热，特别是到了夜晚，闷热得像个大蒸笼，还有蚊子叮咬，有时只得钻进密不透风的蚊帐，边扇扇子边汗流浃背地复习。

考试时间日益临近，复习也进入了最后冲刺阶段。有时复习至深夜，蚊帐里仍热得难以入睡，就卷起凉席悄悄到三车间楼顶，在几丝凉风中酣然睡去。哪怕只能熟睡上两三个小时，第二天也好有精神工作和继续复习。那时候正是贪睡的年纪，可一天也就能睡上五六个小时，就这样坚持着，直至考试完成。

考试后约一个月，高考成绩单下来了，我各科分数与按标准答案估算得差不多，有一门分数却偏低，与估分差很多，不知是何原因？正疑惑时，看到了成绩单上的相关说明，其中一条是：如果考生对考试成绩有疑问，可以通过组织向当地招生单位申请复查考卷。

依据这条政策说明，我和另几名考生通过五七学校政治处发公函，向进贤县招生办提出复查考卷的要求。仅仅10天左右的时间，我就收到了县招生办寄发的查卷结果通知书，复查考卷补分15.5分。

后来我才听说，我的一张考卷在收卷时被遗落了。经过复审核查，找回了遗失的卷子，增补了相应的分数，超过了本科录取线。这时我才回想起，考试期间的一个下午，天气突然阴沉，还刮起了大风，考场里确实有卷子吹落在地，当时我并未在意。也许正是这风云突变的天气造成了这意想不到的后果。好在得以弥补，我心里这才稍稍松了口气。

又等了些时日，我仍未接到录取通知书，而同工厂的考生有人已收到了录取通知书。这时我内心越发焦急了，不知哪里又出了问题！赶快找五七学校政治处帮忙询问。后来得知抚州地区招生办将我的复查成绩上报时，在档案袋上又漏填了10分，悉知确讯后，五七学校政治处马上给江西省招生办发公函，要求按该生实际分数录取本科院校。

没过几天，我终于等到了高考录取通知书，我被江西师范大学中文系录取。高考成为我人生历程的转折和新起点。

后来想想，当年真是幸运，若不能找回遗失的卷子，补上分数，若不是及时追踪询问到漏报补分的情况，我很可能就与大学失之交臂，好梦难圆！因此我万分庆幸自己成为当年高考政策的直接受益者，也非常感激那些在高考过程中曾给予我热情帮助的人们。

◎ 笔者在江西师范大学图书馆前（摄于1981年）

十一国庆节假期过后，我收拾好行装，告别生活、学习、工作了9年多的中办五七学校，到江西师范大学报到，开始了大学新的学习生活。

今天回想起40多年前，我在五七学校参加高考的那段经历，犹如国家大变革潮流中泛起的一朵小浪花，我不仅亲历，也成为“文化大革命”后恢复高考改变一代人命运的见证人。

难忘的高考

李小南

人这一生，总有几件让你刻骨铭心、难以忘怀的事，对我来说，高考就是其中的一件。

1975年7月，我从进贤高中毕业，被分到了一连。那时作为知青，每人每月发18元的生活费，扣除伙食费12元，剩下6元。记得1977年10月，五七学校组织五七战士和知青代表到北京参观毛主席纪念堂，我托我妈和我姐在北京买了一盒上海大白兔奶糖，一套全棉的球衣、球裤和一个草绿色的书包，这从一个侧面反映出，当时那剩下的6元钱，除了买一些简单生活用品之外，还真是无处可花。

在连队每天跟着大伙下地插秧、割稻，有时躺在稻草堆里，望着飘着白云的蓝天，不由得想，是不是这辈子就要这么面对黄土背朝天地过日子了。

1976年10月6日，“四人帮”被抓捕的消息传来，1977年10月21日又传出要恢复高考的消息，真是振奋人心！上大学是我当时最大的梦想。在考试之前，首先遇到的问题是：选文科还是理科。听人说“文科是万金油，学好数理化走遍天下都不怕”，心想：“将来要是学好一门技术，就等于端上了铁饭碗，就选理科。”接下来就是找复习资料，东一本西一本地拼凑，更谈不上有人辅导了，有点像没头的苍蝇瞎撞。记得高考是1977年11月，参加考试的那天是个阴天，还挺冷，但我心里很暖，我是怀着好奇、兴奋、紧张的心情步入进贤中学考场的，不过能否考好是一点把握也没有。至今记得最清楚的是：语文考试作文题目是《难忘的时刻》，我马上想到前段时间学校刚组织去北京参观毛主席纪念堂，连里只派了知青代表去，没有我，不然这是多好的题材呀！正当我绞尽脑汁苦思冥想之时，考试时间到了，我却什么都没写出来。接下来的考试可以说是兵败如山倒，这才几年的工夫呀！数理化知识全都还给老师了，可以说这次考试是彻底考“煳”了。

过了几个月，陆续听说有小五七战士考上了大学，其中还有两位考上了北京大学法律系。后来我仔细地分析了一下，考上大学的大部分都考文科，我根据自己的兴趣、爱好，觉得考文科成功的概率要大一些，于是就决定改考文科。

接下来就是准备第二次考试，常言道“吃一堑，长一智”，第一次语文考试，在作文上栽了跟头，于是三天两头就写上一篇，正好班上有位在钓鱼台国宾馆工作的五七战士要回北京办事，我就托他从北京带回一套文科高考复习资料，可以说，这套高考复习资料对于我能考上大学，起到了决定性作用。我印象最深的是，在高考复习期间，正好赶上了“双抢”。当地有句农谚——“不插八一秧”，就是说八月一日是一个时间节点，过了八月一日，插下的秧苗对粮食产量会有很大的影响。为了赶季节抢时间，大伙早上5点钟就起来下地拔秧，插秧，抢收早稻，赶插晚稻，一直忙到天黑才收工。收工回来后，我简单地洗一下，急急忙忙吃完饭，就一头扎到高考复习中去。记得当时没有电灯，靠自制的煤油灯照明，煤油灯晃动着小火苗，冒着黑烟，时间长了，同宿舍的人笑着对我说：“小李你的鼻孔都熏黑了。”那时正是当地最热的时候，晚上屋里闷热，像小蒸笼。电风扇是没有的，热了扇扇大蒲扇凉快一下，实在热得受不了，就跑到井边，往身上浇一盆凉水，再回到屋里接着复习。最可恨的是蚊子，不是在你耳边嗡嗡乱叫，就是冷不丁地在你身上叮上一口。现在回想起来，自己都惊叹在那么恶劣的条件下，还能坚持下来，是可以小小自豪一下的。

时间过得真快，转眼就迎来了第二次高考，这次语文考试没有考作文，试题中有一道大题，是把一篇文章缩写成几百字的短文，其他的政治、历史、地理等，能答上的基本都答了，自己感觉还行。考试之后不久，我从大田班调到了养猪班，记得那是一个阳光灿烂的日子，我正在清扫猪圈，连队的电工王少军手里挥动着一个信封，一边跑一边喊："李小南你的大学录取通知书下来了。"我把脏兮兮的手使劲往衣服上擦了又擦，接过信封时心里别提有多高兴了。后来就是10月份，我成为当时江西师范学院中文系的一名学生。我的高考经历至此可以搁笔了，但我认为在今后的人生道路上，我们还会遇到各种各样的考试，我相信只要我们坚定信心，勇于向困难挑战，一定会迎来美好的明天。

我与父辈

回忆三位老五七战士

楠天健

当年中办五七学校的主体，是一大批被发配来的机关干部。他们千里迢迢来到江西进贤围湖造田，垦荒种地，领着国家工资，“走光辉的五七道路”。论年龄他们是长辈，当年我曾有幸与他们朝夕相处，昔日时光难以忘怀。这里讲的故事，发生在1971年，在江西进贤中办五七学校二连。

老朱的故事

老朱其人

老朱叫朱慎，山东人，50岁左右；个子瘦高，稍微驼背；瘦长脸，面色稍显沧桑；说话一口山东腔，略显底气不足。来五七学校前，他是跟随开国元勋朱德总司令多年的机要秘书。

老朱是我们二连三排的排长，管七班、八班、九班。平时生活在我们七班。很长一段时间，我有幸和他同住一屋，睡觉头对头，一间屋子不大，满满当当摆了四个上下铺。

老朱抗战期间参加革命，是个老八路，行政级别十三级，是高干。“文化大革命”平安过关，未被批斗审查，应属幸运。老朱有一儿两女。那个年月，两个儿女远在外地，曾来五七学校探亲，我见过，个个长得端庄周正。他的老伴儿在校部工作，小女儿跟随在身边，曾和我是同学（若有误请原谅）。

老朱在五七学校是排长，大小也是个领导，却不事张扬，处事低调，平日话不多，待人随和，是个“老好人”。对落难中的“批斗对象”，我从没有看到老朱训斥或为难他们，在那个年月，这一点难能可贵。有时候召集几个班长在宿舍开会，有意见分歧时，“鸡一嘴、鸭一嘴”，弄得他心里憋屈了，也只是散会后独坐在床头抽闷烟，小声发泄一句：“阵它骂滔厌”（山东腔，真他妈讨厌）。他们开会，从不避讳我这个“小毛孩儿”，宿舍其他人都回避了，我径自躺在上铺打盹儿，呼吸着他们的“二手烟”。听到从不粗口的老朱自言自语骂街，憋不住要笑，赶紧捂住嘴。

老朱最大的嗜好是抽烟，烟瘾不小，平日香烟不离手。清早醒来先点上一支烟，下地干活也总叼着烟。宿舍里他床头总是摆着一条条香烟，我看了赞叹道：“嘿！弹药充足，源源不断。”惹得他哈哈大笑，说是老伴给备的货。他大多抽三毛七分钱一盒的“大前门”，偶尔也抽五毛一分钱一盒的“牡丹”，这在当年五七学校已经是高消费了，一开会，经常有人蹭烟。要知道平时连队里的人大多只抽一两毛钱一盒的香烟，如康一民、曹幼民这些“批斗对象”的“排头兵”，抽烟品牌也不过是廉价的“工农”“战斗”这档次。尽管他们行政级别高（八、九级），一则他们被扣发了工资，每月只给三十几元的生活费；二则有钱也没地方买。

进贤多雨，我们种水稻田，农忙时节冒雨下地干活是常态。雨水加汗水，经常弄得人们浑身湿透。但烟民们不论什么环境，总能适时地掏出干燥的香烟和火柴，点燃一支解乏。早春，一次天下着雨，我们赤脚踩在带冰碴的水田里，冰冷刺骨，冻得上牙打下牙，我看到有人竟然同时点燃两支香烟抽着，号称“抽烟取暖”，逗得我开心地跳着脚哈哈大笑。别人见我傻笑失态，也被逗笑了。

老朱对我十分宽容厚道。如我一到开会政治学习就打瞌睡，他看我出洋相，只是咧嘴呵呵笑，别人也不好说我什么。有时候我做错了事情，他也只是轻描淡写地唠叨两句。发政治学习书籍，按规定没有我的份，看到我不高兴噘嘴“摔咧子”，他也会事后想办法，从连部多要一份给我，然后呵呵笑着对我说：“憋捉鸡嘛！”（山东腔，别着急嘛）

那时我少不更事，无知无畏，没少招他烦。比如，他领着我们下地干活，到点该收工了，有时农活儿需要收尾，他高声叫大家延长一会儿，干完了再走。有些老同志不满，又不好说，就撺掇我。我就大声嚷嚷：“老朱，到点了收工吧，肚子饿啦！”当众弄得他没脾气。虽然如此，他并不介意，一则他不跟我这毛孩子一般见识，二则他对我的劳动还是满意的，说：“小家伙儿勤快。”后来我成了插秧高手，速度全连第一（真不是吹牛），他也挺高兴，夸奖了我。另外，下地干活时，难免需要临时找个人，通知个事情，取点工具什么的，我没少为他跑腿儿。

不过，老朱对我在食堂吃饭时喂狗十分不满，多次当众制止，甚至在班里开会时拉下脸批评我。他认为给人吃的饭拿来喂狗，是严重浪费，暴殄天物，不能容忍。连队里有只黄狗叫“巴东”，吃饭时经常跑到我身边，摇着尾巴，把头枕到我的膝盖上，歪头看着我。“此时无声胜有声”，如同说“哥们儿，别光自己吃”。挨了批评，我气不过，下次食堂吃饭时，巴东又来了，我对着狗说给人听：“不给你吃吧，看你可怜；给你吃吧，老朱又会批评我。”老朱当时就在旁边，一言不发，起身走了。一旁的老同志们看着我咧嘴笑，此事成了连里的笑谈。

老朱的三件宝贝

那个年月人们都穷，生活挺艰苦。平时老朱处事低调，深藏不露。但同宿舍的我知道，他有三件宝贝——劳力士手表、日本半导体收音机和狐皮大衣。今天的人可别撇嘴，这在当年可都是很了不起的物件，属于奢侈品了。对这些北京来的五七战士，当地江西老表曾有过戏谑的顺口溜：“五七哥佬好，穿着破棉袄，戴着金手表。”

头一件宝贝，劳力士手表，是他的最爱。这块手表我曾拿在手上仔细端详，表通体银光闪亮，做工精细，秒针神秘地移动着，贴到耳边，隐约能听到急促的“嚓嚓”行走的声音，真是个好东西。表是全自动的，不用手工上弦，还照走不误，令我百思不得其解。听同班的徐瑞新说，全连劳力士手表有两块，还有一块是吴振英的。后来得知，二排原“后楼”的那些"批斗对象"，也有不少好东西，只是深藏不露罢了。

老朱整天戴着这块手表，下地也戴着，风雨无阻。下雨时最多用个塑料袋裹起来揣在怀里。这也有原因，在大田里干活，中间休息，下工吃饭，领头人总要掌握一下时间。那时候工资低，人们都穷，手表是奢侈品。连队里年轻人大多是"无表阶级"，他们自嘲"脸黑人瘦工资少，工作十年没手表"。有表的人不少是"批斗对象"，这些人遭歧视，成天灰溜溜的，有表也不敢戴。平时出工干活风雨无阻，泥里来，水里走，有些人戴国产手表，可惜质量难以应对潮湿的环境，常常机芯进水、表蒙子开裂或停摆，不少都歇工了，修理还要托人带到北京去。为此，人们就是有表也不愿意戴。

记得有一次我们都吃完晚饭了，一队人才垂头丧气地从地里回来，我问小龙为什么这样晚，他气呼呼地抱怨道："哼！都是穷光蛋，谁也没个表，不知道时间早晚。"有人说："咋不看看太阳？""今天阴天，太阳休息了。哈哈……"我曾亲眼看到有个连队的排长，提着一个闹钟上工，附带着一个洗脸盆，下雨时，闹钟可用脸盆扣起来。

老朱是排长，每天要安排三个班的活儿，像农村生产队的队长，收工都要听他招呼。我们上工、下工，都以此表为准。大田劳动，风里雨里，泥里水里，他的劳力士手表全然不论，走时奇准。老朱对他的手表非常自得，不止一次，老朱走过来，一言不发地把手腕举到我眼前，呵呵笑着，让我在有线广播大喇叭"嘟嘟嘀"作响的电台报时声中，验证他手表的走时精准。头一次吓了我一跳，后来习惯了，每次都要赞美一句"嘿，真准"，"没治了！只差几秒"，令他十分得意。此时给别人看，有招摇显摆之嫌；给我看，能得到由衷的赞扬，老头儿笑在脸上，美在心里。

劳力士手表一直受到中国人的推崇，经久不衰，自有其道理，我曾经得以见证。可时至今日，50年过去了，我仍没有混到当年老朱那样一块劳力士手表，令人汗颜。

老朱的第二件宝贝，是一台日本进口便携式半导体收音机。此物做工十分精美，还专门配有一个牛皮套。我第一眼看见就认出来了，这是一台2波段8晶体管超外差式高档收音机，在那个年月可是稀罕之物，全连我也没有看到第二台。当年，北京牡丹无线电厂仿制此机，推出了牡丹牌8402半导体收音机，是当时的极品。我从小爱鼓捣半导体收音机，知道此宝贝的分量。为写此文，我专门查了资料，老朱的这台收音机应当是20世纪60年代日本夏普公司的产品，型号为Sharp BX327，至今仍是难得的收藏品。

每天躺在床上，老朱喜欢打开他的收音机，拨动旋钮调台，从中波搜到短波，又从短波转到中波。那个年代，收音机里听到的，除了“两报一刊”的社论、大批判文章，就是样板戏，再不就是领袖语录歌曲，真没什么好听的。“文化大革命”时期，中国8亿人，只有8个“样板戏”，耳熟能详，单调乏味。不是吹牛，只要听了半句，我就能接着唱出全曲。老朱的高档收音机，音质真好，可惜听到的只是这些令人心烦的“叽里呱啦”，“呕哑嘲哳难为听”，最后声音戛然而止，关机睡觉。后来收音机也不响了，我问原因，老朱抱怨电池质量太差，当地天气多雨潮湿，时间不长电池就“流汤儿”了。再后来，这台收音机被收了起来，束之高阁。

老朱的第三件宝贝，是一件狐皮大衣。那个年月，物资匮乏，大衣是稀缺之物，有一件军用棉大衣就很令人羡慕了。一些批斗对象有高档呢子大衣，无奈场合不对，谁也不愿做“众矢之的”，只能压箱子底儿。老朱这件大衣很漂亮，挺括的藏青色华达呢面料，绸布里子，属正宗高档货。进贤冬季阴冷潮湿，老朱有棉大衣，这件皮大衣只是偶尔在屋子里穿着御寒，十分爱惜。

老朱的这件宝贝，我亲身体验过，印象特别深。这要从我做的一件蠢事说起。

冬天的江西进贤，连日阴雨绵绵，被子潮湿得如同被泼了冰水，盖在身上能体会到杜甫《茅屋为秋风所破歌》所述的“布衾多年冷似铁”。宿舍里老老少少，晚上睡觉钻被窝时，都会冷得浑身颤抖，不由自主地发出“嘶嘶”的吸溜声，要用体温把被子暖和过来，才好入睡。

一天中午雨停了，更难得的是出了太阳，我一把抱起被子，兴高采烈地搭在房前一排杆子架起的晾衣绳上，咋咋呼呼地喊：“晒被子喽！来晚了没地儿啦！”转头就忘了。傍晚天黑了，听见有人喊：“谁的被子呀，晒月亮呐，要下雨了。”我突然想起来，冲出房门，还随手抄了根棍子，我“啪、啪、啪”抽打着被子，使其蓬松一点。此时正是晚饭后，人们都在房前廊下闲坐，看我出洋相，有人叫好。听到喝彩，我来劲儿了，更使劲儿地抽打。物极必反，乐极生悲，只听得“砰”一声闷响，糟朽的晾衣绳不堪重击绷断了，在人们的惊呼声中，我的被子掉到了潮湿的泥地上，连带着有些人晾晒的衣服也遭了殃，灾难呐！

“这小家伙儿干事太毛躁。”“看你小子晚上怎么睡觉。”我在一群长者的批评声中，梗着脖子噘着嘴，把沾泥带土的被子拎回宿舍。

晚上睡觉，我只得盖着棉絮，躺在床上“当团长”。当天老朱连部开完会回到宿舍，已经很晚了。我正睡得迷迷糊糊，只听到一阵窸窸窣窣的声音，接着身上一沉，是老朱把一件大衣盖在我身上了。

我一夜温暖，真舒服。

第二天早上起来，我道了谢，将大衣送还老朱。这才惊奇地发现，竟是一件皮大衣，还这么轻！我问老朱这是什么皮，他呵呵一笑，让我猜。我羊皮狗皮兔子皮胡乱说了一通，他得意地告诉我是狐狸皮。怪不得这样暖和！我掀开大衣的里子，深紫色的皮毛闪烁着神秘的幽光，里面似乎隐藏着一只小狐狸……从此，我领略到了狐皮大衣的神奇保暖。

后来，有一次下大雪，宿舍四处透风，晚上我被冻醒了，哆哆嗦嗦睡不着，坐了起来。突然眼前一亮，我发现对面床上叠得整整齐齐的这件狐皮大衣，便自顾自地盖在身上睡去了，真暖和！

多年后我回到北京，一边工作一边上学。冬天屋里暖气不热，早晚路上的西北风吹得我瑟瑟发抖。我专门跑到西单商场去踅摸皮大衣。一个老售货员看着我笑了，告诉我说：“这种东西属于高档货，一般没有成衣，要定做。先要选好‘皮筒子’，而且价钱不菲……”算一算起码要花掉我大半年的工资。原来如此，我为自己不知深浅而惭愧，道了谢，怏怏而去，此是后话。

老朱病倒了

说起来令人难过，不久，老朱突然病倒了。

记得那天傍晚，老朱在宿舍铺位上突然说肚子难受，我忙到食堂灶上给他打了壶开水。见他痛苦难耐，竟然疼得躺在床上翻滚，面色苍白，大汗淋漓。吓得我六神无主，慌忙喊人。呼啦啦来了一屋子人，七嘴八舌，束手无策。

大家一筹莫展之时，只听得门外传来颤悠悠一声“怎么啦？”原来是四连的马大夫到了，唰……瞬间安静了，大家让开了路，只见马大夫款款走到床前，手一挥，大家都退了出来。平常看马大夫不起眼，说话慢条斯理，在关键时刻“气场”大得很，人们都被这位老军医镇住了。老朱也安定了下来。我坐在铺位上看着，只见马大夫仔细做着检查，一边低声问着情况。一会儿工夫，马大夫对着连长说道：“马上送县医院。”口气不容置疑。

第二天，从县医院传来了消息，老朱患的是急性盲肠炎，已无大碍了，没有开刀，喝中药保守治疗。那个年代的县医院，条件很差，却也有几个从省城南昌下放来的专业大夫，是金子到哪儿都发光。

老朱大病一场之后，就再没有回到二连。出院后在校部养了一阵儿，后来调回北京了，好像是在信访局安排了工作。

这么多年过去了，这段经历让我难忘。遗憾的是，再没有机会当面向老朱道一声谢谢，感谢他当年对我的关怀照顾。

多年后，我有幸去“海里”工作，专门去拜谒了“朱德楼”。绿树丛中，一栋三层的灰砖小楼默默地矗立在那里，楼不大，朴实无华。这是20世纪50年代盖的，编号“乙楼”，曾是朱德总司令的家和办公地点。此时朱老总已经仙逝，人去楼空，被废弃做仓库。历尽沧桑的小楼见证过昔日的荣耀。听老人们说，当年朱德总司令的秘书班子称“四组”（按中央常委排名）。其中，机要秘书朱慎、阎志远（在五七学校和我同班）、卫士长郭仁（在五七学校管粮仓）以及军事秘书曹全夫（五七学校校长）等，都是一个办公室的同事，他们的工作地点就在中南海南区的这栋小楼。

令人痛心的是，21世纪初我曾经站在办公室窗前，亲眼看着这栋有纪念意义的灰砖小楼，在挖掘机的轰鸣声中，被拆掉了。

老刘的故事

老刘叫刘振德，40多岁，个子不高，五官分明，头大脸方，嘴大鼻阔，面色稍黑，头发眉毛胡子都很浓重，显得不怒自威。说话一口低沉的山东腔，是个相貌堂堂的山东人。

我刚到连队，见人都好奇，爱打听，我问我的班长老王，他只淡淡说了一句：“他是刘少奇的机要秘书。”啊！党内头号“走资派”的秘书。我的嘴顿时惊讶地张大了。

冷脸讲笑话

我刚到二连的一天晚上，听到隔壁宿舍一屋子人哄笑，就赶去凑热闹。只见一间不大的屋子里，摆着5个上下铺，挤得满满当当，六七个人在铺位上或躺或坐。又停电了，屋内点着煤油灯，照得人影幢幢。

靠门的下铺，一个人盘腿端坐，侃侃而谈，他就是老刘。别人笑得前仰后合，乐不可支，讲笑话的老刘却一脸严肃，若无其事，我顿感惊讶，咧嘴跟着傻笑。虽然与大家不熟，可人们见我跑进来，更乐了。七嘴八舌地说：“嘿！把个小家伙儿招来了。看见了吧，我们老刘讲笑话自己不笑，这是本事。”

后来熟悉了，我经常往他们宿舍跑，发现善讲笑话的老刘，其实是一个性情沉稳、表情严肃、平时沉默寡言的人。

老刘时任三排八班的副班长，班长是康增玉——原机要室的干部。那个时候流行让年轻的当班长，岁数大的任副职。在五七学校当班排长可不是什么好事，脏活累活要带头干。老刘平时说话也很随和，大家都尊敬他，对批斗对象从不训斥和歧视。不过，他的身份略显“灰色”，背着“刘少奇秘书”的黑锅。尽管他年龄较大，身体不太好，下地干活，却带头干，不要人照顾。

老刘盘腿端坐的功夫了得，他能盘腿坐在床上半天不动。一次闲暇，康增玉拉着二胡解闷儿，曲子是《白毛女》。老刘盘腿坐在床上（宿舍只有上下铺，很少有桌椅），一时兴起，用男低音唱杨白劳的唱段。

卖豆腐赚下了几个钱，集上我称回来二斤面。怕叫东家看见了，揣在这怀里头四五天，拿回家来包饺子……

什么呀，还有这么唱的？按当时正宗的词不是这样的，我在隔壁宿舍听到了，被逗得乐不可支，溜进来凑热闹，咯咯笑着说：“老刘你瞎唱什么呀？”他没理我，继续有滋有味地唱。旁边赵良虎说：“《白毛女》原本就是这样唱的，老刘用的是老词儿，你小子孤陋寡闻。”又招来一屋子人笑话我。

老刘也有一宝，一块欧米茄自动表，这在那个年头可是稀罕之物。晚间闲来无事，我上门找老刘要“瞜一眼”，老刘一笑，拿出来给我看。我惊讶地看到银亮的表盘，三根表针，还有显示日历，竟然还不用上弦，是全自动的。我想不明白：“不上弦怎么能走？”我嫌不过瘾，又嚷嚷着要打开看看。旁人觉得不像话，说：“太过分了啊！哪有你这样‘瞜一眼’的？”老刘略一思忖，把表翻了过来，两个大拇指使劲一捻又一捻。突然，不可思议的事情发生了，后盖竟然松动了，待一圈圈拧开，哇！原来手表里面更漂亮，如同一个神秘世界，机芯零件在昏暗的灯光下放射着幽光，细细的游丝微微颤动，细小精密的齿轮神奇地旋转移动着……只见一个偏心轮，如同荷叶上的水珠，滴溜溜灵活地摆来摆去，原来上弦靠它。真是精妙绝伦，大开眼界。我伸长脖子看呆了，旁人笑着调侃："这小子今天开眼了。""小家伙儿行了吧，别看到眼里拔不出来了。"又引得一阵哄笑。他们说，这屋里只要有老刘和我就热闹。

老刘带我说快书

江西的夏天热死个人。那是1971年的夏天，报纸广播报道了"中美和解"，尼克松即将访华的消息。对国际关系的关注，使大家从多年的"文化大革命"旋涡的挣扎中，稍稍和缓下来，开始喘了口气，精神有所放松。下工回来，晚饭后照例是停电，炎热让人无法入睡，于是人人一把大蒲扇（主要是赶恼人的蚊子），光着膀子坐在房前屋后散放的小竹椅上，抽烟、闲谈、发呆、打盹，和附近村里的老农没什么区别。或者争抢每班一份的《参考消息》，只有四版，还常常被撕开传看。人们就着煤油灯的昏暗灯光，看看有什么报道评论。有精彩之处，大家会自发围拢，一个人读，大家点评。

劳动收工回来的路上，我拿着两把脱了把的镰刀，相互敲击，旁若无人地学说山东快书，嘴里念念有词："铛里儿个铛，铛里儿个铛。闲言碎语不要讲，讲一讲山东好汉武二郎……"老刘走在我后头听见了，问我："你会说吗？"我回答"就会几句，接下来的就不好听了……"过了两天，下地里干活，他问我演没演过节目，我的脑袋晃动得如同"拨浪鼓"。他又问我想不想一起演一回，我说"没那个本事，谁干那玩意儿？"听了我没心没肺的话，老刘没说什么。

过了两天，班长黄贵隆找我，说连里要开文艺晚会，大家出节目，小家伙儿你要积极参加，没等他说完，我摇摇头转身跑了。没承想两天后副排长赵良虎也来动员我演节目，原来老刘为晚会写了一个节目，同班的文艺骨干郑南勋等年轻人都想参加，可老刘一直没表态。再问，老刘表示要隔壁那个小家伙儿一起演，不然就算了。得知我竟然不干，大伙儿不高兴了，说："岂有此理！这小子如此不识抬举，真是狗坐轿子。"最后，排长老朱找我谈话，其实他就与我一个宿舍住着，他眯缝着眼睛抽着烟，蔫声细语，絮絮叨叨，使我无法拒绝了。

我去隔壁宿舍，臊眉耷眼地叫了声"老刘"，他正盘腿坐在床上，头都没有抬，只是低沉地说了声："同意了？"我回道："嗯。"他推开枕头，从凉席下拿出一沓信纸，只说："你先看一看，熟悉一下，明天对一下词。"见我毛手毛脚地抓着稿子，旁边的人不待见了："你小子仔细拿好，这可是老刘点灯熬油几个晚上的心血，没有第二份了。"临了又来了一句："真不知道老刘看中你啥了！"

演出那天，二连食堂灯火通明，全连人员各自搬来小竹凳子按建制顺序就座。当李佩秋大姐报幕："下一个节目，山东快书，由三排的刘振德……"我和老刘起身走上前来，还没站定，大伙儿乐了，人们惊奇于台上两个人的滑稽。嘿！一老一小，一个神情庄重，风度雍容；一个没心没肺，手足无措。就这也足以吊起人们的兴趣。

少顷，我按老刘的示意，镇定地亮开了嗓门。

> 一轮明月吐银光，食堂里面亮堂堂……抗美援越，打败美帝野心狼……

此节目的主题并不是歌颂五七指示（老刘"别有用心"吧），而是"抗美援越，打败美帝野心狼"，用山东方言说起来，有点儿拗口。当我有接不上词儿的时候，老刘嘴里念叨着："铛里儿个铛，铛了儿个铛……"给我打着山东快书鸳鸯板做过门儿，沉着地为我压住了场，大伙儿又是一片哄笑。

当然，我只是个陪衬，老刘才是节目的“主角”，他表演非常有范儿，面色平静，神情自若，出口的词却诙谐幽默，妙趣横生。只见他天上一脚，地上一脚，把当时抗美援越，活捉两个美国飞行员的故事编上了，一个起名叫奥利托，一个叫罗麦宁，用山东腔叫起来十分有味儿。演出中间，他突然发力，学美国大兵被俘后求饶的场景，用不知道哪国的语言，叽里呱啦大声说了好一阵儿。词儿谁也听不懂，在座的大翻译赵仲元也只是张嘴乐。老刘表演得生动，语调非常夸张，绘声绘色，生动传神，逗得全场哄堂大笑，大伙儿乐不可支，鼓掌跺脚为他喝彩（多年后我才得知，他是抗战时期的“小八路”出身，有外交部工作经历，学过保加利亚语）。

那个年代，动不动就搞政治运动、大批判，人们精神都很压抑，连队晚会，自娱自乐，就图个轻松愉悦，大伙儿高兴。老刘带着我演的这个节目，虽说水平不高，但是一老一小的滑稽组合，特别是我们一口地道流利的济南府官话，语惊四座，逗得全场哈哈大笑。二连人来自五湖四海，唯山东人最多，人缘满满，更博得同乡喝彩，给大家带来了轻松欢乐。

那年，他46岁，我16岁。

蹭了老刘的“热度”，没料想我“一夜出名”。第二天，连里人见了我眼神儿都不一样了，这个说：“嘿嘿，小家伙儿昨晚节目演得不错嘛。”那个说：“这小孩儿还会说山东快书呢。”大记者东生见了我，眯起眼睛咧嘴一笑，这是夸我了，乐得我屁颠儿屁颠儿的。就连平常一脸严肃的王瑞林（邓小平秘书）遇到我，也停住脚步，大眼睛透过镜片瞪着我，粗声大气地质问：“你小子怎么会说山东话？存心糟蹋我们山东人！”知道是玩笑，我嘻嘻笑着一扭头。后来还“臭名远扬”了，在四连的妈妈见了我，也问：“你怎么上台说山东快书了，你真会吗？”我说：“会什么呀，老刘现教的呗！”

说来，我一生中当众出彩或出洋相，就这么一回，还是老刘带着我，所以记忆深刻。从此以后，就再也没有上过台，这是我的绝唱。

田头精神会餐

我与老刘一个排，经常一起劳动。农活最大的特点是只占手，不影响说话。平时干活时，我少不更事，一贯口无遮拦，信口雌黄，指天画地，大家也不当回事儿，只当儿戏，听着解闷儿。

夏季的一天，我们在最热的天气下“双抢”，闷热潮湿的空气令人窒息，我们头戴草帽，个个挥汗如雨，喘着粗气，拼尽最后一丝气力割稻子。那天真热，汗水迷住了眼睛，我抹了一把脸上的汗，回过头问：“老刘，你现在最想吃什么？”

老刘满头大汗，在我后面，正蹲着捆稻子。“什么？”他先是被我问得一愣，用毛巾擦了一把脸上的汗水，旋即又被我这个毛孩子不着调的问题逗得哈哈大笑，说，“你小家伙儿想什么呢，饿了吧！”我又一字一顿地重复追问：“你这会儿最想吃什么？”老刘反问：“你想吃什么？”我脱口而出：“面包香肠。”老刘摇摇头，略一思忖道：“冰镇啤酒。”说完还咂巴咂巴嘴儿，我俩脸对脸哈哈大笑。

此时吹来一阵风，我们近乎荒唐的对话让地里热闹了，高贵铭等年轻人赞同我的选择，说：“啤酒有什么好喝的，马尿似的，又不挡饿，还是面包香肠好吃。”刘吉顺说：“啥嘛！还是饿（我）们老家的腊汁肉夹馍……”又有人嚷道：“糖醋里脊最好吃。”上了年纪的批斗对象们也三三两两微笑着小声议论，各抒己见，抖搂着自己中意的各色美食。于是，我们一伙儿筋疲力尽、饥肠辘辘、赤脚光背的人，在水田里兴高采烈地精神会餐了一回。多年以后，每当喝起冰凉的啤酒，我就会想起这次“田头会餐”，想起当年老刘“冰镇啤酒”的首选。

无形“枷锁”

大家下地劳动，都是冬天一件旧棉袄，夏天一顶破草帽，晴天一身汗，雨天一身泥。当地的江西老表路过，站在大堤上看我们劳动，笑着感叹道：“你们种的粮食好贵哟！好贵哟！”我们开始没听懂当地方言，后来一琢磨，可不是嘛！一帮北京城里的机关干部、知识分子被赶到农村，抛家舍业“走五七道路”，拿着国家工资当农民，自己种地养活自己，名曰“四自给”（即粮、油、肉、菜自产自食）。

我们种地劳动，一年忙到头，春种夏长、秋收冬藏。举头望天——看白云苍狗，长河落日，惆怅茫然；低头种地——岁稔年丰，春华秋实，问心无愧。一年又一年，人们早出晚归，身心疲惫，情绪郁闷，不想事儿，想也没用，还是“去他的吧”！

当年我就是这样一个没心没肺的毛孩子，自然无从理解老刘这些成年人内心的真实感受。只记得他曾被专案组召唤，去接受“外调”谈话，回来后情绪低落，闷闷无语。

多年以后，老刘出版了一本书叫《我为少奇当秘书》，以回忆录的形式，记述了他从1956年至1967年，当国家主席机要秘书的经历，以及“文化大革命”中的遭遇和心路历程。我还特意跑到西皇城根，到中央文献出版社门前的书店买了一本，细细读来，才了解了老刘当年在江西五七学校的真实心境。

那时，老刘表面上平静如水，其实，心境糟透了。他为刘少奇尽心尽力服务了十几年，朝夕相处，与首长的感情异常深厚。“文化大革命”中目睹了刘少奇受到迫害，又束手无策，书中用“心如刀绞，悲痛欲绝”来描述面对这场灾祸的心情。在五七学校，他背着“刘少奇秘书”的黑锅，身份是“灰色”的。在此书最后，他对自己五七学校这段经历，只是寥寥几笔带过，但也展示了他当时的境遇，特抄录如下：

> 来到江西五七学校后，课程除了超负荷的体力劳动外，就是大讲特讲两个阶级、两条道路、两条路线、两个司令部你死我活的斗争，就是一再强调要一辈子走五七道路……然而，我们这些五七战士有谁情愿一辈子这样呢，也只能用毛主席的“学制要缩短，教育要革命”

的话来发泄心中的不满。

在学习班和干校里，尽管我刻苦改造，积极劳动，但并没有由“灰帮”转变为真正的“革命同志”，一位领导曾明确告诉我：“不分配你进城市，不分配你进机关，更不分配你做重要工作。”我气愤地问：“为什么？”“因为你是刘少奇的机要秘书。”他回答得非常直截了当。

是啊，因为我是少奇同志的机要秘书，这个无形的“枷锁”曾“桎梏”了我许多年，使我的身心备受冷落和折磨。但是，正是因为我是少奇同志的机要秘书，对少奇同志有更深刻的了解，所以，我才始终不渝地坚信少奇同志是清白的，是无辜的。（摘自刘振德《我为少奇当秘书》，中央文献出版社1994年版）

他书中提到的“超负荷的体力劳动”，我深有体会。当年五七学校人为地把劳动搞得异常艰苦，要大家“一不怕苦，二不怕死”，“苦打硬拼练思想”。特别是农忙时节，风雨无阻，加班加点，人人筋疲力尽。“超负荷的体力劳动”的结果也是令人痛心的，单我所在的二连，就有研究室的刘明义在劳动中因中暑而殒命；黄庆定在劳动中一头栽倒、全身瘫痪后再也没有站起来；胡乔木的警卫员高仁山因中风而残疾；郝盛奇在筑堤劳动中折断腿骨终身残疾。夏天人们在劳动中中暑昏倒更是家常便饭。

在地里劳动聊天，老刘告诉我，来五七学校最大的收获，是困扰他多年的脚气顽疾不治自愈了。他说当年在北京，因脚气感染严重，甚至要去住院治疗。来五七学校后，赤脚下田劳动，泥里水里，反而得到意外的收获。不过，他经常失眠，我曾经问起，他跟我感叹说：“失眠是一件很痛苦的事。”今天想来，可不是嘛，白天劳动如此疲惫，夜间又不得休息，心情那样郁闷，谁受得了？

老刘在田里晕倒

终于，厄运落到了老刘身上。

一天，晚上收工回来，听别人说老刘今天在田里晕倒了，是被同班的老厉（厉复基）等人背回来的。我刚想去看，只见前来看望老刘的人不少，就没往前凑。过了一会儿，连里的领导、马大夫等人陆续散去。天黑了，又遇停电，周围安静下来。我走进屋子，黑暗中老刘盘腿独坐，我凑到他面前问道："老刘，你怎么了？"

今天想来，或许是听到一个毛孩子发自真心的问候，他的心被触动了，老刘在人前一直挺着的"精气神儿"一下子泄了。只见他用双手在脸上好一阵揉搓，过了好一会儿，才一声长叹。他面色凄然，疲惫地说："唉……我也不知是怎么了，一下子就晕倒了。"黑暗中，我陪着他，静静地坐了很久……

这一晚，老刘拿出了他女儿寄来的照片给我看。就着昏暗的煤油灯光，只见一个姑娘身穿灰军装，手举系着红绸的大刀，英姿飒爽，典型的《红色娘子军》舞蹈造型。老刘说照片是前一阵寄来的，他注视着照片，笑眯了眼睛。看完，他把照片放回枕头下面的《毛泽东选集》里珍藏。我知道，在这个连队里，每个男人的"毛选"里往往都夹着几张这样的照片。无论生活如何艰苦，条件多么恶劣，他们心里最柔软的一片天地，为亲人所独有。那一晚，我分享了他的快乐，至今难忘。

多年后，我也有幸在中南海工作了。有一天值班，见中央电视台节目中新出现的小主持人十分伶俐可爱，随口夸了两句。旁边的一位老同志告诉我："这个小姑娘叫蒋小涵，她的外公你应该知道。"我问是谁，答曰："刘振德。"

"是老刘的外孙女！"我为之一振，立刻回忆起当年，煤油灯下，老刘给我看的那幅照片，照片中那位艺术范儿十足的姑娘，应该就是这位可爱小主持人的妈妈了……我心想，老刘有这样好的女儿，有这样好的外孙女，该如何高兴呀，真是好人有好命。

东生的故事

初识东生

1971年早春，我刚到二连的一天晚上，又停电了，黑灯瞎火的——那个年代在江西农村停电是稀松平常的事。天空淅淅沥沥地下着雨，屋内阴冷潮湿。此时睡觉嫌早，我无事可做，像一只野猫，百无聊赖地闲逛，看到食堂里有亮光，就走了进去。

只见一个人就着马灯昏暗的光亮，在一块黑板前忙活着。我凑近一看，原来是在写黑板报，内容是“春耕春插，锻炼思想”云云。此人三四十岁，个子不高，做事十分专注，拿着粉笔又写又画。写完了，还回头仔细校核一遍，嘴里念念有词。最后还用彩色粉笔头，在黑板边角上画了几朵梅花。

我年少无知，一撇嘴走了，心想这种学校里“小女生”的活儿，此人干得挺带劲儿。

第二天下地干活，我又看到这个人，戴着个旧草帽，和我们一起劳动。我问班长王玉贵：“老王，这人是谁呀？昨晚还点灯出板报呢。”

老王直起腰，瞄了一眼，没说话，又低头干活了。过了一会儿才告诉我，此人叫“东生”，过去是谁的秘书？有人提示：“胡乔木。”“对了，还当过记者，去苏联留过学呢。”嚯！原来是个啃过“洋面包”的人呀，我不由得刮目相看。

当年的二连，一百多号人，文化人不少，可有过出国留洋经历的好像只此一人，我就这样记住了东生。

在互联网上查了一下：

> 东生，1929年生，原名李问沂。安徽省长天县人，新华社记者，《人民中国》俄文版编辑，《中国青年报》首任驻苏联记者，胡乔木秘书。“文化大革命”中作为“黑秘书”受到冲击，1969年初下放江西进

贤中办五七学校劳动，1975年分配到上海，后任新华社上海分社党组副书记，《人民日报》记者，中国社会科学院新闻研究所副所长，中国新闻出版社社长，中国记协书记处书记，高级记者。著有《看愚公怎样移山》《无产者》《昆仑纵队》《命运交响曲》《巍巍昆仑》《祖国和我在一起》《通讯选》《天地颂》等。

“你可不要到处给我乱说啊！”

东生为人谦和、性格开朗、爱说爱笑，待人总是笑呵呵的。闲谈时，言谈话语总是妙趣横生，面部表情十分生动，虽是公认的大才子，却不事张扬，彬彬有礼，大家都喜欢他。

我们同在三排，他在九班，我在七班，常常一起劳动。我说话一贯没大没小，口无遮拦。有一天在地里干活时我直冲冲地问：“东生，你真到外国留过学呀？”他略显尴尬，自嘲地呵呵一笑：“是呀。”我问：“哪个大学？”“莫斯科大学。”我又不招人待见地问：“那儿的饭好吃吗？都吃什么呀？天天啃面包吧？”他又哈哈一笑，停下手中的活计，抬头望着天空，长出一口气，幽幽地说：“不太好吃。”

又有一次在地里干活时，我刨根问底：“东生，你原来就姓东吗？”他抬头看了看我，笑了。告诉我，他原本不姓东，名字是后改的。我又追着问：“你过去姓什么？”“我原姓李。”“那原来你叫什么？”“我叫李问沂。”说完，他停下手中的活儿，一脸正色地看着我说：“小家伙儿，你可不要到处给我乱说啊，我是尊重你才告诉你的。”当年我确实不懂事儿，那个年代天天大批判，清理阶级队伍，搞得人人自危，问别人这些事情是很不得体的。这也说明他真是襟怀坦荡。后来的人生岁月，我才逐渐知道了“尊重”这两个字的分量。

一日，下地干活时遇到雷雨，我们跑到工棚里避雨。刚才人们还大汗淋漓，这会儿雨裹着凉风袭来，都冻得瑟瑟发抖。东生看到我光着膀子，只穿了个短裤，冷得缩成一团，如同一只小虾米，就关切地问："小家伙儿，冷吧？"我说："没，没事儿。"

东生低头看看自己的装束，也只是短裤小背心，便将自己披着的一块遮阳的白布单子解下给我披上。我不要，他坚持，揪着两个角给我系上，一边嘴里还嘀咕着："这东西也管不了什么用。"

那个时候，五七学校来了一批进口化肥，撒在田里后，包装袋成了大家的抢手货，白色尼龙布柔软轻薄还透气。下地干活时披在身上，将两个角一系，又遮阳又凉快。只是有些布上印有"日本尿素"四个大黑字，不过大家也不在乎，校长曹全夫来二连劳动时也如此披挂。东生就是将这"日本尿素"布从自己身上解下来，披在我身上，又帮我系上。此事令我感动，让我记了一辈子。

东生为我写稿

那个年代，政治运动不断，传达文件要大家"认真看书学习，弄通马克思主义"，要搞什么"批陈整风"。有一段时间连续发了《马克思恩格斯著作文选》四大本和《列宁著作文选》四大本，都是带硬壳的精装书，更不用说各式各样的著作单行本。我们不时用两轮小板车去校部政工组拉书，一车都拉不完。

有一次，班长黄桂隆让我写一篇板报稿。我扭头就走，被喊了回来。班长苦口婆心地劝我要多学习文化知识，不能只知道干活。无奈，我恬不知耻地从报纸上东抄西袭，凑了巴掌大的一片纸，向东生交差。我记得最后一句是："我要认真看书学习，弄通马克思主义。"如此厚颜无耻的大话，今天想来都脸红。

第二天看到板报出了，我的板报稿整个被东生重写了，特别是最后一句："我要认真看书学习，弄懂革命道理。"心想，大记者出手就是不一样。在地里干活时有人问我："小家伙儿，板报上你的小豆腐块儿文章不错嘛，是你写的吗？""嘻嘻，大记者捉刀代笔的呗，我哪儿有那水平。"

那个年代除了领袖的著作，几乎无书可读。1971年“林彪事件”之后，政治环境得到改善。在连里年轻人的撺掇下，东生把早年写的电影剧本《无产者》翻了出来，人们偷偷传看。我发现以后，死皮赖脸地从别人枕头底下截获，点着马灯看了一个晚上。剧本讲的是十月革命前夕的中俄两国劳动人民共同战斗结下友谊的故事，很精彩。据说当年差点儿拍成电影，后因政治气候“反修”被压下，说来挺遗憾。我听说连里几个年轻人与东生聊天，他说当年在苏联，曾经去采访一个须发皆白的老头儿，老人家头一句话就是：“在我年轻的时候，爱上了一个姑娘……”听得大家哈哈大笑。

东生喂猪

一天傍晚，东生找到我们宿舍，问明天谁去县城拉东西，班长说已经安排了李欣和小天健，拉两轮小板车去。他看了看李欣，知道老李尚属批斗对象，大庭广众之下交流不便。转脸对我说：“明天我去县城，有行李，请你们用小板车捎一下。”

“行，没问题！”我满口答应。晚上睡觉前，东生又来了一趟，叮嘱我明天走时一定叫上他，并笑着说：“小家伙儿，你别光顾自己跑，把我撂下那就麻烦了！”我躺在床上说：“放心吧！真啰唆。”

刚吃完早饭，东生又找上门来，对我招招手。我把小板车拉到他的宿舍门前，随其走进屋里。看到他铺位上简单的行李，我嘴一撇：“就才这么点儿？”他瞄了瞄四周没人，招呼我从床下拖出了一个旧箱子。好沉呀！我和他踉踉跄跄把箱子搬上车，“什么宝贝？”我问。他咧咧嘴：“都是书。”并指着这个白茬木板包装箱说：“这个箱子战争年代就跟着我，好多年了。”我后来知道，东生很小就参加了革命队伍，去过延安，也是老革命了。

我们上路了。

原来，东生此行去车站，不是乘火车，而是去换班，任务是喂猪。

那个时候，进贤县火车站旁边有一个规模不小的“生猪转运站”。当年没有正经的大型养猪场，专供出口的生猪由供销社负责在附近的农村收购，集中在此，而后用火车装运，据说是卖到香港。将这些从一家一户老百姓处收购来的猪集中起来可不得了，成百上千头活蹦乱跳的肥猪凑到一起嗷嗷叫，还要保证不掉膘，好吃好喝好招待，得有专人精心喂养。

说来有趣，当年五七学校老三连得到一个生猪转运站临时工的名额，如获至宝。两个连队合并后，连里继续常年派人顶岗上工，不要报酬。这么做不为别的，就为每个月能拉回一大车猪粪，这上好的肥料专用于连队的蔬菜地。这可是我们的“宝地”、连队食堂的“菜篮子”，好坏事关每个人的一日三餐。那时候每个连队的后勤排都有一个“种菜班”，选派得力人员担此重任。二连的菜班班长是涂修乐——一个说话风趣的湖北人；副班长石铁伦。他们俩带着一帮老弱病残精心侍弄着菜地，非农忙时节，我们经常去帮忙，担粪施肥，精耕细作。处心积虑多多上农家肥，打药只用安全低毒的“乐果”，从不用有毒农药和化肥。那个年月我们就重视“菜篮子”的安全了，说来挺超前的。

这次东生就是专程来上这个岗，当一名普通的临时工，打扫猪圈。

我们陪东生来到火车站生猪转运站，找到了等待换班的刘蕴章，他是东生的副班长，原中办机要室印刷厂的干部，他带我们走进了民工宿舍。

好大！这是一间由火车站货物仓库改成的宿舍，屋内密密麻麻整齐地摆放着几大排木制上下床，住着几十个人，都是从各个公社大队临时派来的农民。我帮东生搬来行李和书箱，找了一个靠边的下铺，他却挑了个当间儿的空床位，执意要睡上铺。看我不解，他指着头顶上的日光灯连连说：“好看书，好看书。”我嘀咕：“你在这儿看什么书？”

安放东生的书箱子让我们犯了难。本想放到床下，可箱子高，放不进去，我又毛手毛脚地将床整个掀起，把箱子推了进去，差点儿把床铺上的被子等物品掀到地上，引起了人们的惊呼。因箱子太高，将床顶起来了，我无奈地看着东生，他说：“放在床边上吧！”

临走前，看着这简陋的宿舍和生活环境，我不解地抱怨道："你干吗要一个人来这儿呀？"东生打量着四周平静地对我说："小家伙儿，我主要是图干完活儿有时间看看书，没人打搅。条件是差点儿，不过别人能住我也行。"

于是，这位从延安走出来，曾经留学苏联的大记者，挣国家干部工资的人，成了进贤县生猪转运站的一名临时工。和其他农民工同吃同住同劳动，和大家一样胳膊上戴着套袖，腰系大围裙，脚蹬高筒雨鞋，头顶一个破草帽，手持铁锹扫把，打扫猪舍。站在人群里，谁知道他是"哪一个？"

挣一车猪粪

过了一阵子，我又去了趟转运站，这次是去装运猪粪。我们乘一辆"丰收35"拖拉机，轰轰隆隆开进了转运站，因道路颠簸，我们只能蹲在拖拉机的大拖车里，骨头都快颠散架了。

我跳下车，自告奋勇地去找东生，熟门熟路再次走进了那间大民工宿舍，在众多的双层床铺间，凭着那个大书箱，找到了东生的铺位。东生不在，干活儿去了。我探头看到他铺上枕头边儿放着几本书，定睛一看，令我惊讶。啊！竟然都是精装图书，有些书名还烫金，深色的书皮放着幽光。最特别的是，这些书都是外文，我猜测是俄文字……不免心中一震。

在猪场粪堆边，我们抄起大铁锹奋力装车。这里的猪饲料主要是碎米稻壳谷糠，猪粪呈灰色，十分干爽松软，显得不那么脏臭。我还爬到车上跳着脚踩踏，兴奋地叫嚷："多装，多装，往海了装！"不承想把猪场管事的队长召来了，他看我们装了冒尖的一车猪粪不干了，说装多了，非让我们卸下来一半不可，双方争执不下。

此时东生来了，我站在车上对着东生抱怨道："你看看你，干了一个多月，只挣了这么一车猪粪，还不让装满。"

东生站在粪车旁，苦笑着咧了咧嘴。此时的东生刚刚打扫完猪舍，"扮相"滑稽，只见他头戴草帽，腰系围裙，脚蹬雨靴，手持竹扫帚，和身边其他民工别无二致，如同土豆掉到山药蛋堆里。

这车猪粪，就是东生——这个留苏大记者一个多月猪场劳动的报酬。

今天想来，在那个年月，东生独自一人去喂猪，成天打扫臭气熏天的猪圈，日日和近乎文盲的民工同住一室，吃着粗粝的饭食。在从不关灯的大宿舍里，躺在床上，读着别人看不懂也不屑一顾的外文书，该是何种心境？

恶劣的环境，更显金子的光辉。40年后，东生在他洋洋洒洒三大本著作《天地颂》的结尾处，回顾这段历史这样说：

> ——快乐和痛苦，像一对孪生子，总是结伴而行。1969年，我们背着背包……直奔江西中央办公厅五七学校。我们这些中南海的“黑秘书”们和上千名干部一起，白手起家，艰苦创业，筑大堤、造水田，插秧、割稻，养猪、种菜，盖房子、捞沙子，挑大粪、烧锅炉，战酷暑、斗严寒，经风雨、见世面。七年的岁月，我熬过来了。七年的考验，我经受住了。下半辈子，还有什么难关闯不过去，还有什么痛苦不能战胜呢？（摘自东生《天地颂·跋》）

读后我非常感慨，金石之言啊！

父亲的三份手稿

王　瑗　齐建国

1950年3月，学习土木工程专业的父亲王爱琛，大学毕业前夕奉命调入中共中央办公厅，在中南海、北戴河一直从事党中央领导办公和住所的房屋修建技术工作。1969年1月下放到中办五七学校劳动，在干校的8年时间里，主要在生产组负责农田水利建设技术工作。父亲去世后，在整理他留存的资料时，我们意外发现了三份五七学校时期的手稿，由于经历了近50年时光，纸张已经发黄、变脆，字迹变淡而模糊，曲别针的锈迹几乎渗透了每一页纸，为免破损我们小心地把它一页一页粘贴在A4纸上。经仔细辨识，这三份手稿分别是：《向新学员介绍围堤建设的提纲》共24页，写于1971年；《防汛抢险斗争小结》共12页，写于1973年；《防洪抢险讲课提

◎ 笔者的父亲王爱琛（右一）与老五七战士的合影

纲》共11页，写于1974年。

这些都是父亲在五七学校期间的工作总结和学习心得，今天细读这三份40多年前的手稿，把我们带回曾和父辈们一起经历的那段难忘岁月，倍感亲切和自豪。特别是其中的一组组数据，翔实记录了五七战士们自力更生、艰苦创业的经历，呈现了围湖造田和农田水利建设的劳动成果。现分别摘录如下，与昔日的小五七战士们分享。

手稿之一：向新学员介绍围堤建设的提纲

这份提纲应是1971年，中办五七学校在为江西培训300名农村基层干部时，为向新学员介绍建校之初围湖建堤及农田水利的建设情况，父亲领命而作的。

提纲用“三大战役”和“三点体会”进行概括和总结。

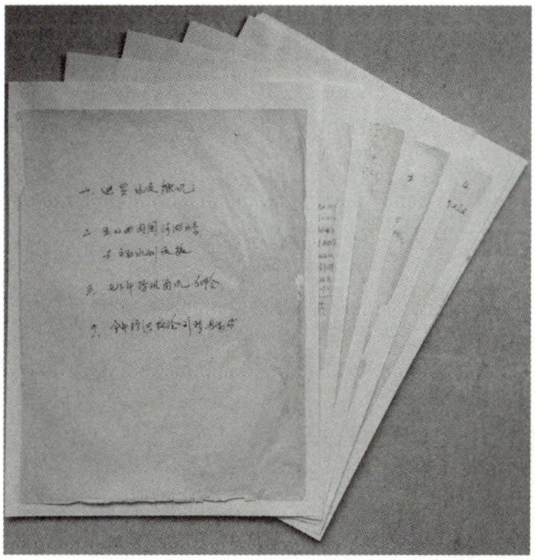

◎ 父亲的手稿之一

第一战役——围堤

★五七大堤长10里，其中新堤4300米，老堤650米，总共近10里；

★五七大堤高5米，高程海拔21米，可抵御50年一遇洪水；

★五七大堤施工共30万土方，卵石压堤脚2000立方米；

★为防止水土流失，堤内外全部植草皮；

★筑堤中，全县共出动3万多人次给予大力支援；

★围田面积3500亩。种植3000亩，其中水田2600亩，旱田400亩，待改造土地400亩；

★完成4000米长的总灌渠，2000米长的托洪沟。

农山水利建设的成果可使周围两个大队、4000多亩土地由过去一季不保收的湖边地，成为现在双季保收的良田，贫下中农支援我们筑坝修渠，我们建成围堤也直接支援了周围的贫下中农。

第二战役——造田

大堤建成了，可怎样才能把湖水排出去？距“春插”只有两个月，茫茫圩田，半边湖水，无渠无路，怎样才能把早稻插下去？当时，一面抢建电排站，一面借了电排设备进行排水。同时土洋并举，大打排水人民战争，借来几十部水车，在第二机耕道，摆开水车阵，日夜不停地排水。

在齐腰深的水里拉线、定桩。水深天冷，北风吹来双腿都裂口子，北部是圩田最低处，呈锅底状，水多泥深，要排出湖水，总排渠成为关键中的关键，全长2000多米，土方近1万，几乎全部都是2尺多深的湖底淤泥。集中优势兵力打歼灭战，每连抽一个加强排，组成8个排的突击队，展开龙口夺田的攻坚战。

同时各连突击筑路、修渠共计完成土方4万多，3000多米长的机耕路。突击平整土地打田埂，造出2600多亩水田。在全县贫下中农的帮助下，插早稻2500多亩，取得第二战役的全胜。

第三战役——水利冬修会战

水利建设的第三战役是1969年冬至1970年春进行的，修排洪渠道5000米，完成25000立方米，大大改善了圩田排水系统。使因淤泥太深不能进牛、进拖拉机的水田由700多亩减少为300亩。随后自制了电犁、电耙，解决了人拉犁耙的问题。增建自流引水管一处，使700多亩水田实现了自流灌溉。

修机耕路3000多米、板车路5000多米，大大改善了田内运输条件。通过平整土地，形成了五区四路，且有配套的排灌体系，五七圩田初显园田化的雏形。

建校的第二年取得双季大丰收，生产稻谷250万斤，3100亩基本农田亩产跨千斤。

三点体会

围堤、造田、水利冬修会战“三大战役”取得了胜利，其中有三点体会：为谁建设？依靠谁建设？怎么建设？

在开始建校时，谢绝了省、县革委会为我们提供的现成农场，决心自己围田垦荒。

在圩堤刚筑成时，排水成了抢插早稻的主要矛盾，我们不请外援，不靠专家，4台80千瓦的排水设备轴流泵的安装，完全靠发动群众。几吨重的大电机和水泵靠人力搬运，从几十里外运到电排站只用了一周时间，优质高效地完成了安装，及时解决了排水抢“春插”的关键。

大堤建成后，为安全防汛，需要3万块护坡板。时间紧任务重，我们不靠外援，也没去购买，而是自己动手到40里外的温圳挖抚河石子，从青岚湖捞沙，一个多月的时间制成水泥板3万多块，节省投资2万多元，确保大堤安全防汛。能打赢“三大战役”凭的是自力更生、艰苦奋斗、自己动手丰衣足食的精神。

对此，有诗云：

五七指示放光芒，青岚湖畔摆战场。

总干排渠穿中间，新堤老堤压两旁。

五个耕区四条路，五七新村落四方。

北头一个电排站，十里长渠水通畅。

五七战士忠于党，革命事业担肩上。

战天斗地炼红心，半壁青岚变粮仓。

手稿之二：防汛抢险斗争小结

这份小结的背景，应是1973年6月23日，进贤地区连降特大暴雨，五七战士们艰苦奋战一个多月，保住了五七大堤，夺取了抗洪抢险的全胜，及时抢插了晚稻。

小结分了三个部分。

一、客观形势

今年洪水来得早，时间长，三次洪峰很大很猛，不仅建校以来没遇到过，在进贤地区也是二十年一遇，此次暴雨（四天降雨490mm，属特大暴雨）则是五十年一遇。水位距五七堤顶只有二十多厘米，6月24日又刮起七级大风，电排站险段已上水。

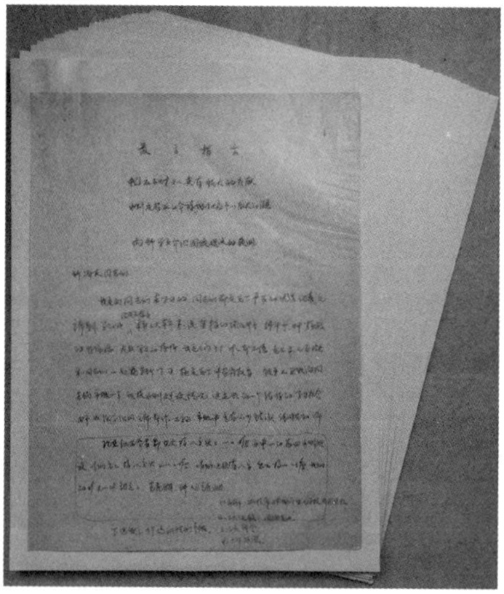

◎ 父亲的手稿之二

内涝情况很严重，五七田内积水深达两米，县城附近的十几个小堤都决口浸顶，唯独五七大堤，××小堤保了下了。

二、取得防汛抢险重大胜利的主要原因

1. 校党委正确领导

2. 五七战士英勇奋战

（1）一不怕苦，二不怕死，不少同志十几个小时不下火线；

（2）认真负责，一丝不苟，十里长堤，昼夜巡逻，查漏找渗；

（3）协同作战，主动出击，风格很高。一连、十连、中学×连多次要求参战，蹚水过河来抢险；

（4）召之即来，来之能战，战之能胜；

（5）群策群力，出主意，想办法。

在整个防汛战斗中，完成土方400多立方米，开沟导渗1000米，用卵石80立方，块石40多吨，动用草袋近3000条。

3. 广大贫下中农的大力支援

县委派了负责同志带领技术干部参加指挥防汛战斗。

第二次洪峰时，全县两个公社出动了700多人，苦战3天，筑成土堰700米，从3—5里外运土，从河对面运土。

第二次突击，700多民工，苦战5天，全线筑成60—80厘米高的子堤，土方4300多立方米。贫下中农自带口粮，自带工具，不要报酬，完成了抢险任务。

在洪水威胁的困难时刻，五里大队的贫下中农要我们生产组搬到五里去住，坂桥大队的贫下中农要代我们育秧。

三、深刻的教育，很好的锻炼，重要的一课

在这次抗防汛险战斗中，受组织委托，我作为防汛抗洪大军的侦察兵、防汛指挥的通讯员，参加了战斗和在电排站值班，风风雨雨，泥泥水水，对斗争始末亲历目睹，受到了深刻的教育，对自己也是一次很好的锻炼，是重要的一课，主要体会如下：

1. 路线决定一切

五七战士都清楚保住五七大堤的重要意义，不仅有保护财产、农田的经济意义，更有重大的政治意义，既保护了五七学校，又保护了三个大队、七千亩农田、二十来个村庄。

2. 群众是真正的英雄

6月24日，党委决定拆除电机，保护设备，八连、电工班、十连、五连的同志们，组成一个战斗集体，闻讯而来，立即行动。用什么材料架起近1吨重的电机？我想只有用木材，仿照井木架桥的办法，这需要很多木材。八连的同志听到后，打电话建议用油桶做支架，并立即用机船运来，试验效果很好，经三个小时架起，并迅速安全转移了其他设备。

6月26日晚，水位趋于退势，党委决定立即排水抢种，并做好防意外的准备。对拆装次序、方法进行研究，立即行动。用了6个多小时，至27日凌晨1点多钟，水泵开始排水（并做好了应急准备，可以在2小时内再架起），整个战斗干净利索，4台机器，24个线头只有1个倒头，其他都是一次试车成功。由于水泵长时间连续运转，变压器发热，同志们想出了“淋浴降温”的办法，效果很好，保证了排水速度，连续12昼夜正常运转，排水360万吨，我们夺取了抢插晚稻的胜利。

3. 实践是最好的课堂

虽然几年来我一直负责防汛抗洪工作，但对此仍是一知半解。在这次防汛抗洪斗争实践中，学到了不少知识，对五七学校水利状况的认识更深入了一步。

对渗漏有了进一步认识，小漏观察，大漏插标，清水与浊水，泛沙与清流，通过实践，摸索出了一些规律。

对于开沟导渗也有一个认识过程，开始挖沟有一定效果，但不显著，开倒人字沟，上面盖草皮，盖了一漂就堵，后改为人字沟、门字沟，深挖30—40厘米，填纯净沙石，效果最好，一天无水，二天见干，治理软脚简便有效。

对于塌方，插标观察，分析原因，也有一些体会。

付了很多学费，才学得一些知识，要想取得一些经验真不容易！

这次防汛抢险的胜利是我们五七学校的一件大事，考验了学校，锻炼了干部，对我们是一次很深刻的教育，极好的锻炼，也学到了不少东西。回想那时，6月底一片汪洋都不见，8月底喜看稻菽千重浪，五七田里生机勃勃，一片葱绿，就更加热爱我们的五七学校。

手稿之三：防汛抗洪讲课提纲

这份提纲的背景应是1974年6月，按照学校的安排，父亲为向有关方面介绍防汛抗洪情况而作的讲课提纲。

◎ 父亲的手稿之三

一、进贤水文概况

1. 地形。进贤位处江西赣中偏北，鄱阳湖南岸，抚河下游。江西三面环山，北部为鄱阳湖平原，滨湖河网，河渠交织，湖泊众多。鄱阳湖汇集了全省水系（修、信、抚、赣、昌），北经湖口入长江。整个江西像一个大簸箕（北边开口），进贤是滨湖丘陵一角，大的湖泊有军山湖、金溪湖、青岚湖，湖区海拔都在20米以下。

2. 气候。江西属中亚热带温润季风气候，秋冬干燥少雨，春夏温暖多雨，稻可一年二熟（三熟），年绝对最低温度零下9摄氏度，最高40摄氏度，全年平均降水量1300—2000毫米，进贤1971年降水最少，为1078毫米；1973年降水最多，为2636毫米，4、5、6月雨量集中，占全年一半左右，春季多阴雨。

二、五七田周围河湖水系与主要农田水利设施

1. 十里长堤。新堤4300米，加老堤650米，底宽20—25米，外坡1∶2.5，内坡1∶2，土方30万方，围田3000亩，保护4000亩。1973年有几处险情，大堤经受住了考验。1974年又加了3万土方的二坡，堤防更加牢固。有了这大堤，十里长堤锁青岚，半壁荒湖变良田。喜看稻

菽千重浪，五七红花开万年。

2. 八里托（拓）洪。为解决内涝，与民兴利，不与民争利，我们设了电排站，开了托洪沟，底宽5米，深4—8米，沟底高程18.5米，每秒可通过12立方米的流量，排洪能力涉及4平方公里（公路以东）。

3. 一个电排站。装机320千瓦，每秒4立方米，每分钟240立方米。五七战士白手起家，两把扳手闹革命，自己组装起来，运转良好。1973年连续运转12昼夜，排水300万立方米。这是我校的水利枢纽、五七田的心脏。同时，它还担负起公社7平方公里的土地、4000多亩农田的排水。主要矛盾是排涝，我们地处青岚湖一角，西通金溪，北连军山，两处筑坝设闸，挡鄱阳巨波，拒长江洪峰，军山湖库容大，可为青岚湖分洪。

三、1973年防汛抗洪斗争简况与体会

1. 水情

20年一遇的高水位20.39米。

50年一遇的降雨量，3天降雨430毫米，6月23日一天降雨188毫米。

3次洪峰，5月20日大堤水位18.7米，5月31日19.3米，6月23日20.39米。

一次大风，7月5日7—8级大风。

2. 抗洪抢险的几点体会

（1）坚强的领导；

（2）五七战士一不怕苦，二不怕死的彻底革命精神；

（3）高度认真负责的态度，为防汛做准备，为抢险做侦察；

（4）严密的组织，巡逻小组、侦察兵早发现早处理，将险情消灭在萌芽状态；

（5）正确认识险情，因地制宜地采取措施，电排站拆除、安装决策正确，处理得当。

四、今年的防汛抗洪形势及要求

1. 水情：2月降雨量412毫米，5月降雨280毫米，总降雨1100毫米。

2. 防洪抢险准备。

3. 若干技术问题：

（1）开沟导渗；

（2）筑土圩；

（3）截渗墙；

（4）灌泥浆；

（5）草皮护坡与植被；

（6）护坡板修整及防浪（树枝防浪）。

读罢手稿，我的思绪回到了青岚湖畔，心中涌起对父亲更多的思念和理解。手稿中体现了当年五七战士们自力更生、艰苦奋斗、不怕困难、甘于奉献的革命精神；手稿在总结工作体会时紧扣为谁建设、依靠谁建设、怎么建设的问题，贯穿着以建设为出发点的指导思想；手稿中引用大量工程和水文数据进行分析研究，体现了父亲作为工程技术干部严谨务实的工作风格，也给我们树立了实干精神与科学态度相结合的榜样。

这使我们联想到，2016年12月2日上午，成宇、王瑗、齐建国、王珂同往中办老干部局，看望已经退休的林任镝叔叔。在中办五七学校建校初期，林叔叔曾与父亲同在生产组工作，他们共同经历了建校初期最为艰苦的工作过程，结下了很深的工作友谊。林叔叔告诉我们，初到进贤，面对茫茫湖水，如何才能筑堤造田，我们从未经历过，心中压力很大。你爸爸是专业干部，没人能够代替他。当时，你爸爸每天扛着标杆，在堤上跑来跑去进行测量计算，我做他的助手，把每天各连的筑堤工程进展情况报告给他。建电排站，你爸爸功劳最大，凡是技术问题都是他带领大家解决。有一次，碰到一个技术难题，李树槐校长就说："找王爱探嘛！"林叔叔还回忆道：你母亲病重，学校安排他回北京照顾。你爸爸回北京安排好你妈妈的治疗，待手术做完在家照看了很短的时间就又返回进贤，他很清楚这边的工作十分需要他。

林叔叔还谈了他的一些认识：五七战士都来自中办机关各个单位，有着不同的境遇，因角度和立场不同而有不同的认识，也很正常。我当时还年轻，组织上安排我去干校，就愉快地服从安排。虽然很艰苦，但校领导和我们都一样，我也心甘情愿。现在回头看看，这对我是很好的锻炼。像李树槐、靳耀南、成元功和你爸爸都是把五七学校的工作当作事业认真去做的。

这三份手稿和与林叔叔的谈话，使我们更加深了对父亲的理解。父亲在江西进贤中办五七学校8年多的日子里，充分发挥自己的专长并善于拓展学习新知识，着力于建设，以科学的态度在实践中探索，把平凡艰苦的工作当作事业，兢兢业业、踏踏实实地认真做好。这样的思想境界、事业情怀和素养修为，令我们由衷地敬佩，值得我们学习和践行。敬爱的父亲，我们永远怀念您！

离　　别

成　宇

1966年夏天，我读小学三年级，是上小学求知的年龄，暑假期间突然的社会动荡，使我就读的小学被“砸烂寄宿制”，我家也搬到了府右街红墙外的4号院。父母工作本来就忙，再加上他们下班后要参加学习、运动，我和妹妹每天都见不到他们。回想起来，作为一个少年，那时的思想、生活、社会环境都乱哄哄的，头一天看见大标语“打倒……”过两天又有某组织在中南海门前架上大喇叭，广播要揪出“走资派”……我常常不知所措，感觉好像有一阵狂风自远方刮起，离我越来越近，直到自己也被卷入风中。

送父亲去干校

1968年3月，因为“四人帮”的迫害，父亲突然被调出中南海，进了中办学习班。年底父亲告诉我们，他要去中央办公厅五七干校。我们当时不知道事情的原委，只听说去干校的人都是“文化大革命”中有问题的。

1969年1月初父亲去干校，临出发的前一天，因顾及影响，父亲让我代表他去看望他非常惦念的周爷爷和邓奶奶。记得父亲特别嘱咐我，和周爷爷邓奶奶谈话时间不要长，不要影响周爷爷邓奶奶的工作和休息。这是自全家搬出中南海后，我第一次去中南海西花厅，但当时没有孩子般的兴奋，只是觉得心情很沉闷。按照父亲的嘱咐，我在西花厅见到了周爷爷邓奶奶，先代表父亲和全家向周爷爷邓奶奶问好，并代表父亲向爷爷奶奶表示，父亲一定服从组织安排，到干校好好学习和劳动。邓奶奶要我转告父亲，在干校好好学习和劳动，注意身体。离开西花厅的时候我感觉特别失落，今后我不能来看周爷爷和邓奶奶了，父亲又远走他乡，不知将来我们全家的命运又将如何。我回到家，向父亲母亲汇报了我去西花厅的情况。我记得

◎ 笔者（左一）一家在五七学校的合影

那天天气阴沉也很冷，全家人的心情都很压抑。表弟听完我的讲述后放声大哭，我也跟着落下泪来。父亲安慰着我们，说他这次去干校是落实毛主席的五七指示，是光荣的。

因为弟弟只有5个多月大，妹妹也小，第二天只有我代表全家到学习班驻地的门口，为父亲送行，看着父亲和学习班的叔叔阿姨背着背包，排队步行向火车站出发，我只觉得喉咙口发紧说不出话来，连连向父亲挥着手告别，目送着队伍中父亲的背影远去。自我记事时起，父亲不断地出差，有时候我也去机场或火车站接送，虽然不知道父亲从哪儿回来或是到哪儿去，但都是高兴地迎来送往，只有这次的离别，让我第一次感到了惆怅和压抑，不知道父亲这一去什么时候能够回家。

父亲在干校劳动了8年，1976年夏末才调回中央办公厅，直到粉碎“四人帮”我们才知道父亲是受迫害离开工作岗位的。

与母亲分别

父亲1969年1月初走后，母亲接到单位安排她5月份去河南国务院干校的通知。母亲和姥姥姥爷商量，将10个月大的弟弟寄养在一位姓连的工人家庭。母亲临走的头一天晚上，带着我去连大爷家，母亲抱着弟弟和照看弟弟的杨妈（连大爷的爱人）聊着家常，母亲和杨妈怕影响弟弟，谈话中很小心地避开第二天要远走的话题。到了晚上9点半，母亲看时间已晚，就把弟弟交给杨妈，拉着我起身告别。弟弟一定是感受到了母亲要远行，号啕大哭起来。看时间太晚，我们只得在弟弟的哭声中离开。父亲远在异乡，母亲又要远行，弟弟的哭声让我心碎，让我倍感孤单无助。

母亲走后，每天放学或者周日，我都要去连家看弟弟，陪他玩。逢年过节带他去照相馆照相，洗出3张照片后分别给父亲母亲寄去，再给弟弟留一张贴在相册里。

◎ 去干校前笔者姐弟三人合影（摄于1970年）

我和妹妹去干校

1969年，我13岁，妹妹8岁，弟弟才1岁，爸爸妈妈都离开家去了干校，我和妹妹在姥姥家生活。是姥姥姥爷带着我们姐弟三人，让我们有了家的温暖和亲人的依靠。1970年初，姥爷跟我说，他在当教师的学校受到批判，怕是照顾不了我们了，我在部队的姨父想让我去当小兵，父亲回信说不能走后门，让我和妹妹还是去江西找父亲去。1970年的大年三十，姥爷姥姥送我们姐妹俩和陪送我们的姨父上了火车。我在车厢窗口与站台上的姥姥姥爷相望，姥爷擦着眼泪，姥姥不断地嘱咐着我，说什么我已记不得了。当时我心里特别难过，我知道姥姥姥爷舍不得我们，在那时送我们走实属无奈。离开生长的故土，离开熟悉的家和亲人，我的心情特别失落，一家人天各一方，不知今后如何生活如何上学。后来每次看朱自清的《背影》，就会想起站台上姥姥姥爷送别我们的时刻！那情景一生难忘！

一年中，还年少的我三次经历与亲人的分离，使我走过人生中第一个岔路口，走上了五七道路。

◎ 父亲买的小竹椅

我家的一件“文物”——小竹椅

1970年六七月间，母亲结束了国务院干校的劳动生活，来到进贤中办五七学校，想陪伴父亲和我们姐妹俩。母亲在学校医务室工作了3年，直到母亲和妹妹回到北京后，父亲才有机会探亲。父亲精心为他唯一的儿子挑了一把小竹椅，带回了北京。父亲再见到弟弟时，弟弟已经5岁了，他还没有喊过爸爸。他看见父亲专为他买来的小竹椅子，以前在北京从没有见过这样的稀罕物，坐上去很是开心，立刻从感情上拉近了与父亲的距离。弟弟一年多后才开始小声地叫爸爸。后来时间长了，小椅子不大适应北京的干燥气候，开始摇摇晃晃，父亲用小钻头在椅子上打了几个眼，用绳子把椅子捆绑结实，我们一直使用到现在。每次拿起小椅子坐下，总会想起江西、干校、父亲、父爱，真是睹物思人，小椅子是我家的文物啦！

与童小鹏伯伯相处的日子

王　凡

2019年是中央办公厅五七学校创建50年，这座学校建在江西省的进贤县，我曾在那里度过了不寻常的8年。那是我人生很重要的青春时段，也许是劳动重压的缘故，在那本该长身体的时段，我的身高却没有什么变化，但那8年里我倒是读了不少书，经历了不少事，与许多比我父亲还高龄的长者成了忘年之交，渐渐学会了思考。

因此，我把那8年视为非体质的思想成长时期。而在那个思想成长期的最初阶段，我碰巧因为同处一室认识了童小鹏伯伯。总括起来，我与童伯伯住在同一屋檐下，断断续续地持续了有将近一年的时间，留下许多至今难忘的记忆。

有些与众不同的长者

我是1970年7月初到办在江西进贤县的中央办公厅五七学校的，恰逢江西的“双抢”农忙开始。当时我的父亲还是“黑帮”，我的母亲的待遇也刚刚好转没多久。我到五七学校时没有自己的家可以栖身，不光是因为父母不在同一个连队，还因为没有资格组成家庭。

我的父亲当时在七连菜班挑大粪，母亲在二连养猪班喂猪。母亲和同班的单身女同志住一个集体宿舍，我到五七学校后，自然就挤进了二连养猪班的男同志宿舍。

当时那个男宿舍有三个人，两位原中央办公厅秘书室的叔叔，我认识。他们的妻子都在老家，故而在他们中办就处于“单身”状态。还有一位年纪稍长，我以前不认识，妈妈告诉我，他是童小鹏伯伯。

童伯伯的夫人紫非阿姨当时在湖北的全国政协五七干校，因此在中央办公厅五七学校的童伯伯也属于单身汉一族。他和妈妈在一个班养猪，这个班好像有十来个人，是当时全校规模最大的养猪场，负责全校各连养猪场的仔猪供给。

童小鹏伯伯是班里年纪最大的，个子是男同志里最矮的。显然，人的精神状态从来都不是按个头来度量的，他说起话来声音很大，笑起来更是那种爽朗的哈哈大笑。人再多，他的存在也不会被淹没。

几天的接触，我就发现童伯伯有一些与众不同。在五七学校劳动锻炼，整天一把泥一把汗的，人的衣着铺盖都是因陋就简，补丁摞补丁，说得不客气，都比较邋遢。但童伯伯总是清爽平整，除了雨天长筒雨靴会沾上泥巴。另外，我好像没见他穿过有补丁的衣服，即使有，也是匀称平整的，更像是装饰，而不会让人往补丁上去联想。

他的床铺也总是叠得整整齐齐的，白天，他会把蚊帐拉到一边。不像大多数人，挂上之后就不再动了，直到冬天把它取下洗涤。

进贤的夏季，赤裸着睡还觉得热，所以我们的床上除了凉席什么都没有，这就使童伯伯床上的一叠光亮柔滑的布料显得很扎眼。他大概看出了我的不解，对我说这个盖在身上很凉爽，还让我触摸感觉了一下。后来到了冬季，我们都盖厚厚的棉被，他床上的被子却看上去特别单薄，他再次为我解惑："这是丝棉的，虽然轻薄，但比你的厚被子还要暖和。"

童伯伯还有一件劳动布质地的劳动服，式样也很别致。整体有点像列宁装，上面是翻领，下面是斜插的口袋，但下面的口袋上面还有两个跟中山装上部相似的明口袋，有点像电影里美国大兵的军装，我估计不是国货，应该是舶来品，大概是他出国时买的或是别人出国时买了送给他的。

总之，从童伯伯的衣着到日常用品，都与当时五七学校总体形态有些差异，但这些差异却并没有影响他置身于那样的氛围里，以致引起某些碰撞和冲突。就仿佛武侠小说中的太极高手，有什么逆向的东西撞上他便被不露痕迹地化于无形。

我一度觉得他有点不近人情

起初，我并不知道这位有着诸多与众不同的老者是老红军，参加过举世闻名的二万五千里长征，曾经担任过中共中央统战部的秘书长、国务院副秘书长、周恩来总理办公室主任。“文化大革命”初期调到中央办公厅这边来，当了一阵子的副主任。

在上述诸多头衔中，当时我震撼的是周恩来总理办公室主任一职。一来当时的周恩来在人们心头的分量很重，日理万机、从容应对，是除了毛泽东以外第二个近似于神的人物。另外，毕竟在中办的环境里长大，对中国共产党的历史还是有些了解的，周恩来的经历及其在党内的地位、行事作风等也还知道一些，深知他的办公室主任可不是一般意义上的能人做得了的，而他跟了周恩来那么多年。

在我印象中（也是在干校听说的），作为周恩来总理办公室的主任，他必须对周恩来有问必答，要做到这一点，他必须关注多少东西，记住多少东西？这样的人实在了不起。然而，童伯伯自己从不讲他以往的经历，也没有人主动告诉过我。只是在二连待的时间稍久了，我把辗转听到的零星信息拼合在一起，才对他的革命履历有了一点点了解。

被安排在养猪班劳动，说明童伯伯当时的处境并不是太好，但是从大家与他相处的状态看，他又不像其他“黑帮”那样被严格管制、隔段时间会被批判一下，他有独自行动的自由，应该说还是相当不错了。

在宿舍里，我的床和童伯伯的床挨着，我们等于是头对着头睡。我刚住进去适逢农村最忙的“双抢”时节，而我到五七学校的第三天，就和二连的五七战士们一起早出晚归，投入到抢收早稻、抢插晚稻的大忙之中。

这里说早出晚归，早到早晨的三四点钟，晚到晚上十点十一点。还不到16岁的我从小在城市里长大，第一次领教如此的劳苦，实在有些吃不消。因此每天早晨听到下地的集合哨声，总佯装没听见，继续赖在床上，希图等大部队出发了，躲过“早出”继续睡一会儿。

也许是因为知道我刚到五七学校，不是正式的五七战士，参加劳动是出于一种自愿，所以两位秘书室的叔叔对我的偷懒行径，并未加以干预。

但童伯伯却很较真，听到哨声后，发现我没起来，他就会起来走到我床前，掀开蚊帐把我叫醒，说集合了，你怎么还睡？快起来，出发啦！直到睡眼惺忪的我爬起来，出了门，他才回到自己的床上继续睡他的觉。因为养猪班即便是在“双抢”期间，也仍然是按照猪的作息时间工作，故而他们还可以继续睡会儿觉。

在持续近一个月的“双抢”过程中，童伯伯都是这样认真负责地催我早起出工，从不懈怠，以至我一次侥幸偷懒都没能得逞。说真的，那些日子我对童伯伯是心存腹诽的，觉得这位长者有点不近人情。

然而，也正因为童伯伯的严加督促，二连的领导在“双抢”后和我谈了一次话，说我从大城市初来，就能坚持和其他老五七战士一样，起早贪黑地参加紧张的劳动，一点没有放松“思想改造”，表现还不错。

不管怎么说，当时听到那样的表扬还是很欣慰。没有童伯伯的较真，我初到五七学校度过的第一个“双抢”，可能就是有瑕疵含水分的，会因为夹杂了偷懒和小聪明而不够货真价实。

“劳动也是一课。”这是中央办公厅五七学校全体人员从北京出发前，汪东兴向他们传达的毛泽东有针对性的最新指示。尽管在后来的实践中，劳动带有了变相惩罚的成分，这是需要反思的。但就我个人的体会而言，过好劳动这一关，在人生中则应该是不可缺欠的必修课。

一些外在观察的记忆

童伯伯1914年出生，我1954年出生。我当时不到16岁，童伯伯56岁了，加上40年的代沟，我们在兴趣、关注点上有着太大的差异。所以，住在同一个屋檐下，在很长的时间里我们之间并没有什么话说。我对他的感知，也多是外在的。

因为妈妈在养猪场喂猪很辛苦，我有空就会到养猪场帮妈妈干点活，因此也时不时看到养猪场原生态的童伯伯。对妈妈来说很辛苦的活，对童伯伯也是一样，但童伯伯对这里的活都是尽心尽力地去做，从没见他表露出厌烦或苦不堪言的神态。

显而易见的是，他过去肯定没有喂过猪，所以许多活计他都是从头学做的。到我来时，他已经锻炼了一年多，饲养猪的各种事务已颇为熟悉了。他能随口叫出不同的猪的品种，“约克夏”“长白”等。

我后来看到童伯伯在回忆中写道，他当“猪倌”时还曾给母猪接过生。我看过妈妈给母猪接生，而且在接生后，我还在猪圈值过夜班，因为母猪睡觉时可能会把小猪崽压死。那是冬季，猪圈外寒风呼啸，我坐在炭火盆边彻夜守候。我想，这一切童伯伯一定也都经历过。

由于长时间和猪打交道，我感觉他甚至对猪产生了感情，你对猪有什么伤害言行他会不高兴。我还记得有一次在猪圈，看到童伯伯赶着种猪出圈配种。肥大的种猪，和瘦小的童伯伯，在一起形成鲜明的对照。我已记不清在这个过程中那头种猪出了什么洋相，只记得童伯伯那有特色的、爽朗的哈哈大笑突然爆发了出来。

中央办公厅五七学校在初创的两三年间，生活是很清苦的。夏季，蔬菜的品种很少，我印象里基本就是冬瓜和南瓜，还有很少量的空心菜。正餐每顿饭就一个菜，几乎每天都有一顿酱油炒冬瓜，以致我这个曾经比较喜欢吃冬瓜的人，一度看到冬瓜就头晕。

而在当时，五七学校强调艰苦奋斗，进城到街上下馆子是绝对不允许的。因此，想自己改善一下，就是买点点心解解馋。五七学校校内的小卖部虽然有很少量的点心卖，也就是芝麻球、江米条之类，但当时的氛围，对买零食吃似乎也持否定态度。

因此，人们买点心多少都有点心虚，悄悄地买一点，悄悄地吃掉。然而，这种氛围对童伯伯好像不太具有约束力，他偶尔去买零食，总是堂而皇之地去，买回来就往桌子上一放，吆喝在场的人一起吃。

也许是童伯伯资格老、工资高的缘故吧，他偶尔买点零食吃，好像并没见有谁为此给他提过什么意见，而倘若是我们这样，一般是会招来一顿批评的。

他吃零食的动作也有些与众不同，拿着点心朝嘴里送的速度特别快，你往往看不到他手动，就看他嘴嚼起来。这虽然是很小的事情、很琐碎的细节，但恰恰是这些，才让我眼前浮现出活灵活现的童伯伯形象。

童伯伯对我不客气的批评

让我难忘的与童伯伯的一次对话，是他对我提出了很不客气的批评。

由于“文化大革命”几乎还没有正式开始，中央办公厅秘书室主任田家英就自杀了，我的父亲被认为与田家英关系密切，很快就遭隔离审查，又过了不久，我的母亲也不能回家了。当时我还不到12岁，两个弟弟一个9岁，一个7岁，为了日常生活能得到成年人的照看，我们被送到上海外婆家。

到了上海，也许是因为语言环境的因素制约吧，往昔北方人顺口就带出来的一些脏字，不多久就从我们的嘴上消失了。而由于我又坚持不说上海话，所以上海人那些带脏字的口头禅也进入不了我们的语言。因此，我的语言在无意识中一度变得很干净。

我并没有意识到自己的语言很“纯洁”，但初到五七学校和童伯伯住在一起的时候，他却注意到了。然而不幸的是，当我回到北方的语言环境后，没有多久就又被环境给污染了。童伯伯显然对我的这个变化感觉很敏锐。

一天傍晚，我正抒发着白天劳累的感慨，童伯伯突然打断我的话说：“你怎么小小年纪，说话带这么多脏字？”我回嘴说：“我没觉得呀，大家不都这么说的吗？你怎么不说他们，单单说我呢？”

“你刚来还不这样，怎么好的还没学多少，坏的倒学得这么快？”他的语气并没有温和起来。

他说得显然都不错，说话带脏字绝不是什么良好习惯，我无言以对，但被他这么不留情面硬邦邦地批评，脸上实在是有些挂不住。

对年龄差这么多的孩子，批评也不婉转一点儿？我当时内心是很有些哀怨的。但在他批评后，我留意了一下自己的言语，确实夹带了不少脏字，这让我自己也对之感到吃惊。之后的几天里，我为清除口中的脏字作了一番努力，故而没再因为我的语言问题受到他的指责。我如今还能勉强算个文明人吧，不知是不是和少年时的那一次挨批评有些内在关联。

如果不是童伯伯这么毫不留情地批评，我自己也许不会很在意这件事。经过了许多年，再回想这件事，我感觉如果批评是轻描淡写、不痛不痒的，就失去了批评的意义。一下子就刺痛你，才可能让你无可敷衍，重视起来，继而用心改过。这，也许正是童伯伯批评艺术的高妙所在。

倒数第一的“游泳健将”

在“双抢”结束后的一天，五七学校组织了一场横渡青岚湖的比赛。毛主席喜欢游泳，提倡到大江大河里去游泳。对于这一点，没有比工作在中南海中央办公厅的工作人员更深有体会了。

因此，即便是在五七学校，即便是处于紧张的农业劳动之中，这样的游泳比赛活动，也举办得异常隆重热烈，男女老少许多人都积极参与。比赛按照男、女分青年组和中老年组进行，童伯伯也参加了比赛，他在中老年组。我还清晰地记得，童伯伯的游泳裤是一条绿色的、看上去像西装短裤一样的大裤衩。

看童伯伯的打扮，我觉得挺好笑。哪有穿这样的大裤衩游泳的，咣里咣当的，又兜水，怎么游啊。看我笑他的大裤衩，童伯伯告诉我说，这可是正经的游泳裤。后来他专门给我看了，这裤衩是两层的，里面还有一层紧身的。看来还真有这样的游泳裤，但我以前从没有见过。

那天，青年组的比赛在前面，我参加了，先游到对岸，就坐在这边观看后面的比赛。我看到童伯伯在中老年组里，下水后不久就落在了后面。继而别人都游到了岸边，水中只剩他在“闲庭信步”。

等他上岸时，二连好几个五七战士跑过去扶他。晚饭后，人们在闲谈中说到白天的比赛，童伯伯不仅没有为他是最后一名而有丝毫沮丧，反而很得意，说他是整个比赛中岁数最大的，而且游到了对岸没有中途退缩。

在那天的游泳比赛中，始终有木船跟随，谁要是感觉不行了，可以立即上船，而童伯伯尽管落在了很后面，却坚持游完了全程。

“我也是第一啊，倒数第一。”他乐呵呵地说，引起旁听者的一片笑声。也许是听到旁边有人夸赞，童伯伯更得意了，随之说起一件更让他骄傲的往事。

1949年中共中央机关进北京，中央统战部是第一个进驻中南海的机关。那时的夏季，在工作之余，可以在“海”里划船。一个黄昏，童伯伯和家人划船，到了位于万善殿西边的水上凉亭水云榭，他们停靠在亭子边，准备上去浏览一下。

“紫非一脚踏上水云榭，一脚还在船上，突然失去平衡，‘扑通’一下掉到了水里。当时附近没有别的船和人，我立即跳到水里救她。她已经怀着我们的孩子好几个月了，是个大肚子，我费了好大的劲儿，才把她从水里托到了船上。你们说我的游泳水平怎么样？”

“我们要和加拿大建交了”

在我最初和他同处一室的那段日子，童伯伯在我眼里总是显得精力充沛。不管在养猪场劳累到多晚回来，我从没见过他一脸疲惫的样子，不知这是不是因为他老跟着周恩来总理，练出来的。

那时，他自己订了《人民日报》和《参考消息》，每天不论什么时间下班，他都会坐在床头，把当天的报纸看一遍。

长辈们都看报纸，这种场景对于当时还是青少年的我来说没有什么稀奇的，但有一件事让我记忆颇深。那一天，童伯伯看完报纸，放下时顺口说了一句："看样子，我们要和加拿大建交了。"几个月后的10月13日，我在广播里听到了中国和加拿大建交的联合公报。

中国和加拿大建交的谈判是在瑞典进行的，谈判期间似乎并没有什么相关的报道，因此大家对中国和加拿大建交都感到突然。特别是在"文化大革命"中，中国与各国的外交关系处于低潮，谁也想不到中国会在美国后院交上了朋友，从1970年末开启新一轮建交潮，居然是从与属于西方阵营的加拿大建交发轫的。

显然，童伯伯看报纸不仅仅是从中知道了些什么，还能够从中分析推演出些什么。阅读，不应该仅仅被动地知道，而且应该更具主动性地想到。虽然我当时还没有如此清晰的意识，但我却因为这件事对童伯伯萌生了一种钦佩，再回到二连、回到那间宿舍时，便会留意童伯伯在与人闲谈时说些什么，会在听了他的话之后，对他谈到的事情作一些思考。

那时，我已经离开二连，到了约在30里之外的五七中学，在那里等待着与即将毕业的五七中学三排学生一起分配工作。

有一天，我听到几个在五七中学当老师的原机要干校的学员在闲聊。他们开始在聊什么我已经记不清楚了，但聊着聊着有人提问说："在中央办公厅五七学校，谁分析问题的水平高？"我听到后就插了一句说："我觉得童小鹏有水平。"

我的话引起一位机要干校学员的不屑，说："童小鹏算什么？一个老机老右。""老机老右"，就是老机会主义分子、老右倾分子的缩略语。现在想想，"文化大革命"期间的年轻人真是不太把老资格们放在眼里。这是彼时的大气候，任何一个角落，都躲不开其存在的氤氲。

同时，机要干校学员的这种态度，也从一个侧面说明童小鹏伯伯当时在中央办公厅五七学校里的实际处境。

他眼睛红红地伏案疾书

也是在“双抢”结束后不久，当时的中央办公厅主任汪东兴来到了五七学校。他是在中共九届二中全会之后，从庐山下来，于返京途中特意在进贤停留的。

汪东兴此次来五七干校，巡看了整个五七学校的情况，召集了一个全体连以上干部的会议，对学校未来发展、如何长期办校、坚持走五七道路作了一系列指示。

汪东兴这次来进贤，还和一些中央办公厅的老干部进行了单独谈话。据我所知，当时单独谈话的有原中央办公厅副主任、机要局局长李质忠，原中央办公厅副主任、机关事务管理局局长邓典桃，还有我的“室友”童小鹏。后来，我得知还有一些人，好像还有当时没有“解放”的原机要室常务副主任康一民。

当年汪东兴和每个人谈话的具体内容，我这个对中央办公厅五七学校历史关注了几十年的人，到现在也没有听到和看到他们本人的披露。但我后来知道，汪东兴在同这些人谈话时，都谈到了毛泽东对这些人作的简略评价。

其实，毛泽东的话也就是那么一两句，有的好像还是弦外之音，并没有什么实质内容。但在当年，毛泽东的只言片语，直接关系着他们的政治生命，而政治生命在这些干部的人生价值排列中，应该是第一位的。

童小鹏伯伯从被叫去谈话，到谈话回来，我都看在眼里。他是被从养猪场叫出来的，回到宿舍简单收拾了一下，就去了校部那边。当时二连、十一连和校部的建筑群在一起，而二连与校部之间就隔着一个深六七米、宽三四十米的洼地。

过了十多分钟不到二十分钟的样子，童伯伯就回来了。我是后来才知道他那天是被叫去和汪东兴谈话的，但我已经忘记那天我为什么会在那段时间待在宿舍里。他谈完话回来的时候，我看到他的眼睛红红的，显然是流了不少眼泪。

在那个时候，说什么能让中央办公厅的老干部感激涕零呢？我推想是汪东兴也对他说了毛主席的话，而且可能就是童小鹏没什么大问题，锻炼锻炼还可以继续工作之类的话。但对在“文化大革命”中受到冲击、政治前途未卜的老干部来说，能得到毛泽东这样一句评语，夫复何求？

我记得童伯伯回来后，拿出一个小笔记本，伏在桌子上不停地写。一起住了一段时间后，我就知道童伯伯写日记，我想他是在写当天的日记。

如果童伯伯的日记都保留着的话，我真希望丹宁（童小鹏伯伯的长子）能找到那一天的日记看一看，那就可以知道汪东兴那天和童伯伯究竟讲了些什么，是不是记录了与童小鹏密切相关的一段珍贵的毛泽东语录，以及童伯伯当时的心情。还可以印证一下我的推测是不是有道理，抑或与事实有着八九分的贴近。

作为在中央办公厅五七学校生活了8年的我，作为一个在那里亲身感受到了自己父亲从“黑帮”到重归人民内部过程的人，我是非常理解童伯伯与汪东兴谈话后的情绪的。

一个跟着毛泽东革命了几十年的人，突然被从革命阵线中排除出来，在经过数年检讨、努力和渴盼之后，终于获准回到革命队伍，又有了继续革命的资格，他怎么会不泪水纵横？

毛泽东是领袖，是正确路线的代表，是真理的化身，一切以毛泽东的言论和判定为准。被排除在毛泽东的阵线之外，是与失去生命一样可怕的事情。这在70年代，是绝大多数中国共产党人和党的领导干部的思维定式，也是十几岁的我的思维定式。

我还清楚地记得，那个时期被推为经典、流传国内的几句话：“一切想着毛主席，一切服从毛主席，一切紧跟毛主席，一切为着毛主席。”这是为保护群众扑向意外着火的防雹土火箭的解放军青海省军区独立师第四团二营副政治教导员门合写下的豪言壮语，他牺牲后被授予"无限忠于毛主席革命路线的好干部"的荣誉称号。

但是到了80年代以后，许多人都不愿意承认自己曾经有过那样的认知阶段，都会在回忆文字中，把彼时的自己描绘成另外一副样子。我很钦佩这些人的思想进化方式，只需将回忆文字改一改，必要而苦涩的历史沉思就都可以省略了。

从坐轿车到拉板车

汪东兴离开五七学校不久，他对连级以上干部的讲话，就部分地向全体五七战士们做了传达。他的讲话中有一段对童小鹏伯伯的表扬，说他在干校锻炼大有收获，从原来的坐轿车，到现在的拉板车，完成了进城后当官做老爷到重新和劳动人民打成一片的思想转变。

我记得"从坐轿车到拉板车"还被写进了当时中央办公厅的简报，这句话后来也成了名言，作为高级干部在五七学校锻炼改造的形象比喻。

其实，到过中央办公厅五七学校的人，基本上都有过拉板车的经历。养猪班的人，更是每个人都拉过板车。

那个时候，猪饲料的主要成分是被粉碎的米糠。二连养猪的米糠，主要是从进贤县第二酿造厂进货。第二酿造厂距离二连驻地也就300多米远，但却是一条差不多有30度的长坡。从驻地去酿造厂是大下坡，而从酿造厂返回驻地就变成大上坡。去酿造厂时，车上是几条空麻袋；返回时，则是几百斤近千斤的米糠。

负重1000多斤的车子，一个人在平路上拉，算不得什么。但是上坡路，即便是拉上二三百斤，也十分吃力，何况是一个300米的长坡。童伯伯有自知之明，他独自拉车也就装5麻袋，300斤左右。但这对一位56岁，个头瘦小，又脱离体力劳动几十年的老者来说，已经很艰难了。

我记得妈妈说过，她自己第一次去酿造厂拉糠，就想多拉一些，大概装了有千把斤。结果拉了不到100米就拉不动了，没僵持多久就被车拖着下滑，最后车子翻进了路边的流水沟里，她不得不分两次才把糠拉回来。

拉糠的活几乎是天天要干的，于是，一位老者拉着板车踯躅缓行，成了那段时间长坡上的一道风景。我曾经有几次在路上碰到童伯伯拉车，帮着他推回到二连驻地。当然，那时的我更多是在休息日和妈妈一起去拉糠。因此我知道，就是拉300斤糠，在那段坡路上，童伯伯要付出多少汗水。

许多人在中央办公厅五七学校一待就十年八年，其他连队的人对其是干什么的没有任何印象，但童小鹏伯伯拉板车，则成为整个中央办公厅闻名的符号。一说起童小鹏在五七学校，便都知道他拉过板车，都说得出“从坐轿车到拉板车”这个典故。

自从汪东兴到五七学校，自从“从坐轿车到拉板车”这句名言流传开以后，童伯伯的处境渐渐有所改善。后来，他不养猪了，到了生产组，当了生产组的副组长。当时的生产组长是成元功——周恩来的卫士长，他们是老相识了，此刻成了搭档。

我从1970年10月离开二连后，周末回二连探望妈妈，还是要在养猪班的男宿舍住上一夜，因而还能和童伯伯相聚，听他说笑。但他去生产组以后，就搬到洼地的另一边去住了，我们的“室友”关系也就此结束了。

因为从那以后就很少能再见到童伯伯了，他究竟是什么时候离开五七学校的，我都没有印象。很久很久以后，他写了《风雨四十年》一书，我认真地看了，书中说他是1971年12月从江西进贤回到北京的。之后，他就离开了中央办公厅，去了他曾经工作过的中共中央统战部。

自童伯伯离开五七学校，我就再没与童伯伯见过面。但他在中央办公厅五七学校身处逆境之中，却神态自若、不卑不亢、积极生活的定力，那种作为一个老共产党人对自己的追求充满自信、对理想信念毫不动摇的精神，至今仍留在我的心里。

我的师傅

黄志平

1975年我从进贤县高中毕业后，分配到五七学校的生产组，跟着王师傅学习管理果树，这些果树就是围湖造田形成的三角地上种植的一片橘树林。

我师傅名叫王志斌，那年61岁，一米八四、八五的大个儿，身材偏瘦，因个儿高，有点儿习惯性驼背；师傅天庭饱满，面色白里透红，浓眉下一双慈祥的大眼睛炯炯有神；额头和眼角呈现明显的皱纹，有点儿谢顶，头发有些斑白。师傅说话慢条斯理，声音挺洪亮，不像上了年纪的人，走路迈着八字步，可干起活儿来干净利落。师傅虽已花甲之年了，但精神矍铄。

师傅的祖籍是河北石家庄，下放前一直在北京中央警卫局玉泉山、双清别墅干园艺管理工作。20世纪50年代，师傅因业务过硬，脱产上了农业

◎ 笔者（前排左一）和师傅王志斌（后排左一）及生产组的同志们

大学，毕业后仍然从事着园艺事业。师傅有理论有实践，可谓园艺专家。

师傅常告诫我们："做人要老实，做事要踏实。"而他自己正是这样践行的。师傅在劳动中、在宿舍里时常给我们讲解果树的栽培与管理知识，毫无保留地将他的所学倾囊相授。

师傅带领我们给果树施肥，讲解为什么以土壤施肥为主，配合叶面施肥为辅。土壤施肥是在果树旁挖长80厘米、宽50厘米、深60厘米左右的条坑，埋入平时铲除的杂草，再浇上粪便；再有就是树下的地面撒肥，主要是尿素，让果树根部吸收有机养分。叶面是在结果期喷施高钾水溶肥来促果实快速成长。

师傅教我们剪枝，修整树形，即把树修剪成合理的形状和树体结构，以便使果树能充分利用空间与光能。剪枝一般在冬季和夏季两个阶段进行。冬剪是在果实采摘后到春季树枝发芽前进行，将部分衰枝剪掉，处理各级骨干延长枝，俗称剪骨架。初春回暖后，也是在出芽开花前进行修剪，将三四年的侧枝剪短，分层次修剪，大枝少而精，小枝密而均，让阳光斜射其中。夏剪是指花败结果实前的修剪，以抹芽、摘心、疏梢为主，使之更好地结出果实。

师傅手把手地教我们嫁接技术。嫁接活儿一般在秋季进行，因这个季节成活率高。嫁接时要先处理砧木，砧木是栽培品种的播种台，是承受接穗的植株。我们用于橘子树的砧是枳，也称为枸橘，其属落叶灌木，长相不规则，枝上长有尖刺，叶子很小，也结果实，又苦又酸又涩。因为枳抗寒抗旱，适合当地的环境。嫁接时要先把枳横向剪断，并在枳距离地面3～5厘米的上方，也就是横切面上切一约45度的斜口，深度以见木质部分，能剥开枳的树皮为宜，然后用刀尖小心地剥开，将斜切好带叶柄的橘枝芽快速嵌入，再用细麻绳捆绑好，盖上塑料薄膜，10天过后观察一下芽片情况，如果芽片仍然新鲜呈浅绿色，就说明成活了。干这活儿几乎是趴在地上，要求心灵手巧认真细致，当年我干得还不错，成活率80%以上，受到了师傅的表扬。

师傅还教我们配制农药，主要是消灭橘树的害虫红蜘蛛。这种红蜘蛛非常小，在叶面上就像针眼般的小红点，可它的危害性很大，疯狂地吸吮叶汁，还结密密的蛛网，使橘树落叶落果，严重影响果树的长势和产量。针对红蜘蛛，一般喷射乐果和波尔多液（一种石灰与硫黄按比例的混合药），乐果毒性大，师傅一般亲力亲为，不让我们“孩子”去打药。

师傅于1976年10月在五七学校退休后回到北京，回京后一直未闲着，仍然被人民日报社聘请从事他热爱的园艺管理，不图名利，施教带徒，而且与江西红壤实验站保持着书信往来，指导山上大片橘树的栽培与管理。

我回京后去探望师傅，他有些显老了，头发也白多了，但思维仍敏捷，谈吐不离本行。他带我到阳台看他从江西带回来的两棵种在大灰瓦盆中的小橘子树，因护理得好长势很旺，每年都会结出黄澄澄的甜橘。如今王师傅已乘黄鹤去，但他的教诲“做人要老实，做事要踏实”，却一直伴随着我，成就我一生！

我眼中的“批斗对象”

楠天健

1971年春节后，我到二连报到。没两天二连和三连合并，搬到了原三连驻地，毗邻四连，种水稻田。

二连食堂“恰饭”时有人围观，看到我身高不到一米五，瘦瘦的“小不拉子”，很不起眼。问我：“来探亲的？你是谁家的孩子？”这话我最忌讳，一扭头不说话。有人为我解围，说是新来的小五七战士。“你能干什么活？”“哎呀！这么点儿小孩就来干活，真可怜。”在人们眼中我就是一个“丑小鸭”。

五七学校的劳动是辛苦的，好在我很快就适应了。每天只有干活、吃饭和睡觉三件事。那时候政治学习多，我懵懵懂懂，无论自学、班会、连会还是全校大会，多半都在打瞌睡。为此曾遭人厉声训斥：“一到开会学习，你就瞌睡，稀里糊涂的。”我的排长老朱（朱慎，原朱德秘书）等人看看迷迷瞪瞪的我，付之一笑，说：“白天劳动累了吧，这小家伙儿干活还不错。”

初来乍到，看到全连100多人，中年人居多，年龄大部分三四十岁，还有一些人50多岁。与其他连队比较，二连的平均年龄最大，人称“老头连”。特别是还有一群“批斗对象”，他们都是一些什么人呢？我很好奇。

下地干活，大家手不停嘴不闲，最是闲谈的好时光，我就问身边的老同志。对于我的好奇心，人们一笑了之，也有人嗔怪：“小孩儿别瞎打听！”“小家伙儿不长个儿，光长心眼了。”

时间长了，人也熟悉了，知道了二连有“三多”：批斗对象多、秘书多、家长多。

二连的组成

老同志告诉我，二连主要人员组成：一是原中办机要室的干部；二是原中办研究室（俗称“后楼”）的干部。其他还有原国家机关党委、中直机关党委的干部和中央领导的秘书以及机关工勤人员。

先说来自原中办机要室的干部。

他们原来的工作是为中共中央核心领导服务，如管理传送党内和政府的文件电报、组织办理各种会议、文件档案管理和打字印刷文件等事务性工作，保证党和国家机器的日常运转，办公地点在中南海南区的“丁楼”。这些人能到中南海工作，经历了“过了筛子又过罗”的审查，许多人都有过从军的经历。1966年“文化大革命”开始后，一夜之间他们离开中南海，被发配到中办学习班，后来到了五七学校。

其次是原中办研究室（俗称“后楼”）的干部。

“文化大革命”前，该研究室直接为中央常委和书记处服务，设有工业组、农业组、群众组、综合组等，专搞调查研究，是负责起草文件和领导讲话稿的“秀才班子”。人员不少是从全国选调的地委级干部，大多是“高干”，不少人行政级别为10级。这些人都非等闲之辈，是挑选来的精英，革命资历老、理论政策水平高、文化根底厚，擅长“舞文弄墨”。研究室早期的办公地点在中南海怀仁堂南面，一个叫居仁堂的古建筑里。当年的居仁堂有两栋楼体，“南前北后”，他们在后楼，于是人们把研究室简称为“后楼”。

“文化大革命”开始后，1966年6月18日，中央办公厅成立秘书局，撤销原来的机要室、秘书室、研究室。“后楼”人员被“连锅端”到中办学习班，从此“水深火热”。“据统计，‘后楼’共有干部59人，立案审查36人；正副组长10人全被划为‘黑帮’”（摘自苏维民《选择与必然》）。直到1969年1月3日，学习班又被“连锅端”到距北京千里之外的鄱阳湖畔江西省进贤县中共中央办公厅五七学校，大家的身份变成“五七战士”。

随着“文化大革命”的发展，中办各机关也都陆续办起了这类学习班，集中清理机关不要的人，后来几乎全发配去了五七学校。

“批斗对象”

当年五七学校最大的特色，就是有一大群“批斗对象”“黑帮”，总人数不得而知。根据苏维民《选择与必然》一书记载：“‘文革’前中办共有干部1454人，‘文革’中立案审查的238人，定为敌我矛盾的49人，被关进监狱的10人，受各种处分的128人，被迫害致死的23人，致伤致残的42人。”据此推算，被立案审查的人，大都被发配去了五七学校，创建初期，全校批斗对象坏分子应不少于200人。仅在二连，我能回忆起来的就有30多人，约占全连总人数的1/4。

“文化大革命”前的原中办各级领导，基本上都去了五七学校。厅领导除杨尚昆（关押）、田家英（去世）外，其他副主任如曾三、邓典桃、龚子荣和“文化大革命”中任命的童小鹏、李质忠均是批斗对象，全被发配到五七学校劳动。我曾经看到人笑说：“这些人多大的官儿呀，如今都在这儿，跟我们‘三同’呢。”资历最老的是机要交通局局长王凯，1923年的老党员，年近70岁，可惜一年后（1970年4月）在五七学校含冤去世。

五七学校的干部，可以划分为三种人：革命同志、批斗对象（问题很严重的人）和审查对象（有问题待查的人）。五七学校继承了学习班，批斗对象的日子照样难过，他们继续被监管，失去了人身自由，写交代材料，定期进行思想汇报；停止党组织生活，工资停发（只发三四十元生活费）。

而最令人痛心疾首的就是殃及子女、祸及全家。这些干部经历过战争年代和历次政治运动，饱经风霜，侮辱批斗都能忍受。可是，一旦看到台下未成年女儿仇视的目光、儿子恐惧的眼泪，再硬的汉子也会“英雄气短”。

二连的批斗对象是一个长长的名单，回忆起来有原机要室的康一民、吴振英（两位走过长征的老红军）、沈剑新、韩增福、仲　、李欣……秘书们有姚力文、商恺、孟几述　　原“后楼”和秘书室的有何均、曹幼民、周元青、贾步彬……此外，连里还有不少接受审查的“灰色”人物。

为此，二连设有专案班，直属连部。专案班班长是刘西瑞，还有恽锡良、黄庆定、欧绍全、陈研新等人。连里一开会，指导员王学智就讲：“二连的专案任务全校最重，有些人是上边挂了号的，我们也定不了案。”

当年我所在的七班，批斗对象就有韩增福、李欣、刘吉顺、梁川和王绍萍5人，占全班人数的近一半。他们不能探亲和自行外出，个人信件要先交班长审看；连里开会传达文件或班组开会学习时，他们不能参加，只能集中到食堂自己学习，并派人值班监管。我还曾经被派去值班，搬个小板凳坐在食堂门口，沐猴而冠，监管全连的批斗对象。可我只顾打瞌睡，他们看我出洋相直乐。

虽然那时候基本不开批斗会了，但精神上他们依旧备受折磨。那些年，真委屈他们了。听说六连有位赵令哲（革命先驱赵世炎的侄子），以绝食抗议迫害。五七学校也不含糊，将他交给进贤县法院，判刑15年。

干校里的劳动和生活很艰苦，批斗对象政治上被迫害，精神上是很压抑的。多年后，当事人都不愿提及这段痛苦辛酸的经历。以下是当年中办五七学校一位批斗对象的一篇日记，由其子女提供，弥足珍贵。我们能够管中窥豹，了解一点昔日他们内心的困苦：

1969年2月23日　星期日

雨。一天不出工。续考虑交代材料。

肠又有点痛，便结，左大牙床发炎。

又过半年，且在下来劳改中过了近2月。交代材料写了多次，还是那些事情，也有点疲了，老一套，没新的东西，自感腻烦是错的，群众尚未满意……

历史问题，等待外调材料回来就可弄清（我）究（竟）是否暗藏革命队伍内的阶级异己分子、内奸、叛徒、特务。像我这样的人，还不是地富反坏叛徒特务这一类阶级敌人。

消极丧气情绪未根除：挂就挂吧，拖就拖吧，冤枉就冤枉吧，“戴帽”就“戴帽”吧，叫写材料就写。消极因素则是隐藏在思想里潜伏着，时时起作用，有时甚至起主导的作用，不敢多动多说。

主席最近指示有“犯了严重错误的好人”一词，我算“好人”吗？从政治革命划分，即叛徒、特务、反革命、内奸、五类分子、阶级异己分子、顽固不化的走资派等是坏人的话，我自己知道，不能算坏人。在革命群众印象与心目中，是个坏人。不知为何，一说到阶级敌人、反革命，心里总是有点格格不入之态，这是委屈？是不服气？是美化自己？经过两年多教育，承认是敌人，这点，一方面大势所逼，群众所逼；一方面口头上承认，思想上未彻底想通，依然觉得无法出于本心……

这些文字今天读起来令人心痛。这些长辈们，都是资深老党员，干了大半辈子革命，出生入死，却被当成“反革命”。只能逆来顺受，忍辱负重。

烈火见真金，毕竟是残酷战争年代走过来的共产党人，逆境中他们大多数人表现得不卑不亢，坦坦荡荡，沉默坚韧，耐受力极强。今天看来，他们浴血打下了新中国的江山，又经历了“文化大革命”的磨难，何曾不是那一代人的历史责任和担当！后人应敬重。

当年二连的劳动中，批斗对象往往承担着最苦最累的活儿。他们中很多人坦然面对，挺身而上，从不退缩。更有人下死力气干活，通过体力劳动来排解精神上的苦闷，“一不怕苦，二不怕死”，甚至致伤致残。

一次下工路上，我看到身材高大的郝盛琦（批斗对象）走路一颠一颠的，抬头问他：“你小时候腿就瘸吗？”“不……”他连连摇头，憋了半天，看近处没人，操着安徽口音告诉我，他原来腿没毛病。1969年刚到进贤修大堤，一天晚上下着雨，他和别人用竹杠抬着一大筐饭走在泥水湿滑的田埂上，走在前面的王联聚意外一个趔趄，他见状赶忙扑上去护住饭筐，不幸一脚踏空，崴断了腿，吃苦受罪，又医治不力，没有愈合好，落下了残疾。

连里有一个“批斗对象”王录，患有风湿性心脏病，长期卧病在床。记得一天晚上，我已经睡下，听到后排房子里传出来高声斥责的声音，循声望去，看到一个房间窗户里灯火通明，人影幢幢。第二天下地干活，我问昨晚发生了什么事，有人告诉我：“昨天晚上专案组让王录交代问题。”我说：“人不是都瘫在床了吗？”有老同志示意我住口。

由于王录生活不能自理，不得已把在农村插队劳动的儿子叫来五七学校，照顾父亲。一次在田里干活，我一抬头，发现远处大堤上有人拉着一辆板车，车上靠坐的人戴着帽子裹着棉被，车子走走停停，令人奇怪。我眼尖，认出板车是胡剑青打造的，便和别人打赌，说那肯定是连里的人。后得知，那是王录的儿子拉着他爸爸“巡游”五七田。原来王录提出：“来五七学校几年了，没有出过屋子，想看看五七大堤和稻田。”指导员王学智让自行解决。儿子孝顺，找来板车，垫上稻草，成全了老父的心愿。

我亲身经历了“刘明义之死”。那是“双抢”期间的一天下午，我们在“三角地”插秧（张晓希的鸭棚附近），天气闷热难忍，汗如雨下。因为一时供不上秧苗窝工了，我来到路边等待。看见刘明义低头拉着半车秧苗从身边径直走过，大家连喊：“停下！走过头了。”事后想来，此时他已经神情恍惚了。我拎起一筐秧苗继续下田插秧。一会儿听说有人晕倒了，我们围拢过去，只见刘明义躺在地上，喘着粗气，已经昏迷了。“赤脚医生”吕玉玲给他灌“十滴水”，周元青守在他身旁，一边用草帽给他扇风，一边叹气。过了一阵儿，校部的吉普车来了，将他送到了县医院抢救。第二天早上，就听说他去世了，大家十分震惊，黯然神伤。

在五七学校，夏天劳动常有人中暑，刘振德就曾经昏倒在田里，被同事背回宿舍。但因中暑而死，刘明义是第一人。他是行政十级的老干部，原“后楼”工业组的副组长，那个时候已经“区别对待”了。也许当他中暑严重精神恍惚时，有人关照一下，或自己坐下来休息一会儿，悲剧就不会发生。可是，生关死劫，天命有归。他们那些从残酷战争年代过来的人，太能吃苦，从不愿人前示弱，干什么事儿都硬挺着。

事后他的妻子来，在宿舍里失声恸哭，全连的人都听到她心碎的哭声，令人悲怆。当时营区一片寂静，没人说话，大家用静默表达了对他的哀悼。

二连的批斗对象，“首席”要数康一民。他是江西泰和人，1929年参加革命的老红军，走过长征，十几岁就做机要工作。战争年代做过周恩来的机要秘书，“文化大革命”前任机要室副主任。他在中央核心部门干了一辈子，是何等精明强干的一个人。那时“虎落平阳”，平日沉默寡言，不怒自威，50多岁了，与大家一起出工下田劳动。他头上的“帽子”最多，对受到的批斗压根不服气。连里曾讨论将他划为“敌我矛盾”，结果大家的意见是“敌我矛盾按人民内部矛盾处理”。今天的人，无法理解这之间的“天壤之别”。他的老部下私下对我嘀咕：“批斗归批斗，人家是长征干部，没有他们哪儿来的新中国？”

说来有趣，他有一手绝活，是洗猪大肠。每次食堂杀猪，都要烧上一锅热水，等他出场，搞不懂他一个老红军怎么会干这活儿。我去看热闹，好大一盆猪肠子，带着粪臭不可闻，令我连呼“恶心”！他笑说：“洗干净做熟吃香着呢。”他告诉我要仔细清理剔除肠油淋巴，肠子要翻过来调过去洗多次，用盐反复搓，要过三遍碱水，三遍明矾水。经他洗过，猪大肠变得洁净雪白，冰凉的井水冻得他双手通红。

记得那年春节，天下着雪，大宿舍里没人，我披着破棉袄与他围着小炭炉对坐，伸着脖子津津有味地听他讲遥远印度的风土人情（他曾随周总理出访）。突然门开了，嚯！只见三位亭亭玉立的姑娘、三张青春靓丽的脸，还跟着一个小丁。原来女儿们和儿子相约来看望他，令他惊喜万分。当年，除大儿子外，四个儿女都随他去了五七学校。

其次就是吴振英，福建上杭人，1930年的老红军，走过长征，“文化大革命”前的机要室副主任，曾经做过刘少奇秘书。他个子不高，胡子拉碴，性情随和。我刚到连队时，总看到他坐在食堂前的大草棚里编竹筐。一次闲来无事，我踢开卧在他脚边的黄狗，蹲下身子看他干活。他的一双手粗糙黝黑，伤痕累累，还裹有胶布，一把锋利的篾刀在他手中出神入化，粗糙的毛竹片，一会儿就变成宽窄一致、薄如挂面、色彩翠绿牙黄的一大把长长的竹条。

我由衷地赞叹：“真棒！吴振英，你怎么会干这活儿？”（那时的规矩，对批斗对象都直呼其名，不能叫老吴，否则指导员约谈）他瞥了我一眼，停下手，拿起一支烟，我抢过火柴点燃，于是他打开了话匣子。小时候家里穷，他10岁就离家当学徒做篾匠。那年红军打到他的家乡，13岁的他就跟上红军队伍走了。他对我说：“我那时候比你还小呢，没文化，有什么觉悟呀？跟上队伍能吃饱饭嘛！其他的都是参加革命以后学的啦……”这席肺腑之言，我悟了一辈子。

他有一块劳力士手表，十分珍爱，干活时总挂在腰带上。一次下田干活丢了，他急了，不顾劝阻，中午饭也没吃，顶着大太阳，愣是从水田里找了回来。劳力士在沟渠水里涮了涮泥巴，行走如常，他异常高兴，拿给我们看。我惊得目瞪口呆，问他怎么找回来的，那可是一大片有水的稻田呀。此事至今都让我觉得不可思议。

“后楼”的批斗对象“排头兵”要属何均。他是安徽省桐城人，1936年参加革命的老延安，早年做过朱德总司令的政治秘书，是个“大笔杆子”。他个子不高，沉默寡言，平静如水，极少开口讲话，做事慢条斯理。上工下工，总戴个破草帽，低头小心翼翼地走在队伍的后面，我们笑他“一脚踩不死只蚂蚁”。大智若愚，大巧若拙，这何曾不是高人的自我保护、韬光养晦？

后来，这些批斗对象多数被“区别对待”，从“黑帮”队伍里走了出来，俗称“解放了”。一次我们班开会，宣布对批斗对象韩增福“区别对待”。老韩是“老八路”出身，沉稳持重，和善敦厚，可那天一开口就哽咽了，百感交集、老泪纵横，我看呆了。班长带头，大家鼓掌欢迎他“回到革命队伍里”。天下都是他们打下的，到头来还要被“解放”，天理何在！

也有“气不忿儿”的人，如“杨家死党”苏维民（杨尚昆秘书），就曾在宣布自己被“区别对待”的会上，一言不发，或许他是用沉默表达“无辜受过、何罪之有”的抗议。他在五七学校待了9年，种地、喂猪、做饭，尽心尽力。后来对他的处理是“撤销职务，留党察看两年”，被分配到北京市原宣武区废品回收公司工作。

无独有偶，我们班所谓“秘密录音”的当事人刘吉顺，也被分配到陕西老家县城里的废品回收公司。多年后他对我说：“你知道一公斤报纸、旧书、旧衣服多少钱吗？我曾经天天收这些东西……”

后来我得知，即使离开五七学校，他们的人事档案中都有“此人不得重用”的警示。“文化大革命”当年迫害干部，真是处心积虑。

秘书们

二连有许多人曾是中央领导秘书和身边工作人员。“文化大革命”中首长们挨批判，他们受连累，被诬蔑为“黑秘书”。

我知道的如原朱德秘书朱慎、闫致远；原刘少奇秘书姚力文、刘振德、李静；邓小平秘书王瑞林和公务员吴洪俊；原董必武秘书徐革夫；原陶铸秘书张汉青、杨聿政；原谭震林秘书陈永芳；原胡乔木秘书商恺、东生和警卫高仁山；原杨尚昆秘书孟凡述、崔双甫、苏维民和公务员王志敏；原龚子荣秘书卫敬文；原饶漱石秘书陈麒章。更早年间，康一民担任过周恩来的秘书，吴振英担任过刘少奇的秘书、何均担任过朱德的秘书。以上只是部分，我也是从旁人处听说的。这些人都有良好的素质和职业操守，守口如瓶、行事严谨、不露圭角，从不谈及秘书工作，更不透露与首长相关的任何事情。

1973年春节，我已经调到五七工厂。过节期间回到二连，意外看到浦侠等几个人聚在一起交头接耳，议论着什么。我好奇地上前围观，他们也不拿我当外人，告诉我邓小平前几天来进贤了，带走了原来的秘书王瑞林。因走得匆忙，王瑞林宿舍的行李都是由他们给打包托运。几个人都很兴奋，异口同声地说："好事情，好事情！"还互相调侃说："什么时候你们首长也来接你？"我看到他们个个眼睛放光，仿佛看到了希望。

二连秘书中的大才子东生，多年后在一部著作中这样写道：

> 1969年，我们背着背包，在天安门前庄严宣誓，又从这里步行到火车站，直奔江西中央办公厅五七学校。我们这些中南海的"黑秘书"们和上千名干部一起，白手起家，艰苦创业，筑大堤、造水田，插秧、割稻，养猪、种菜，盖房子、捞沙子，挑大粪、烧锅炉，战酷暑、斗严寒，经风雨、见世面。七年的岁月，我熬过来了。七年的考验，我经受住了。下半辈子，还有什么难关闯不过去，还有什么痛苦不能战胜呢？

金石之言啊！

儿女牵挂

二连的100多人，大多已经为人父母，儿女是他们心头的牵挂。当年，他们大一些的子女大多去"上山下乡"了，散落在全国各地；而那些还在上中小学的子女，只得带到江西。

父母心头总牵挂儿女。我有时会成为参照物，引来大家谈论的话题。这个说“我儿子比他还大两岁呢”，那个说“我闺女也在五七中学”。有时一些人会失神地望着我发呆，心里觉得怪怪的。一天，孙永勤阿姨若有所思地看了我一会儿，突然拉住我，没头没脑地冒出了一句：“你特像我的小小子儿。”弄得我一头雾水。多年后自己有了孩子，才体会到当年他们的心情。他们哪里是在看我呀，“天远路遥，飞鸟萧萧”，他们是牵肠挂肚、魂牵梦萦着自己在远方的儿女。一场“文化大革命”让多少家庭七零八落，子女或“上山下乡”或送回老家，如风吹枯叶散落一地，天各一方。

五七学校艰苦的生活、繁重的劳动，使人们更珍视家庭和子女。我知道连队里许多人的床头或枕头旁边，都有一部厚厚的《毛泽东选集》，里面往往都藏有照片，或全家合影、或父母儿女的相片。这是远方的挂念，个人独有的温馨和精神慰藉，是心头最柔软的地方，从不示人。

我曾有幸坐在刘振德（刘少奇秘书）的床铺上，看着他掀起枕头，从“毛选”里拿出了远方女儿寄来的照片。我们凑着煤油灯（干校停电是常态）观看，只见一个姑娘，扮成英姿飒爽的女战士，手持大刀，想来是模仿《红色娘子军》的剧照吧，老刘看得笑眯了眼。我分享了他的快乐，至今难忘。今天想来，照片里的姑娘就是央视明星蒋小涵的妈妈吧。老刘好人好福气，有如此优秀的儿孙。

二连中不少人不得已，将还在上学的子女接来江西五七学校，有些和我一样当了“小五七”。如我的排长朱慎的女儿朱艳华、班长王玉贵的女儿王宪民，都是我的同学和后来在工厂连的同事。连里“小五七”的家长还有康援援、康宏的爸爸康一民；孟祥丽的爸爸孟凡述；李小雪的爸爸李欣；梁燕的爸爸梁川；王雁的妈妈王绍萍；还有范越的父母范恭俭、杨聿政；曹小宁的父母曹幼民、戴服劳；丁山城的爸爸丁涧桥；王爱萍的爸爸工瑞林；刘东平的爸爸刘鉴农；刘维平的爸爸刘贺梅；翟小云的爸爸翟毓才；屠建业的爸爸屠德忠；邹建的爸爸邹常晋；袁兴林的爸爸袁恒兆。还有田宪民的妈妈张霖芝、王凡的妈妈施小珍、刘谦的妈妈刘迢和张纪东的妈妈李佩秋（如有错误请原谅）。后来二连和四连合并，这个名单就更长了。

那时候一到休整日（星期天不一定是休整日），经常会看到各间宿舍铺位上，坐着前来探望他们的儿女们，他们来自其他连队或五七工厂。父母们拿出精心准备的一点吃食、衣物和生活用品，塞给子女一点零用钱。此时宿舍里的其他人都会自觉回避，成全他们短暂的团聚。一次，我撞见同学曹小宁的妈妈戴服劳阿姨踮着脚，举着一块水果糖喂到宝贝儿子嘴里，那厮个儿高，昂首挺立，头都不低一下。扭脸看到了我，他咬着糖咧开半张嘴尴尬地笑了，一张“大鼻子”的笑脸阳光灿烂。

但属于“批斗对象”的人，很少有人来探视，往往会触景生情，心里空落落的……儿女是他们心头的痛。

远道来探亲的，会带来消息和趣闻。连里有个叫陈伯仲的老阿姨，她在农村插队的儿子张河南来探母，老妈带着儿子下地劳动。郝焕璋问他：“听说‘文化大革命’开始，你们跑到河南省委去夺权了？”“有这么回事儿。”张河南告诉我们。1967年各地造反派夺权，他们几个中学生红卫兵脑子一热，从北京跑到郑州，去中共河南省委夺权。那时天下大乱，人家不明就里，看是北京来的红卫兵，惹不起，要夺权就让他们夺吧，还好吃好喝好招待。有人追问：“后来你们怎么走的？”“不走不行了。过两天，人家来请示工作了，我们一看傻了眼。哥儿几个一商量，颠儿吧！”哈哈哈……地里一片笑声。

50年前，走在二连队伍里，我只是个让路边围观的江西老表嘲笑的“小不拉子”。机缘让我和这样一群杰出的人朝夕共处，耳濡目染，得以教化。难忘那段岁月，他们以仁爱之心庇护了我，在艰苦的劳动和生活中照顾我；宽厚地包容了我幼稚无知的张狂、刨根问底的好奇、指天画地的信口开河。他们的言传身教让我一生受用，警示我要走正路，不做坏事，善待他人。

感谢二连！给我人生一段阳光灿烂的日子。

父亲在五七学校

关九兰

我的父亲关玉书原是中央警卫局交通科的普通干部。去江西中办五七学校之前，父亲是个活泼爱唱、深受大院里孩子喜欢的叔叔。父亲拉得一手好胡琴，还会吹笛子和口琴，星期天孩子们经常来家玩耍，听父亲拉琴唱歌。1969年元旦之后，父亲机关的同事们先是在景山后街办学习班，学习动员之后马上打起背包出发。出发之前首先在天安门前毛主席像下集体宣誓，然后就坐火车奔赴江西进贤五七学校劳动锻炼去了。

父亲的绰号

1969年11月8日，举家六口作为第一批家属从北京来到江西进贤县中办五七学校安家落户了。已经快一年没有见到父亲了，记得到了五七学校后，我们5个孩子和母亲都迫切想见到父亲。等了一天也没有见到父亲的影子，我心里有点埋怨，真不知道他在忙什么。于是向五七战士们打听，父亲关玉书在哪里?

这时见到一个头戴浅黄色军帽的阿姨兴冲冲地走过来，她笑呵呵地说："你们要找的关玉书没有，倒是有一个叫'管运输'的排长在这里。他可忙了，去水稻连了，要晚些回来，你们先回宿舍休息吧。"

就这样，我们六个人在宿舍里等呀等呀，等得两个小弟弟都睡着了。我和母亲、大弟弟、妹妹一直等到天都黑了父亲才回来。见到眼前的父亲我们吃了一惊，只见他又黑又瘦，戴了一副高度近视的眼镜，背也有点儿驼，个儿头也好像是矮了，卷起的裤腿上还有些泥巴。但是精神矍铄、和蔼可亲。他问了问我们路上的情况，便低声地说："司机排的事又多又忙，我还要加班呢，顾不上你们了……"没等父亲说完我急忙插话："爸爸！他

◎ 笔者一家在五七学校时的合影（摄于1970年）

们是不是都管你叫‘管运输’啊？”父亲笑了笑点了一下头，转身就走了。

望着父亲远去的背影，我鼻子一酸差点哭了，但还是强忍住了。我看到母亲也在悄悄抹眼泪。我们与父亲离别已经快一年了，最不能忘记的就是他的背影。那年他得了急性肝炎，正在发高烧。看到我们几个孩子都小，弟弟尿了床，他就支撑着身体拿着尿湿的褥子去院里晾晒。由于身体虚弱，晾晒时用力过猛，一瞬间，父亲就像一根木头杆子一样直挺挺地摔倒昏厥了。我和弟弟妹妹们都吓坏了，哭着喊着扑了上去。正在院子里织毛衣的廖阿姨把毛衣和毛线扔了一地，慌忙地跑过来帮忙，把父亲送进了医院，父亲病危住院了……

看到如今的父亲，加班加点是常事，劳动强度特别大，吃住条件也不好。父亲的身体能经受得住吗？我们再也不能看到以前那个白白净净、活泼爱唱的父亲了。关玉书的名字与管运输的工作还真是有缘分啊！既合辙押韵又很有内涵，以致后来五七学校的许多同志真以为我们姓“管”呢！五七学校的条件虽然艰苦，但五七战士们保持着乐观精神，才使得五七学校围湖造田当年就获得了丰收。

父亲的手指

父亲为人忠厚、脾气耿直、严于律己、宽以待人，多次得到李树槐校长的赞扬和肯定。李树槐校长交给父亲一项重要的任务，每年去洛阳拖拉机厂给五七学校购买拖拉机零件或农机用品等。父亲的工作不仅仅是管运输啦！还当了八连指导员和水稻连农机大队队长。记得1975年“双抢”期间，父亲开着联合收割机，突然机器前面的收割机刀片被杂草缠绕住了。父亲下来用手去清理，不小心被带齿的刀片把右手食指、中指和无名指割断了。父亲当时很镇静，从稻草中找到断指放进杯子里，又在杯中放了一

◎ 笔者的父亲（前排左二）在五七学校

根冰棍，拖着伤手去校医务室进行简单包扎消毒处理，然后直接去了南昌市立医院。

幸好医院去得及时，当时还有专家在场，迅速将三个手指缝合接好，术后医生嘱咐说："千万不要让伤口发炎化脓，坚持换药。"当时三连连长孙勇介绍了一个好方子，孙勇伯伯曾经在红石山上抬石头时砸坏了脚趾，当地老表介绍了此药方，用起来效果很好。将大青钱草、半边莲、葱白加上白糖捣烂敷在伤口，可以起到消炎和接骨作用。

从此以后我们全家老少齐动员，都在忙着一件事——采集中草药！两个小弟弟去北门桥采药，我和妹妹从水稻连的稻田里采药。由于治疗及时，养护到位，父亲的手指接得很成功，没有落下残疾。那时候两个小弟弟看了《红灯记》中的王连举跳车后手伤挂着绷带，和父亲手伤挂着绷带的样子很像，就开玩笑说："快看！咱家的王连举回来了！"父亲听了一笑而过，并未责怪儿子。他还总把好吃的留给两个小儿子，说他们正在长身体呢。

父亲的言传身教和他那如歌的往事、峥嵘的岁月激励我们永远跟党走。无论顺境逆境，父亲总是把党和国家的利益放在第一位。他主张实事求是、求真务实的思想作风，也时时感染着我们，为子孙后代做出了榜样。

父亲在五七学校做木工

屈彩霞

1970年初冬，五七中学的二排、三排准备搬往红壤山，学校正在筹备阶段。

父亲会做木匠活

有一天早上，我看到父亲到中学来了，心想父亲来干什么？这时看到父亲走到前几日堆放在院里的几根长短不一的大原木旁停了下来，我跑过去叫了一声“爸爸”，并问：“您干吗呢？”父亲说中学盖厨房，他来做房架子。我心里奇怪，父亲也会做木匠活？我怎么不知道。

只见父亲拿出工具，先将原木上未去干净的树皮剥去，然后开始用墨斗画线。这时上课铃声响了，我赶紧跑向教室。在两节课后的课间时间，我又跑到父亲干活处，只见父亲脱去蓝色制服棉衣，正用斧子砍木头，不一会儿，圆形的木头变了样。就这样，我有空就来看父亲干活。两三天的时间，一堆木头经父亲之手，变成了盖房用的“人”字形房架，木头房架由榫卯互相咬合，较近的接合部用手指般粗的骑马钉钉牢，立在院子中，透着木头的本色并散发出特有的木头味。

周末放假回家，我问父亲何时学做木匠的。父亲告诉我，祖父就是木匠，他小时候在家干过一些简单的木匠活。我说，我回老家时怎没见过祖父干木匠活呀！父亲说祖父年纪大了，就不再做了。我细想想，好像在老家曾见到过一些木匠工具，印象最深的是画线用的墨线线斗。当时我和小姑姑拿着玩，不知道这东西有何用处。祖父看到让我放下，不要动。我问这是什么，他告诉我是木工用来画线的线斗，不是女孩子的玩具。

祖父是木匠，父亲自称是半个木匠。在家属们刚到五七学校时，人们的生活条件很艰苦。我们山上连队一家老小能分到一间房子已是很不错了。山下水稻连，不少人家分开住宿，母亲带年纪小的孩子，两家一间房子，父亲和年纪稍大的孩子只得分住集体宿舍。房间里的床、桌椅不是每家都有，其他家具就更别想了。

某日，校部给连队送来不少木头边角料，让当柴烧，每家分到一堆。看到这些边角料，父亲有一些新的想法，他从中挑出几块较大的，打算做几件家具。说是家具，其实就是功能简单、能放置物品的架子，还有能坐下来歇歇的板凳。

父亲在形状各异的木料上画线下料，用锯子锯开，用刨子刨平，用凿子凿木榫眼，最后组装成型。我们姐弟那时年纪不大，也张罗着给父亲打下手，帮着拉锯子、推刨子、凿榫眼。作为一个女孩子，这些活我都跟着干，因为力气不够大，精细部分把握不准，只能帮父亲做部件的初级加工，和父亲一起为家庭建设出力。这些技能对我成年后的工作生活很有益。五七学校加紧盖房，住房问题基本得到解决。再往后，不少人家从当地老乡处购买和定做木箱、桌椅、五斗橱、大木柜等家具，直到此时，各家各户才真正像一户过日子的人家了。

回京后，由于在城外工作，住房条件允许，在五七学校时置办的几件家具在升级换代后仍保留下来，有的至今还在使用。父亲的木工手艺在五七学校的劳动中得以发挥，曾为连队盖房、制作农机部件，还为山上连队制作了人手一个的统一制式板凳，为改善生活做出了贡献。

这么多年过去了，我觉得父亲是一个了不起的人，他虽不苟言笑，却心灵手巧，正如《论语》中的一句话——“君子欲讷于言而敏于行”。我由衷地敬佩父亲，为他自豪。

奇特的雷雨天

1970年1月，五七中学刚开办时，校址设在进贤县，学生住校实行半军事化管理。周一至周六上课，周六上完课放假，我们这些家住在红壤山上的同学便结伴回家，周日下午再一起返校。

有一个周末，天气预报有大雨，同学们决定不回红壤山了，就在学校过了周末。那天果真下起了雨，傍晚时，我们到学校食堂帮忙，推水车给食堂的水缸蓄水，推到第二车水时，外面的雨下大了。我们冒着大雨把水缸灌满，干完活大师傅招呼大家坐下来休息。值班的两位师傅都姓赵，一位身材高胖，一位个头瘦小，胖胖的赵师傅来自档案局，家是档案馆的同学都认识他，瘦小的赵师傅在中学上山后一直在五七中学为大家做饭。

这时天一下子黑了，电闪雷鸣，雨越下越大。我们正散坐在厨房里，与两位赵师傅聊天说笑，只见一个红红的火球从厨房北门进来，从南门出去，红火球穿堂而过，只听到一声巨响，好像火球撞到了什么。大家都吓了一大跳，不知发生了什么事！赵师傅说这红红的火球是滚地雷。当时我感到非常新奇，雷竟然是一个会滚动的红红的火球，好在没有伤到人。后来同学聚会，聊起了打雷，志平和惠玲告诉我，那个滚地雷并没有穿门而过，火球在屋里转了一圈，又从进来的门出去了，她们一动不动地看着红红的火球从自己身边滚过，真是太惊险了。

自然课讲的气象知识中，雷电有电磁脉冲、直击雷、云闪、球形雷四种。其中电磁脉冲主要影响电子设备，是受感应作用所致。云闪是在两块云之间或一块云的两边发生，对建筑物和人类几乎不造成危害。而直击雷是在云体上聚集了很多电荷，大量电荷要找一个通道释放，有时建筑物、铁塔或空旷地带的人，就成了电荷释放的通道，释放时可能会对建筑物或人造成直接伤害。直击雷是雷电中威力最大的，对人和建筑物造成的危害也最大，所以许多古建筑和高层建筑都安装避雷针，以防止直击雷的破坏。球形雷的威力一般比直击雷小，但危害也是有的。

而这次，是我第一次亲眼看见球形雷，以后再也没有见到过。

后来我上了进贤高中，一天放学后我独自回家，遇到了大雨。当时我身处开阔地带，周围是还未抽穗的水稻田，无遮无拦，我成了制高点。那天风雨极大，雨点打在身上生疼，眼前不时划过刺眼的闪电、响起震耳的雷鸣，四周白茫茫一片，我知道自己正处于危险之地。

好在那天我没打雨伞，穿着雨衣减小了遭雷击的可能。我一看没法继续前行了，也有点害怕，索性就地蹲下身子，尽量压低高度，以免引来雷电。我在大雨中蹲了好大一会儿，等雨势稍小才赶紧站起身来，跺了跺蹲得发麻的腿脚，急速往家走去。回到家，再想想当时风雨雷电交加的情景，还有些后怕呢！

有一年夏季，我参加"双抢"，当时正是南方最热的时候，我在田里插秧，太阳在头顶暴晒，两脚站在泥水里，那叫一个蒸。多想有片云过来遮住太阳，让我凉快凉快。抬头望向天边，远处真有云向这边飘来。不一会儿云带来了雨。我当时站在田埂东侧的田里插秧，眼看着大雨来了，大大的雨点打在水面上，溅起水花，让我顿时感到了几丝凉意。再抬眼看看，一田埂之隔的水田西侧却一滴雨也没下。

我伸出手在田埂的西边试了试，顿感太阳火辣炙烤，果然没有一滴雨。有挑秧人从田埂中间走过，笑看我们这边被大雨浇身，而另一边却是烈日暴晒，真是神奇！原来这就是过云雨，属于阵雨的一种，雨随云来，云过雨停。因为我们头顶上的那片云只笼罩在田埂东边，西边没有云，故东边大雨西边晴。

这就是我在江西进贤经历的奇特雷雨天。

学骑车

如今说学车，自然是学开汽车，但在四五十年前说学车，那肯定是学骑自行车。

在五七学校时，有自行车的人家并不多，当时买自行车不仅需要钱，关键还要有购自行车的票。那时物资不像今天这样丰富，许多日用品必须凭票购买。自行车票少，许多家都需要，所以要排队，不知何时才能轮到我家。见邻居家的孩子骑车，很是羡慕，盼着自家也能买辆自行车，那急迫的心情不亚于如今摇号买汽车。

机会来了。罗鸣同学的父亲因工作调动，要离开五七学校。罗家有一辆二六自行车，搬家时不打算带走，罗伯伯与我父亲说起此事，我父亲表示愿意买此车。罗伯伯出价不高，在知道我与罗鸣是同学后，又降价许多。至此，我家有了第一辆自行车。家里有了自行车，我和弟弟高兴极了，可是父亲不让我们随便动，弟弟就趁父亲下地干活不在家时偷偷学，不多日就学会了。当时弟弟个子矮小，只能跨车梁骑，且骑车技术娴熟。我学骑车时父亲和弟弟在旁边指导保护，我怕摔，总也放不开，进步很慢，好不容易学会溜车，还是不敢骑。

我从县高中毕业分配后，因为要到校部和县城办事，就骑着连队食堂采买的二八大车外出了，其实那时我刚敢上车，下车技术还没掌握好呢。头两次骑得挺顺利，可第三次却出了意外。当时老堤上刚刚铺了沙子，过了生产组离三角地不远处，看到有一队老表挑着木桶迎面走来，我知道那是他们从县城挑大粪回村，我想我的骑车技术不行，先下来，等他们过去我再骑。于是我等他们走过后，重上自行车，不知怎的，我把不住车把，车子一下失去了平衡，冲下老堤，我顺势抱住堤边的一棵大树，自行车则滚到了堤底。我定了定神，检查自己没什么大事，只是袜子剐了一个小洞，这才下到堤底用力把车推了上来，车的脚镫子摔歪了，其他部件还正常，于是就推着车子回到连队，找人修了车。心想自己命真大，没摔着。

但再次骑车时就害怕了，心里咚咚直打鼓。我想不敢骑自行车就学骑三轮车吧，于是用连队后勤的三轮车学起来，骑三轮车与骑自行车的用力方式截然不同，骑自行车掌握平衡时，身体要随着车身，而骑三轮车正相反，身体要端正，握车把不要使劲。可能是觉得三轮车比自行车多一个轮子，学骑三轮车心情放松，我很快就学会了。

回京后，城里的路上人多车多，我很少骑三轮车上路。到如今，我骑自行车的水平仅限于溜车。时间过得飞快，到我的孩子六七岁学骑车时，用的还是罗鸣转让给我家的那辆。自己也时不时在机关大院里用这辆自行车溜车。一日于不经意间看了看这辆自行车的登记证，才知道这辆自行车是日本产，菊花牌。细看这车，车座上刻有“大日本造”四个字。此车一直使用到20世纪90年代末，2003年我将自行车搬到城区的住房里保存。2004年我买了一把新车锁，将车放在小区车棚里，不久小区清理旧自行车，在我不知情的情况下，小区物业把这辆车处理了。虽然以后我家又买了几辆自行车，但唯有这一辆承载了我许多回忆的自行车最为我所珍视。

我们的父亲和吴麒叔叔

孙晓勤　孙亦勤　孙幼勤

我们的父亲

我们姐妹手中都珍藏着一篇文章，它刊登在20世纪80年代某机关的刊物上，文中的主人公就是我的父亲孙柏超。多年过去了，对他的思念仍深藏在我们心底……

父亲在世仅生活了46年……

新中国成立前，他考入北京大学，因品学兼优，成为地下党秘密培养的特殊学生，后来加入了中国共产党。

1952年，父亲大学毕业后分配到中央机关从事技术工作。解放初期，

◎ 笔者的全家福

百废待兴，在艰难的条件下，他怀着满腔热情，全身心地投入工作，与同志一道取得多项科研成果。若干年后，这些科研成果依然发挥着重要作用。父亲曾作为单位的科研尖子、业务骨干，出席了中直机关优秀青年代表大会，受到毛主席等老一辈党和国家领导人的接见。家中至今还珍藏着奖状和照片，奖状上写着“奖给在××工作中有创造的孙柏超同志”。

在我们的印象中他整天忙于工作，很少带我们出去玩，经常听他同母亲谈论的话题是“机器试验”。有次家里来了客人，问我们知道父亲是干啥的不，我们爽快地答道：“造机器的。”

“文化大革命”开始了，父亲受到了冲击，机关解散了技术部门，我们全家被下放到江西进贤中办五七学校劳动。在那个年代，他为自己的专长无法发挥而苦恼，只能在劳动间隙“偷偷”地写东西。一天，他去邮局寄挂号信，我们偷看了一眼，在信封上看到是写给一位中央领导同志的，后来才知道他是建议中央领导重视科研工作。

那个年代，父亲的专长发挥了另外的作用，那就是修理收音机。记得家里总有许多收音机，不论是老式电子管的，还是新式晶体管的，他都能修好，并时常对周围的同志讲：谁有坏的收音机都可以送到我这里来。那时大家的收入都不高，他经常自掏腰包买零件，为同志们免费更换。

他对周围的同志也非常关心。车间里有一位年轻同志，她的父亲是一位老红军，全家也被下放到江西干校参加劳动。父亲认为老红军是国家的功臣，他“鼓动”小青年给领导写信反映情况，要求落实政策。不久，问题得到了解决，她的父母回到了北京。

五七学校成立工厂连后，父母同在一个车间工作。他们接到了一个被称为“620”的军工任务，父亲可高兴了。那段时间天天加班加点，生产出的机器还要拿到九江去做“例行试验”，他连续坚守在高低温试验室，身体不适也只是简单地拿些药对付着。这时癌细胞已经悄悄侵入了他的身体，长时间、高强度的试验工作拖垮了他，错过了最佳治疗时间。

机关终于恢复了技术部门，经过6年的劳动改造，我们全家终于回到了北京。然而父亲已经到了癌症晚期，住进了北京医院。一天，从大连来了一位“小海军”，找到父亲请教技术问题，这时我才知道，当年的“620”军工产品是海军舰艇上的导航仪。“小海军”看他身体虚弱，不忍让他多讲话，而病中的父亲却兴致勃勃地讲了好几个小时。

父亲临终前断断续续留下的遗言是“很遗憾……，很遗憾……，一年多没工作”，对家人没留下一个字，在他的一生中，工作永远是最重要的。

如今，机关的科研人员增加了，科研基地扩大了，九泉之下的父亲若能感受到，他会非常高兴的。

吴麒叔叔

在网上“小五七战士营地”的相册里，我看见这张小时候见过的照片，那种感觉太熟悉、太亲切了，照片里的人至今我还能叫出名字：

张顺（虽然只露出半张脸）、陈栋阁、杨汉平、范明、郑和平、张宏、马秀英、牛淑玲、清华大学李师傅、李晓玉、夏群、王宪民、战福升、张

◎ 笔者的父亲（右六）与620项目组成员的合影，后排个子最高的是吴麒

淑珍、王卿武，那里还有我的父亲孙柏超（右6）、我的母亲程社平（右7），而站在最后一排个子最高、戴眼镜的那位，就是清华大学的老师——吴麒叔叔。

1970年“双抢”战斗结束后，五七中学放暑假了。经过了一个月的劳动，晒得像“黑猴子一样”（夏群语）的我回家了。在工厂连，我发现几张陌生的面孔，其中一位戴眼镜的叔叔很喜欢跟我讲话，父母让我叫他吴麒叔叔。那时，他随清华大学下放到江西鲤鱼洲五七干校劳动，因为研究军工产品，才被借到工厂连。他听过我在五七中学里的大合唱《我们正在前进》，很喜欢，要我给他找找歌谱和歌词，我办到了。“我们正在前进，我们正在做我们的前人从来没有做过的极其光荣伟大的事情。我们的目的一定要达到，我们的目的一定能够达到……”这首歌与当时研究的军工产品是那样贴切。听说他还将其谱了四个声部，真是多才多艺。

我的父亲和吴麒叔叔是上海育才中学的同学，新中国成立前，他俩先后考上了北京大学电讯电机系和清华大学电子系，后来渐渐失去了联系，在五七学校他们重逢了，同时还有吴麒叔叔的学生孙仁华（夏群）阿姨。

研究军工产品告一段落后，我再没有见到吴麒叔叔。

回京后，赶上恢复高考，母亲非要我报理科，理由是继承父亲的事业，可是我不喜欢理科，两人闹得很僵。无奈之下，我找到已回清华大学的吴麒叔叔说了此事，他非常支持我，出面劝说我母亲，纠正她的说法，他认为应继承的是对党的事业的忠诚，此事我深受感动。

又见吴麒叔叔是在电视上，在新中国成立五十周年大庆时，他坚决要求参加天安门广场的游行，原来学生时代他参加过1949年的开国大典。为此，中央电视台的记者对他进行了专访，那亲切的笑容一如当年。

我与吴麒叔叔后续的故事

孙晓勤

2009年4月，小五七战士大聚会后，组委会编辑了回忆录《我们是小五七战士》，我曾写过一篇短文，内容是我父亲的老同学、清华大学教授吴麒叔叔在五七学校工作的一段往事。

◎ 吴麒在五七学校

后来我辗转寻找吴麒叔叔，可巧的是，他竟然是我五七中学的同学王一红的大学老师、博士生导师。就这样通过王一红我联系上了吴麒叔叔，把回忆录寄给他，他非常高兴。之后我们俩经常邮件往来，互相传送一些感兴趣的东西，我称他为“铁叔”。

吴麒叔叔在2010年4月23日的来信中写道：

你寄来的回忆录我已经收到了，好大的一本呀！才翻了两下，就勾起了许多回忆，也辛酸也兴奋。

谢谢你给我写的热情的信。谢谢你母亲的问候。你的动人的回忆文章，以及你们三姊妹合写的文章，我都饶有兴趣地拜读了。你们回忆父亲的几段叙述，使我也回忆起当年我在进贤在他的领导与支持下的工作，你父亲真真正正是一位好人。你父亲与母亲都是党的赤诚的好战士，都把自己的一生彻底奉献给了人民的事业。其余各位小五七战友的文章我也会安排时间读。还要特别谢谢你专为我写了一节。这在我的一生中是首次，真是非常荣幸、非常感动，衷心感谢你了。

可惜在进贤时，我们不常见面。但我对你们三姊妹感觉都很好，都是你们爸爸妈妈的好女儿，都是好青年……看好脚下的路，走好前方的路，享受今天，创造明天，才是现实的真理，才是幸福的来源。

我在2007年曾清理过自己的一些回忆文字和若干会议发言稿和书信，把它们整理成一本笔记，题名《道路与足迹》,《提高导弹指挥仪的精度》说的就是在进贤中办五七学校搞协作的事。

吴麒叔叔教了一辈子理工科，但是他的文笔非常好，自传写得很有趣，可惜当年在编写《我们是小五七战士》一书时，没有发现他写的这篇文章。今年趁再次编辑“回忆录”的机会，我特意推荐吴麒教授的这篇文章。因为当年五七学校生产的军工产品，同样也包含着清华大学老师的心血。

附　提高导弹指挥仪的精度

吴　麒

“文化大革命”期间，清华大学的大批教师被送到江西省鄱阳湖边一个叫鲤鱼洲的地方去从事农业劳动，“改造世界观”，其中也有我。

与此同时，中共中央办公厅在离鲤鱼洲不远的江西省进贤县办了一个五七学校，集中了办公厅的许多干部和工人，也在那里“改造世界观”。中办五七学校的大多数连队从事农业劳动，但其中有一个连队从事工业生产，他们所承担的生产任务中有一项是生产某型导弹指挥仪，还有一项是生产晶体管。这两项任务在技术上都有一定难度，中办五七学校要求清华大学派教师去支援。清华大学于1971年春季从鲤鱼洲农场派出四名教师（其中包括我）和一名技工到中办五七学校去支援他们，我们五人在那里工作了一年左右，这两项支援任务都胜利完成了。

在中办五七学校，我承担的任务是指导导弹指挥仪主机的总体装配。这是一种舰载导弹的指挥仪，今天看来已经很老旧了。它的主体是一台机电式解算装置，由操作员把本舰与敌舰的航向、航速，双方的距离、方位以及风向、风速等原始数据用手工“装”入指挥仪后，指挥仪就迅速把发射导弹应当采用的方位、仰角等参数自动解算出来，解算装置按照随动系统的原理工作，所解算的是相当复杂的三角函数联立方程组，这种指挥仪是我国山西省某厂按照苏联的图纸和设计资料仿制的，该厂当时已在批量生产，中办五七学校就照样仿制。

我们到中办五七学校后，我首先仔细研究了指挥仪的图纸和资料，在阅读资料时我注意到一个奇怪的现象，资料中给出了该指挥仪解算十几道“标准题”的典型偏差数据。我发现，当射程超过一定数值后，出现的偏差都是正值，而不是正值偏差与负值偏差随机出现，我认为这是不正常的，是一种“系统性”的偏差，它必然会影响到这种导弹的有效射程。我与几位同志一起到生产该指挥仪的山西省某厂去查看该厂批量生产的这种指挥仪的出厂检验记录，发现也有同样情况，但厂方却认为这是“正常”的。

我放心不下，觉得自己有责任查清这些系统性偏差的原因，改进原来的设计。经过许多个不眠之夜的分析推敲，我注意到，在方程组中有一个变量，在指挥仪中是用旋转变压器生成的信号来代替的。众所周知，当变量的绝对值较小时，这样代替没有问题，但是当变量的绝对值增大时，这样代替所造成的误差会迅速增大，我怀疑也许这就是造成上述系统性偏差的原因。但这只是我的一种猜测，究竟是不是这样，必须经过严密的计算予以验证，才能作出科学的判断并采取有效的措施。

我设计了一种计算验证的方法，就是在上述的三角函数联立方程组中，把那个变量x也人为地改成Sin x，形成一组人为地改造过的方程组，这个方程组就代表了实际指挥仪中以旋转变压器生成的信号代替后各变量的关系，把上述的十几道“标准题”一一用这人为改造过的方程组求解，解得的结果就也带上了人为的误差。如果这些结果与指挥仪解算的结果相一致，就可以证明我的猜测正确了。不过，这样验证意味着要人工求解十几个非常复杂的三角函数联立方程组。那时是1971年，进贤县根本没有电子计算机和电子计算器，求解这样复杂的联立方程组只能全凭手工计算，而且，由于要验证的偏差量很微小，所以求解方程组必须达到很高的精确度，才足以把这些微小的偏差量显示出来并判断清楚。在当时的条件下，这项任务的艰巨可想而知，但是我对繁杂庞大的手工数值计算历来不怵，而且我善于避免计算出错，也有办法查找出错的位置。

我用好几大张纸画成庞大的计算表格，又写信要我妻子从北京寄来一本七位对数表，这是我当时唯一的计算工具。我整天伏案用对数表做手工数值计算，江西的夏季炎热无比，每天算得我汗流浃背，眼冒金星，足足算了半个多月，大幅的计算表格里密密麻麻地填满了几千个七位数的数据，最后终于解出了这十几道标准题，得到了带人为误差的解算结果。

我把这些结果与指挥仪的资料中给出的典型结果数据一一比较，发现它们彼此吻合得非常好，完全证实了我的猜想。导弹指挥仪发生系统性偏差的原因找到了！这时的我真是心花怒放，如释重负。

我把验证的结果向连队领导作了汇报，我充满信心地断言，正是由于原设计中以旋转变压器生成的信号代替了方程组中的变量，才造成导弹指挥仪在射击较远的目标时产生系统性偏差。在此基础上，我还提出了相应的解决办法，我的报告得到了领导的批准。

中办五七学校大胆修改了苏联图纸，按照新图纸生产出来的指挥仪样机在解算“标准题”时果真消除了系统性偏差，达到了更高的解算精确度，导弹的有效射程从而得以延伸不少，超过了批量生产该指挥仪的山西省某厂的质量指标。

由于导弹指挥仪是军工产品，我的这项研究工作不可能写成论文发表。但这无关紧要，我心里明白，我的心血和汗水没有白费，它为巩固祖国的国防起了一点小小的作用。不仅如此，我从这件事看到了理论研究的重要意义，理论研究的作用是无可代替的。

听故事

王　峰

1969年11月，我们姐弟三人到了五七学校。

哥哥姐姐们去了五七中学，八连指派柳伦阿姨在寒暑假照看我们这群小学生。有一天，柳阿姨非常神秘地告诉我们，她请来了一位老红军，明天要给大家讲故事。我们都兴奋极了！第二天，吃过早饭，我们一个个搬着小板凳，在进贤中学校园内小祠堂的舞台前整齐地坐好。只见柳阿姨扶着高秀英阿姨缓步走上台阶，她俩坐在一个破旧的课桌前，高阿姨操着浓重的江西口音，给我们讲述了她的故事。

高秀英阿姨和她的丈夫钟步云伯伯都是江西人，他们一同参加了二万五千里长征，在延安结为伉俪。从抗战时期开始，钟步云伯伯就一直在周恩来同志身边工作。1955年，他在随中国代表团参加万隆会议的途中牺牲。

1955年4月11日，印度国际航空公司的“克什米尔公主号”执行包机任务，搭载中国代表团部分成员和记者从北京经香港飞往印度尼西亚雅加达。在香港启德机场停留期间，国民党特工为了暗杀周总理而买通的一名机场清洁工按照其要求将炸药装进飞机货舱。飞机在接近印度尼西亚海岸时爆炸，机上除3名机员生还外，包括钟步云伯伯在内的11名乘客及5名机组人员全部罹难。由于周总理临时改变路线，此次暗杀阴谋没有得逞。

高阿姨十分动情地对我们说，虽然钟伯伯和同志们牺牲了，但是保护了周总理和其他领导的安全，我为他们骄傲！

尽管没有什么豪言壮语，但在座的小朋友们都被深深地震撼！

八连还有一位老红军——郑安明伯伯。郑伯伯特别喜欢小孩，经常给我们讲长征的故事。他说：别人是一路走到延安，我们是爬了两次雪山，过了两次草地，真的是九死一生才到了延安。我身边不知道死了多少人。有冻死的，有饿死的，有病死的，还有负伤活活疼死的！和他们比，我就像在天堂一样！

虽然一生历尽艰辛，但郑伯伯乐观豁达，安享了百年高寿。

上五七中学后，每逢寒暑假，校部都组织驻地的中小学生开展各种集体活动：种菜、喂猪、打扫食堂卫生、乒乓球比赛、游泳。

李树槐伯伯也常来给我们讲故事：延安大生产，自力更生，丰衣足食。保卫延安，跟胡宗南捉迷藏。三大战役，人民军队一天天壮大，直到把蒋介石赶到台湾……

围坐在这些革命老人的身旁，聆听他们亲历的往事，我们感觉距离那段激情燃烧的岁月很近很近。

◎ 李树槐校长讲故事

鸿雁传书铭恩情

沈　鸿

你的身影，你的歌声，永远印在我的心中。昨天虽已消失，分别难相逢，只有风儿送去我的深情。江西，十年难忘的动荡岁月已成为往事；生我养我的亲人也先后离开了我。回首过去，1969—1978年近十年的江西进贤五七干校生涯，依然清晰地留在我的记忆中。

明亮的月光

月在天上，人在异乡，我抬起头，注视着月亮。又是一轮明月高高挂在无际的夜空，仿佛离我们那么远，又是那么近。我心里默默地说：爸爸，真的好想您！我的父亲沈朓1930年出生于中秋之夜，如今离开我们已整整28年了。每当夜深人静、月亮当空之时，我总是习惯在心里与父亲对话。

在我的印象中，父亲是一位和蔼的人，他见人总是点头眯缝着眼睛笑。在江西进贤五七干校艰苦的劳动之余，父亲每天早晚空隙也不忘打开收音机，收听来自中央人民广播电台的《新闻和报纸摘要》节目，《长征组歌》《黄河协奏曲》等音乐激励着父亲始终保持革命的乐观主义精神，我从没见过他唉声叹气。真的难以想象，如果没有音乐，在那个动荡的年代，父亲如何与命运抗争！

父亲在工厂连负责广播喇叭还有电器的维护等工作，他对待工作非常认真、严格，孙桂清、孙燕龙、未虹等小五七战士都曾是他的徒弟。记得有一次，我去办公室找父亲，看见一位小五七战士站在门口抹眼泪，我知道她一定挨了父亲的批评了。那时我们的业余生活十分单调，连里从北京运来一批坏的电视机，父亲修好后，晚上小五七战士就把电视机搬到外面的桌子上，大家围着一起看。电视机常常出故障，大家就让我跑回家去叫父亲来帮忙调试，来回路上要10多分钟，父亲总是不厌其烦地满足大家的要求。有时候小五七战士嫌围观的孩子多，太吵了，就说，不看了！把电视机搬回办公室锁上门，等孩子们都走了，他们又从窗户跳进去继续看，这时看电视的只有两三个人，当然我也在其中。

在江西进贤五七干校工厂连漫长的时间里，无论在红壤山上，还是后来又回到山下，我和父亲朝夕相处，度过了一段难忘的童年时光（姐姐寄宿读五七中学，母亲在五连，半个月回家一次）。父亲小时候就落下哮喘的毛病，在江西恶劣的环境下，哮喘病更是反复发作。有一年夏天，后半夜，他实在支撑不住了，推醒睡在一边的我，问："沈鸿，你敢去叫医生吗？"望着呼吸困难、大口大口喘着气、浑身都湿透了的父亲，我毫不犹豫地点了点头，拎着一根木棒出门了（因为隔壁邻居家里养了一只大黄狗）。到了连部，大铁栅栏门关着，推也推不开，叫也没人应，我只好绕到边上，医生的宿舍正好与大门一排，当时没有电扇，夏天天热，为了凉快，窗户大开，金保山医生的床正好对着窗口，他正在熟睡中，我就大叫："金医生、金医生，我爸爸又犯病了！"金医生听到后迅速爬起来，随我大步流星地往家赶，多亏了金医生，这一次又救了我的父亲。

现在家家户户都喝上了自来水，有的还用纯净水，可那时我们的井水都是统一供应的。每天早晨六点，随着一声"打水了"，正在睡梦中的我就会条件反射似的一骨碌翻身起床，拿起小水桶去提水。当时我正值发育期，长此以往，就落下了头疼、贫血的毛病，严重时下午也没法上课，只得提前回家休息。有时早上错过打水的时间，这一天家里就没有水用。井台上打水的辘轳很重，我们小孩不敢弄，不然会反转打到人。来我家为父亲看病的医生同情我们，会帮我打上一桶水，这样才算解了围。时隔多年后，我去江西婺源，看到有竹制旅游纪念品，就买了一对小水桶，同事们不理解我的小水桶情结，他们哪里知道，我的童年生活是多么艰苦！

当时除了在食堂吃集体伙食外，已经允许我们在家里做饭了。父亲教我杀鸡、剥田鸡，这对于一个10多岁的女孩子也是一个挑战。晚上一边教我做菜炒长豇豆，一边教我学习毛主席诗词“红军不怕远征难，万水千山只等闲”等诗句，毛主席的很多诗都是在那时学会的。2013年我在苏州参加电视台社区私房菜比赛，获得了“十大民间厨神”的称号，这与童年的锻炼是分不开的。

父亲有一台型号为135的照相机，喜欢给人拍照，他身边的同事和亲友都有不少他拍的照片。父亲还教我们姐妹俩在红色灯光下洗照片，显影、定影、给黑白照片着色。记得父亲曾带我们姐妹俩以灌溉渠为背景拍照，当时恰有一对鸿雁站在黄澄澄的滚滚稻浪里，留下了珍贵的童年回忆。

“一山飞峙大江边，跃上葱茏四百旋。”1976年国庆节，父亲带着我们姐妹俩和杨博光、孙桂清、李晓光等几位小五七战士去庐山。

清晨，我们去含鄱口看日出，不巧父亲的那台照相机偏偏坏了，我们坐在小树林的草丛中静静地等候，父亲也非常焦急地用衣服蒙着头在里面修照相机，目的就是拍一张满意的照片。在舍身崖，父亲让我和姐姐坐在前边，其他几个高一点的小五七战士站在后面，其中一人用手指向远方，其他的人都看着前方。拍这张照片时，父亲是在离我们很远的一个亭子里，中间则隔着万丈深渊，“舍身崖”由此得名。这张照片父亲认为是去庐山拍得最好的作品，被父

◎ 1976年国庆节，父亲带着我们姐妹俩登上庐山

亲放大后染成彩色，挂在一个很大的镜框里。

父亲爱看书，在工厂连时他经常去北京出差，为连队采购电子零器件，顺便去新华书店，看中的图书也一定带回来，有时钱不够了，就去找北京的亲友借。常常是人未到，一大包的书先邮寄回来了。他看书总会顺手在重点部分画上红线并注解，生病住院期间也是收音机和书不离手。江西的天气多雨潮湿，星期天阳光好的时候，父亲就动员我们将家里的书搬出来晒。尽管我们一直搬家，从山下搬到山上，又从山上搬到山下，家里一直保留着很多书，后来我们一听说搬家就害怕，但父亲爱听广播和爱书的习惯我们都继承了下来。我培养女儿从小养成了听广播的好习惯，她小学三年级就去广播电台主持少儿节目《作文之家》。还培养她弹钢琴，小学六年级时获得了上海音乐学院十级证书，并考取了南京艺术学院播音与主持专业，现在是江苏省广电总台的一名媒体人，这些都得益于父亲的熏陶。2017年我退休后成立了红果朗读会，带动社区居民和身边的朋友“传承红色文化、助力全民阅读”，并获得了2018年苏州市“优秀阅读推广人”的称号。在父亲生活多年的旧宅里，每当我打开父亲的旧书柜时，看到书上还留有父亲的很多笔迹和红线条，不禁睹物思人。父亲留下的这些书，都可以办一个家庭阅览室了。我深刻领悟到“前人栽树，后人乘凉”的内涵！原来我每天守候的是一所精神家园！

松树的风格

“何以消烦暑，端坐一院中。眼前无长物，窗下有清风。”炎炎夏日，在寻找老照片的过程中，看到母亲和父亲不同时期大量的合影时，不禁为父母平凡而又伟大的革命经历感到自豪。我的母亲祝昭松，与父亲在工作上是志同道合的战友，在生活中是朝夕相处的伴侣。母亲初中毕业后为响应保家卫国的号召从湖北武汉应征入伍，在长春中央军委机校学习，并在那里结识了父亲。抗美援朝胜利后，和父亲一起转业到北京中共中央办公厅机要局工作，我和姐姐就是在北京府右街出生的。为纪念他们为党中央传递情报的特殊工作，父亲特意为我们姐妹起名“鸿雁”。母亲在中共中央办公厅机要局时是业务骨干，曾获得“全国机要技术能手”称号，并成为全国团九大代表，受到毛主席等老一辈领导人的接见。

1969年，我们全家下放到了江西五七干校，无论怎样，母亲都坚定地与父亲站在一起，和父亲相濡以沫，不离不弃。在江西，母亲插过秧、喂过猪，在幼儿园做过保育员，在总机接过电话，在果树连种过梨树。父亲的哮喘病时常发作，在上海治病期间，医院几次发出病危通知，母亲接到电报后，心急如焚地赶到上海，陪护父亲。母亲在红壤山上果树连时与安欣、安京京的母亲肖华阿姨结为知己，后来他们的父亲安庆洙伯伯到安徽省委党校工作，一直把父亲的病挂在心上，经多处打听得知合肥有一位名医，就介绍父亲去合肥治病，并安排他住在省委党校招待所长达一个多月，母亲也陪同在侧，并与安庆洙一家结为患难之交。2005年母亲回北京参加中办机要学校40周年师生会时，我还陪母亲特意去看肖华阿姨和安庆洙伯伯并合影留念。

◎ 2005年，笔者陪母亲回北京看望恩人安庆洙、肖华夫妇

江西蛇多，母亲听说吃蛇肉能治父亲的病，就去进贤县的中药店找蛇。农民抓到蛇将蛇胆当场取出卖给中药店，蛇就扔在一边，母亲拿回蛇，农民还要给母亲几毛钱作为蛇的安葬费。记得第一次在烈日下，在一位有经验的五七战士的帮助下，她拿着蛇挂在树上剥蛇皮。天性胆小的母亲后来胆子越来越大，直接在中药店当场将蛇皮剥了。渐渐地当地农民发现了商机，反过来跟母亲要几毛钱。

1978年秋天，父母被安排到苏州，我们全家在离别江西的那一晚，坐着手扶拖拉机先到了进贤火车站，有50多位小五七战士先后自发赶到火车站送别我的父母。当时因为中办五七干校在进贤，所有的快车都要在此停留几分钟。车上的乘客往下望，不明白这个小火车站怎么会有这么多的人送我们，那依依不舍的送别场景至今依然清晰。

母亲年轻时从事机要工作，记忆力非常好，对数字过目不忘。但她常说："好记性不如烂笔头！"她总是喜欢将生活琐事记录在册。到苏州后母亲在苏州市电讯电机厂办公室从事档案工作。1984年我被选调到苏州市政府工作，后来也学了档案专业。2004年，我为了纪念在政府工作20周年，将家庭档案整理了30多册，母亲也配合写了不少回忆文章。2017年母亲去世，与1991年因公去世的父亲一起合葬在了苏州新民公墓高高的山坡上，实现了"天堂再续电波缘"的愿望。有清风明月作伴，有青青松树环绕，我想父母是不会寂寞的。如果母亲知道我们齐心协力完成的家庭五代人的亲情档案，在2018年江苏省委宣传部、省档案局等多家省级机关共同主办的"筑梦伟大时代，共创美好生活——江苏省庆祝改革开放40周年图片展"中被评为"江苏省最美家庭档案"，母亲一定会在天堂里欣慰地笑！

感谢天！感谢地！感念恩人！感恩父母！

回望感叹

子归桥

——怀念我的父亲母亲

曹小宁

如果百度搜索“子归桥”，你甚至可以发现，有游人把北戴河鸽子窝到音乐厅之间的海滩称作子归桥海滩。子归桥寄托着我对父母的深深怀念，也包含着我与父母同在干校蹉跎经年的记忆。幼时，他们对我很少约束，而立之年，却对我做出了意外“干预”。

1988年，可能由于我在中央书记处农村政策研究室工作努力，特别是独自主笔写了一份国务院参阅文件，研究室领导送我到美国芝加哥大学经济系做访问学者。临行暑期，白发苍苍的母亲站在海滩的桥头，谆谆嘱托：归国必须如期。

1989年归期将至，是否如期回国？小伟电话讲：等等看吧。我与导师D·Gale·Johnson教授谈起，他说：美国人不会指点他人应如何，但若我是你，身为政府官员，要么按时回国，要么永不回去。父亲电话中讲得干脆：如期归否，由你；认你为子否，由我。9月30日，我回到北京。次年暑期，再莅旧栈桥，父亲讲起：古孤竹国两王子互让王位出走，被后人赞为贤者，而留魂未归故里的遗憾。

父母的“干预”，成就了我今天。

2016年，大浪冲毁母亲送别时的栈桥。次年，97岁高龄的母亲病危在卧，我遵河北省北戴河管理局之托，捐资重建栈桥，名曰“子归”，石题“子归桥记”。天不助我，桥将竣工，母亲踏鹤，我未能实现负她上桥之愿。

为纪念父母，录子归桥记以飨：

◎ 子归桥远眺

◎ 子归桥刻石

昔孤竹国，古都百里于桥西。伯夷、叔齐乃王之二子，互为让国而出走。武王伐纣，挡马力谏；不食周粟，饿死于去国千里之首阳山。孔孟以降，尚其仁义，赞为贤者；史记列传，尊为首章。溯千年，冀东黎庶皆以公子为骄傲，唯哀其游魂未能归也，不亦悲乎！

夫天下可为襟抱者，故乡安可忘焉？家对远行游子之牵挂，不以其贫富、声名为斗尺，国对天涯旅人之期盼，不用其得失、成败为衡量。

旧桥浪毁，捐资再建者难忘昔年高堂至嘱于桥头："游学复归当如期"。故选报国思乡之佳句，镂记于栏上，桥名"子归"。

读伯夷列传，诵游子诗章，君当悟，无论你痴心，或是薄义，家国就在这里；归根兮，途不在远！

过北门口

季国庆

北门口外沐夕阳，
河上轻舟往来忙。
昔日石桥今犹在，
不见当年少年郎。

注：我退休那年（2014年），十月初去了一趟进贤。走过北门口石桥，又想起了当年。

◎ 笔者（右一）和小五七战友在五七大堤上

橘

——红壤的记忆

邱玉静　作于2019年5月7日

红橘
　青橘
　　满目

金黄
　翠枝
　　硕果

沧桑
　松柏
　　层叠

红石
　红壤
　　红尘

五十年
　春秋
　　五十载
　　　光阴

回望感叹

往昔
　尚未成熟的
　　你和我
　　　青中带涩

如今
　饱经风霜的
　　你和我
　　　红中带楚

橘
　满枝满头
　　摇首忆昔

回眸
　青岚波粼
　　聆听
　　　五七号角
截断
　军山美流
　　迎来
　　　稻浪滚滚

有过
　春芽的
　　稚嫩

我们是小五七战士

有过
夏日的
焦灼

有过
秋风的
伤挫

有过
冬雪的
飘落

在那
激情的年代
在那
燃烧的岁月

曾经
同一棵树
曾经
同一组根

“五七”
难忘的数字
“红壤”
抹不去的记忆

橘

　你淋过的雨

　　那是泪

你沐过的露

　那是汗

你顶过的阳

　那是火

你走过的春

　那是情

你熔过的矿

　那是铁

不经摘采

　枝头的橘

　　夕阳依旧风采

跌落枝头

　已去的橘

　　那是来世的灵

油灯盏下

热血沸腾

双抢奋战
无畏凛然

多少豪言
铿锵壮语

战天斗地
献身青岚

电站隆隆
稻香飘飘
青岚连波
往事栩栩

甜甜辣辣
酸酸楚楚
苦苦涩涩
淡淡咸咸
人生百味
转眼暮年

撑杆船头
划水行舟
莫提起

提起
　泪满青岚

手捧红橘
　思绪万千

莫追忆
　追忆
　　累累伤痕

祭
　失去的芳华
祭
　不复的青春

封存的
　记忆
　　润红的
　　　土壤

青山依旧
　世态变迁
　　抹不去
　　　挥不断
　　　　记忆的红壤
　　　　　血色的橘……

记忆剪影

吕丹平

◎ 抢收抢种争先恐后

◎ 稻田管理丰收在望

◎ 劳动间隙读报学习

◎ 饱含心血颗粒归仓

旧诗五首

——写于中办五七学校

王长庚

迎新年

（一九七五年正月初一）

绵绵阴雨紧相连，呼呼北风刺骨寒。

迎风北望万千思，爆竹声中送旧年。

战天斗地近六载，思想改造换新篇。

青岚湖畔迎新岁，艰苦奋斗永向前。

观杜鹃

（一九七五年春）

杜鹃花开山映红，细观姿态各不同。

万类迎春共争俏，谁思还有枯败逢。

观景

（一九七五年五月）

柳飘青丝细，暮宿檐下鸡。

蜂蝶共采蜜，田内美景奇。

新春

（一九七七年清明）

江岸柳绿迎风动，春节过后见清明。

万家农田在播谷，牛郎垄上踏歌行。

农耕

（一九七八年春）

将暮青岚堤，耕夫田内批，

发落忠诚实干吏，淤泥深处拉犁。

当年征战苦，此时更无依，

全家扎根在此处，父子泣无期。

诗二首

徐　晏

小五七战士赴赣五十周年聚会有感

当年小五七,五十周年聚。
侃侃而谈话当年，久别重逢喜。

打开回忆窗，思绪大潮起。
六九年离京奔向，赣中青岚地。

天昏昏暗及，雨蒙蒙淋漓。
一群小伙伴，来到五七中学里。

课堂来学习，稻田似战场。
风吹雨打烈日晒，练就小身体。

茅草房漏雨，机耕道滑跤。
插秧收稻忙双抢，开垦处女地。

我们小五七，红旗高高举。
韶山安源井冈山，一路歌声起。

沙家浜智斗，铁梅红灯记。

长征组歌大合唱，礼堂掌声起。

夜深月光明，就寝梦香里。
紧急集合哨声起，奔向救火地。

提起北门桥，制瓦起始地。
靓妞帅哥齐忙活，排排红房起。

提起财干校，工厂起始地。
清华老师来指导，学做半导体。

车钳铣刨磨，锻造最有力。
轰轰隆隆机床响，人人添手艺。

◎ 作者（左）当年在晶体管车间

开心在球场，歌声在田地。
白桦厂房大食堂，宿室在一起。

红壤山橘香，水稻田金黄。
宽宽青岚湖大堤，脚印留满地。

回京四十载，分散在各地。
工作岗位上班忙，见面不容易。

祖国大发展，互联网建立。
同学人人有手机，聊天微信里。

五十年齐聚，笑声频频起。
陪伴不曾在身边，更是在心里。

何惧鬓微霜，皱眉蹙额样。
回首向来萧瑟处，此情成追忆。

人生如逆旅，我亦是行人。
也无风雨也无晴。归去！归去！

谁说我们老了

谁说我们老了
我们依旧年轻

我们是小五七战士

旅游大军中都是我们的同龄人
花枝招展的服饰
随曲而动的舞姿
小孙儿身后追赶的步伐
清晨穿梭在菜市场的身影
锅台边挥汗如雨的操练
照顾上老，关爱下小
洗洗涮涮，日夜操劳
烟尘往事，似在昨天
追求平静、平淡、平凡
抛掉焦虑、浮躁、迷茫
先生言道，人生如台阶
阶下有人在仰望你
阶上有人在俯视你
你抬头自卑，低头自得
唯有平视，才能看见真实的自己

扫除心头尘埃，轻装上阵
岁月里，活出豁达的自己
老了吗，生活不能让你老
岁月静好，我们依旧要保持年轻

注：写于2019年5月4日小五七战士大聚会后

难忘情

——小五七战士赴赣五十周年聚会感悟

朱秀玲

六九我们十三四，远离京城赴江南。
父辈儿女此相聚，生活学习在这里。
五七路上同吃住，田间劳动同吃苦。
无忧无虑同开心，磨炼意志同奋斗。
站在青岚望北京，水稻田里传歌声。
接班任务我们担，激昂歌声荡湖中。
酷暑烈日当头照，五七田里战双抢。
风吹雨打泥里爬，青岚湖畔青春洒。
当初一九六九年，踏上征途到进贤。
一九七九返京城，各行各业展风情。
如今二〇一九年，时光过得如流水。
酸甜苦辣亲体验，风风雨雨五十载。
难得今日聚相逢，我们笑谈醉梦中。
今朝有幸续前缘，回首往事难忘怀。
少年相识老相聚，畅所欲言话不尽。
人人笑容逐颜开，欢声笑语连成片。
五十年来战友情，友谊深且情意重。
我们珍惜这份情，健康快乐到永远。
五七战友同学们，现今都已双鬓白。

人人注意多保重，期待下次再相逢。

千说我们同学情，万道我们战友情，

不忘我们这些情，幸福甜蜜久长情。

诗二首

吴京京

忆高考

当年恢复高考的消息，在小五七战士中激起了极大反响。一边是无尽的五七路，一边是改变命运的机会，奋而争之，砥砺图之。写于恢复高考40周年之际

难忘七七年，往事浮眼前。
高考得恢复，忽露一线天。
发奋改现状，复习挤时间。
心存美愿久，欲此把梦圆。
农活不能误，报名难离田。
困乏淋凉水，饥渴吞垂涎。
如蜂急采花，若蚁忙搬迁。
惶惴赴考场，一战竟成全。

水调歌头·怀想

——为纪念赴江西进贤五十年小五七战士聚会而作

入赣五十载，
怀念少时年，
红壤青岚故地，
往事化云烟。

我们是小五七战士

奋战农田汗洒，
庑弃笔墨学业，
福祸互为攀。
苦难萌雄志，
砥砺铸精湛。

激情湃，
欢颜共，
聚京环，
红花雍容富贵，
黄叶依然繁。
鬓发染白景致，
步履蹒跚风光，
谈笑吐箴言。
沐浴斜阳秀，
徜徉度悠闲。

后　记

2009年，是曾经在中共中央办公厅五七学校生活、学习、劳动过的小五七战士到江西进贤县40周年。我们曾以小五七战士们的集体记忆和留存老照片，编印了一本《我们是小五七战士》的纪念册。

纪念册制成赠送给全体小五七战士后，受到大家欢迎，反响热烈。但由于当初征集编印时间紧促，还有不少人不知道制作纪念册之事，未能将自身回忆和珍藏照片奉献出来，感到十分遗憾。

2019年2月，有人提出举办一次赴中办五七学校50周年的大聚会。在商议聚会事宜时，有人建议借聚会之机，再次向全体小五七战士发出征集文稿、照片的动员，争取再编制一本内容更丰富精彩的《我们是小五七战士》续集。此议得到大家的认可后，随之议定了续集策划编辑、征稿内容、出版经费的筹集等事宜，并展开征集和编辑工作。

截至2019年12月1日，编写组共收到稿件50篇，诗词10余首，约15万字；老照片及后来聚会的照片100余张。比第一本纪念册的篇数更多，涉及面也更加广泛，这反映了大家对回忆自身经历往事的积极态度。

在续集文稿、照片征集编制的过程中，编写组内曾对文稿的收编原则规范和如何印制等问题，出现过一些不同意见。最后大家统一了认识：决定将续集征集到的文稿、照片，与第一本纪念册中的文稿、照片合并，在对所有文稿、照片进行重新筛选后，编辑成《我们是小五七战士》一书，交由大有书局正式出版。

由于篇幅、出版规范和技术等方面的限制，有些文稿未能被正式出版的《我们是小五七战士》一书采用，在此我们向未被采用文稿的提供者表示感谢和歉意。

在《我们是小五七战士》这本正式出版物的征集编辑过程中，除了名列编写组的成员们的共同努力外，还有几位同志，虽然没有列名在编写组名单中，但他们付出的心智和劳苦，对本书的成型和最终呈现是不可或缺的。比如参与第一本纪念册编辑印制的刘伟、康援援、梁建英（按姓氏笔画排列）。我们还要特别感谢曹小宁同志，本书编制过程中所需的大部分资金支持，都是由他承担的。此外，我们还要向所有为本回忆文集的编印提出有益建议、参与联络工作、提供经费支持的小五七战士表示真诚的感谢。

本书编写组

2021年国庆节前夕